U0924124

创新创业基础

王东方　任美英　祁少华

主编

厦门大学出版社
XIAMEN UNIVERSITY PRESS
国家一级出版社
全国百佳图书出版单位

图书在版编目（CIP）数据

创新创业基础／王东方，任美英，祁少华主编. --厦门：厦门大学出版社，2021.12(2024.7 重印)
ISBN 978-7-5615-8467-5

Ⅰ. ①创… Ⅱ. ①王… ②任… ③祁… Ⅲ. ①大学生-创业 Ⅳ. ①G647.38

中国版本图书馆CIP数据核字(2021)第266978号

责任编辑 眭 蔚
封面设计 蒋卓群
技术编辑 许克华

出版发行 厦门大学出版社
社　　址 厦门市软件园二期望海路39号
邮政编码 361008
总　　机 0592-2181111 0592-2181406(传真)
营销中心 0592-2184458 0592-2181365
网　　址 http://www.xmupress.com
邮　　箱 xmup@xmupress.com
印　　刷 厦门市金凯龙包装科技有限公司

开本 787 mm×1 092 mm 1/16
印张 21.75
字数 530 千字
版次 2021 年 12 月第 1 版
印次 2024 年 7 月第 4 次印刷
定价 45.00 元

厦门大学出版社
微信二维码

厦门大学出版社
微博二维码

前 言

随着知识经济的发展，全世界的创业都在如火如荼地开展。创新创业已成为经济发展的新动能，各国都使出“洪荒之力”，铆足劲想通过创新创业提升本国经济的竞争实力。从习近平总书记建设“创新型国家”战略到李克强总理号召“大众创业、万众创新”的系列讲话精神可以看出中国政府对“双创”寄予厚望，让创新驱动成为国家意志，让创业成为全社会的共同行动，进而走出一条全新的经济发展之路。同时，在竞争日益激烈的今天，大学毕业生就业形势日益严峻，如何解决大学生的就业问题，也已经成为人们关注的焦点。

在知识经济时代，知识创业已经成为新的创业模式。高校有必要顺应知识经济社会发展需要对在校大学生开展创业教育，并鼓励和扶持大学生开展创新创业活动，着力培养大学生的创业意识、创新精神、创业能力等综合性的创业素质。建设创新型国家，关键在创新创业型人才，基础在教育。培养创业意识和创业能力，积极引导大学生创业、就业才能最大限度地提升大学生的综合素质及竞争水平，鼓励大学生把创业作为职业选择并为其提供创业和经营中小企业所需的知识和技能是高等教育供给侧改革的重要方向。

习近平总书记在党的二十大报告中指出：“当代中国青年生逢其时，施展才干的舞台无比广阔，实现梦想的前景无比光明。”广大青年学生是大众创业、万众创新的重要参与力量。《国务院办公厅关于深化高等学校创新创业教育改革的实施意见》要求高校根据人才培养定位和创新创业教育目标要求，促进专业教育与创新创业教育有机融合，调整专业课程设置，挖掘和充实各类专业课程的创新创业教育资源，在传授专业知识过程中加强创新创业教育。因此，我们在多年从事大学生创新创业教育教学的基础上，参阅了大量文献资料，汲取同行的先进经验，并结合自身的实践体会，精心编写了本书。

本书主要依据教育部办公厅发布的《“创业基础”教学大纲（试行）》，以及《福建省教育厅关于深化高等学校创新创业教育改革十六条措施的通知》和《福建省教育厅关于进一步加强高校创新创业教育课程体系建设的指导意见》等文件精神而编写，秉承把创新创业教育贯穿于专业教育全过程的教育理念，注重理论知识的系统性，强调内容的新颖性，融入大学生成功的创业实践，具有时代性和易操作性。更重要的是，作为校本教材，本书立足武夷学院应用型本科转型战略规划、人才培养方案要求以及学生的专业特点和知识水平，内容取舍以实用、实际、实效为原则，以创新创业为导向，突出“创学结合”的教学模式，凸显学生的创新精神、创业意识和创新能力培养，充分调动学生创新思维和创业积极性。

本书第一、二、十章由王东方编写，第三、五章由任美英编写，第四、六章由祁少华编写，第七、八章由卓志毅编写，第九章由林坚编写，第十一章由马雨倩编写。王东方、任美英、祁少华任主编，由王东方负责全书的统稿和定稿。

本书在编写过程中，借鉴和参考了国内外大量的出版物和网上资料，受编写时间和篇幅所限，未能在文中一一注明，书后所列参考文献也会有所遗漏，在此对原作者表示感谢。同时，由于作者水平有限，书中难免有不足之处，欢迎各位专家、读者不吝赐教。

作　者

2023 年 12 月

目 录

第一章 创新、创业与创新创业教育 …… 1
第一节 创新及创新意识 …… 2
第二节 创业概述 …… 19
第三节 创业意识培养 …… 24
第四节 创新创业教育及其组织与实施 …… 36

第二章 创新创业理论 …… 48
第一节 创业研究 …… 49
第二节 创新与创业理论 …… 52
第三节 创新与创业关系 …… 55

第三章 创业环境与政策 …… 58
第一节 创业环境 …… 59
第二节 大学生创业政策 …… 65

第四章 创业素质与能力 …… 71
第一节 创业素质 …… 71
第二节 创业能力 …… 78
第三节 创新方法 …… 87

第五章 创业者和创业团队及团队管理 …… 106
第一节 创业者 …… 107
第二节 创业团队 …… 119
第三节 创业团队的管理 …… 127

第六章 创业机会的识别与模式选择 …… 132
第一节 创业机会识别 …… 132
第二节 创业机会评价 …… 141
第三节 创业风险识别 …… 147
第四节 商业模式开发 …… 158

第七章　创业资源 …… 171
第一节　创业资源的分类与识别 …… 173
第二节　创业资源的获取与整合思维 …… 176
第三节　创业融资 …… 181

第八章　创业计划 …… 192
第一节　创业计划概述 …… 193
第二节　创业计划书的撰写与展示 …… 204

第九章　创业探索 …… 228
第一节　创业类型 …… 229
第二节　创业模式 …… 234
第三节　创业流程 …… 235
第四节　创业代价 …… 237
第五节　创业误区和陷阱 …… 239
第六节　创业成功 …… 241

第十章　创业实施和管理 …… 245
第一节　新企业的组织和注册 …… 247
第二节　新企业的营销 …… 259
第三节　新企业的财务管理 …… 278
第四节　新企业的人力资源管理 …… 287
第五节　新产品开发 …… 291
第六节　创业选址 …… 299

第十一章　新时代的创新与创业 …… 304
第一节　互联网创业模式 …… 305
第二节　新时代的互联网思维 …… 309
第三节　大学生创新创业与互联网的结合 …… 315

附录 …… 322

参考文献 …… 338

第一章　创新、创业与创新创业教育

张旭豪与“饿了么”

2008年，上海交通大学机械与动力工程学院的宿舍里，张旭豪和室友一边打游戏一边聊天，突然感到饿了，打电话到餐馆叫外卖，要么打不通，要么不送，就此一个送外卖的创业点子开始萌生。

之后张旭豪和同学康嘉开始搜罗学校附近的餐馆信息，并印成一本小册子。小册子起名“饿了么”，在校园分发，然后在宿舍接听订餐电话。接到订单后，他们先到餐馆取餐，再送给顾客。这一模式优点是现金流回笼快，缺点是完全依靠体力，没办法扩张。

张旭豪想到要想扩大订餐的业务势必借助互联网的优势，于是积极组织团队对订餐网络平台进行研发，通过半年努力，首个订餐网络平台终于建立完成。在网址注册上，采用了“ele.me”（“饿了么”的汉语拼音）。网站订餐可实现个性化功能，比如顾客输入所在地址，平台便自动测算周边饭店的地理信息及外送范围，并给出饭店列表和可选菜单。

在网络订餐平台的助力下，更多的餐饮店加盟进来，随之订单量也迅速增长。此时出现了一个新问题，张旭豪和康嘉无法应对如此之多的订单外送。因此，撤销了热线电话和代店外送，让顾客与店家在网上自动下单和接单。

为了给“饿了么”网络造势，张旭豪参加各种创业大赛，取得了各种奖项和创业奖金，这为创业扩充了本金。

到2018年，“饿了么”在线外卖平台覆盖全国2000多个城市，加盟餐厅200万家，用户量达2.6亿，“饿了么”俨然已成为中国最大的在线外卖订餐平台。

第一节 创新及创新意识

一、什么是创新

创新是指以有别于常规或常人思路的思维模式为导向，利用现有的知识和物质，在特定的环境中，本着理想化需要或为满足社会需求而改进或创造新的事物、方法、元素、路径、环境，并能获得一定益处的行为。简单地讲，创新是指人为了一定的目的，遵循事物发展的规律，对事物的整体或其中的某些部分进行变革，从而使其得以更新与发展的活动。1912年，美国经济学家熊彼特在《经济发展理论》一书中首先提出创新的概念。他提出创新就是建立一种“新的生产函数”。

创新与发明、创造具有某种联系。发明创造是创新的基础和前提，创新过程需要发明创造。发明创造是不可预测的，也不能计划，具有偶然性；而创新可以预测，可以计划，可以有组织、有目的、有体系地进行，但创新有风险。创新是一个连续不断的改进过程。偶然的发明并不能直接推动生产力的发展，发明只有经过不断的创新过程，才能变为实实在在的应用，才能最终发挥作用。

创新是人类特有的认识能力和实践能力，是人类主观能动性的高级表现，是推动民族进步和社会发展的不竭动力。一个民族要想走在时代前列，就一刻也不能没有创新思维，一刻也不能停止各种创新。创新在经济、技术、社会学以及建筑学等领域的研究中举足轻重。江泽民谈道：“创新是一个民族进步的灵魂，是国家兴旺发达的不竭动力。”创新在整个中华民族发展中，起到了关键性的作用。例如，2017年5月，来自“一带一路”沿线的20国青年评选出了中国的“新四大发明”：高铁、移动支付、共享单车和网购。

2018年3月5日，李克强总理在2018年《政府工作报告》中指出，“新四大发明”中移动支付、共享单车和网购都是以“云”为底层技术的应用场景创新。“出门不用带钱包，就带手机”；“外卖、快递都非常快”；“高铁很棒”，高铁更加舒适，而且可以在旅途中用网络处理一些事情，让旅途更加充实。

二、创新的意义

创新是时代的主旋律。在党的十九大报告中，习近平总书记再次强调“创新是引领发展的第一动力，是建设现代化经济体系的战略支撑”。实施创新驱动发展战略是复兴之道、强国之举，正在引领中国悄然发生着根本性变化。《2016年全球创新指数》报告指出，全球创新指数前25名长期由在创新方面持续领先的高收入国家稳稳盘踞。引人瞩目的是，2016年度中国作为中等收入国家首次跻身这一行列。

我们正处在一个经济、政治、文化、社会、生态都在发生巨大变化的时代。2018年7月6日，美国特朗普政府宣布对340亿美元中国输美商品加征关税，中美两国之间的贸易战正式开打。在这个过程中，更牵动国人神经的是我们在面对技术“制裁”时显示出的脆弱。一时之间，“举全国之力发展国产芯片”“中国芯片必须掌握核心技术”的呼声不断出现。表面上看是两个国家的经济战，实质是两国在争夺未来的创新经济领导权，是国家创新能力的竞争。为了实现中华民族的伟大复兴，建设社会主义现代化强国，认识创新、学习创新、提高创新能力迫在眉睫。

(一)创新是经济发展的新引擎

进入新常态以来，我国经济面临着巨大的下行压力。经济增速自 2012 年的7.9%持续下滑至 2016 年的 6.7%，2017 年为 6.9%，未来相当一段时间仍将保持在 6.5%左右。究其原因，从增长核算的视角来看，资本、劳动力和全要素生产率(简称“TFP”，以技术进步为核心)是经济增长的主要动力源泉。

过去 30 多年中，中国经济增长主要依赖资本和劳动力两大动力，其中资本对经济增长的贡献率高达 68%。但是步入经济新常态以来，投资受到了债务高企和产能过剩等问题的制约，人口红利随着人口老龄化的加剧而逐步消失，因此，中国长期依靠资本和劳动力等要素投入驱动经济增长的模式已经不可持续。与此同时，中国的后发优势也在逐步消退，对发达国家的技术追赶效应不断减弱，导致 TFP 对中国经济增长的贡献率持续下滑。根据大宏观团队测算，20 世纪 90 年代至 2008 年全球金融危机之前，TFP 对中国经济增长的贡献率能够达到近 30%，危机以后则明显下降，2012—2015 年 TFP 对中国经济增长的贡献率已经降至－9.7%(图 1-1)。

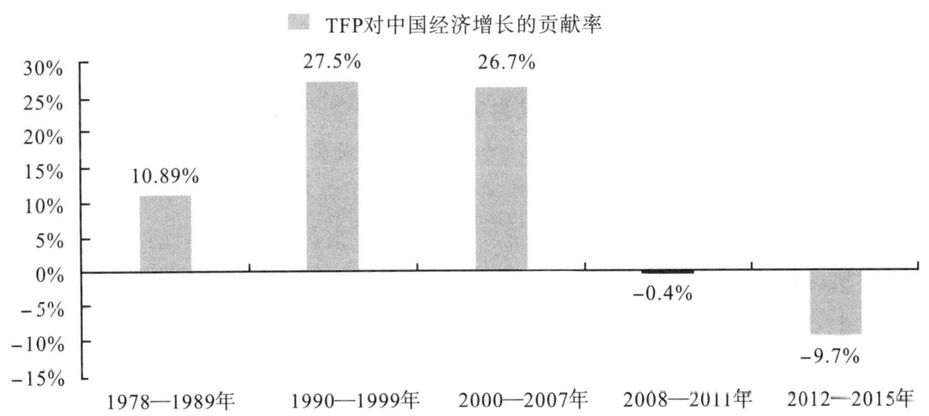

图 1-1　改革开放以来 TFP 对中国经济增长贡献率的变化情况

在要素投入与技术追赶效应对经济增长驱动力双双减弱的背景下，中国迫切需要通过创新提高 TFP 对经济增长的贡献，从而实现经济可持续的中高速增长。理论和国际经验表明，创新能够提高 TFP，从而有效地促进经济增长。一方面，创新能够创造新产品、新工艺，从而促进全社会的技术进步；另一方面，创新能够改善企业的组织结构和管理水平，提高全社会的生产效率。

(二)创新是事业成功的突破口

从古至今，创新都是事业成功的突破口。没有创新，事业将很难成功。江泽民、胡锦涛、温家宝、习近平等国家领导人都曾说过创新的重要性。

面对当今时代的技术革命与产业变革，创新成为解决人类面临的能源资源、生态环境、自然灾害、人口健康等全球性问题的重要途径和提高国家竞争力的核心要素，成为事业成功的突破口。为抢占科学技术的制高点，许多国家都把强化科技创新作为国家战略，着力增强国家创新能力和国际竞争力。

(三)创新是提高综合国力的加速器

近年来，“中国创造”让世人刮目相看：探月“嫦娥”、入海“蛟龙”、中国高铁、“天河一号”、国产大飞机 C919、“天宫一号”……一大批对国民经济和社会发展有重大影响的标志性科技创新成果不断涌现。2017 年，我国在全球创新指数排名(图 1-2)不断提升，综合国力和国际影响力迈上新台阶，GDP 稳居世界第二。这一切都源于创新，创新是创造社会财富的源泉，创新是社会进步的力量。

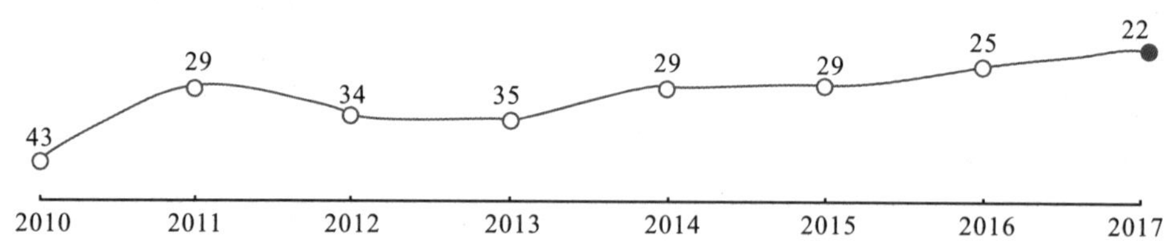

图 1-2　全球创新指数中国近年排名

中国正在成为全球最炙热的创新热土，“超校联盟”成为创新社会的缩影。生长于本土的中国公司诸如腾讯、大疆科技都已经成为美国公司的学习对象。

不可否认，中国创新正在惠及全球。或许正如小米公司的创始人雷军所说：“以前是 C2C 即 Copy to China(将美国的创新抄袭到中国)，现在则是 Copy to Global，即将中国的模式和创新复制到全球。”中国创新绝不仅仅局限于此，越来越多来自中国的公司正在展现它们蓬勃的生机，最终会成为影响全球的力量。

总的说来，创新是文明进步的催化剂，是历史飞跃的加速器，是事业成功的突破口。在当代，创新更是民族强盛的根本，社会发展的动力，个人成功的基础。

三、创新的内涵

(一)创新的含义

人们从不同学科视角对创新概念进行界定，众说纷纭，见仁见智。在英文中，innovation (创新)起源于拉丁语，它原意有三层含义：一是更新；二是创造新的东西；三是改变。

清华大学科学与社会研究所教授李正风认为，“创新”一词在我国存在着两种理解：一是从经济学角度来理解创新，二是根据日常含义来理解创新。目前，人们经常谈及的创新就是指“创造和发现新东西”。基于创新创业实践，我们认为创新包括以下要点：

1.创新就是解决问题

创新绝对不是提前就设计好，按图索骥地一步步走下来的。创新就是一个个地解决问题。成功地解决一个个问题，满足客户一个个需求，模式就是被“需求”出来的。

2.创新就是要让产品货真价实

同仁堂从1669年创办至今已有340多年，享誉海内外，树起了一块金字招牌，可谓是药业史上的一个奇迹。它靠的是“真材实料＋信仰”。要做到“真材实料”，说起来简单，做起来很难。如何做到“真材实料”呢？同仁堂又提出“修合无人见，存心有天知”，意思是说，你所做的一切，只有你自己的良心和老天知道。

同仁堂能做到基业长青，就是坚持“用真材实料”和“对得起良心”这两条，并由此形成“配方独特、选料上乘、工艺精湛、疗效显著”四大制药特色，生产出了众多疗效显著的中成药。

在市场经济充分发展的今天，如果创业打着创新的幌子偷工减料，走所谓的捷径，就会像三鹿奶粉等那样，死得很惨。

3.创新就是让客户超出其预期

海底捞是一家川味特色的火锅店。你走进海底捞，就会发现就餐环境实际上是很嘈杂的，服务员却有着发自内心的笑容，他们的笑容真的能够打动人。为什么海底捞的服务员会有发自内心的笑容呢？因为他们的工资比同行业平均工资高出30％。

海底捞善待员工，员工自然就会善待顾客，顾客得到了尊重，享受到了好的服务，超出了其预期，就会形成好的口碑。例如，曾有人在微博上发布了一个“段子”，讲的是有个客人在海底捞吃完饭后，想将餐后没吃完的西瓜打包带走，海底捞说不行。可是当他结完账准备离开时，一个服务员拎了一个没有切开的西瓜对他说：“你想打包，我们准备了一个完整的西瓜给您带走，切开的西瓜带回去不卫生。”一瞬间，那个客户被深深打动了，这就叫口碑。

4.创新就是让客户享受低价的服务

沃尔玛这个零售业巨头之所以能成功，是因为它让客户享受到了低价。50多年前，老山姆在家乡创办了一个杂货店，当时他发现美国流通行业的平均毛利率高达45％。老山姆心想：我只赚别人一半的钱，只要将毛利率做到22％，即天天平价，销量是别人的好几倍，定能赚钱。于是“天天平价”成了沃尔玛的口号，别的连锁店毛利率高达45％，沃尔玛只有22％，它却很有竞争力。

要让顾客购买低价的服务，要想在低毛率下生存，就必须提高运作效率；要提高运作效率，就必须创新。

（二）与创新相关的概念

与创新相近或相关的一些词汇和概念，如创造、创意、发现、发明等，它们之间较难区分含义，容易混淆。其实，这些概念之间既有联系，也有区别。

1.创造

“创，始之造也。”

《辞海》上讲：创——首创前所未有的事物。《韦氏大词典》中对创造一词注解说：“赋予存在之意”，“具有无中生有或首创的性质”。所以，“创造”就是“首创”“前所未有”，是指能先于他人，见人之所未见，思人之所未思，行人之所未行，从而获得新发现、新发明、新突破。

创造就是发现尚未被认识的事物，创造出不存在的事物，对已有成果进行创新。可以将此理解为一个过程或一种结果。我们用的手机、电脑等都是一种被创造出来的事物，它们是一种不断演化与改进的过程。每一件事物都有创造的思想在其中，它们在起初也都是尚未被发现的。

2.创意

创意最基本的含义就是创造性的主意，是指具有新颖性和创造性的想法，也可以理解为人们具有与众不同的好点子，能够使人眼前一亮。它是传统的叛逆，是一种智能的拓展，是深度情感与理性的思考与实践，是一项创造性的系统工程。比如，校运会上所表演的团体操，用红、黄两色的旗子演变 IT 字样与“信息工程”的代码，这就是一种创意的思想。在创业园区的店铺，它们的布局与店内物品的摆放也是一种创意的体现。但创意往往更多的是早期的构思，而并非一种真实的产品。如果一个好的创意并没有付诸实施，只是停留在口头或纸面，则只可能是创意，不会形成创新的结果。

3.发现

发现是“第一次明确表述早已存在的客观事实、规律与现象”，属于认识世界性质，从而获得天然性成果。比如，火就是被发现的，因为火本是一种自然存在。

4.发明

发明是“通过思维或实验过程首先为一项科学或技术难题找到或发现了解决方案、解决方法”，属于改造世界性质，获得非天然性成果。如爱迪生发明的电灯，现在人们使用的手机、电脑等。

创新、创意、创造、发现、发明这些概念既相互区别，又相互联系。而且这些概念的界限并不是非常明确，有时会出现重合，比如，发明、发现就可以说是创造，创意、发明、发现往往是创新的前期阶段。

通过比较说明，创新不仅包括研发阶段，还包括推广阶段。创新是充分运用发明、发现等，将其转化为市场中可交易的商品。直白地说，创新是把作坊或实验室中诞生的成果投放到市场中去。只有当新的东西出现在消费市场或以新的方式被生产出来时，才可以称为创新。

四、创新的种类

创新的规模和种类各不相同，对这个词的理解有时候又因人而异，把对创新的理解统一起来就不是一件易事。因此，从分类入手，把创新进行归类，对每种创新做仔细的分析，以便于理解整体意义上的创新。

（一）创新的形式

这种分类是以创新的应用方式为依据的，即创新被应用在哪些领域或哪些地方。我们把创新的主要应用领域分为四部分：产品、服务、工艺和商业模式。

1.产品创新

在公众的印象中，新产品越来越多，消费产品大概是最为引人关注的创新应用，其中有个例子就是詹姆斯·戴森发明的无袋式吸尘器。

【案例 1-1】 詹姆斯·戴森发明吸尘器

詹姆斯·戴森被英国媒体誉为“英国设计之王”。他是除维珍集团的理查德·布兰外，最受英国人敬重、富有创新精神的企业家。他所发明的双气旋系统（图1-3）被看作自 1908 年第一台真空吸尘器发明以来的首次重大科技突破，彻底解决了旧式真空吸尘器气孔容易堵塞的问题。如今，这一吸尘器已成为英、美、日、澳等国吸尘器市场的老大。

图 1-3 戴森和他的吸尘器

凭借这个发明，戴森一跃成为亿万富翁，名列英国富人榜第 37 位。但锐意创新的戴森，并不满足于目前的成就。在他的领导下，由 1200 名科学家和工程师组成的庞大发明团队，仍在致力于数字发动机、洗衣机乃至吸尘器本身的发明和革新。

英国发明家詹姆斯·戴森，自称是自披头士乐队后征服美国大陆的第一位英国人，他是靠吸尘器征服的。进军美国市场不到两年，他的革命性发明就帮助他打败了盘踞市场近 100 年的胡佛牌吸尘器，成为美国家用清洁品市场的 No.1，销售量占到美国巨大的吸尘器市场份额的 21%。连美国前总统克林顿也是他的忠实用户。

戴森毫不掩饰自己的得意："一个名不见经传的公司，凭借一个长相如此另类的产品，能在如此短的时间内成为美国市场同类产品中的龙头老大，实在让人惊讶不已。我一直在绞尽脑汁地思考：披头士后到底还有没有别的英国人能如此成功，最后还真没想出第二个。"

可以说，戴森在美国刮起了一股"戴森旋风"。戴森牌真空吸尘器价格高达 450 美元，是对手产品价格的 3 倍还多。即便如此，通过一些脱口秀节目的大力推介，拥有戴森牌吸尘器在美国一度成为一种时尚。此外，在英国、澳大利亚和日本，戴森牌吸尘器都稳坐市场份额的头号交椅。

几年前，詹姆斯·戴森在英国女王伊丽莎白二世面前弯腰，接受英国王室授予的最高荣誉。他听见女王问他是做什么的，于是告诉她，自己是戴森牌双气旋吸尘器的发明者。"真的吗？"女王惊讶地说，"王宫里用的都是这种吸尘器。"

英语中有句古谚：需要是发明之母。这话用在双气旋真空吸尘器的发明上一点没错。1978 年，31 岁的戴森已是三个孩子的父亲。他们一家人居住在一间满是尘土的农舍里，家里有一台破旧的胡佛牌真空吸尘器。有一天，这台吸尘器又坏了，喜欢钻研的戴森决定自己动手修理。拆开吸尘器后他发现，自己遇到的是自吸尘器 1908 年问世以来就未解决的简单问题：集尘袋塞满脏东西后，就会堵住进气孔，切断吸力。

一开始，戴森研制了几百个模型都没有成功。换作别人，或许早就中途放弃了，但戴森没有。他意志坚定，永不言输，哪怕背负高息银行贷款，戴森还是用 5 年的时间，在研制了 5127 个模型后，发明了不需集尘袋的双气旋真空吸尘器，引发了真空吸尘器市场的革命。

双气旋的创意，是从另一个发明中得到启示的。戴森在生产自己发明的球轮手推车的厂房里也遇到过同样的问题——风道里的过滤器，经常被各种塑料颗粒堵住。同事建议他安装一台工业用吸尘器以清除这些颗粒，为节省下13.4万美元的费用，戴森自做了一台。他用钢板焊了一个直径9米的圆锥，利用风扇将塑料颗粒吸到里面。塑料颗粒在离心力的作用下被甩到一侧，干净的空气在另一侧进入风道。这套装置的效果非常好，戴森又用同样的方法制作了一套小型的，将它装进了胡佛牌吸尘器里，从此再也没有发生气孔被堵住的情况。

1983年，戴森制造出自己的第一台吸尘器样机。这台非常具有后现代色彩的粉红色产品被命名为G-Force。此后，戴森开始在英国和欧洲寻找合作伙伴。然而，意想不到的困难出现了。由于集尘袋生产和销售在当时的欧洲是个不小的产业，有10亿英镑的产值。在市场利益驱动下，业内人士纷纷选择维持现状，对戴森的新发明敬而远之，戴森竟找不到一个合作者，他的公司曾一度接近破产。

但戴森把永不放弃当作人生信条。1985年，他带着自己的产品来到日本，寻找合作对象，没想到双气旋吸尘器在日本受到了意想不到的欢迎。1986年，日本开始销售G-Force。1991年，这一发明获得了日本举办的国际设计博览会大奖。在日本，拥有一台G-Force成为有钱人身份的象征。

1993年，戴森在英国开设了研发中心和工厂，戴森牌吸尘器开始迅速占领英国市场。如今，戴森的公司已成为国际性的家电设计制造公司，产品在全世界37个国家销售，公司收入的90%以上来自真空吸尘器。为了革新，戴森公司雇用了1200名科学家和工程师。近期，戴森的公司又推出了新一代球形吸尘器The ball作为双气旋吸尘器的换代产品，为此戴森公司投入5000万英镑的科研资金。

戴森出生于1947年5月2日。戴森说他成功的契机来自父亲的突然死亡，他的父亲是一名教授古典文学的教师，在戴森9岁时死于癌症。当时，戴森正在父亲任教的那所寄宿学校读书，父亲的去世让他丧失了以前的待遇。他说："我感到了待遇的差别和标准的降低，从那时起我就明白，我必须自我奋斗，于是我变得非常具有竞争意识。"他开始参加长跑，学习吹奏低音管，努力证明自己。最后，他考入皇家艺术学院，学习家具设计和室内设计。毕业后，他来到特伦斯·康伦设计集团工作。他的老板康伦这样评价他："我想他已经通过他在全世界的成功，证明了自己发奋成功的决心。他是一个思想专一的人，但同时懂得享受生活。他并不是一个工作狂，而是很会生活的人。他会跑到在法国的私人别墅度假，对园艺也非常感兴趣，爱好广泛。"

其实，戴森之所以被尊为"英国设计之王"，是因为他的重大发明创造不止双气旋吸尘器一项。1966—1970年，戴森就读于皇家艺术学院，学习家具设计和室内设计。学习期间他就进行了许多设计活动，有过一些设计与发明。

由他设计的名为"海上卡车"的汽艇获得设计协会奖和爱丁堡公爵特别奖，如今这一汽艇在利比亚等国家被广泛使用。1974年，戴森开始自行设计球轮小推车，该小推车获得了1977年的建筑创新奖。

戴森现任英国设计协会主席，是政府发明方面的顾问。双气旋真空吸尘器的发明，让58岁的戴森就拥有了8亿英镑身价，在英国富人榜上名列第37位。

吸尘器是家居日用品，大家对这种创新产品在生活中的应用非常熟悉，以此为例来说明产品创新再合适不过了。工业设计师和创业者戴森在设计他的第一台吸尘器戴森 001 时，已经预想到他的产品会成为每家每户的必需品。

从商业的角度来说，产品创新的吸引力在于一个新产品会促使消费者产生购买欲，所以安索夫把“产品开发”作为未来企业发展的四大战略之一。当然，产品创新并不一定是日用消费品，也可以是机械设备等工业用产品。产品创新包含的范围很广，可以是技术要求很高的产品，也可以是体现创意的小工艺品。

【案例 1-2】　耳机绕线器

耳机平时不容易存放，用这种小物件(图 1-4)可以将耳机缠绕起来，方便存放。这也属于产品创新，但技术含量并不高。

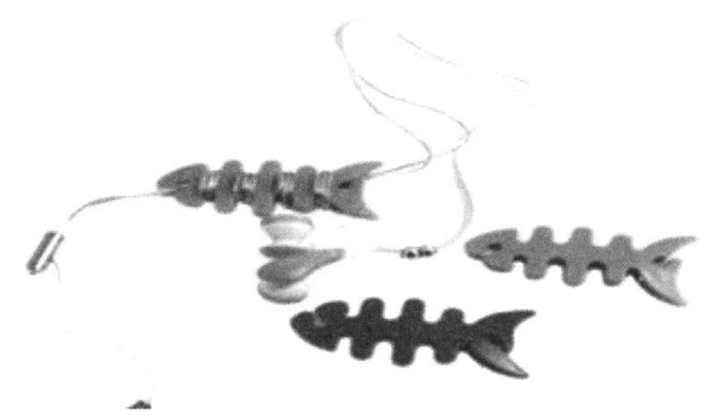

图 1-4　耳机绕线器

2.服务创新

服务创新表现为新的服务应用，它和产品创新一样重要，却常常被忽视。原因之一是它往往不具备很强的轰动效应，不那么令人耳目一新。

就创新而言，公众更容易把发明等同于创新，发明的新颖性较强，发明的产物常常是产品。

服务创新通常体现在用一种新的方式提供服务，如通过一种完全不同的商务模式，有时候甚至能创造出一种崭新的服务。

最近几年网络和通信业务的发展使很多类似于“直线”业务的服务创新萌生出来，新技术不仅被用来为客户提供更好的服务，还在改变人们的生活方式和企业的经营模式。

【案例 1-3】　代客泊车

“代客泊车”在国人眼里是个新名词。近年来，随着有车族逐渐增多，去商场购物时停车难变成了突出的问题，尤其像北京、上海、广州这样的大城市，这一矛盾日益突出。

北京赛特购物中心为了解决这一矛盾，从 1996 年 8 月开始，便推出一项名为“代客泊车”的服务：顾客来此购物，无须再为停车难发愁，只要将车交给泊车员，便可以放心地去购物。泊车员会把车安全地停放在地下车库内，待顾客购物以后再凭牌取车，且手续简便，顾客只需付存车费。赛特购物中心开展这项服务完全不是为了赚钱，而是要更好地树立企业形象。可以说,在国内提供此项服务的商家中,赛特是第一家。

有时候,创新是创造一种前所未有的服务方式,网上拍卖 ebay 以及网上结算都属于这种创新。联邦快递公司是弗雷德里克·W.史密斯的创新结晶,虽说仍属于已经颇为成熟的包裹运输业,但史密斯首先想出了用中心辐射系统来隔日递送包裹。公司白天收取包裹,之后用卡车把它们运送到机场,在那里进行分理,然后连夜装上飞机,飞往各个目的地,到达当地的处理中心,第二天派送到客户的手中。

3.工艺创新

工艺创新是生产和传输某种新产品或服务的新方式,如对产品的加工过程、工艺路线及设备所进行的创新。

工艺创新虽然排在第三位,但是工艺创新对社会的影响比前两者大。19 世纪早期在诺丁汉本地和周围地区出现过一阵反机器运动,那些在家庭作坊里劳动的织袜工人经常发起暴动,砸坏工厂里更高效的新机器,他们害怕这些新机器会抢夺他们的生计。工艺创新对社会产生的影响力可见一斑。尽管工艺创新的知名度远没有产品创新高,但工艺创新的例证比比皆是,其中不乏一些对社会产生重大影响的创新。

【案例 1-4】 复印机的发明

卡尔森 12 岁时,长得又瘦又高。为了帮助父母养家糊口,他在加利福尼亚州圣贝纳迪诺干零活。14 岁那年,他挑起了照料双亲的重担,每天早早就得起床,上学前先去商店擦玻璃橱窗,下午还得去银行和报社打扫,每星期六要从早晨 6 点一直忙到晚上 6 点。他的父亲是一位流动理发师,由于关节炎和肺病而无法工作。母亲也患有肺病,长年卧床不起。他俩就生了卡尔森一个孩子。

生活上的重担压得卡尔森喘不过气来,许多小孩子处于这种压力下早就退学了。但是,卡尔森顶住了。他念初中时除了做看门的工作外,还在印刷厂当学徒。高中时他除了继续干擦洗玻璃窗、打扫地板等活计外,还利用星期六和星期天在化学实验室工作。他先进入里弗赛德专科学校学习,然后又在加利福尼亚州理工学院念书。他艰苦奋斗了 5 年,可是,他却欠了 1400 美元的债。

1930 年,工作特别难找,卡尔森给 82 家公司写信要求工作,但是只有两家公司给他复函,还表示不能雇用他。最后,卡尔森总算在纽约一家电子公司的专利部门找到了一个固定的工作。在那儿复制文件和图表之类的麻烦事给他留下了不可磨灭的印象。

手稿必须重新打印出来,图表得送到照相复印公司去复印,这既花钱又费时间。他心想如果在办公室里有一种机器,只要把原文本塞进这种机器里,一按电钮就可得到一模一样的复本,那该有多好呀!1935 年,他开始着手研制这种机器。当时人们同现在一样,总认为没有设备完善、规模巨大的实验室就不可能有重大发明。29 岁的卡尔森,瘦瘦的个子,虽然两眼近视,却是个意志坚强、锲而不舍的人。他单枪匹马埋头干了三年,细心观察光怎样作用于物质,不断探索图像从一张纸传到另一张纸上面的独特方法。星期六、星期天白天和工作日的晚上,纽约公共图书馆内都留下了他勤奋学习的身影,甚至在地铁里他也在思考问题。对他来说,时间永远不够用,因为他身负三副重担:白天他得努力工作来保住他的饭碗;夜晚去夜校读书,以便取得学位;百忙之中还要实现他的夙愿——研制复印机。通过理论上的探索，他终于掌握了静电学。1937 年，他正式提出申请，要求获得“静电摄影法”的专利权。卡尔森确信他已掌握了静电复印的基本概念，但是他还得把理论用于实际。他便把自己唯一的一间起居室的壁橱改成临时实验室，但结果证明它不能适应实验的需要。因此，他在长岛的阿斯托里亚租了一小间简陋的房子，在里面配备了实验用的物品。另外，他节衣缩食，用节省下的钱雇用了一位实验助手，帮他一起做实验。

1938 年 10 月 22 日，在这间简陋的房间里，卡尔森用墨水在一块玻璃板上书写了“阿斯托里亚 1938.10.22”几个字，又用一块布手帕在涂硫金属板上拭擦，使它带上电荷，然后隔着写有字的玻璃板，在泛光灯下将这块金属板曝光 3 秒钟，又在板上显示出来了。接着卡尔森又把一张蜡纸平压在涂硫的金属板上，纸上也复印出了相同的字。这就是世界上最早的静电复印，以后这种方法被命名为“静电印刷术”。然而，对卡尔森来说，以后几年的经历并不是一帆风顺的。根据他的图纸设计生产的各种复印机总不能使他满意。他想方设法推广这种机器，以引起人们的注意，可是他发现人们对他的发明漠不关心。1939—1944 年间，包括雷明顿·兰德和国际商业机器公司在内的 20 多家公司拒绝接受卡尔森的新产品。尽管美国全国发明者理事会看到复印机的需要，却否定了卡尔森的制作法。

卡尔森仍不断地向四处发信，打电话，以加强他的专利权地位。1944 年，他专程到了俄亥俄州的哥伦布市向非营利性工业研究机构巴特尔纪念学院展示了他的制作法，“巴特尔”表示同意从事复印机的发展工作，但要将收益的 60％付给该学院。然而，制造商们对此仍毫无兴趣。其中有的人把卡尔森制作法称为“粗糙或玩具式器具”。

根据合同，“巴特尔”用于研究静电复印机付出的费用超过某个限度时，卡尔森就得多付 15000 美元。卡尔森取出自己的银行存款，好言劝其亲属慷慨解囊，帮助他凑足资金。不久，势头开始变了。纽约罗彻斯特的一家小公司开始为卡尔森做小笔推销。1947 年 4 月，卡尔森收到了“巴特尔”汇出的第一张 2500 美元专利支票。但直到 1950 年，静电复印机才在市场上出售。此后又过了 10 年，“巴特尔”生产了 914 型书桌大小的复印机，人们只要一按电钮就可以在一般的纸张上得到干印复本。

当时，在市场上出售的复印机有好多种型号，其中有伊斯门柯达克公司的一种采用化合显影剂的“湿写”复印机和明尼苏达矿业公司的一种利用红外线灯光热量在纸上形成图像的“热写”复印机。而静电复印机突出的优点是：这种复印机用干写法，不需要化学药品或特殊的纸张，而加工出的复印件质量特别好。

静电复印机在我国是 20 世纪 70 年代后期被广泛应用起来的一种复印工具。它作为现代办公室用品大踏步地走进办公室，日益受到人们的欢迎。

卡尔森发明的复印机听上去并不是一个很了不起的革新，但对办公室行政系统的管理意义重大。只要看一下复印机出现故障时办公室乱套的样子，就会意识到我们非常依赖它。

阿拉斯泰尔·皮尔金顿开发的“浮法玻璃”生产工艺更是鲜为人知，但也对社会做出了重大的贡献。用这种工艺生产平板玻璃是把玻璃提取出来放在熔化的锡床上。在这种新工艺出现之前，做橱窗玻璃或办公室玻璃窗所用的平板玻璃的制造成本很高，而且质量差，因为当时唯一能够使玻璃表面平整的方法是打磨和抛光。而一次成型的“浮法玻璃”制造工艺省却了耗时耗力的打磨和抛光流程，大幅度降低了成本。建筑师和地产商在建造新楼时可以指定使用大块的玻璃，而之前由于成本的原因会非常谨慎。最近 30 多年间，办公楼、宾馆、机场和大型商场都大量采用了玻璃幕墙。

企业生产领域工艺创新的案例不胜枚举,大学生在创业过程中要敢于从工艺视角对原产品进行创新开发,以解决原有产品的"痛点",更好地满足用户需求。

【案例 1-5】 "青蒿素"的提取

我国中医临床治疗从中药中提取有效的成分,基本上都是采用"热提取工艺"。可是,用这种方式却不能像古书上所记载的那样有效地从青蒿中提取有效的抗疟疾成分,许多研究人员对此百思不得其解。中医研究院屠呦呦通过查阅大量的文献资料,经过反复思索,突破了思维定式的束缚,终于悟出了一条道理——过去惯用的热提取方法,之所以不行,是因为破坏了青蒿中所含的有效成分。于是,她按照这个思路想下去,革新了惯用的加热方法,采用了"乙醇冷浸法"。使用了这个新提取工艺以后,又经过反复的实践,终于得到了有效成分,再经过提纯,最后获得了成功,得到了"青蒿素"这个具有世界意义的抗疟疾新药品。

今天,类似的生产革新还在继续,这一次并不是发生在工厂,而是发生在办公室。电子商务、电子金融大幅度地削减了纸质文件和人工操作的需要,这使得包括航空公司和保险公司在内的几乎所有公司都会对网上订购的客户提供折扣优惠。网上交易意味着减少用纸,减轻人们工作负荷,节约成本。最近银行大量裁员,从中就可以看出服务创新给社会带来的巨变。

4.商业模式创新

商业模式就是创造和传递客户价值与公司价值的系统。商业模式创新旨在对企业基本经营方式进行变革,对客户价值和公司价值传递方式进行创新,是现代经济环境下企业获得核心竞争力的关键。具体内容将在"创业基础"课程中详细论述。

(二)创新的类型

一直以来,我们都可以根据创新的新颖程度来区分创新。有些创新的革新程度非常高,而有些则只是在原有的设计上稍作一些"表面"的修改。其中一种区分的方法就是根据变革的程度把创新分成激进式创新和渐进式创新。但是,只用这两种类型区分创新不能精确地描绘出各种创新之间微妙却很重要的差别,尤其是这种分类法还不能显示出创新"新"在何处。为此,亨德森和克拉克采用了一种更为复杂的分析方式。尽管这种分析方式较多地围绕着产品创新,但它对服务创新和工艺创新同样适用。亨德森和克拉克分析框架的核心是把产品看作系统,既然是系统,它们就是由各个组件配合而成,最终形成某种既定性能的体系。比如:

水笔＝笔头＋墨水管＋笔杆＋笔盖

系统＝各个部分的相互作用

亨德森和克拉克指出,制造一个产品一般需要两种完全不同类型的知识:一是组件知识,如了解每个组件如何在产品整体系统中发挥功效,这些知识构成了组件的"核心设计理念";二是系统知识,如了解如何将组件整合和连接在一起,这些知识涉及系统是如何运作的,以及各个组件是如何配置在一起工作的。亨德森和克拉克把它称作"结构"知识。

亨德森和克拉克根据组件知识和系统知识的区别把创新分成四种类型,见表 1-1。

表 1-1　创新的类型

创新	组件	系统
渐进式创新	改进	未改变
激进式创新	新	新配置/新构造
模组创新	新	未改变
建构创新	改进	新配置/新构造

1.渐进式创新

渐进式创新是将现有的设计在组件上精益求精，再做改进。很重要的一点是只做改进，不做改变：组件没有发生很大的变化。有人是这样定义渐进式创新的："改变是在结构不变的基础上，运用企业的专长在组件技术上做进一步提高。"洗衣机的创新实例就是渐进式创新，它通过技术改良使电动机的功率更大，从而提供更快的转速，转速决定了衣服的甩干程度。20 年前，洗衣机的最快转速大约为 1000 转/分，后来转速得到改进，现在已经高达 1600 转/分。

渐进式创新最为常见。知识随着时间不断增长，材料不断变化改进，产品和服务随之越来越好。但是，这些改良只是组件的不断完善，系统本身不发生变化。

【案例 1-6】　腾讯 QQ

截至目前，腾讯发布了数以百计个版本的 QQ，这其中当然有大的重构和功能的革新，但更多的是遍布在小版本中的渐进式创新。腾讯公司对 QQ 的版本基本上是一个月更新一次！一般只有 1～2 周的时间做界面设计，并且大部分进度是与开发重合的。产品经理(如果有的话)根据用户反馈和竞争对手的情况做需求分析，界面设计和开发同步进行。一个月一个版本，更能抓住用户需求的变化，有更大机会在不断开火中瞄准市场，也有更多机会尝试创新。

创新是企业保持竞争力的保证，近年来，互联网人都讲"微创新"，这个词虽然道出了创新的"形"，但未道出"势"。"渐进式创新"更好地描述了在产品上进行的循序渐进式的创新改良。

2.激进式创新

激进式创新远远不是只对现有的设计进行改良。激进式创新需要完全诞生一个新的设计，最好用全新的组件做全新的配置。亨德森和克拉克是这样描述的："激进式创新创造了一个新的主导设计，其中融入了一套新的设计理念，各个组件有机相连，形成全新的结构。"

激进式创新相对较少，有人估测可能只有 10%的创新属于激进式创新。激进式创新常常伴随着新技术的出现而出现(表 1-2)，有些时候这种技术会带来巨大的变化。

表 1-2 激进式创新

激进式创新	技术	对社会的影响
电话	电信	大众通信的新方式
喷气式飞机	喷气发动	大批出游、国外度假
电视	传播技术	娱乐休闲新方式
个人电脑	微处理器	新的行政系统、网上业务

新的组件在激进式创新中出现,并通过新的方式组合成一个新的整体。

【案例 1-7】 绝不等待别人允许你创新

1956 年,美国一家小公司发明了一种称为 Hush-a-Phone 的塑料杯装置,用来放在电话听筒的下端,便于在嘈杂背景下用电话进行谈话——就像将你的手做成杯状放在电话上面。

Hush-a-Phone 一上市,立刻招致了美国电话电报公司(当时美国公共电话服务的垄断经营商)的反对,声称向电话系统附加任何没有经过美国电话电报公司同意的装置都是违法的。因此,Hush-a-Phone 没有获得批准。联邦通信委员会同意美国电话电报公司的说法,该装置没有和电话网络相连,这根本是无稽之谈。Hush-a-Phone 就这样很快成了历史。

几年之后,当保罗·巴兰提出一个最终支持网络的封装交换系统时,美国电话电报公司先是冷嘲热讽了一通,继而阻挠其发展。美国电话电报公司的一个管理人员最后对巴兰说:"首先,它不可能成功。即使它成功,我们怎么可能允许创造一个竞争对手呢!"

请注意"允许"一词,仅这个词就很好地解释了为什么我们不应该让既有的规则成为创新的看门人。

激进式创新是破坏性的改变,是一种毁灭式的创新,是一种推翻、替代或转变现有商业模式、客户期望和政府模式的发展,会创造出前所未有、令人难以想象的可能性。也就是说,这是颠覆现状的改变。这种创新令既定的规则制定者感到恐慌,所以他们常常会竭力压制创新。但是,如果我们的社会和经济想保持活力,这种创新才是更重要的。

3.模组创新

模组创新沿用现有产品系统中原有的结构和配置,但更换了采用新设计思路的新组件。

【案例 1-8】 发条收音机

这类创新的一个实例就是特雷弗·贝里斯发明的发条收音机。这种收音机已经伴随我们很长一段时间了。普通收音机需要靠电能运转,通常由外部电源或电池供电。发条收音机的创新之处在于它采用了一种全新的供能方式,它使用了弹簧式的装置。收音机中诸如喇叭、调谐器、扬声器和接收器等组件并没有改变。作为收音机,它的工作原理和其他收音机并没有什么差别,它采用了同样的结构来安排各个组件,以常规方式把这些组件相连,构成一个系统。但是,作为发条装置,它不需要外部的电源,对于世界上那些无法得到持续供电的地区,这个特性就显得十分有价值了。

模组创新与渐进式创新有相似之处，都不是完全推出一套新的设计，它只在组件上做出更新，或者在原来的基础上做重大的修正。在发条收音机的例子中，只有供电方式发生了变化，收音机的工作原理和其他收音机没什么不同。模组创新最主要的特点是采用了新的组件，特别是新组件中含有新科技成分。新科技可能会改变整个系统中一个或几个组件的运作方式，但整个系统和其配置或者结构都没有发生变化。模组创新虽然没有激进式创新那么容易产生戏剧效应，但是对社会依然能产生重大的影响。

4.建构创新

在建构创新中，组件和相关的设计思想没有发生变化，但整个系统和结构的配置出现了变化，确定了新的组合方式。亨德森和克拉克指出："建构创新的精髓在于将原有系统中的组件重新进行整合，用一种新的方式将这些组件集成在一起。"这并不是说组件一点也不发生改变，制造商完全可以精心完善各个组件，但变化不会太大，它们基本上还是像往常一样发挥它们应有的性能，不过是在一个新设计和新配置的系统中工作。

【案例 1-9】　索尼随身听

建构创新一个典型的例子是索尼随身听的出现。随身听在刚出现时是一个高度创新的产品，但它几乎或者根本没有包含新的技术，随身听内部所有的核心组件都曾在其他产品上试验、测试和应用过。可以录放音乐的便携式录音机已经问世很多年了。索尼的设计师用一个已有的、小型卡式录音机为起点试验他们的构想，这台机器被称为"新闻人"，是专为新闻播报员而设计的轻型录音机。他们拆掉了录音线路和喇叭，装上了一个小型立体声扬声器，再配上一个轻便的耳机，整个机器就完成了。由于新的机器上没有喇叭，于是对功率的要求就大大降低了。不需要喇叭意味着可以把机器做得更小，而对功率的要求不高意味着使用小型电池就可以了，这样机器更轻。于是，一个拥有完全不同结构的全新系统呼之欲出，随身听就这样诞生了。它是一个新的音响产品，属于个人的音响系统，可以让年轻人边走边听音乐。

随身听获得了巨大的商业成功，两年间销量增至 150 万台。它的意义并不只是在于随身听成了一个畅销的产品，更说明了建构创新所体现出的能量。它不仅保住了索尼公司电子消费产品领先者的地位，还对社会产生了更为深远的影响。其他生产商很快开始模仿他们，更为重要的是，它改变了消费者的行为习惯。年轻人发现他们可以借助随身听从事其他很多健康的活动，如慢跑、散步和健身训练，因此，随身听在帮助年轻人培养良好生活方式方面功不可没。

渐进式创新、激进式创新、模组创新、建构创新这四种分类中，没有一种是和其他类型严格区分的，它们之间一定有交叉重叠的部分。以这种方式进行分类的好处在于以下几点：

第一，可以表明技术和技术变革对创新的影响差异很大，技术可以通过很多方式发挥作用，但它对整个系统和单个组件所产生的影响大相径庭。因此，这种分类法就具有了预测功能，它可以用来更为有效地评估一项创新可能产生的影响力。

第二，能够解释为什么不同的企业对采用新技术会做出不同的反应。如果技术只影响组件，就会巩固原有生产者的竞争力，他们将会积极拥护这种变革；反过来，如果技术变革最终会导致整个系统发生变化，需要引入新的构造，是"创造式的破坏"在发生作用，那么原有的生产者的地位就会受到威胁和动摇，他们会对此耿耿于怀，表现出强烈的抵制。

第三，帮助我们理解技术变革的演进过程。新技术刚刚出现时常常会引发大量的带有不同构造的系统设计，互相竞赛，直到最终淘汰掉一些普通设计，主导设计渐渐浮出水面，被大多数生产商采用。这种演变过程比较常见，对未来的创新者和企业家有重要的指导意义。如果他们是行业的新进入者，就有必要认识到，他们会经历一个淘汰阶段，更重要的是，他们必须认识到最后公认的主导设计并不一定在技术上和市场上比竞争对手更胜一筹。英文键盘被采纳就说明有时候略为逊色的设计也会成为主导设计。

了解了什么是创新、创新有何意义以及创新的分类之后，那谁来实施创新呢？创新的主体是人。陶行知曾经说过："处处是创造之地，天天是创造之时，人人是创造之人。"大学生是社会创新的中坚力量。对于当代大学生来说，创新并不是遥不可及。大学生在听到创新的字眼时，往往会表现出一种胆怯和排斥，认为自己根本不会创新。深受应试教育影响的当代大学生更是如此。本书就是从创新能力与创新人格、创意开发、创新过程、创新思维、创新技法、创新创意实践等方面让学生了解如何去创新以及如何去提高自己的创新能力。

五、创新意识及类型

（一）创新意识

创新意识是指人们根据社会和个体生活发展的需要，引起创造前所未有的事物或观念的动机，并在创造活动中表现出的意向、愿望和设想。它是人类意识活动中一种积极的、富有成果性的表现形式，是人们进行创造活动的出发点和内在动力。

创新意识是人脑的一种机能和属性，与生俱来。创新意识是人类自身的本质属性，是人人皆有的；创新意识是可以被某种原因激活或教育培训引发的一种潜在的心理品质，并且潜力巨大。创新意识包括创造动机、创造兴趣、创造情感和创造意志。创造动机是创造活动的动力因素，它能推动和激励人们发动和维持创造性活动。创造兴趣能促进创造活动的成功，是促使人们积极探求新奇事物的心理倾向。创造情感是引起、推进乃至完成创造的心理因素，只有具有正确的创造情感，才能使创造成功。创造意志是在创造中克服困难、冲破阻碍的心理因素，创造意志具有目的性、顽强性和自制性。

创新意识以思想活跃，不因循守旧，富于创造性和批判性，具有敢于标新立异、独树一帜的精神和追求为主要表现。只有具备强烈的创新意识，才能敢想前人没想过的事，敢创前人不曾创成的业。创新意识的主要特征如下：

1.新颖性

新颖性包括三个层次：(1)世界新颖性或绝对新颖性；(2)局部新颖性；(3)主观新颖性，即只是对创造者个人来说是前所未有的。创新意识或是为了满足新的社会需求，或是用新的方式更好地满足原来的社会需求。创新意识是求新意识。

【案例 1-10】 动物给人办婚礼

两年前，美国曼哈顿的一家私人动物园由于周边新建了一个大型游乐场而面临关门，可是这些动物们该何去何从？留学生吴娟灵感爆发，创造了一项新项目——操练一些动物做婚礼嘉宾，创办"动物婚礼"。斑斓可爱的企鹅当伴郎伴娘，口齿伶俐的鹦鹉当司仪，憨态可掬的黑熊抬花轿……成功进行了一场新人的出格婚礼后，各大媒体纷纷报道，动物园名声大噪，预订动物婚礼的新人络绎不绝。从这以后，吴娟就专门做起"动物婚礼"的生意。

2.社会历史性

创新意识是以提高物质生活和精神生活需求为出发点的，而这种需要很大程度上受具体的社会历史条件制约。在阶级社会里，创新意识受阶级性与道德观的影响和制约。人们的创新意识激起的创造活动和产生的创造成果应为人类进步和社会发展服务，创新意识必须考虑社会效果。

3.超越性

创新意识不但可以超越时间、空间、物质、现象和一切传统的东西，还可以超越过去和现在创造出美好的未来。

4.灵活性

创新意识不局限于某种固定的思维模式、程序和方法，它既独立于别人的思维框子，又独立于自己以往的思维框子，是一种开创性的、灵活多变的思维活动。它能做到因时、因事而异。

5.个体差异性

人们的创新意识与他们的社会地位、文化素质、兴趣爱好、情感志趣等相适应，它们对创新起重大推进作用。而在这些方面，每个人都会有所不同，因此，对于创新意识既要考察社会背景，又要考察其文化素养和志趣动机。

【案例 1-11】 "押花"小店把花嵌入坠饰

北京师范大学学生梁宝月从小就表现出对各种花草浓厚的兴趣，一有空就跑到各种鲜花店去观赏花草，儿时的她梦想长大后有一天能拥有一个属于自己的花店。就是抱着这样美好的愿望，刚毕业的梁宝月并没有选择自己大学所学专业开始工作，而是和同学一起开办了一个"手工押花"的小店。小店主要业务是将一些好看的鲜花压制到链坠中，做成精美的项链，引来不少学生抢购和定制。梁宝月会根据不同客户的需求而制作不同种类的坠饰，其中嵌入的每一种花代表不同含义的花语。这份创业经历不仅给梁宝月带来了可观的经济收益，更重要的是给她带来了最大程度上的精神满足。

6.风险性

创新意识的核心是创新突破。它没有成功的经验可借鉴，没有有效的方法可套用，因此，创新思维的结果不能保证每次都取得成功，有时可能毫无成效，有时可能得出错误的结论。创新的风险性来自很多方面，具有不确定性，有来自技术、市场、财务、政策、生产、管理等多方面的风险因素。但是无论取得什么样的结果，都具有重要的认识论和方法论的意义，都能为人们提供新的启示。

(二)创新意识的类型

1.逆向创新意识

逆向创新是将思考问题的思路反转过来，从构成要素的对立面来思考，去发明创造，寻找解决问题的新途径、新方法。所谓"逆"可以是时间上的"逆"，可以是空间上的"逆"，也可以是思路或者方法上的。逆向创新法也是反向求探法。

例如，一个秃头的男人坐在理发店里，发型师问："有什么可以帮你吗?"那个人解释说："我本来去做头皮移植，但实在太痛了，如果你能够让我的头发看起来像你的一样，而且没有任何痛苦，我将付你5000美元。"

"没问题。"发型师说。然后他很快将自己和对方剃了光头。

这个小幽默中的发型师面对秃头顾客提出的苛刻要求，他不是按照常规在顾客身上做文章，而是从自己身上做文章。

2.综合创新意识

综合意识是指将研究对象的各个方面、各个组成部分、各个因素联系起来，从整体角度把握事物的本质和规律。

综合意识不是将各个事物一加一地进行简单组合，而是强调要根据事物内部关联性进行组合。综合性创新意识是多种思维的结晶，是多种思维协同的统一。

综合方法有很多，可以是不同学科进行有机组合，创造出新的学科，如能源科学、生命科学、信息科学、环境科学、材料科学等。

3.分离创新意识

分离创新是将整体事物进行分解，对分解出来的部分进行改进完善，成为单独的整体，形成一个新的产品或新事物。分解组合通过改变事物内部各组成部分之间的相互位置来改变其相互关系，从而优化事物的性能。它是在同一事物上施行的，一般并不增加新的内容。如普通螺丝刀的刀把和刀头是固定的，遇见不同规格的螺钉要准备不同的螺丝刀。人们通过分解，把刀把与刀头分开，分别进行改造，发明了多用螺丝刀。

4.归纳创新意识

归纳就是从个别事物中概括出共同的事实，即从个别到一般。运用归纳推理找出新的一般性的事实，就可能获得新创意。例如，人们发现醋、柠檬酸、盐酸、碳酸都会使石蕊试纸变成红色，但前两种是有机物，后两种是无机物，性质相差较大。但它们有一个共同点，都是酸性物质。据此归纳出一个结论:酸性可以使石蕊试纸变红。利用这一事实可以很方便地进行检验。

六、创新意识的作用

创新是一个民族进步的灵魂，是一个国家兴旺发达的不竭源泉，也是中华民族最鲜明的民族禀赋。创新意识是决定一个国家、民族创新能力最直接的精神力量。在今天，创新能力实际就是国家、民族发展能力的代名词，是一个国家和民族解决自身生存、发展问题能力大小的最客观和最重要的标志。在推进改革过程中，科技创新处于国家发展全局的核心位置，科技发展的方向就是创新、创新、再创新。

创新意识能促成人才素质结构的变化，提升人的本质力量。创新实质上确定了一种新的人才标准，它代表着人才素质变化的性质和方向，输出着一种重要的信息:社会需要充满生机和活力的人、有开拓精神的人、有新思想道德素质和现代科学文化素质的人。

第二节　创业概述

一、21 世纪呼唤创业

纵观世界经济发展历史，大体经历过三次创新创业浪潮。第一次创新（创业）浪潮产生于资本主义工业革命；第二次是第二次世界大战后复苏的商业经济推动大量的创新（创业）活动不断出现；20 世纪 80 年代以来的新经济革命风暴席卷全球，形成了以经济全球化扩张、信息技术高速发展为背景的第三次创新创业浪潮。

2008 年国际金融危机，全球比以往任何时候都需要通过创新创业摆脱危机，实现重生。主要发达国家纷纷推出各自的创新发展战略，焦点不约而同地锁定在新一代互联网、生物技术、新能源、高端制造业等战略新兴产业上，构成新一轮增长竞赛，如“美国竞争力计划”“美国创新战略：确保经济增长与繁荣”“先进制造业国家战略计划”，欧洲的“欧洲 2020 战略”“地平线 2020”，德国的“德国高技术战略 2020”“2014 德国工业 4.0 版”，英国推出“以增长为目标的创新与研究战略”，日本推进“创新 2025 计划”等，频率之快、密集程度之高前所未有，可视为全球第四次创新创业浪潮的到来。

党的十八届五中全会首次提出把创新摆在国家发展全局的核心位置，创新正在成为关乎国家前途命运的一场全面而深刻的历史变革。因此，为在全球新一轮竞争中把握主导权和主动权，我国亟须学习国际有益经验，以“大众创业、万众创新”带动新经济增长，缩小“创新鸿沟”。这是我国从经济大国迈向经济强国的重大历史抉择。

【案例 1-12】　从班长到董事长

陈铭德，2007 年 9 月就读于武夷学院旅游系旅游管理专业。在校期间连续 4 年担任班长，给予他许多锻炼机会，特别是锻炼了人际关系的沟通协调能力，学会了积累人脉关系，与老师、同学保持良好的关系。同时，努力学习各门专业课程，连续两年取得学业奖学金，代表学校参加全国高校会展策划大赛，取得了二等奖的好成绩。在课余时间积极参与社会实践活动，创办学生旅游服务中心，为在校生及外来游客提供旅游服务。联合了 8 名主要同学及旅游系取得导游证的同学共同经营旅游服务中心，为学生提供了很好的服务，同时也取得了一定的经济效益。其间，注重与武夷山本地的酒店、旅行社、景区、茶叶公司等的联系，建立合作关系。在这过程中，理论联系实际，深刻理解旅游产品设计、旅游计调、酒店、景区及旅游行程服务等环节，加强团队管理能力和沟通能力的培养，为后期的工作及创业奠定了一定的基础。

2011 年 7 月毕业，结合自身情况，决定回福建泉州发展。原打算直接进行创业，但考虑对泉州市场还不是很熟悉，不能做到知己知彼，因而决定先就业。2011 年 7 月在泉州金洲大酒店担任总经理助理，协助总经理管理酒店。2012 年 10 月升为副总经理，一方面负责协助管理酒店，另一方面负责筹备大型足浴会所，取得了不错的成绩。3 年多的时间，积累了一些人脉，管理能力、营销能力及风险把控能力等各方面都得到了较大的提高，为自己创业提供了更好的保障。

2014 年 5 月，考虑时机比较成熟，从金洲酒店辞职，创立泉州市正泰会展服务有限公司，任总经理，正式开始创业。原先就打下了基础，对泉州的酒店业、旅游业、会展业都比较了解，与泉州市政府、旅游局、农业局等部门合作，成功举办了旅游节、农博会等多场大型展会。与泉州大型企业如匹克、安踏、虎都等进行战略合作，承接各大企业的订货会、年会等中大型会议。于 2016 年成立了福建沪淼商贸公司，主做电商，在京东商城开设店铺，和京东商学院进行线下培训合作。会议和电商、电商培训得到很好的配合。

从班长到董事长，一步一个脚印。在校能力的锻炼，班级管理和旅游服务中心的运营，为自身储备知识和实践能力；毕业后的酒店管理经验，为自身熟悉了解市场做好充足准备；自我创业，前期不断的积累，为自己企业更好地发展打下扎实的基础。班长、董事长，不仅是名头，更意味着责任，只有不断学习，不断创新，班长才能服务好班级，董事长才能带领企业走得更远。

二、创业类型与要素

(一)创业类型

美国哈佛 MBA 课程中，有一份对创业类型的分析，它将创业分为以下四种类型：

1.复制型创业

复制原有公司的经营模式，延续创业者在原公司时的流程。虽然这类复制型创业在社会中出现的比例较高，但科技创新贡献太低，缺乏创业精神的内涵。这种类型只能称为“如何开办新公司”。

2.模仿型创业

例如，某家装经理辞掉工作，开了一家咖啡店。这种创业，创新成分虽然很低，但与复制型创业的不同之处在于，创业过程具有很大的冒险性，具有较高的不确定性，学习过程长，犯错机会多，创业成本较高。创业者能否成功，取决于他是否具有适合的人格特性，有无经过系统的创业管理培训，能否掌握正确的市场进入时机。

3.安定型创业

企业内部创业即属于这一类型。例如，研发单位的某小组在开发完成一种新产品后，继续在该企业部门开发另一种新品。这种类型的创业虽然具有一定的创造价值，但对创业者而言，本身并没有面临太大的风险和改变，做的也是比较熟悉的工作。这种创业类型强调的是创新意识和创业精神，而不是新组织的创造。

4.冒险型创业

冒险型创业是一种难度很高的创业类型，典型的就是高科技创新创业。对社会，它不仅具有很大的科技创新贡献，给创业者本身也带来了极大改变，个人前途命运的不确定性也很高，创业之路将面临很高的失败风险，可一旦成功，所得的回报也很惊人。这种类型的创业者想要获得成功，必须在创业能力、创业时机、创业精神、创业管理、创业模式和策略等各方面都要具备很好的素质和潜质。

（二）创业要素

创业具有三个基本要素：方向、团队、产品和模式。

1. 方向

创业必须考虑产业发展和社会经济大势，像小米科技创始人、董事长雷军说的“要做风口上的猪”。比如柯达、诺基亚的方向选择，就是教训。柯达以前是世界500强企业，生产胶卷和相机，数码相机出来时就应该感到危机重重了，当摄像头被做成手机标配时，则预示着这个行业已经没有未来了。诺基亚也倒在趋势面前，手机后来从通信工具变成商务工具、娱乐工具时，用户更喜欢苹果的时尚、用户体验和各种各样的应用。

2.团队

创始团队，尤其是主导创始人，需要具备一些品质、专业能力和核心资源。主导创业者要目标高远，目标高远才能在困难时挺得住，才能在创业中做到极致，才能吸引人才。意志坚定，无论遇到什么样的困难和问题，都要坚持下去。单打独斗的时代已经过去了，创业需要合伙人，具备相同价值观，目标一致，专业能力和个性能够互补，关键时刻能互相鼓励。创业过程中，情商和学习能力尤为重要，创业者要善于沟通交流，要不停总结，不停批判自己。

3.产品和模式

产品和模式应从大处着眼，小处着手。创业不但要选对行业，还要评估产业链，找到最“肥”的市场去做，这是产品定位必须遵循的原则。中国国情比较复杂，竞争激烈，不但要考虑产品定位，还要考虑模式。模式怎么理解？比如网盘，在美国有一家云存储服务创业公司Dropbox，按照存储容量收费，3年左右估值超过100亿美元。中国的创业公司网盘收费，互联网“大佬”马上跟进让网盘免费，创业公司无法立足。同样是广告模式，我们看看百度和新浪的差距：百度的关键词模式，海量词汇，开通账号充值自助服务，销售和服务更简单；新浪卖广告位，展示形式需要精心策划，难度大。两种模式差距很大。

三、大学生创业的认知

大学生的知识、智力和活力相对其他的群体具有一定优势，知识资源成为大学生创业的最大优势。

刚进入社会的大学生有活力，勇于拼搏，无太重的包袱，具有较强的社会适应能力；自信心较强，对本身认准的事物会有激情去体验。同时，大学生有较强的领悟力，自主学习知识的本领强，善于接受新事物；思路活跃，创意新颖，能将所学的知识很快内化为本领，外化为发明。

大学生作为一个相对独立的创业群体，优势在于年轻有活力，勇于拼搏，而且他们的学习能力和创新能力较强，家庭负担也较轻，相对于其他群体来说，知识技能也较多。由此可见，大学生作为一个创业群体拥有更多的人力资本和巨大的发展潜力，是我国创业的主力军。

（一）大学生创业的背景

1.响应国家号召，顺应时代浪潮，时不我待

如今，“大众创业、万众创新”正随着国家不断的简政放权、创业生态不断的优化，变成中国经济最生动的实践代名词。

创业者的信心来自国家对创新创业的大力支持。大学生是创新创业的主力军。依托中国创业环境的改变，现在，我国每天有1万多家企业注册，平均每分钟就会诞生7家公司。事实上，从改革开放以来，每隔10年左右，我国就会出现一次大的创业浪潮。20世纪80年代，个体户出现；90年代，“下海”经商成了一个热词；2000年，互联网开始普及，一大批优秀的互联网企业应运而生。而眼下则迎来了第四次创业浪潮。“现在应该是创业最好的时代”，说出了千千万万创业者的心声，让人感受到新一轮的创业潮正在走来。“互联网＋大学生创业创新”体现了时代特色。政策有激励，创业就有底气；创业舞台越广阔，市场就越有活力。

2.大学生就业市场不容乐观

随着大学扩招，毕业生迅速增加，社会需求基本上保持在扩招前的水平，而用人单位大多希望新进员工是有几年工作经验的“老手”，高学历不能给大学生带来高收益。毕业生就业压力越来越大。面对这种形势，选择自主就业既可以为自己寻找出路，又为社会减轻就业压力。当前，想要开始自主创业的人并不少，这方面的意识越来越明显，大学生们不应再依赖家长、学校，而是主动发现、寻找机遇。

(二)大学生创业的意义

1.大学生创业有利于大学生自身的成长

创业的过程，也是锤炼大学生意志品质的过程，会促进大学生更快成长和更加成熟。创业可以使大学生全方位地投入社会实践，使大学生获得宝贵的社会经验，弥补以往经验不足的缺点；创业的大学生能够控制自己的工作，自己决定何时何地及怎样工作，有助于大学生锻炼自我管理能力。即便创业失败，带来的有益经验也会使创业者比同龄人更快地成长。通过创业实践，大学生可以充分调动自己的主观能动性，改变自身的就业心态，自主学习，独立思考，并学会自我调节与控制。也只有这样，大学生创业才能成功。对于一个能自我学习，懂得如何管理自己的时间与财务，善于拓展人脉关系，并能够主动调适心态，积极适应社会的大学生，其创业成功的概率很高。

2.大学生创业可以增加就业机会

创业不仅可以解决大学生个人就业困难问题，创业后还可以吸收社会成员进入企业，为他们提供就业岗位，缓解我国目前由于经济结构调整所造成的全国范围内的就业问题。

3.大学生创业可以推动社会的发展

创业提高了大学生个体的产出和收入水平，不仅如此，还可以促进新的社会结构和经济结构的形成。目前我国正处在发展市场经济的阶段，创业可以为完善我国经济结构做出贡献。大学生的知识储备比较丰富，对于提高我国的知识转化率有着非常特殊的意义。同时，不论是否成功，大学生创业都将为社会培养和储备一批文化层次高、实践经验丰富的人才，这一点对于社会发展的战略意义，远远超过了单纯的经济意义。

(三)大学生创业的途径

1.学习途径

创业者通过课堂学习能拥有过硬的专业知识，在创业过程中将受益无穷；大学图书馆通常能找到创业指导方面的刊物和图书，广泛阅读能增加对创业市场的认识；大学社团活动能锻炼各种综合能力，是创业者积累经验的很好的实践过程。

2.媒体资讯

一是纸质媒体，人才类、经济类媒体是首选，如比较专业的《21 世纪人才报》《21 世纪经济报道》《IT 经理世界》；二是网络媒体，管理类、人才类、专业创业类网站是首选，如中国营销传播网、中华英才网、中华创业网、人才中国网、校导网等。此外，从各地创业中心、创新服务中心、大学生科技园、留学生创业园、科技信息中心、知名的民营企业的网站等都可以学到创业知识。

3.与人交流

商业活动无处不在。可以在生活的周围，找有创业经验的亲朋好友交流。在他们那里，将得到最直接的创业技巧与经验，这比看书本的收获更多。

4.曲线创业

先就业再创业是时下很多学生的选择。毕业后，由于自己各方面的阅历和经验都不足，到实体单位锻炼几年，积累了一定的知识和经验再创业也不迟。

先就业再创业的学生所从事的创业项目通常也是在过去的工作中密切接触的，而在准备创业的过程中，可以利用与专业人士交流的机会获得更多的来自市场的创业知识。

5.创业实践

真正的创业实践开始于创业意识萌发之时，大学生的创业实践是学习创业知识的最好途径。

间接的创业实践学习主要可借助学校举办的某些课程的角色性、情景性模拟参与来完成。如积极参加校内外举办的各类大学生创业大赛、工业设计大赛等，对知名企业家成长经历、知名企业经营案例开展系统研究等也属间接学习的范畴。

直接的创业实践学习可通过课余兼职打工、试办公司、试申请专利、试办著作权登记、试办商标申请等事项来完成，也可通过举办创意项目活动、创建电子商务网站、筹划书刊出版事宜等来完成。

6.校园代理

大学生由于经验、能力、资本等方面都存在不足，直接创业存在很大困难，成功率也很低，而校园代理对经验、资金等一般没有太高要求，可以利用课余时间代理校园畅销产品，积累市场经验，锻炼创业能力。做校园代理没有成败之分，对于大学生来说多多益善，如果做得好，还可以积累一定的资金。

总之，创业知识广泛存在于大学生的学习、生活中，只要善于学习，总能找到施展才华的途径，但在信息社会里，“去粗取精，去伪存真”也是很重要的。善于学习和总结永远是赢者的座右铭。

7.个人网店

大学生是最具活力的群体，也是新技术和新潮流的引导者和受益方。网络购物的方便性、直观性，使越来越多的人在网络上购物。一些人即使不买，也会去网上了解一下自己将要买的商品的市场价。点对点、消费者对消费者之间的网络购物模式兴起，国外以 ebay 为开始，国内以淘宝为代表，吸引了越来越多的个人在网上开店，在线销售商品，引发了一股个人开网店的风潮。而大学生正是这一群体里的主要力量，不少大学生看到这一潮流后纷纷投身个人网店，成功者比比皆是。

四、创业与创新的关系

狭义的创业是一个经济学的范畴，是指主体以创造价值和就业机会为目的，通过组建一定的企业组织形式，为社会提供产品服务的经济活动。创业的本质在于把握机会，在于创造性的资源整合、创新和快速行动。所以说，创业的本质是创新，创新是创业的灵魂，两者之间存在密切的内在联系。只要是创业，就有一个从无到有的过程，所以说创新是创业的基础，创业推动着创新。没有创新，创业就是无源之水，无本之木。

(一)创新是创业的基础

创业者在进行创业时，重要的创业资本是核心技术、创业知识、运作资金、创业团队、创新能力等，但其中创业能力是最重要的。创业者在创业过程中需要具备创新意识和创新精神，需要独特和新颖的创新思维，产生出富有创意的独特想法，寻求解决问题的新思路和方法，不断克服企业发展的瓶颈和难题，最终取得创业的成功。

(二)创新的价值在于创业

创新的价值在于将潜在的知识、技术和商机转化成产品与服务，能够创造财富，实现企业再创业，通过将创新成果进行商品化和产业化，实现社会财富的增值。

(三)创业蕴含价值创新

创业能够取得成功，必然内在存在着价值创新。创业者进行创业，就是把创新的产品或让人满意的服务通过努力将其推向市场，让财富不断增值。因此，创业是一种能够自我发展达到不断创新的过程。

(四)创业深化并推动创新

创业就是让新发明、新创造不断涌现，营造出旺盛的、全新的市场需求，使创新的经济价值、社会价值得以实现，实现科技创新的进一步深化，从而提高企业或国家的创新能力，推动经济转型与发展。创业的关键在于创新，持续创新将推动和成就创业。

第三节　创业意识培养

创业意识是指在创业实践活动中对创业者起动力作用的个性意识倾向，包括创业的需要、动机、兴趣、理想、信念和世界观等要素。创业意识集中表现了创业素质中的社会性质，支配着创业者对创业活动的态度和行为，并规定着态度和行为的方向、力度，具有较强的选择性和能动性，是创业素质的重要组成部分，是人们从事创业活动的强大内驱动力。

一、创业意识的认识

(一)创业意识的内涵

意识是人的精神活动的重要内容，是感觉、思维等各种心理过程的总和，是社会的人对客观存在的主观映象。在意识活动中，人们从感性经验抽象出事物的本质、规律形成理性认识，又运用这些认识指导自己有计划、有目的地改造客观世界。

心理学将意识分为广义的意识和狭义的意识。广义的意识概念认定意识是赋予现实的心理现象的总体，是作为直接经验的个人的主观现象，表现为知、情、意三者的统一。知指人类对世界的知识性与理性的追求，它与认识的内涵是统一的；情指情感，即人类对客观事物的感受和评价；意指意志，即人类追求某种目的和理想时表现出来的自我克制、毅力、信心和顽强不屈等精神状态。

狭义的意识概念则是指人们对外界和自身的觉察与关注程度，可分为外在意识和内在意向两种。外在意识是指人们在行为中大脑对外界事物觉察的清醒程度和反应灵敏程度；内在意向是指人们对待或处理客观事物的活动，表现为欲望、愿望、希望、意图等。内在意向是个体对态度对象的反应倾向，即行为的准备状态，准备对态度对象做出一定的反应，因而是一种行为倾向，或叫作倾向、意愿。意愿反映个体将有意识的计划或决定付诸行动的动机。

创业意识是创业者思维活动的产物，是创业者成功的心理活动能动性的集中体现，是创业者源于自己的生理动机（如解决自己的吃饭问题、工作问题）和心理动机（如实现自我价值，得到社会承认等），对所见、所闻、所知、所了解的客观事物的感觉、知觉，通过判断、推理等将已有的感性材料经过大脑加工，从而形成的创业设想。创业意识是创业者内在的强烈需要和创业行为的强大驱动力，是创业素质的重要组成部分。

华东师范大学大学教育经济管理硕士王彩华（2007）在其硕士论文《我国高校创业教育研究》中指出："创业意识是指在创业实践活动过程中，对个体起动力作用的个性意识倾向，主要包括创业的需要、动机、兴趣、理想、信念和世界观等心理成分。创业意识支配着人们对创业活动的态度和行为，规定着态度和行为的方向和强度，具有较强的选择性与能动性。创业意识的形成是长期的、渐进的过程，它要把学生头脑中朦胧的潜在的创业意向转化为一种创业冲动、创业激情，然后内化为创业动机、创业精神。创业意识教育是创业教育的主要与核心内容。"

重庆大学应用心理学硕士万凤英认为，创业意识激发人们从事创业活动的欲望，支配着创业者对创业活动的态度和行为，是人们从事创业活动强有力的内在动力机制，是学生创业素质的一种内化表现。

创业意识的形成，不是一时的冲动或凭空想象出来的，它源自人的一种强烈的内在需要，即创业需要。创业需要是创业活动的最初诱因和最初动力。创业需要上升为创业动机时，就形成了心理动力。创业动机对创业行为产生促进、推动作用，有了创业动机就标志着创业实践活动即将开始。而创业兴趣可以激发创业者的深厚情感和坚强意志，使创业意识得到进一步升华。一般在创业实践活动取得一定的成效时，便引起兴趣的进一步提高。创业理想属于创业动机范畴，是对未来奋斗目标的向往和追求，是人生理想的组成部分。有了创业理想，就意味着创业意识已基本形成。创业者为了实现创业理想，在创业活动中经过艰苦磨炼，又逐渐建立起创业的信念。创业信念是创业者从事创业活动的精神支柱。创业世界观是创业意识的最高层次，是随着创业者创业活动的发展与成功而使创业者思想和心理境界不断升华而形成的，它使创业者的个性发展方向、社会义务感、社会责任感、社会使命感有机地融合在一起，把创业目标视为奋斗目标。

(二)创业意识的特点

1.自主性特点

创业意识的自主性是指创业意识源于创业者的头脑,源于创业者谋求生存与发展的意识。人力资源、人力资本专家舒尔茨说:"空间、能源和耕地并不能决定人类前途,人类的前途由人类的才智进化来决定。"莱德蒙佩尔说:"一个人永远活在他自己的思想、信仰与哲学所创造出来的环境中。"可见创业意识源于创业者的思想、思维。

2.客观性特点

创业意识的客观性指创业意识不是空穴来风,它是创业者自身和周围客观现实在头脑中的反映。创业意识既从自身的客观条件出发,又从社会经济发展和市场需要的客观实际出发,使创业意识建立在牢固的客观基础之上,离开了客观条件的创业意识是无法变成创业行动的。

3.超前性特点

当今的时代是一个高度信息化的时代,是一个高新技术层出不穷的时代,是一个经济发展步伐加快、产品换代周期急剧缩短的时代,如此诸多的因素孕育着一个创新的时代。创业与创新是一对孪生兄弟,是一个铜板的两面,两者谁也离不开谁。创业的核心是创新,创新是创业的灵魂,创新是创业成功的保证。因此,超前的创业意识必须以创新为基础,它有以下两方面的特征:一是前瞻性,即预测事物的发展趋势及未来的走向;二是创造性,即构思新的境界和设计新的技法。

【案例 1-13】 友宝智能快递终端

应向阳的创意缘于他在网上购物的感受。大三时,他参与做科技项目,经常需要从网上购买零配件。每次快件送达时,他都不得不临时从课堂上跑出去取,因为"当时不去取,当天就取不到了"。他发现,像自己这样离开教室取快件的同学不在少数,有的同学"取完后到饭点就没再回来上课了"。

快递员送货时间不固定,快递不能及时收到,直接影响人们的学习和生活。网购群体面临的这一困扰,让应向阳嗅到了商机。由此他想到了超市的储物柜,通过物联网的技术,应该可以解决快件暂存的问题。

4.能动性特点

创业意识作为创业者的创业理念、创业思维、创业观念,因其主观意识而形成,但又受客观条件的支配。它是创业者对客观世界的认识与改造的思考结果,是创业者创业活动的基础并指导创业活动的全过程,因而创业意识具有主观能动性作用。创业者由于受到内部刺激(如就业无门)或外部刺激(如成功者的效应)以后,期望状态与实际状态不一致,创业者从心理上感到不安,为消除这种状态,于是产生创业需要,形成创业动机。创业动机是创业者的内部刺激或驱动力,它决定创业者的行为方向,是创业行为的具体理由。创业给创业者带来的最好礼物是自由,是时间、创造力、思维、想象力的自由。"自由"能使创业者兴奋,从而激励他奋发图强,实现创业目标,而目标的实现反过来进一步激发创业意识,使其发挥自己的聪明才智,产生能动性创业。

二、影响大学生创业意识的因素

(一)经验与胆识不足

经验与胆识不足是大学生创业的最不利因素，是导致大学生没有创业意愿或不选择大学期间创业的最重要因素。社会经验的不足，尤其是市场化经营运作经验不足是大学生创业失败的一个主要原因。创业是一种全面的素质挑战，大学生的活动范围有限，与社会接触少，在处理社会事务时，由于经验不足，难免欠考虑。创业者必须熟悉各行业的运行模式和规则，而且要随时准备应对变化，特别是在市场经济体制不完善的情况下，有时面对的是无规则的游戏，这使创业者难以理解和把握。经验与胆识不足成为大学生创业的最大软肋。

【案例 1-14】　你创业之初考虑过失败吗？你当时最大的担忧是什么？

郜韶飞，毕业于上海理工大学，上海五分钟网络科技有限公司创始人和 CEO。

创业经历：在校期间多次创建项目，大二组建计算机信息交流协会，举办的电子竞技大赛成为上海高校知名电子竞技品牌；大三建立工作室，承接互联网外包项目。公司代表作是“开心农场”。

创业过程中，他们的确遇到过各种各样的困难，曾经多次到了生死存亡的境地，但是每次都很少有时间考虑什么叫成败，更多的是要考虑如何让公司继续活下去。成败的问题的确很难说，并不是全部能由自己掌握，考虑多了反而不敢向前。成功是坚持出来的，只要不断地想办法让公司活下去，成功就不远了！其实更深一层的体会是，公司的经营过程就是不断想办法让公司活下去的过程，而公司价值的体现，就是公司能活着，并且为社会创造价值。什么是成功呢？难道一个产品像“开心农场”那样受欢迎就是成功吗？难道公司今年赚了很多钱就是成功？的确，这都是成功，但千万不要忽略，这些东西都是阶段性的，过了就是历史，更重要的是企业的永续经营！

(二)缺乏创业所需要的经营管理能力

经营管理能力是影响大学生创业的第二项重要因素。当今市场经济社会中，企业要生存、要发展，创业者必须具有良好的经营管理能力。如何把现有的人、财、物通过管理赚取最佳的效益，如何调动每位雇员的积极性使之全力以赴为企业工作，如何使自己的产品或服务项目被社会认可，受用户欢迎，这些都需要创业者通过良好的经营管理来实现，需要依靠创业者所建立起来的高效管理体系。世界“钢铁大王”卡耐基曾说过：“将我所有的工厂、设备、市场、资金全部夺去，但只要保留我的组织和人员，四年以后，我仍将是一个钢铁大王。”由此可见经营管理体系和经营管理能力的重要性。大学生经营管理知识缺乏，对自己的管理能力不自信，导致他们不敢走创业道路。已选择创业的，在一些创业团队中也有经济管理专业的学生，他们在学校得到的教育过于注重理论，缺乏实际经验，根本不具备企业管理能力和资本运作能力，内部管理空有制度而不能贯彻执行，外部合作举步维艰，不知所措。

(三)缺乏风险与竞争的市场意识

缺乏市场竞争意识，没有赢利能力，是不少学生公司共同存在的问题。经济规律是每一个企业必须遵循的,不管你是学生公司还是其他公司。无法打开市场,不具赢利能力,失败就是必然的了。不少同学很乐于向投资人大谈自己的技术如何领先,如何独特,却很少涉及这些技术或产品究竟会有多大的市场空间。即使谈到市场,他们对于诸如目标市场定位、营销手段组合这些重要方面全然没有概念。其实,真正能引发投资人兴趣的是那些能切中市场需求的产品或服务,以及具有非常明确的市场营销计划和强有力证明赢利可能性的方案。

大学生创业者善于从学生的立场考虑问题,而很少从一个创业者的角度思考,所以他们市场意识淡薄也在所难免。“拿投资人的钱,干自己想干的事。”这是缺乏市场意识的大学生创业者的心理状态。复旦大学团委曾向500名大学生做了一项调查。调查表明,对于从事创业活动最主要的目的,近半数的同学认为是“锻炼才干”,其次才是“赢利”。投资人最关心的不是你的才干得到锻炼没有,他们最关心的是赢利。这就是大学生创业公司难以得到投资人的信任,难以得到融资的关键所在。

(四)缺乏创业资金

创业并不是仅凭热情就能完成的社会实践活动,需要雄厚的物质基础作为支撑。近年来,教育投入大幅上升,住房与医疗支出在家庭总支出中占相当比重,家庭中能用于其他支出的资金所占比例越来越小。特别是一些来自农村的大学生还在为衣食温饱担忧,不可能依靠家庭来筹措创业资金。另外,我国的风险投资刚刚起步,创业市场尚未建立,投资者非常谨慎。尽管大学生公司的创业计划有细致而周密的可行性论证,但如果技术含量不够高、市场赢利的潜力不够大,也是不容易吸引到风险投资的。创业资金缺乏,使许多大学生的创业计划成为泡影。

【案例1-15】 创业故事

张洋,北京财贸职业学院广告艺术学院2014届毕业生,现在经营自己的公司——VOCO维可传媒。以下是他对创业之路的自述。

我从职高二年级就开始创业,大一时在学校里找到一位志同道合的合作人,成立了“乐疯视觉”设计网站,我为自己起了个笔名——“路右右”。出于对设计的热爱及自身设计专业的优势,我在同年底成立自己的设计工作室“乐疯视觉品牌设计机构”(LOCRAZY Brand Design Agency)。这个工作室的建立,不但提高了我的专业技能,还让我熟悉了今后工作的各种流程,也积累了不少人脉。发展了两年,工作室不但服务了像北大、农大、网易这样的大客户,本人也被加上新锐设计师头衔,受邀参加新浪微博、湖南卫视《天天向上》、中国教育电视台《成长不烦恼》及创业家杂志采访等活动。

2013年,我又成立了一个全新的团队,开拓新的业务——VOCO。项目2013年5月成功在中国人民大学展出,全场150多所高校的众多项目中,VOCO是唯一被新华社网站报道的创业团队。2014年,VOCO拿到了百万投资,正式运作起来。

为什么要成立VOCO?我们发现现在的潮流媒体过多地关注潮流的个性方面,却忽略了最重要的一点——品质,以至于人们如今对潮流的认知停留在“大众”和“低端”,其实潮流也存在品质。通过与一些“90后”朋友聊天,我们了解到大家需要一个引领品质潮流的先锋媒体,所以,我们将VOCO定位于“轻奢”。轻奢是个性与品质共存,又没有时尚那么奢侈,更贴合我们的受众。一般人会将潮流和时尚混淆,其实它们是两种概念,我们把从潮流到时尚分为三个阶段:潮流—轻奢—时尚。潮流的价格相对亲民,时尚相对奢侈,轻奢对于我们的定位人群来说刚刚好。

VOCO的业务分为VOCO维可传媒、VOCO维可潮流公关、VOCO品质潮流社区三大模块,通过线上PC端、手机移动端与线下活动助力中国品质潮流文化传播与发展。VOCO成立时,知名歌手温岚,中国梦之声许明明、刘思涵等明星鼎力支持,纷纷发来祝贺VCR,祝VOCO越来越好。

在创业过程中,很多人质疑我们的能力及我们对未来市场的判断,常常打上"90后创业靠谱吗"等诸多问号。大学毕业后,人们的思维定式就是找一份工作,积累经验与人脉,并且一些投资人不赞同大学生毕业后创业。假如有个好项目,我们为什么不去试试?我们并不觉得自己的经验少,由于接触社会较早,我们有自己的人脉与经验,这些对于目前的创业项目都有很好的助力。有时和有经验的创业者、企业家聊一聊,所获得的经验会比自己在职场上奋斗几个月来得更快,与他们的每一次交谈都是一次成长。回去重新分析自己的产品,会走得越来越好。

创业中的困难是不断迸发且不可预测的,但是克服困难后产品品质就上升了一个台阶。我觉得大学生创业过程中最大的困难就是资金匮乏。大部分大学生都没钱,也不知道去哪里找钱,从投资人那里拿到钱非常不容易。VOCO成立之初,我们也有很多不被看好的时候,被投资人拒绝、受人冷眼等。这个时候不能自暴自弃,而要坚持自己的信念,分析投资人为什么拒绝,项目哪些地方需要优化等。投资人要的是资本的回报,不过在项目种子轮和天使轮阶段,他们更看重这个产品未来是否有规模,项目的执行团队是否有能力,配合是否默契等。投资人有时也会因为喜欢一支团队而投资,所以要不断优化商业计划,多聊几次,你会越来越从容,成功的概率也就会更大。对于街拍这个新生事物,我们面临的困难是这个项目如何赢利,我们不断分析受众,了解他们喜欢和关注的内容,再通过运营实践来完善我们的商业模式。

创业期间,学校和老师给予了我很多帮助,包括发展方向指导、各种资源的支持等,这些都有助于我们项目的发展。"创业计划训练"课也非常有用,它会提供社会实践经验。老师会将社会上的资源带给我们,比如政府的资金申报等,也可以获得一些启动资金。因为我是学广告设计与制作的,所以在品牌传播方面还可以学以致用。

总之,创业是条漫长的路,需要不断地坚持,不断地积累资源以换取更大的平台,这样才会实现最初的创业梦想。

三、培养大学生创业意识的必要性

大学生创业尽管有许多的不利因素,很多学生也由于很多主客观因素而最终放弃了创业的念头,但知识经济时代市场经济的发展迫使我们必须创造条件逐步培养大学生的创业意识与理念。

(一)创业是市场经济条件下大学生个体自我发展的需要

随着市场经济体制的逐步完善,市场观念的深入人心,青年大学生开始追求进取务实的价值取向。他们通过自己的积极思考,确定人生目标,最大限度地实现人生价值,为社会做出应有的贡献。他们希望"社会与个人利益并重","事业与利益兼得"。同时,不少大学生崇尚自我实现，以个人为主体，注重个人奋斗，强调自我价值的实现。

在社会生活中，他们更多地愿意充当主角，不愿做重复性、输出性的工作，他们对成才的设计往往是多视角、全方位的，他们的价值取向充分体现着效率、竞争和自立的时代特征，“内强素质，外树形象”是他们的时代心声。可以说，他们是敢于“吃螃蟹的一代”，是富有个性的一代，而恰好大学生的自主创业给他们一个实现自我发展的机会。调查显示，具有创业意识的大学生在选择他们的创业目的时，98%选择了“实现自我价值”。

(二)培养大学生创业意识是人才适应知识经济时代的必然要求

21世纪，一个知识创新和可持续发展的新时代已经到来。传统的工业经济时代，经济的发展更多地依赖自然资源和现成的技术，而知识经济是以知识创新为基础、以知识直接进入生产过程为特征、以知识产业化为标志、以现代高新技术为主导的经济。知识经济的发展客观上要求经济增长主要转向依靠科技进步和提高劳动者素质。可是，目前我国科技成果转化率仅为6%～8%，相比发达国家50%的转化率差距很大，能够形成产业规模的比例更低。顺应知识经济发展的现状与要求，我国迫切需要大批掌握现代化科学技术、具有创新能力和市场实现能力的创新型人才，来担负起推动21世纪我国经济可持续发展的历史重任。然而，大学生在成长过程中，缺乏的恰恰是全方位的能力、素质以及创新创业精神。传统的学校教育偏向于学生知识和技能的掌握，缺乏创新能力、适应能力和实践能力的培养。因此，当代教育特别需要改革人才培养模式，加强大学生创业意识与能力的培养。

四、大学生创业意识的培养

(一)自我激励

理想教育是创业教育必不可少的组成部分，创业目标的确定就是人生理想的具体表现。没有坚定的信念、不懈的努力和良好的道德品质，创业就不可能取得成功。要将理想信念教育与大学生的创业前景结合起来，将创业理想内化为大学生前进的动力，在爱国主义、集体主义教育中引导学生树立科学的创业目标。

理想信念来源于实践。高校应通过开展各种实践活动，把理想信念教育的内容融入实践中，帮助大学生进一步坚定理想信念。创业实践的过程为大学生提供了孕育理想信念的肥沃土壤和实现理想信念的广阔舞台。为了让大学生充分了解国情、民情，高校可以组织学生开展广泛的社会考察和市场调查，通过建立创业实践基地和社会主义精神文明实践基地，增进他们对国情和社会的了解。通过创业理想教育，使大学生将自主创业作为人生的奋斗目标，以高远的理想为引导，以顽强的意志去克服困难，获得创业的成功。

【案例1-16】 一个浑身流动着创业血液的武夷学院学子

郭水勇，武夷学院2008级连锁经营管理专业毕业生，武夷山创业者生物科技有限公司总经理，武夷学院商学院就业指导教师，武夷学院校团委特聘创业指导老师，福建省团省委“我的中国梦”受邀讲师，“福建省五四青年奖章”“南平市五四青年奖章”“武夷山市十大杰出青年”获得者。

艰苦创业，白手起家

郭水勇是武夷学院最早从事证券交易的学生之一，也是第一个创办企业的在校生。武夷学院的顺鑫广场一带如今是学院周边的黄金地段，热闹的商业广场以学生创业者居多，无论在这里开什么店都要来他的公司拜访，取取经。作为武夷学院史上首个创办企业的学生，郭水勇6年的打拼印记成为这里人尽皆知的历史。当时武夷学院从南平搬到武夷山，由于附近的配套设施不够完善，人流量很少，学生消费力低，大部分商人并不看好这块土地，很少有人投资。郭水勇发现大学生大多数都想创业，只是创业成本较高，经验不足，成功率不高。所以，他第一次尝试新的创业模式——“创业平台+”，将当时的店铺租下来，作为创业平台，再征集10位有创业意向的大学同学，将店面的业务分为10个不一样的行业，分别出租给他们使用，聚合各方资源并充分利用。“创业平台+”作为创业平台，引起社会及学院的关注，成功孵化了很多学生创业企业。

2008年大一入学，郭水勇就将1500元生活费投入股市，成功抓住2008—2009年股市反弹，数倍赢利。同年10月，郭水勇开始参加网络模拟炒股大赛，几经摸索，不断钻研，成绩居然在全国组名列前三，很多人主动求教炒股经，通过教授股票知识及有偿代为管理股票和自己真实的证券交易赢利，赚得人生第一桶金。

郭水勇身上从来不缺乏新一代创业者的敏锐特质，洞察力让他捕捉到有利的商机，股票、创业中心、住宿、物流、茶叶、电子商务……数不清的创业历程，说不尽的创业故事，他也因此成为武夷学院最抢眼的创业明星。

因地制宜，发展茶产业

武夷山市是茶叶之都，茶叶可以说是离郭水勇最近、最可利用的创业资源。2010年底，在试水了多个经营项目之后，郭水勇开始沉淀下来。他发现虽然武夷山的茶叶经济在发展，但是在产业生态链底层的小茶农依旧依靠微薄营收坚持生产，担负着整个产业链最大的风险，小到自然灾害，大到茶叶市场波动。茶叶是他们唯一的收入，为了巩固自身收入，必然有人为了利益恶意催生产量，降低成本，生产劣质茶叶，导致整个行业进入恶性循环。他认为，保持茶叶市场健康是拯救茶叶产业的根本。郭水勇与当地诚信茶农合作，每年全额采购他们的茶叶，解决他们销路问题，让茶农安心做好茶，通过不定期检查茶叶品质，保障茶产业长期发展。

2011年，他正式创立武夷山创业者生物科技有限公司，并招聘了全职、兼职员工，顺鑫广场的一整栋大楼也被他租作办公地点，“仓储式茶叶批发”的广告大字鲜红耀眼。

大学生想创业，郭水勇鼓励他们在自己的公司“零成本创业”，让有创业意向的学生从朋友圈开始销售茶叶。郭水勇的茶叶跟随着来自全国各地的武夷学院学生销往全国各地，在学生销售茶叶的同时，也传授他们销售的技巧，让毕业的学生把自己的老家作为代理区域，打破固有的传统渠道。郭水勇实体店的每一个学生都是销售过数百斤茶叶的精英。把客户当成朋友，郭水勇的客户越来越多，客户黏性也非常强，2012年实体批发1万斤茶叶，到2014年实体批发就达到10万斤。这10万斤的销售量，大部分是电商采购。6年前电子商务不被当地茶企认可，当时所有的批发商不让赊账，郭水勇却鼓励他们先进货，卖完茶叶再结账。他愿意扶持真真正正在创业讲诚信的朋友，不管是学生，还是刚刚起步的电商客户。正是他的为人仗义，好交朋友，他的生意得到越来越多采购商的支持，销售量每年数倍增长。在武夷山中型茶企年产量只有3000斤精制茶的今天，郭水勇凭借自身营销魅力及诚信经营，艰苦创业，短短几年时间，从0到100000斤，数十倍于武夷山中型茶企！

电商时代，开拓线上版图

随着电子商务时代来临，郭水勇开始留意淘宝操作流程，进行茶叶产品包装设计，与电子商务客户交流细节，招聘电子商务人才。2013年3月，他开始电商之旅。他观察到网络市场上，基本上都是低劣、廉价的产品，有人说，这是电商的基因和现状，无法改变。郭水勇坚持把自己的网络店铺定位在高端，将客户细分，将自己多年实体经营经验、深谙客户需求的优势发挥到了极致。茶文化历史悠久，自古喝茶多为文人雅士、皇廷贵胄，于是，郭水勇将孔孟之道、永乐大典、皇帝玉玺等元素融入设计理念，运用陶瓷、檀木、锡金等材质设计出高端包装。2013年中秋前夕，网络交易量开始爆发，以至2013年整年网络销售额达300万元。短短几个月时间，创业者的电子商务销量名列武夷山前茅，2014年公司整体营业额达1600多万元。

2014年初，郭水勇收购平川府茶业品牌；2014年12月，平川府天猫店正式开业；2015年开始多行业投资。如今郭水勇已经成为拥有多家实体体验店、茶叶会所、多家淘宝网店及天猫商城的商人，有车有房，此时距他大学毕业不到3周年！

感恩与回报

2008年，郭水勇独自一人从漳州到武夷山求学，跟着武夷学院、武夷山市一起迅速成长。从他公司培养出来的人才有数百名，有的就业了，也有人创业了。郭水勇总是无私地分享他人生经验，对于能力较强、实力足够、想创业的公司员工，他总会拿出资金，帮助他们解决创业最基本的问题。他坚信，拥有多大的胸怀，就会有多大的成就。

郭水勇是从武夷学院大学生创新创业园孵化出的第一代创业青年，今天的成功和武夷学院是分不开的。校团委的创业指导老师对郭水勇悉心指导，提供创业初期所需要的软硬件配套，指导郭水勇积极参加各种类型的创业竞赛、评选，以赛代练。在这过程中，郭水勇吸收了很多其他高校创业团队的经验，认识了省内资深的创业投资人，这些都帮助他快速成长。在学校的指导下，郭水勇2011年获得海西大学生创业MBA“创业之星”称号，获奖金1万元，同时获福建省省级创业资助5万元，同年获得武夷学院“创业示范店”称号；2013年荣获“武夷山市十大杰出青年”荣誉称号，被福建日报、百度新闻、新浪网、凤凰网、网易新闻等媒体争相报道。福建日报“创业英雄”栏目以“创业路上，我一直前行”对他进行了专题报道。2014年荣获“南平市五四青年奖章”，同年荣获“南平市我们身边的‘创业·致富’好青年”荣誉称号，被《创业天下》杂志以“打造茶叶王国的勇者”进行专访。2015年荣获“福建省五四青年奖章”，及首届中国“互联网+”创业创新大赛福建省决赛铜奖，奖金1万元。

郭水勇积极配合团省委“中国梦”主题演讲，怀着感恩的心，积极参与各项创业辅导工作，正能量影响创业青年。作为武夷学院商学院就业指导教师，他在为自己公司谋划未来的同时，也在为武夷学院莘莘学子的创业旅程保驾护航，以自己的创业经验，成功帮助他们规避风险，减少成本，迅速成长。他成立创业基金，对有潜力但缺少资金的创业项目进行帮扶。几年间，成功帮助数十家初创企业创业成功。他的企业为社会提供数百个就业岗位，为母校成功培养众多的创业人才。

2014年开始，他受邀成为武夷学院校团委创业导师，开始专注培养大学生电子商务实践能力，形成武夷山电子商务新势力；让学习能力突出的武夷学院学子参与公司的运营，并且鼓励学有所成的精英去创业，同时分派他们去对当地茶农茶厂进行辅导，或者技术入股，成功帮助当地茶农茶厂迈入电子商务，直接促进武夷山茶叶销量突飞猛进，并间接带动电子商务相关产业发展，如快递行业、包装行业、设计行业，促进当地经济持续健康发展。

历程与荣誉，一路走来

2008年大一接触股票投资，并正式参与证券交易，获利后，于2009年创办幸福天堂成人用品超市；2010年创办武夷大学城创业中心，成功探索“创业平台＋”创业新模式；2011年开始茶叶实体批发，帮助茶农销售积压的库存；同年创办武夷山创业者生物科技有限公司，打造综合性企业；2012年承包武夷山中部片区汇通快递，完善产业生态链；2013年开始投资电子商务，公司位列武夷山电子商务企业前列；2014年经营茶叶别墅会所，实行高端会员预售制，并成功入驻天猫商城；2015年被选举为共青团武夷山市委员会委员。

2015年投资开发社交软件App，进军移动互联网；2015年投资跨境电商，开始对外贸易；2015年开始从事天使投资。

未来与发展

郭水勇未来两到三年的主要精力还在电子商务平台上，在大力发展线上网络营销的同时也在布局实体门面体验店，以武夷山为核心，慢慢拓展到全国。他将自己的品牌，达到线上线下完美融合。投资开发茶友交流平台“茶世界”App，采用高端会员预售制，融入众筹模式，提前预订新茶，这样容易帮助茶农控制产量，减少囤积风险。同时在App植入监控功能，24小时监控茶叶最新状态，帮助茶友获得最健康的好茶。

对他而言，茶叶只是创业的一部分，今后要从事的项目还有很多，他的创业脚步注定会永不停歇，因为他是一个浑身流动着创业血液的人。马云说，一个成功的创业者有三个因素：眼光、胸怀和实力。郭水勇如同当年第一批回国创业的互联网人，敢想、敢拼、敢干！他开始筹备App社交软件，开展生态农业庄园、跨境电商及天使投资项目。这是未来的路，他已经准备就绪。

未来，还在路上，他一直在前行！

启　示

郭水勇的创业故事带给我们很多启示。郭水勇骨子里有着“爱拼才会赢”的坚韧创业精神、敏锐的市场洞察力、强大的执行能力。除此之外，他的成功最应该感谢母校武夷学院。在校期间，郭水勇参加了学校组织的创业培训，选修了一系列创业相关的课程，入驻学校创业孵化园，加入创业社团。在校孵化期间，积极参与学校组织的各种类型创业沙龙、创业讲座，学到了大量创业知识，听到了很多创业励志故事。在学校创业指导老师的指导下，积极参加各种类型的创业比赛。郭水勇反复研究自己的创业项目，撰写创业计划书，借助这些机会与指导老师交流，在实践中进行完善。通过多次比赛，创业项目越来越完善，获奖次数增多，含金量也逐年提升。正是2012年，在学校的帮助和指导下，郭水勇获得了省级创业资助5万元，度过了创业中最艰难的时期，成就了之后事业井喷式的发展。毕业至今，郭水勇不骄不躁，怀着一颗感恩的心，依然与母校的老师们保持良好的沟通交流。2015年9月，与指导老师一起参与首届中国“互联网+”创业创新大赛，获得福建省决赛铜奖的好成绩。

（二）创业价值观教育

创业价值观是指大学生根据自己的需要，对创业目标的认知程度和创业方式的价值判断标准。创业价值观对大学生的创业行为和意识起着至关重要的作用，对学生的创业目标和方式有着指导和调节作用。大学生如何对待自己的人生职业规划，是选择创业还是就业，这些都受到创业价值观的指引和调节。在大学生创业价值观的培育过程中，要贯彻积极、正向的原则，使创业价值观被更多的大学生接受和认同，从而发挥其导向作用。创业价值观既要有利于社会和个人的发展，也要兼顾团体和个体的正当利益，同时要满足大学生的物质追求和精神追求。创业价值观本身是在长期的价值活动过程中形成的，决定着对价值关系选择取舍的意向和态度。大学生对创业行为的选择前提是先按照自己的创业价值观来反复权衡和思考，做出自己的价值判断。大学生在创业的过程中，会面临对社会、对人生的选择，创业价值观必将起到决定作用。随着市场经济的发展，西方价值观念的侵入，我国社会目前的价值体系中也出现了一些不和谐的因素。过度追求物质享受，拜金主义、及时行乐思潮不绝，大学生势必会受到不同程度的影响。创业价值观的确立是大学生进行价值比较和反思的过程。在这方面加强对大学生的教育和引导，有助于他们将个人的价值选择建立在更加高尚的取向上，使创业的目标不再仅仅局限于满足个人的财富积累和地位提高，而是通过创业回报社会，帮助弱势群体。

大学生的创业价值观反映了大学生对价值关系的根本认识。思想政治教育使大学生能够正确处理社会关系，客观评价自我。以马克思主义科学世界观来武装大学生的头脑，使其以辩证唯物主义和历史唯物主义的观点分析事物、解决问题，并引导大学生选择高尚的人生观。不同的人生选择，决定着不同的人生；不同的人生态度，体现着不同的人生观。大学生应当树立积极进取、乐观向上、厚德载物、自强不息的人生态度，学会生存、学会学习、学会创造、学会奉献，这些都是大学生将来面向社会和生活所必须具有的最基本、最重要的品质。教育大学生学会如何做一个符合国家和社会发展需要的人格健全的人，做一个能与人和谐相处、协调发展的人，做一个有理想、有道德、有高尚情操的人，做一个能够正确看待财富、不见利忘义的人。

（三）抗挫能力培养

大学生的抗挫折能力培养已经受到了高度的关注。开展抗挫折教育主要是培养乐观向上的人生态度、坚忍不拔的意志、奋力拼搏的勇气、百折不挠的坚韧性等。比较有效的抗挫折教育的方法是户外拓展训练。目前部分高校正在研究如何开展抗挫折教育，重视学生独立性、果敢性、坚韧性、适应性和合作性等个性心理品质的塑造和培养。此外，培养良好的社会适应能力，鼓励大学生心胸开阔，积极参加各种社团、社会活动，培养社会责任感，锻炼人际交往能力。

（四）学校氛围

营造良好的校园氛围，激发学生创新创业激情，多措并举地扎实开展大学生创新创业工作。

一是加强培训，引导创业。有组织、有计划地开展创新创业培训工作，激发学生潜能和创新意识，为学生创业提供智力支持。

二是开展活动，广泛宣传。加强政策宣传力度，开展丰富多样的创新创业活动，强化学生创业实践训练，营造全员创业的良好氛围。设立创新创业作品展览区，每年开展大学生科研立项活动和创新创业竞赛。

三是打造创新创业导师队伍，着力培养骨干师资力量，加大师资培训力度。

四是注重引导、激励、保障等多措并举，制定相关政策，鼓励师生参与创新创业教育。鼓励教师依托科研项目，指导学生参加“国家级创新创业训练计划”、“挑战杯”大学生创业计划竞赛以及各类学科竞赛。各实验教学中心、重点实验室、重大技术创新服务平台面向学生开放，各类实践基地为学生提供政策资金支持和创业孵化服务，最重要的是学生创新创业项目可置换专业实践课程学分。

(五)社会政策

培养大学生创业精神不是只靠教育和家庭能够完成的，它是一个系统的工程，需要全社会都以极大的热情来关注和支持，政府、社会、学校、老师、家庭、学生要各尽其责，这样学生从小便能感觉到在这个社会中时时处处有一种斗志昂扬、奋发向上的活力。

现在从全国范围来看，我国高校对大学生创业精神的培养还处于摸索阶段，理论水平也不高，能值得我们借鉴的比较成功的模式比较少，没有引起全社会足够的关注和重视，这和我们的社会氛围、宣传力度关系很大。环境是创业精神培养的外部条件，是决定创业精神培养效果的客观因素。因此，对大学生创业精神的培养需要一种氛围，形成一个合力。在发达国家，培养大学生的创业精神并不是在高校才开始的，培养学生这种精神的主体也不是单一的，而是综合的。在这些国家，全社会都在培养全民的创业意识，他们通过政府、社会、学校来宣传，这无疑给学生们将来步入社会创业打了一针强心剂。以美国为例，美国有深厚的创业精神的土壤，从西进运动开始就奠定了美利坚民族是一个敢于冒险的民族的信念。因此，美国呈现出以政府为主导，带动社会、学校积极传播和发扬创业文化。美国人从小学开始就注重学生的自立精神的培养，大学期间，创业文化几乎充满大学校园的每一个角落，那些创业成功者成为周围人的偶像，即使失败，别人也认为他是一个非常棒的人。美国社会宣传的时候更加侧重于对创业者的包容。

因此，我们要培养学生的创业精神，必须加大对创业精神的宣传力度，鼓励全社会都来支持创业，这对于我们这个有几千年农耕文明传统的国家来说显得尤为重要。

(六)国家要制定完善的规章制度支持大学生创业

创业精神的培养有了良好的环境，有了良好的氛围还不够，还需要国家制定完善的规章制度来支持创业精神的培养。

政府有关部门可以协同制定鼓励大学生创业的激励政策，为大学生创业提供更好的服务。例如，大学生创业最大的问题是融资问题，政府可以尝试小额贴息贷款、税费减免的做法，借助社会力量扶持大学生创业，对创业的学生提供跟踪指导服务，这对刚毕业的大学生是极大的鼓舞。我国虽然也出台了一些涉及大学生创业的专门法规，但是不够系统全面，不能完全消除大学生创业的后顾之忧。政府部门应该经常为大学生进行免费创业培训，增强大学生创业的心理预期能力，提供大学生的创业技能培训及法律法规、财务等方面的咨询服务，增强他们的心理素质。我们也可以借鉴别国政府在培养大学生创业精神方面做的努力。以加拿大政府为例，加拿大政府在信息服务和税收政策上为大学生提供支持，政府号召企业出资设立基金，政府代为管理这些资金，把这些基金作为刚毕业大学生的创业启动资金，并定期公布资金的去向，接受全社会对资金的监督。在民间还设立了很多创业中介组织，为大学生提供各种各样的服务。又如，在英国，政府是大学生创业的发起者和主要推动方，主要通过制定创业计划、组织创业项目、成立创业基金等方式来激发大学生的创业热情。英国政府启动大学生创业项目，有关部门亲自构建大学生创业课堂，教大学生开办公司，受到大学生的一致好评。英国政府建立了全国大学生创业委员会，全面负责国内的创业教育。英国政府资助下成立的各种基金也是大学生创业的重要资金来源，如新创业奖学金、王子基金等。

（七）家庭积极为子女创造有利的创业氛围

子女的性格养成在很大程度上受家庭的影响。家庭应该为子女创造创业氛围，因为家庭对孩子创业的情感支持可以从家长对孩子创业的态度是否积极表现出来。如果家庭条件好，支持孩子创业，为孩子的创业提供一定的资金支持；如果家庭条件一般，支持孩子创业，为孩子提供强大的精神支持。这两种方法能提高他们的创业积极性，增强创业的信心和决心。

第一，家庭为子女创造一个优良的“学习环境”。父母的习惯对孩子的影响是很大的，孩子的不少习惯都是从父母那里学过来的。第二，家庭可为子女创设一个优良的“锻炼环境”，让孩子们经受挫折和磨难，这是孩子成长过程中不可或缺的精神营养。孩子的成长必须靠自身的力量，因此，家庭应该有意识地培养孩子的自立、自强意识。第三，创设一个优良的“批评环境”。孩子在成长过程中，离不开激励表扬，也离不开批评教育。“人非圣贤孰能无过”，大学生正是血气方刚、有理想有激情的时候，所以对他们的错误不能一味地苛责，关键是让他们认识到自己的错误。在大学生还没有创业的时候，家庭要为子女创造有利的“学习环境”“锻炼环境”“批评环境”，为他们将来的创业做好准备。

第四节　创新创业教育及其组织与实施

一、创新创业教育的意义

（一）开展创新创业教育是建设创新型国家的有效途径

建设创新型国家是我国在进入新世纪，面对日益复杂多变、竞争激烈的国际环境的必然选择。建设创新型国家的首要任务就是要培养并造就大批创新型人才，这就要求我们要大力开展创新创业教育，确立创新主体地位，培养创新精神，造就创新型人才。

（二）开展创新创业教育是深化高等教育改革的有效途径

随着我国高等教育大众化进程的不断提速，高等院校招生规模的不断扩大，毕业生人数不断增加，再加之经济危机的影响并未完全消失，当前大学毕业生所面临的就业形势日趋严峻。毕业即失业不但加剧了整个社会的就业负担，更造成了社会资源的极大浪费。发达国家的经验表明，开展创新创业教育可以有效地缓解社会就业压力，优化人力资源配置，促进社会经济发展。这就要求我们在大学生中大力开展创新创业教育，改变传统就业教育的思维模式。

（三）开展创新创业教育是促进大学生自我发展的有效途径

进入新世纪，当代大学生在理论知识学习的过程中更加关注自身个性的发展。越来越多的大学生开始以最大限度发展个性、实现自身价值作为衡量大学生活的标准。不少学生在进行理论知识学习的同时还迫切希望学习一定的创新、创业实践知识，以应对当前激烈的就业竞争，为自己未来的发展拓展空间。开展创新创业教育有助于激发大学生的创业梦想，培养创业素质，使得毕业生具备基本的竞争能力和生存能力。大学生既可努力寻找工作岗位以达到充分就业，又可自我发展、自主创业，实现以创业带动就业。

二、创新创业教育的目标和发展历程

（一）创新创业教育的目标

作为继学术教育、职业教育之后的“第三本教育护照”——创新创业教育是世界教育发展的趋势和方向，也是新世纪中国高等教育改革的重点和必然选择。因为它培养的人适应经济社会，适应世界发展。创新创业教育的目标如下：

1.培养积极进取的大学生

创新创业教育旨在培养学生健康积极的心态，反对压抑个性的传统教育，变被动灌输为主动学习，促使学生能积极主动适应社会，面对挫折不言败，着眼于培养大学生的责任感，让学生立志成长为对社会有用的人才。

2.培养具有事业心和开拓能力，终身学习的大学生

创新创业教育旨在培养大学生的事业心与开拓能力，也就是企业家的素养，但并不是让所有的受教育者都成为创业者。它培养学生的创新创业意识、创新创业精神、创新创业能力，并渗透终身学习的理念，从而使学生成为开创性的创新创业人才，因此，创新创业教育对经济社会发展和人类进步有着极其重要的意义。

（二）创新创业教育发展历程

21世纪充满了创造、创新与创业，知识经济占有主导地位，国家经济的发展与社会进步越来越依赖于科技创新的水平与创新创业人才的培养。随着国际经济和社会的发展，世界各国越来越重视大学生的创新创业教育。

联合国教科文组织于1989年11月在北京召开“面向新世纪教育国际研讨会”，会上首次把创新创业教育称为“第三本教育护照”，把创新创业教育提高到与学术性教育和职业性教育同等重要的地位。1998年10月，联合国教科文组织指出，“高等学校必须将创业技能和创业精神作为高等教育的基本目标”，要使毕业生“不仅成为求职者，而且逐渐成为工作岗位的创造者”。我国1999年6月颁布的《关于深化教育改革，全面推进素质教育的决定》明确提出，“高等学校要重视和培养大学生的创新、实践能力以及创业精神，普遍提高大学生的人文素养和科学素质”。

2006年初，胡锦涛同志在全国科技大会上发布了要增强自主创新能力的决定，发出了“坚持走中国特色的自主创新道路，建设创新型国家”的伟大号召。中国共产党十七大报告

明确提出了“提高自主创新能力，建设创新型国家”和“促进以创业带动就业”的发展战略。教育部在《关于大力推进高等学校创新创业教育和大学生自主创业工作的意见》(教办〔2010〕号)中明确提出，创新创业教育是一种新的教育理念与模式。《国家中长期教育改革和发展规划纲要(2010—2020年)》指出，高等教育要强化实践教学环节，推进创业教育。

2011年，国务院下发了《关于进一步做好普通高等学校毕业生就业工作的通知》，明确要求要落实和完善创业扶持政策，加强创业教育、创业培训和创业服务，支持高校毕业生自主创业。教育部在“2012年全国高校毕业生就业工作视频会议”上，要求继续把创新创业教育和大学生自主创业作为2012年的工作重点，并力争实现新的突破。教育部于2012年颁布了“创业基础”教学大纲，要求各高校创造条件，面向全体学生单独开设“创业基础”必修课，以创业带动就业，促进高校毕业生充分就业。党的十八大提出经济体制改革与经济发展要实施创新驱动发展战略；教育领域要全面实施素质教育，深化综合改革，培养学生的社会责任感、创新精神、实践能力；为实现高质量的就业，要求各级政府贯彻促进就业和鼓励创业的方针，做好高校毕业生为重点的青年就业工作，提升劳动者就业创业能力。

由此可见，国际社会以及中国都对大学生创新创业教育作用的重要性和战略性有了深刻的认识和把握，并做出了很多的努力。当今世界为什么如此重视大学生创新创业教育，归纳起来有如下几个方面的原因：

(1)时代、经济和社会发展的需要。人类进入知识经济时代，国际竞争日益激烈，创新创业能力的强弱体现一个国家的核心竞争力。美国作为大学生创业教育最成功的国家，其经济的腾飞和国家的进步离不开创新创业教育的成果和影响。许多全球知名跨国公司与最新的高科技产业都源自美国大学校园，如惠普、雅虎、升阳、思科等知名企业都是由哈佛大学师生创办的。麻省理工学院得益于自身的创业教育，其老师和毕业生平均每年创建150个公司，目前该校校友创办了4000多家公司。同时，社会对人才的需求发生了根本的变化，工业社会向信息社会转型需要创业人才，尤其是中国需要构建创新型国家，高校大量的知识和技术需要转化为生产力，要求高校必须培养创新创业型人才，促进社会更快更好地发展。

未来学家约翰奈斯彼特认为，创业是美国经济持续繁荣的基础。管理学大师彼得德鲁克也指出，创业型就业是美国就业政策成功的核心，是美国经济发展的主要动力之一。GEM(即全球创业观察，由英国伦敦商学院和美国百森学院发起成立，是创业研究中最具代表性的项目)多年的研究结果也验证了创业活动对经济增长的促进作用。

(2)高校教育改革的需要。传统的高校填鸭式教育已经不能适应经济社会发展对人才的需求，两者之间也有了很大的脱节。创新创业教育作为一种新的教育理念，体现了素质教育和终身教育的内涵，更突出了学生的自主学习和对学生实践能力的培养，是高校未来发展的趋势和目标。当今美国多所大学都开展了创新创业教育，大学生创业成功率远远高于中国等发展中国家，带动了美国的社会、经济发展。因此，我国各高校应当转变教育思想，更新教育观念，以提升学生的社会责任感、创业意识、创新精神和创业能力为核心，不断提高人才培养质量。

(3)大学生自身发展的需要。大学生有较高的专业文化素质，学习能力强，视野开阔，有年轻人的创新精神和年龄优势，思维定式的局限较少，敢于挑战传统观念。然而，中国目前的教育更多倾向于应试教育，偏知识学习轻能力锻炼，偏科技素养轻人文素养，偏智育轻实践，导致大学生创新转化能力的发展受到了极大的阻碍，进入社会后适应能力较差，不能很快地将知识转化为生产力。而创新创业教育则重视大学生事业心和开创能力的培养，以学生为主体实施，以课堂学习、课外活动与社会实践为主渠道，看重实现人生的自我价值，符合当代大学生的成才观，利于大学生全面成才。

(4)大学生就业的需要。近几年，随着高校扩招，毕业生数量节节攀升，这几年每年毕业生人数都超过700万；而与此同时，高校大学生的就业却不见起色，就业难的问题十分严重，强大的就业压力促使越来越多的大学生关注创业。大学生自主创业，党和国家一直以来都高度重视，鼓励大学生通过自主创业、自谋职业等多种形式，千方百计扩大就业，灵活就业，以创业带动就业。学生不仅仅成为就业的求职者，更能成为职业岗位的创造者。

三、创业教育的组织与实施

随着社会信息化和市场经济的飞速发展，当代大学生的思想观念逐渐发生了变化，有很多大学生利用寒暑假以及课余时间外出打工，他们开始在创业方面有一些尝试，渴望拥有自己的公司。1991年公布的《面向21世纪教育振兴行动计划》中指出："加强对教师和学生的创业教育，鼓励他们自主创办高新技术企业。"2000年教育部出台了《大学生、研究生可以休学保留学籍创办高新技术企业》的政策，以增强学生的创业意识和实践能力。1999年团中央、中国科协、全国学联举办了首届"挑战杯"大学生创业大赛。许多学校采取了相应措施，开展创业教育，支持创业活动。清华大学将写字楼以半价出租给学生创办公司；复旦大学专门拨出100万元，实施学生科技创新的行动计划，还与浦东张江高科技园区合作，专门为学生设立了1000万元的创业基金；华东师范大学开设了"创业教育"课；东华大学开设了"创业与风险投资"选修课程。特别是我国一些高新科技园区，更是为大学生进行高新科技创业提供了便利。如北京的中关村、武汉的"光谷"，提供了技术入股、前期免税、低利贷款及简化公司注册程序等优惠措施。北航的"孵化器"已成功"孵化"数家企业，商界中也不乏大学生"白手起家"成为巨富的例子，百度中文搜索引擎的CEO李彦宏就是其中之一。

总的来说，我国高校创业教育仅仅是处于起步的初期阶段，新的形势要求高等教育大力推进创业教育，创业教育在高等教育中处于重要的地位，高校创业教育亟待加强。创业教育的教学实践活动需要妥善解决以下问题：

第一，妥善解决知识传授与能力、素质培养的矛盾。不仅强调知识的传授，更重视将知识内化为学生能力与素质的提高上。

第二，妥善处理理论与实践的矛盾。不仅进行理论教学，更注重实践教学与理论的应用。

第三，妥善处理教与学的矛盾。教学活动的设计与组织强调以学为中心，调动学生学习的自主性、主动性与创造性的发展。

当前我国创业教育的组织形式多种多样(如图1-5)，下面分别对这些形式作一介绍。

(一)课堂教学——企业与商务基础学习

全面推进基于创业教育的教与学，是构建高校教育教学体系的重要内容。积极探索实践性学习、研究性学习，积极培养和提高大学生的创新精神和动手能力，是创新创业教育和普通教育的根本区别。构建自主性教学平台，不仅体现在教学内容的更新上，而且体现在教学方式、方法、手段和考核等方面。

目前，高校创业教育的课堂教学主要包括四种形式：一是管理类选修课，二是就业指导

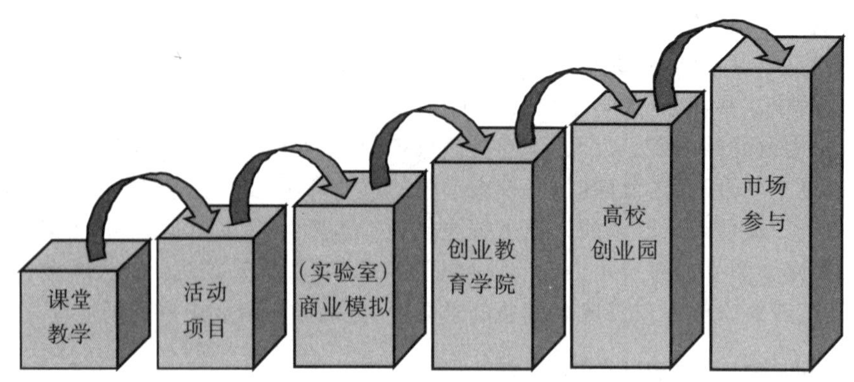

图 1-5　我国创业教育组织形式

课，三是 KAB(know about business)等项目课程，四是创业教育基础课程。其中高校创业教育最简单的方式就是对理工科学生开设一部分管理类选修课。高校就业指导课程的建设也在不断地发展，在国家对毕业生创业的政策指导下，指导教材经历了从单纯地找工作、求职过程性的指导，发展为职业指导和生涯规划，创业成为毕业生生涯设计的一个内容，把指导毕业生创业纳入了就业指导的课程中。大学生创业教育 KAB 项目是国际劳工组织为培养大学生的创业意识和创业能力而专门开发的新项目，以在校大学生为主要对象，通过教授有关企业和创业的基本知识，帮助大学生树立企业家精神。该项目一般以选修课形式在大学开展，学生通过选修该课程可以获得相应的学分。与就业指导课相比，管理类选修课的普及程度相对较低，还不是在校学生的必修课，KAB 教育也是如此。

在 2015 年中国人民大学创新创业教育国际论坛上，教育部高校学生司毕业生就业处处长王林透露，2015 年以来，全国已经有 82%的高校开展了创新创业教育的必修课或选修课，已经构建了“1＋X”创新创业教育课程体系，即面向全体学生开设 1 门“创新创业教育基础”必修课程，培养学生创新思维和创业意识；开设“创新思维训练与实践”“创新创业心理训练”“企业管理基础”“财务基础”“市场营销”“人力资源管理”“经济法基础”“商业模式评估与创新”等选修课程，培养学生创新创业基础知识和能力。全国已开设了 3900 多门创新创业类课程。课堂教学模式的工作重点有以下几个方面。

1.关注怎么教与怎么学

学生除了在课堂上学习知识外，还应在课外学习和实践。通过研究活动、实践活动来培养获取知识和创造知识的能力，即把自主性学习和研究性学习相结合，推动创新性人才的培养。创新教育要构建基于自主、研究和探索性学习的平台，首先要转变教育观念，率先改革教师中心、教材中心和课堂中心的传统教学观。一切有目的地促进学生知识增长、能力增长、素质提高的活动都是教学，这种有计划地实现学生学习经验和情感体验增强的活动，本身就是“课程”，或者称为教学环节。在此认识下，以第一课堂的理论学习为经，第二课堂的自主性探索、探索性学习为纬，把知识、能力、素质的培养，课内教学、课外实践编织起来，构成新的教育平台。

2.在课程设计中需要深化落实

创业过程设置要为大学生创业提供专业和技术上的支持。一方面，要改革课程设置，构建具有创业教育特色的课程结构。课程改革在一定程度上决定实现培养目标的程度，决定众一多高校的生存空间和发展价值。学校的课程设置旨在为高校大学生毕业后能找到生存空间，并能在职业的天地里实现自己的人生价值。为此，高校应紧紧围绕学生的创业就业来进一步完善课程设置。同时，高校还应形成一套完善的创业教育课程体系，开设以创业学及企业管理、产品开发、市场营销、企业策划等基本知识为主体的选修课，使之与专业课程设置相配套；要把创业社会常识、创业指导、创业心理和技能、市场经济、经营管理、公关和交往、法律和税收等与创业密切相关的课程增加进去，从而促成学生对创业基础理论的了解。

另一方面，要改革教学方法，促成学生创新思维的提高。创业人才在思维上表现出不为成规旧俗束缚，能随机应变，充分发挥创造性，能够适应变化着的外部条件，摆脱惯性，改变定势等特点。所以，在教学模式上创业教育要求教学内容的选择不能固定不变，要有开放性和灵活性，让师生共同参与探索，从强调积累走向发现和创造。通过探索，学生的知识结构不断得到充实和完善。对学生来说，与创业有关的知识、技能必不可少，但更重要的是强烈的创业欲望以及自信心和进取精神，因而需要在教学过程中营造一种民主平等的教学氛围，注意培养学生思维的灵活性、敏锐性、独创性。

总体来看，课堂教学模式的优点是可行性强、成本低、容易组织实施，缺点是师资力量要求较高，如果教师缺乏实战经验容易与实践脱节。

（二）活动项目——在竞赛中检验自己

课堂教学和课外实践活动结合起来，是锻炼和提高大学生创业能力、科研能力、协调能力的重要途径。创业教育的实践活动既要加强教学计划内的实践环节，如科研实验、专业实习等，也要加强教学计划外的实践活动，如专业技能竞赛，各种类型的文化指导服务等。创业教育不仅要在校园内进行，还要走向社会、服务社会，把课堂教学和课外实践活动有机融合起来，开展多种形式的创业实践活动。

目前，我国高校实施创业教育实践的主要形式有“挑战杯”创业计划竞赛(包括“挑战杯”全国大学生课外学术科技作品竞赛和“挑战杯”中国大学生创业计划竞赛)以及“创青春”大学生创业大赛等，在学校有关部门的支持下，为在校学生提供了一个展示创业才能的舞台。

1.“挑战杯”全国大学生课外学术科技作品竞赛

“挑战杯”全国大学生课外学术科技作品竞赛(以下简称“挑战杯”竞赛)是由共青团中央、中国科协、教育部、全国学联和地方政府共同主办，国内著名大学、新闻媒体联合发起的一项具有导向性、示范性和群众性的全国竞赛活动。自 1989 年首届竞赛举办以来，“挑战杯”竞赛始终坚持“崇尚科学、追求真知、勤奋学习、锐意创新、迎接挑战”的宗旨，在促进青年创新人才成长、深化高校素质教育、推动经济社会发展等方面发挥了积极的作用，在广大高校乃至社会上产生了广泛而良好的影响，被誉为当代大学生科技创新的“奥林匹克”盛会。竞赛的发展得到党和国家领导人的亲切关怀，江泽民同志为“挑战杯”竞赛题写了杯名，李鹏、李岚清等党和国家领导人题词勉励。历经十四届，“挑战杯”竞赛已经成为：

——吸引广大高校学生共同参与的科技盛会。从最初的 19 所高校发起，发展到 1000 多所高校参与，从 300 多人的小擂台发展到 200 多万名大学生的竞技场，“挑战杯”竞赛在广大青年学生中的影响力和号召力显著增强。

——促进优秀青年人才脱颖而出的创新摇篮。竞赛获奖者中已经产生了两位长江学者，6 位国家重点实验室负责人，20 多位教授和博士生导师，70％的学生获奖后继续攻读更高层次的学历，近 30％的学生出国深造。他们中的代表人物有：第二届“挑战杯”竞赛获奖者、国家科技进步一等奖获得者、中国十大杰出青年、北京中星微电子有限公司董事长邓中翰，第五届“挑战杯”竞赛获奖者、“中国杰出青年科技创新奖”获得者、安徽中科大讯飞信息科技有限公司总裁刘庆峰，第八届、第九届“挑战杯”竞赛获奖者、“中国青年五四奖章”标兵、南京航空航天大学 2007 级博士研究生胡铃心等。

——引导高校学生推动现代化建设的重要渠道。成果展示、技术转让、科技创业，让“挑战杯”竞赛从象牙塔走向社会，推动了高校科技成果向现实生产力的转化，为经济社会的发展做出了积极贡献。

——深化高校素质教育的实践课堂。“挑战杯”已经形成了国家、省、高校三级赛制，广大高校以“挑战杯”竞赛为龙头，不断丰富活动内容，拓展工作载体，把创新教育纳入教育规划，使“挑战杯”竞赛成为大学生参与科技创新活动的重要平台。

——展示全体中华学子创新风采的亮丽舞台。香港、澳门、台湾等地区众多高校积极参与竞赛，派出代表团参加观摩和展示。竞赛成为全国各地青年学子展示创新风采的舞台，成为增进彼此了解、加深相互感情的重要途径。

2.“挑战杯”中国大学生创业计划竞赛

创业计划竞赛起源于美国，又称商业计划竞赛，是风靡全球高校的重要赛事。它借用风险投资的运作模式，要求参赛者组成优势互补的竞赛小组，提出一项具有市场前景的技术、产品或者服务，并围绕这一技术、产品或服务，以获得风险投资为目的，完成一份完整、具体、深入的创业计划。

竞赛采取学校、省(自治区、直辖市)和全国三级赛制，分预赛、复赛、决赛三个赛段进行。

3.“创青春”大学生创业大赛

“创青春”大学生创业大赛是“挑战杯”中国大学生创业计划竞赛的改革提升。从 2014 年开始，创办 15 年、举办过 8 次赛事的“挑战杯”中国大学生创业计划竞赛进行全面改革，成为面向全国高校学生举办的“创青春”大学生创业大赛，每两年举办一次。

过去的单一赛事变成“3+2”模式，由原来的创业计划竞赛一项赛事升级为大学生创业计划竞赛、创业实践挑战赛、公益创业大赛 3 项主体赛事，并加上 MBA、移动互联网创业两项专项赛。各项赛事分别有不同的功能定位，有的面向高校在校学生，以商业计划书评审、现场答辩等作为参赛项目的评价内容；有的兼顾毕业未满 5 年高校毕业生，且已投入实际创业 3 个月以上，以经营状况、发展前景作为评价内容。此外，非营利性质的项目和计划还能参加公益创业赛。MBA 专项赛的参赛对象是就读 MBA 专业的在校生；移动互联网创业专项赛则倡导高校在校学生通过提交基于移动互联网领域的创业项目计划书或 APP 应用程序等作品说明书参赛。

大赛还首次设立由经济学家、企业家、风投公司组成的指导委员会，并成立大学生创业基金委员会，搭建风投公司与优秀大学生项目“供需对接”平台，推动大赛中涌现出的优秀项目孵化落地。同时，成立大学生创业联盟，邀请地方高新技术和创业园区、创业方面的专家学者、创业成功企业、大学生创业者加入，创建促进大学生创业就业的平台。

4.中国“互联网+”大学生创新创业大赛

中国“互联网+”大学生创新创业大赛由教育部与各省政府、高校共同主办。大赛旨在深化高等教育综合改革，激发大学生的创造力，培养造就“大众创业、万众创新”的主力军；推动赛事成果转化，促进“互联网+”新业态形成，服务经济提质增效；以创新引领创业、创业带动就业，推动高校毕业生更高质量创业就业。

以赛促学，培养创新创业生力军。大赛旨在激发学生的创造力，激励广大青年扎根中国大地，了解国情民情，锤炼意志品质，开拓国际视野，在创新创业中增长智慧才干，把激昂的青春梦融入伟大的中国梦，努力成长为德才兼备的有为人才。

以赛促教，探索素质教育新途径。把大赛作为深化创新创业教育改革的重要抓手，引导各类学校主动服务国家战略和区域发展，深化人才培养综合改革，全面推进素质教育，切实提高学生的创新精神、创业意识和创新创业能力。推动人才培养范式深刻变革，形成新的人才质量观、教学质量观、质量文化观。

以赛促创，搭建成果转化新平台。推动赛事成果转化和产学研用紧密结合，促进"互联网＋"新业态形成，服务经济高质量发展，努力形成高校毕业生更高质量创业就业的新局面。

中国"互联网＋"大学生创新创业大赛一般每年举办一次。从 2020 年第六届开始，"中国'互联网＋'大学生创新创业大赛"更名为"中国国际'互联网＋'大学生创新创业大赛"。

5.大学生创业计划竞赛的基本流程

大学生创业计划竞赛采取学校、省（自治区、直辖市）和全国三级赛制，分预赛、复赛、决赛三个赛段进行。竞赛流程如图 1-6 所示。

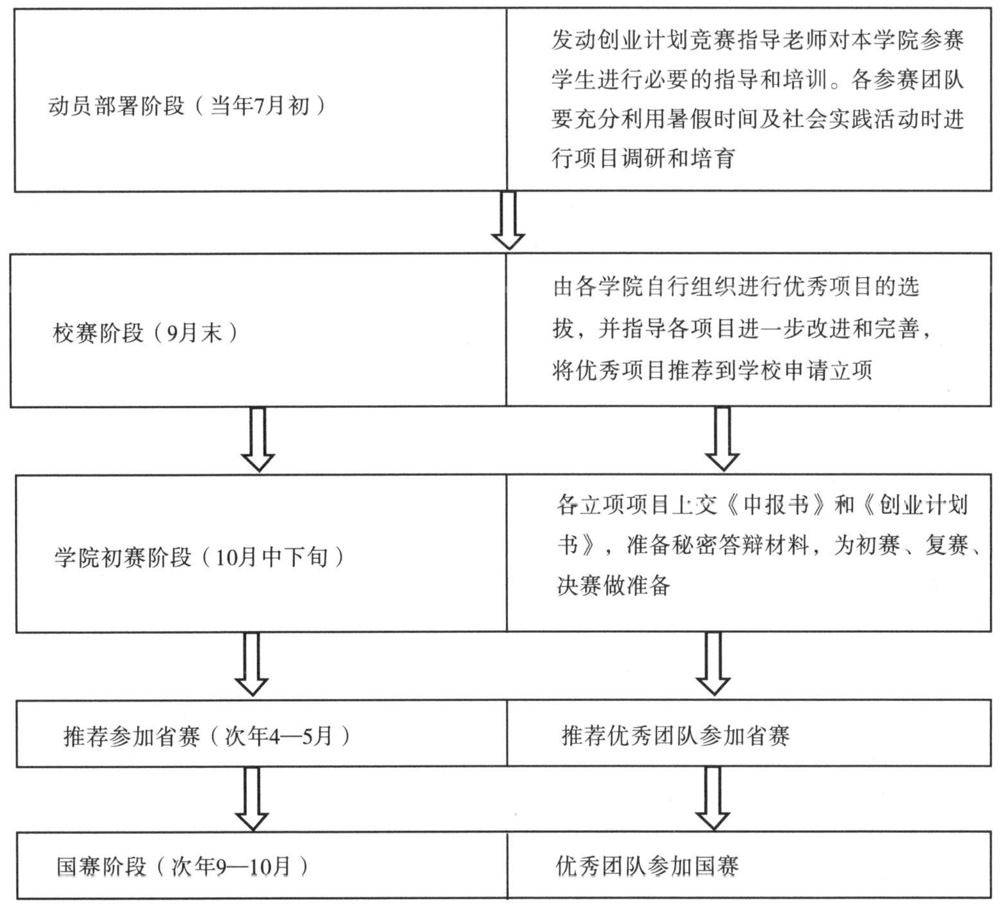

图 1-6 大学生创业计划竞赛流程

全国创新创业大赛种类多，大学生可以根据自己的专业和特长，通过网络平台，搜集相关大赛进展情况，积极参与各项大赛，争取获得好的名次。

（三）（实验室）商业模拟——虚拟世界学创业

创业教育的本质就在于进行商业知识的系统教育，其核心在于商业实践本身，使学生掌握实实在在的商业知识，并能在尝试创业之初对商业竞争、商业运营有系统和深刻的理解和认识。然而，在目前我国的创业教育中，要让每一位学生通过真实的创业活动来掌握商业经验，这无论对学生还是对社会来说，都是有可能付出很大代价的。

为了解决上述问题，高校开始引入一些全新的学习方法。通过模拟商业运营和商业竞争过程的方法让学生亲自动手实践，来辅助课程知识的学习与理解，已逐步发展为一种重要的学习工具和方法。

商业模拟（business simulation）20 世纪 50 年代起源于欧洲，并不断发展完善。其宗旨在于为客户提高管理水平，促进企业客户管理技术的规范化。商业模拟的应用层面包括实验室软件环境与商业模拟课程。

实验室软件环境是通过商业模拟技术来实现的，商业模拟技术综合运用了各种管理模拟技术，包括角色扮演、计算机模拟、博弈、训练模拟等，已在经营决策、财务计划、预测管理、风险控制等领域得到了广泛应用，并成为一种重要的提升管理技能与实际操作能力的最佳培训方法。

商业模拟课程运用了先进的经济学理论及博弈理论，通过系统、标准的企业管理仿真模型模拟真实商业环境，使学生最大限度地模拟企业运作状态，在“实践”中学习管理，积累经验。商业模拟课程是运用商业模拟技术来实现的教学课程或教学实践工具。与传统授课式或案例式学习方法比较，商业模拟课程有效地解决了传统培训存在的枯燥说教和空洞的讨论内容的问题，使学生在讲师的指导下，通过亲自参与和实战演练，大大地提升了培训效果，加深和巩固了对所学知识的理解和掌握。

商业模拟课程不同于一般的培训与实践，它没有一成不变的问题和标准答案，其核心是一套完整的模拟系统和全面、专业的管理技术，做出各种运营决策，并及时得到其决策影响企业目标实现的反馈信息。循环反复论证各种运营的手段和方法，帮助学生从思维上改变，轻松掌握学习要点，实现改变。学生通过在模拟商业环境对虚拟企业的运营管理，亲自参与企业运营管理的团队分工、战略规划、市场研究、生产计划、研发投入、销售管理、市场拓展、报表分析等决策，掌握在真实企业运营中会遇到的各种决策情况，并对出现的问题和运营结果进行有效分析与评估，从而对企业管理中的各种知识技能有更深切的体会与感受，提升综合管理技能与分析解决问题的能力。

随着商业模拟技术的发展完善，商业模拟已被越来越多的高校学习和被企业培训所运用。特别是在高校中，由于学生本身没有企业实际运营和商业竞争的经验，对行之有效的学习实践工具的需求更加迫切。

商业模拟方式的优点是比较系统全面地运用理论知识，响应现实商业要求，也让学生有了动手实践的机会。使用实验室模拟体验商业社会中的各类职业角色是很生动的，但它依然不是真实的环境，实验中的角色也不是社会真实人物，只是虚拟的，许多技术参数与环节还是比较理想化的，往往趣味性多于真实性。

(四)创业教育学院——全方位打造创业人才

创业教育作为一个系统工程,需要整合一切资源,必须动员各方力量共同为之努力。在部分高校中专门设立创业教育学院已经成为一种创新模式。

创业教育学院作为组织实施创业教育的平台,由学校创业教育领导小组领导,负责全校创业教育的具体组织与实施,一般包括专业教学、认证培训、企业管理、模拟训练、创业孵化、基金管理、宣传教育等多个专项服务内容。

创业教育学院需要坚持在完善素质教育体系中推进创业教育的指导思想,以个性化教育为指向,以多元化质量观为基础,以"制定规划,制造空间,整合资源"为工作方针,以学分制的形式,以教育教学改革为基础,从基础层面(专业教学)和操作层面(创业实践)两方面入手,从广义的创业教育着眼,优化学生学习资源,深化学生创新能力,与学生就业工作接轨,推动学生灵活就业和自主创业。创业教育学院建有较为完善的"一站式"创业服务体系,为学生提供创业教学、创业培训、创业孵化、创业咨询、创业讲堂、创业大赛、创业基金、财务和法律援助等服务。创业教育学院立足于学生的创业意识、创业精神、创业技能的养成。

创业教育学院模式从理论教学来看已经相当全面,教学形式也是丰富多彩的,对学生的学习主动性和乐趣都有很大的促进作用。它综合了前面几种教育模式的优点,但还缺少市场化和实战环节。

(五)高校创业园——白手起家当老板

全国高校在条件允许下正积极建设大学生创业培训和孵化基地,为大学生创业搭建孵化平台。

已有科技创业园区(中心或基地)的高校充分利用现有条件,发挥已有资源作用,使其成为大学生创业孵化基地,没有建立相关设施的高校,也在加快创业孵化基地的建设,尽快为大学生自主创业搭建孵化平台。不少高校还积极争取所在地区的中小企业服务中心和各行业协会的支持,为高校毕业生自主创业创造条件。高校通过选拔、推荐具有较强创业愿望和浓厚创业兴趣的大学生进入校级创业培训和孵化基地,为他们提供创业政策解读、创业技能培训、创业项目研究、模拟和真实的创业实践等服务,使大学生尽快掌握创业技能,做好创业准备,成为创业带头人。

大学生创业孵化基地建成后,每年将从大学生创业基地中选拔数名创业带头人进入社会创业孵化基地进行孵化,为其提供政策扶持、项目论证、一站式综合服务,并聘请专家对其创业全过程进行针对性指导等。同时,创业孵化基地为其提供企业发展和办公的条件,提供工作、生活的公益性服务,努力使进入基地的大学生企业成功发展,并成为全国大学生创业的典型。

创业园形式是非常具有挑战性的,所有的理论学习都要经得起实践的考验,对学生来说,入驻创业园本身就是一大突破,在创业期内不但体验了创业的艰辛,也对知识的掌握有了更明确的方向。但创业园并不完全是在社会上创业,作为企业要考虑人力资源、经营成本、战略决策等诸多问题,学生创业办的企业规模普遍较小,技术含量低,相对社会企业竞争性还远远不够,对社会需求的了解和体验还是有限的。

(六)市场参与——与社会零距离接触

如果说前面五种模式都比较具有学习性,那么第六种模式更具有挑战性,几乎完全脱离了学校这个“保护伞”,就像平时人们都在游泳池里尽情戏水,这次就是“下海”遨游了,无论如何也要踩下去试个深浅。

到社会中去实践是创业教育的一大突破,比如在香港多个机构创办了“学校创意营运体验计划”,选出15队来自不同高校的学生,让他们接受有关创业及营业技巧培训后,于7—8月中旬,连续4～6个周末在维多利亚公园摆摊,售卖自制产品及年轻人用品,一尝创业的滋味。该计划还安排了来自商界和其他界别的导师,在过程中为学生提供意见,加深学生对工作实践的了解和认识,提高营运技能。通过这样的实习创业机会,学生体验到了创业的苦与乐,可以使更多的学生脱颖而出,加入到创业者的行列。

全国绝大部分高校也采用此种途径,组织学生进行丰富多彩的创业体验。

学校动员广大学生利用课余、节假日走出校门,积极参加各种形式的勤工俭学、社会实践活动,如外出促销、兼职外贸、销售、家教、青年志愿者等,学生通过这些到市场上真枪实弹的实践活动,一方面接触、了解市场,熟悉市场规则,另一方面也积累了一定的市场资源(如客户资源、渠道资源、项目资源等);同时,也为学生增加了不少收入,减轻了家庭的负担。部分学校组织学生参与地方大型商业活动,在商品交易会时会安排停课,让全部学生参与交易会的活动,使学生真正面对市场,感受市场。

参与社会实践的学生感触颇深,说学校虽有很多社会实践教育基地,但那些模拟场所多少有些程序化,缺少压力。置身市场真正操练就不同了,压力会变成动力,其中的收获是课堂上难以比拟的。在市场上为了生存,同样需要理论的支持,这会促使大学生回到学校课堂里更努力地学习。参加社会实践后的学生,学习态度上发生了很大的改变,以前是要他们学,现在是他们自己要求学。

市场参与模式是真正与社会接轨,但由于市场环境的复杂性和多变性,学校对学生的辅导难度明显增大,对学生的自学能力与开创性有很大的要求,某种程度上有一定的风险性。

所以,创业实践是创业教育中一种非常特别的模式,它具有真实性和挑战性,是学生学习和创业的强力针,会刺激学生往正确的、有用的、适合社会发展需要的方向不断进取。

创业教育是时代的要求,高校要成为创业者成长的摇篮,教育和鼓励学生创业,获取创业本领,主动适应社会需求,凭着坚韧不拔的意志力,凭着组织才能和协作精神,开创出一片属于自己的天空,证实自我生命的价值。

思考与练习

1.大学生为什么要培养创新创业意识?

2.创新意识的类型有哪些?

3.举1～2个身边通过创新而获得创业成功的例子。

4.我国创业教育的组织形式有哪些?

5.高校大学生参加的创业大赛有哪些?如何申报?

6.对一支笔进行创新设计,看看可以有哪些不同类型的笔产生。

7.探索活动：

(1)道具：皮具、布、绳子、针、胶水、彩线、工具刀等。教师将学生分成每5人一组。每组完成一个DIY零钱包设计与制作，完成时间1小时。最终每组展示作品，并说明创新思路，教师对各组进行点评。

(2)道具：画笔、布、针、线。教师将学生分成每5人一组，每组完成一件DIY服装设计。服装可以是衣服、裤子、裙子、帽子等。完成时间1小时30分。最终每组展示作品，教师进行点评。

第二章　创新创业理论

绿手指:公益创业从校园出发

地沟油是一个长久的社会问题,一度令人闻之色变。就在各界为怎样解决问题不停争论时,攻读环境工程学专业的刘美辰等同学获悉,油可以做肥皂。她所在的环保社团便马上行动起来,先把学校食堂当作试点,获得肥皂制作的基本原料。同时,与一家专门从事社区公益事业的NGO(非政府组织)——北京爱思创新进行合作,这家NGO在皂化反应等专业知识方面给予了他们不少的帮助。刘美辰等人设想,社团的活动或许能在北京高校之间引起重视,继而以浪卷之势,层层推进下去。

而联想公益创业大赛的启动,让他们更加看到了这个项目的可操作性。"联想的介入能帮助我们解决不少困惑,提高管理组织能力。"加上媒体的宣传报道、公益训练营以及可能获得资金支持等潜在因素,刘美辰对前景颇为乐观,"绿手指"公益创业的想法由此成型。

随着联想等大型企业的进入,公益创业活动正在社会上产生越来越大的影响,很多大学生也对此极为关注。与普通的商业创业不同,公益创业在启动之初并不需要那么多资源,而关键的是合适的创意与行动力。大学生从设计一个公益项目开始,通过组织化运作,可以学习和掌握公益项目的操作技能,成为具备专业知识、技能和实践经验的公益专门人才。同时,公益创业行动能帮助大学生提前完成职业选择和职业准备,解决大学生社会化不足和就业难的难题。

"绿手指"目前基本采用的是"内循环"和"外支援"互补的生存方式。"内循环"是从餐饮企业获得地沟油,制成的肥皂再返还回去,这样可以解决原料成本问题;"外支援"则是寻求可长期合作的肥皂厂商,通过他们的包装广告费用获取一定利润。刘美辰称,与肥皂厂商合作,还相当于得到了可靠的质量"背书"。制成的肥皂,除了返还餐饮企业的那部分,其他则用于举办环保低碳宣传活动时进行派发。

创业是一个创造新事物的过程,也是一个实现价值增值的过程。地沟油是社会热点话题,它关系到人们的饮食安全,以刘美辰为代表的"绿手指"策划了废油做肥皂的创意,以公益为目的,以创业为理想,实现了资源再利用,宣传了环保节能,关注了食品安全问题。

第一节　创业研究

一、创业研究的起源

创业研究是当代西方经济与管理领域的研究热点和前沿课题。虽然创业理论还有待进一步完善，但近20年来得到了迅速的发展，并取得了一定成就，正在不断走向成熟。

研究创业活动的历史可以追溯到18世纪中期，法国经济学家理查德·坎蒂隆(Richard Cantillon，1680—1734)将创业者/企业家一词作为术语引入经济学，并说明创业者的本质特征是“承担风险”，自此创业活动开始登上经济舞台，正式进入学者的研究范围。不过遗憾的是，虽然对创业现象的分析始于18世纪中期，但除了在19世纪初法国经济学家萨伊对此领域有所涉及之外，直到第二次世界大战结束，我们今天所谓的创业研究仍未出现。在当时，只是哈佛商学院的一个小团体(包括非常著名的约瑟夫·熊彼特和亚瑟·科尔等学者)开展从企业发展历程角度来探讨创业的研究活动，但这样的研究在20世纪50年代中期就走向了没落。

究其原因主要是，战后以美国为代表的资本主义经济在大企业进入发展的全盛时期，特别是一些处于垄断地位的大企业，资产增长甚至以倍来计。在这样一种背景下，学者们都将注意力集中到了大型公司，他们确信大公司天生就比小型的创业组织更有效率和影响。无论是在商学院还是在社会科学领域，人们几乎都认为没有理由研究创业。许多研究创业的权威学者都不再认为独立的创业企业起着社会主要的创新发动机的作用，有的学者甚至提出“世界上任何一家不超过百人的企业都不会影响经济及政策的决定”，加尔布雷斯则确信地说，小企业创业的时代已经结束，大型组织将主导经济潮流。尽管如此，从20世纪60年代到70年代，还是有一小群学术研究先锋对创业领域进行了研究，对当时存在的“创业时代已经结束”这一普遍观念提出了挑战，从而使得创业研究得以延续，避免了19世纪研究断层的出现。总的来说，早期的创业研究大部分着重于论证现象的重要性，从而为当今的研究者提供了基础。

二、创业研究的发展

进入20世纪70年代，创业重新受到了人们的关注。1970年美国第一次创业学术会议在普渡大学召开，共有包括Roberts、Cooper、Vesper等在内的42位学者在会上发表了创业研究的观点。1973年，第一届创业研究国际会议在加拿大的多伦多举行，到会的学者包括波士顿大学的Timmons、德克萨斯大学的Konzmetsky、卡耐基梅隆大学的Bauman以及密歇根大学的Brophy等著名的创业研究的奠基人。1974年，Vesper在美国管理学会的年会期间组建了一个有志于创业研究的群体，名为创业研究兴趣团体，标志着创业研究领域的诞生。

思考这一时期创业研究的焦点聚集在“小企业是如何产生的？怎样才能催生更多的小企业？”问题，人们自然关注哪些人在创业。人们普遍认为，创业家是一种稀缺的社会资源，与某些天赋或者神秘力量联系在一起。因此，心理学、行为学和社会学成为重要的研究工具和手段。学者们从成功创业者的个性特征入手，着重回答“谁是创业者”，包括创业者的成就欲望、权利追求、冒险倾向、成长经历、家庭背景、个体能力等。但这一研究也存在明显的局限性：一是将企业家高度复杂的行为过分简单化；二是将企业家这一创业过程的关键要素当作唯一要素，使得研究成果更多地停留在事后解释的层面（如图 2-1）。

图 2-1　20 世纪 70 年代创业研究的重点内容

20 世纪 80 年代，一大批学者从其他领域（大部分来自战略管理领域）涌入，这些学者对于创建创业研究领域的学术基础做出了重大的贡献，在这之后创业研究得以保留下来并进入了快速发展时期。1982 年首届百森创业研讨会得以举办，以后每三年举行一次。1985 年《企业创业》杂志创办，1988 年《美国小企业》更名为《创业理论与实践》。这两种杂志目前已成为公认的创业研究的重要期刊。1987 年美国管理学会将创业研究作为一个单独的领域正式纳入了管理学科，而且在这 10 年间，许多学校开设了创业学课程。创业研究越来越多地与企业家的管理行为联系在一起，开始为人们打开创业过程的黑箱，探索如何创建企业、如何经营新企业、新企业的战略形成过程等创业过程的方方面面。也就是说，创业研究的重点开始转移到创业者的行为规律和基本特征，力图确认创业者的角色和功能，回答“创业者在做什么”等这类问题（如图 2-2）。为了研究创业者行为，人们往往将创业者和大企业的管理者进行对比研究，分析新创企业和已有相当经营年限企业的不同之处。

但用今天的眼光来看该领域的学术发展还很有限。在这一时期，大部分的研究工作都是描述性的，而且无论是从方法论上还是从理论上来看都比较简单。由于对战略管理领域的广泛借用，这一时期几乎没有形成自己的理论框架，大部分的研究重点主要放在单个创业者为获得与竞争对手相对的绩效优势所采取的行动的理论上。因此，创业作为一个知识领域落后于那些在理论和方法论上都快速前进的其他领域。另外，由于创业研究者在理论和方法论上所进行的研究工作与其他领域不同，因而不容易被主流学者所接纳。而且这一时期的创业领域研究学者很少与其他领域的学者相互交流，因此其对学术界主流的影响仍十分有限。

20 世纪 90 年代初一项重要技术——互联网的发展给美国大学校园带来巨大的变革，对创业研究领域产生了最大和最直接的推动作用。到 90 年代中期，“创业研究在学术研究

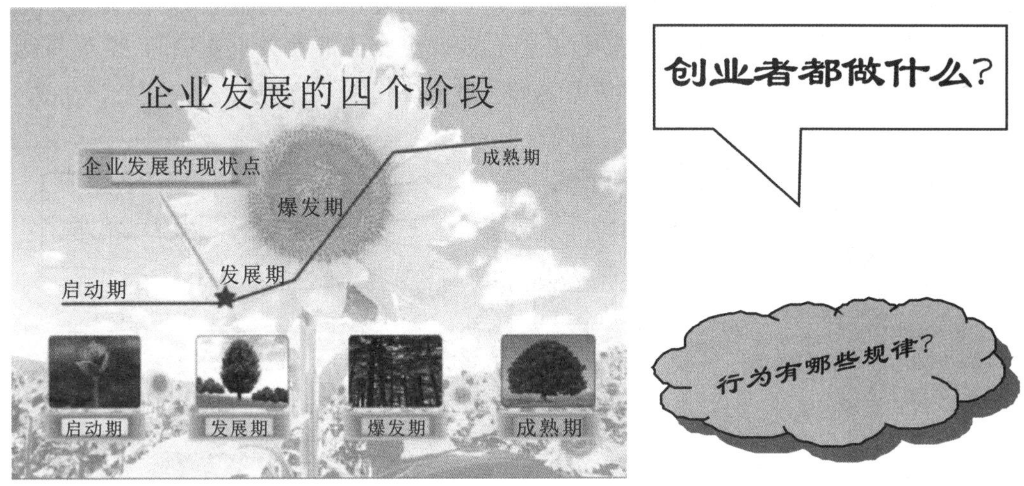

图 2-2 20 世纪 80 年代创业研究的重点内容

中随处可见”(Shane,2001)。许多其他领域的学者，如心理学、社会学、经济学、管理学、组织行为学等领域，开始进行创业研究领域，并尝试从各自的角度对创业现象进行深入的研究，极大地丰富了创业理论，创业理论也因此而日趋成熟。到 90 年代末创业研究领域和其他领域之间的联系已相当紧密。创业研究在主流的商业和社会科学期刊中也成为越来越常见的文章主题。

这时的创业研究转向研究创业过程，即创业如何发生？怎样发展？力图回答“如何创业才能成功”的问题。研究创业过程机理，首先，涉及创业要素、条件、环境等问题，即创业能够开展需要什么样的要素和环境支持，在什么条件下才能成功，需要什么样的社会环境等。其次，要研究新创企业发展和演变的生命周期，其中包括哪些环节和阶段，以及企业成长过程中在不同生命周期阶段可能出现或面临的问题。最后，研究企业家背景、战略选择、外部环境等因素对新创企业获取成功的意义和作用方式等。由于致力于打开创业过程的黑箱，对创业的研究更加全面和深入，对创业的认识较以前也更具有实践解释力(如图 2-3)。

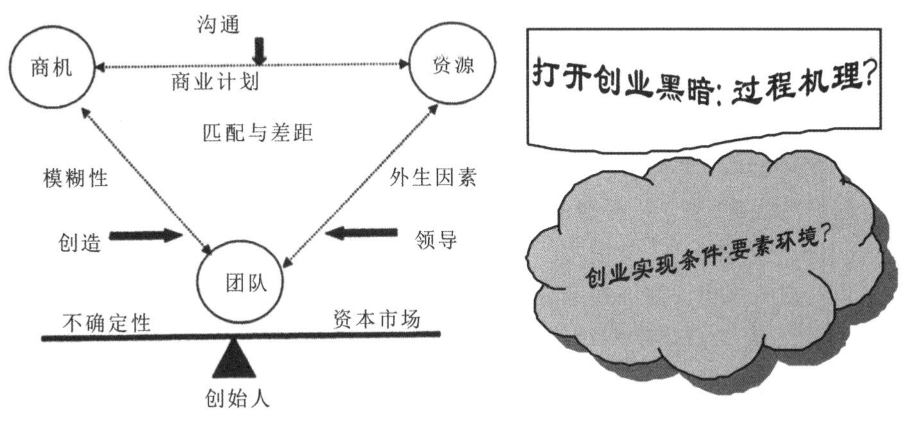

图 2-3 20 世纪 90 年代创业研究的重点内容

近年来，创业研究从以往关注新创企业成长的过程，已经拓展到更为宽泛的领域（如

图 2-4)。创业研究不仅要关注企业家个体、新建企业以及小公司的成长,还要关注大公司的创新等问题。而创业研究领域的拓展,必然会涉及更宽泛的有关企业创新、变革和创造性、战略性领导问题,就需要构造一个更复杂的综合研究构架。

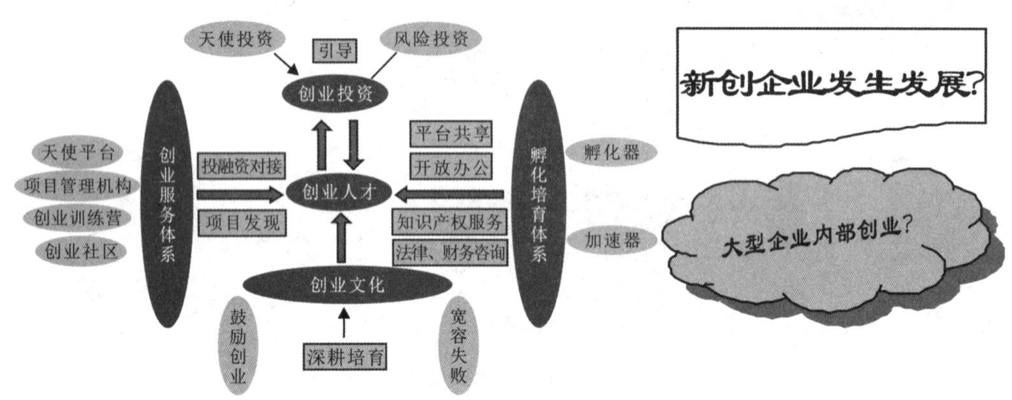

图 2-4 近年来创业研究的重点内容

第二节 创新与创业理论

一、熊彼特的创新理论

随着经济的发展,从事创业理论研究的人越来越多,这些学者从不同的角度对创业理论进行探索并提出了自己的观点。

约瑟夫・A.熊彼特(J. A. Schumpeter,1883—1950)是奥地利籍的美国著名经济学家,是西方经济学界公认的博学多闻、兼收并蓄的经济学大师。在其 1912 年出版的早期代表作《经济发展理论》中,他开创性地提出了"经济发展理论和创新理论"。熊彼特的创新理论主要包括以下三方面内容:

(一)"创新"是经济发展的根本现象

所谓"创新",就是"建立一种新的生产函数,把一种从来没有的关于生产要素和生产条件的新组合引入生产体系"。所谓"经济发展",从根本上讲,不是古典经济学家斯密所认为的基于人口、财富的累积性增加而造成的规模扩大或简单量变,而是经济生活内部蕴含的质上的自发性突破。它是由技术创新和生产组织形式的创新所引发的经济生活内部的一种创造性变动,需要通过引进"新组合",进行创新来实现。因此,"创新"是经济发展的实质,是经济发展的根本现象。

(二)企业家的意志和行为是创新活动的灵魂

在熊彼特创新理论中,创新是经济发展的实质,而领导和发起创新的创新者——企业家则是“创新”、生产要素“新组合”以及“经济发展”的主要组织者和推动者。企业家的意志和行为是创新活动的灵魂。

在熊彼特看来，企业家是一个特殊的阶层，他不同于普通的企业经营者和资本家。企业家必须富于创新意识，具有先见之明。企业家的职能在于用不同于以往的全新方法把生产诸要素组合、集中起来，进行经营，继而使其增值。而且，也只有在其将这些新组合起来的要素按照新的方法付诸运行的特定阶段，才是真正意义上的企业家。企业家的行为以“创新”为特有目的，而创新需要改变循环流转的渠道，需要打破固有的生产环流，需要面临不确定的前景，需要克服习惯的阻力……这些都依仗企业家坚强的意志和巨大的心智努力。企业家的意志和行为是创新活动的关键和灵魂所在。

(三)经济周期是经济阶段发展的必然结果

“创新”改变了原本均衡静止的经济过程中固有的生产环流，新组合在生产和经营上更加富有效率，它可以使进行创新的企业和个人获取高额利润。利润又进一步导致了追随和模仿。当社会一旦了解到“创新”活动有利可图，就会趋之若鹜。新企业不断出现，行业改组随之到来，整个经济领域出现了应用这些创新的热潮。热潮又随之引发了人们对未来经济的期待，投机开始出现，信用扩张，最终繁荣遍及整个经济体系。而当创新活动一旦被社会消化，新产品大量上市，价格下跌，利润消失，不再有利可图，新的创新活动又尚未出现时，整个经济就进入了清理状态：新企业需要经受考验以加入生产环流，老企业需要面对被创新改变的市场状况做出调整，部分经营失误的企业会倒闭或破产，从而造成商业不振，经济不景气。经济不景气持续一段时间之后，新的“创新”活动再次出现……如此周而复始。创新不断地从内部革新着经济结构，不断地破坏旧的并创造新的结构，进而形成了资本主义风起云涌的发展历程。总之，持续创新，持续破坏，持续优化，持续发展，这就是“创新”的经济发展逻辑。

学术界在熊彼特创新理论的基础上开展了进一步的研究，使创新的经济学研究日益精致和专门化，仅创新模型就先后出现了许多种，其代表性的模型有需求拉动模型、技术推动模型、整合模型、相互作用模型、系统整合网络模型等，构建机制创新、技术创新、创新双螺旋等理论体系，形成关于创新理论的经济学理解。

二、创业理论——核心竞争力理论

在创业理论的研究中，有关核心竞争力的研究也是一个重要的内容。20 世纪 80 年代后期以来，一批企业理论和企业战略研究人员提出必须重新认识和分析企业。他们把研究视角投向了企业拥有的特殊能力——企业核心竞争力。最早明确提出核心能力的概念，并给予定义的是普拉哈拉德和哈默。此后，一场关于核心竞争力的研究热潮得以兴起。不同的研究者从技术观、知识观、资源观、组织与系统观等不同角度对此进行了研究，并形成了不同的流派。主要流派有：

(一)基于技术与技术创新的核心竞争力

普拉哈拉德和哈默是从产品和技术创新的角度研究核心竞争力的代表。他们在《企业核心竞争力》一文中从技术与产品创新的角度提出并研究了核心竞争力的思想，认为企业核心竞争力的积累过程伴随在企业的核心产品与核心技术的发展过程中。产品与技术平台是需要通过长期的学习和积累才能建立的,因而核心竞争力是企业以往的投资和学习行为所积累的具有企业特定性的专长。

对于什么是核心竞争力,普拉哈拉德提出了一个非常形象的“树形”理论。他认为,公司就像一棵大树,树干和主枝是核心产品,分枝是业务单元,树叶、花朵和果实是最终产品,提供养分、维系生命、稳固树身的根就是核心竞争力。核心竞争力是公司内部的知识汇总,尤其是如何协调纷繁复杂的生产技能和融合多种技术潮流。核心竞争力是凝聚现有业务的“胶水”,也是发展新业务的“火车头”。

(二)基于知识观的核心竞争力

从知识观考察,研究者从知识能否被外部获得或模仿的角度来定义企业核心竞争力,认为企业核心竞争力是指具有企业特性的,不易外泄的企业专有知识和信息。该流派认为,核心竞争力的基础是知识,学习是核心竞争力提高的重要途径,而学习能力是核心竞争力的核心。巴顿是该流派的代表,他认为核心竞争力是使企业独具特色并为企业带来竞争优势的知识体系。它包括四个维度:技巧和知识系统、技术系统、管理系统和价值观系统,这四个维度之间存在较强的相互作用。巴顿还认为,核心竞争力构成了企业的竞争优势,它随着时间的积累而不易为其他企业所模仿。因此,企业为实现持续自主创新,必须以核心竞争力的持续积累为条件。麦肯锡咨询公司的凯文·科因、斯蒂芬·霍尔和帕特里复·克里福德等也提出,核心竞争力是某一组织内部一系列互补的技能和知识的组合,它具有使一项或多项关键业务达到业界一流水平的能力。这一提法,强化了核心竞争力以知识的形式存在于企业各个方面的能力中。

(三)基于资源观的企业核心竞争力

资源观强调资源和能力对企业获取高额利润回报率和持续市场竞争优势的作用。基于这一观点,企业在获取和配置资源和能力的“异质性”决定了其获得高额经济回报率的可能性。这些长期的、能获取高于正常利润回报的特性是由企业在“有缺陷的”和“不完全的”要素市场中获取并开发战略性资产的能力所决定的。因为企业在选择和积累资源上的决策是以在有限的信息、认知偏见、因果关系模糊等条件制约下最经济性地合理配置这些资源为特征的,所以,不同企业之间在获取这些战略性资源时,决策和过程上的“异质性”构成了企业的核心竞争力。基于这样的观点,资源成为保证企业持续获得超常规利润的最基本条件。从资源的类型看,构成核心竞争力资源具有稀缺性、独一无二性、持续性、专用性、不可模仿性、非交易性、无形性及非替代性等特征,企业只有拥有了这样的资源,才能在同行业中拥有独特的地位,这种地位就来自其在资源识别、积累、储存和激活过程中独特的能力。基于资源观点考察,可以认为核心竞争力是企业在获取并拥有这样特殊资源的独特能力。

(四)基于组织与系统观的核心竞争力

组织与系统观认为,核心竞争力是提供企业在特定经营中的竞争能力和竞争优势基础的多方面技能、互补性资产和运行机制的有机融合,体现在这种组织中的核心内涵是企业专有的知识体系,正是企业的专有知识使核心能力表现得独一无二、与众不同和难以模仿。核心竞争力建立于企业战略和结构之上,以具备特殊技能的人为载体,涉及众多层次的人员和组织的全部职能,因而,核心竞争力必须有沟通、参与及跨越组织边界的共同视野和认同。库姆斯认为企业核心竞争力包括企业的技术能力以及将技术能力予以有效结合的组织能力。因此，企业核心竞争力既具有技术特性，又具有组织特性，它包括企业的技术专长（包括产品和工艺在内）和有效配置等组织能力。与组织和系统观相接近，拉法和佐罗认为企业核心竞争力不仅存在于企业的操作子系统中，而且存在于企业的文化子系统中，植根于复杂的人与人、人与环境的关系中。企业真正的核心竞争力是企业的技术核心能力、组织核心能力和文化核心能力的有机结合。核心竞争力的积累蕴藏在企业的文化中，渗透到整个组织中，而恰恰是组织共识为一个综合的、不可模仿的核心竞争力提供了基础。

（五）基于流程的核心竞争力

波士顿顾问咨询公司的斯托克（Stalk G，1992）和舒尔曼（Schulman LE，1992）等人认为，成功的企业极为注意行为方式，即生产能力的组织活动和业务流程，并把改善这些活动和流程作为首要的战略目标，企业成功的关键不仅仅在于核心竞争力。每个企业都必须管理一些基本业务流程，如新产品的实现，从原材料到最终产品，从营销、订货到实现产品价值。每个流程都在创造价值，每个流程也都要求部门间的协同配合。因此，尽管各个部门可能拥有自己的核心能力，但是关键在于管理这些流程，使之成为竞争能力。

第三节　创新与创业关系

一、创新含义

创新是指以现有的思维模式提出有别于常规或常人思路的见解，利用现有的知识和物质，在特定的环境中，本着理想化需要或为满足社会需求，而改进或创造新事物（包括产品、方法、元素、路径、环境），并能获得一定有益效果的行为。

创新是以新思维、新发明和新描述为特征的一种概念化过程。其起源于拉丁语，有三层含义：第一，更新；第二，创造新的东西；第三，改变。创新是人类特有的认识能力和实践能力，是人类主观能动性的高级表现，是推动民族进步和社会发展的不竭动力。一个民族要想走在时代的前列，就一刻也不能没有创新思维，一刻也不能停止各种创新。

创新，在《辞海》中解释为“创者，始造之也”，“新，初次出现，新鲜”。创新，即做出前所未有的新鲜事情，改旧更新。“创新”在英文中为“innovation”，其意有发明（invent）、创造（create）或者革新（innovate）等，中英文含义相近。

二、创新与创业关系

全球经济一体化进程的加快及知识经济时代的到来，使得创新和创业成为当今时代的主旋律，成为实现一个国家经济发展的重要途径，并日益得到全世界的关注。虽然创业与创新是两个不同的领域，但将两者放在一起强调，是因为二者是一对“孪生兄弟”，关系密切，创业是创新的载体，创新是创业的动力。从创业与经济学的角度来看，创新的目的是支持企业能生产出消费者愿意购买的商品，因此，如果创新离开了创业企业这个载体，创新的成果就是闭门造车，落得个被束之高阁的结果。但两者之间又存在着不可割断的联系。

创新的价值在于创业。从某种程度上讲，创新的价值就在于将潜在的知识、技术和市场机会转化为现实生产力，实现社会财富增长，造福人类社会，而实现这种转化的根本途径就是创业。创业者可能不是创新者或发明家，但必须具有发现潜在商业机会并敢于冒险的特质；创新者也并不一定是创业者或企业家，但科技创新成果则经由创业者推向市场，使其价值市场化，创新成果才能转化为现实生产力。

创业与创新两个范畴之间有着本质上的契合，内涵上相互包容，在实践过程中互动发展。创新是生产要素和生产条件的一种从未有过的新组合，这种“新组合”使原来的成本曲线不断更新，由此会产生超额利润或潜在的超额利润。创新活动的这些本质内涵体现着它与创业活动性质上的一致性和关联性。

创新是创业的基础，而创业推动着创新。从总体上说，科学技术、思想观念的创新促进人们物质生产和生活方式的变革，引发新的生产关系、生活方式，进而为整个社会不断地提供新的消费需求，这是创业活动之所以源源不断的根本动因；此外，创业在本质上是人们的一种创新性实践活动。

创业是一个从无到有的实践，本质上是人们的一种创新性实践活动。无论是何种性质、类型的创业活动，都有一个共同的特征，即创业是主体的一种能动的、开创性的实践活动。尽管有人认为，创新不是“创造新东西”的简单缩写，而是具有特定的经济学内涵；但是，通过理论与实践创新推出新的认识成果和物质产品，毕竟还是创新实践的标志性内涵。正是在这样的意义上，创业从本质上体现着创新的特质，创业的核心是创办企业，即通过创业者的努力，导致一个新的生产或服务性企业的诞生。是否创办企业或创办企业是否成功，是判断创业与非创业、成功的创业或者失败的创业活动的根本标志。

创新是创业的本质与源泉。经济学家熊彼特曾提出，“创业包括创新和未曾尝试过的技术”。创业者只有在创业的过程中具有持续不断的创新思维和创新意识，才可能产生新的富有创意的想法和方案，才可能不断寻求新的模式、新的思路，最终获得创业的成功。创新的价值在于创业。创业者必须创新，以创新推动企业的发展。创新对创业者来说，不是科技发明，而是技术应用创新，是开发新的产品、采用新的生产方法和新的工艺流程、构建新的组织形式、采取新的营销模式，以便适应消费者追求新产品、个性化产品、高性价产品及便利购买产品的诉求。新产品的开发可以满足消费者变化的需求，消除审美疲劳；个性化产品的生产，可以满足消费者追求与众不同的差异化需求；高性价的产品可以满足广大消费者以合理的价格买到质量稳定的产品；便利购买的产品可以使消费者方便获得产品，节约时间和成本。创业企业在创业过程中，不思进取，不锐意创新，也会最终被市场和消费者抛弃，破产关门。相机胶卷巨头柯达在数码相机的冲击下走下神坛，走向没落，也从侧面体现了创新与创业的相互关联。

创业推动并深化创新。创业可以推动新发明、新产品或是新服务的不断涌现，创造出新的市场需求，从而进一步推动和深化各方面的创新，因而也就提高了企业或整个国家的创新能力，推动经济增长。

通过以上对于创新与创业关系的论述，我们知道它们内在相关，密不可分，并且了解了创业与创新的联合对于解决我国目前的就业问题至关重要，甚至影响我国发展与前景。由于创新与创业的密切关系，我国高等院校的创业与创新教育应该相互渗透融合，弘扬创新创业精神，健全创新创业机制，完善创新与创业的环境，加强产学研结合，加强创新与创业的交叉渗透和集成融合，并且不断地在实践中结合，从而推动创新型国家战略的早日实现。

思考与练习

1.简述创业研究的缘由。

2.简述熊彼特的创新理论的主要内容。

3.什么是创新？谈谈创新在中国经济社会发展中的意义。

4.根据自己的理解简述创新与创业的关系。

第三章　创业环境与政策

小额贷款圆了创业梦

“我们四个姐妹，每人获得5万元的小额贷款，合作开了家超市。小额贷款圆了我们的创业梦。”近日，涉县困难女职工王娟说。小额贷款创业扶持项目是省总工会精准帮扶工作的一项创新性举措。河北省涉县作为试点县，在全省率先实施。目前，王娟四姐妹的超市开得红红火火，日营业额在1万元以上。

该县困难职工李广军就属于技术产业型。他就职于涉县一家企业，妻子没有工作，儿子年幼，父母亲都是农民，父亲还是残疾人。2014年，李广军的父亲因病住院治疗花费9万多元，高额的医疗费让全家人的生活陷入困境。不过，李广军会木工手艺，业余时间经常帮别人做橱柜，但自己创业苦于没有启动资金。涉县总工会了解到他的情况后，主动上门提供资金帮扶。“一开始怕赔了，我不敢借这5万元，而且也没有人担保。但是工会的干部给我担保，并鼓励我放手干。”李广军激动地说，“工会是真心帮我们创业啊！”涉县工会不仅给李广军资金帮扶，还协助他开展行情调查、门市位置选择等前期工作，圆了他多年的创业梦想。目前，李广军的门市订单不断，月均收入逾万元。

涉县创业项目涉及建材、百货、厨卫、餐饮、种植、养殖、手工等多个行业。该县困难职工赵秋良说：“小额贷款创业，让我们靠双手创造财富，点燃了我们生活的希望。”

在我国，能够争取到政府资金的支持，是再好不过的事情了。像四姐妹、李广军这样的困难职工，通过小额贷款走上致富路的故事，对草根创业或者同学们创业都有启发。自己要主动一些，不能坐在家里等着政府工作人员上门。

由于政策的支持，政策性融资比其他融资渠道有更大的优越性，创业者应当认真研究政府的有关创业政策和扶持政策，主动与政府有关主管部门的人员接触沟通，使他们对企业的基本情况有深入的了解。同时，创业者要做好申请前的准备工作，认真分析企业的财务状况和发展潜力，充分说明企业的内在价值，努力争取政策性支持资金。

目前我国的创业环境发展逐渐成熟，对创业环境的研究也逐渐深入。分析现今社会创业环境，提出创业环境对大学生创业主体行为的总体影响和存在的问题，从而指出优化大学生创业环境的对策：第一，政策引导应兼顾区域经济发展的平衡；第二，创业资金来源应差异化与多样化；第三，大规模开展创业实践教育，创业教育与社会资源对接；第四，进一步打造完善的创业服务平台，提高大学生创业的工作效率。

创业环境分析是发现创业机会的基础，是进行创业可行性分析的保证。随时变化的环境能给创业者带来机遇，也能给创业者造成威胁。创业者必须清楚宏观的、微观的、行业的各种环境因素及其发展趋势，以及对具体行业、企业的影响是限制性还是促进性的，只有这样，创业者才能抓住各种机遇，避免严重威胁，成功创业。

【案例 3-1】　汽车饰品代理——小李

2016 年 8 月，李学从走上了创业之路，因为喜欢汽车，他把目标锁定在与汽车有关的项目上。不久，一家汽车饰品店诞生了。然而，仅仅半年，他就鸣金收兵。回忆那段创业的日子，李学从很痛苦，感叹为什么付出了很多，回报却很少。其实，创业之前，李学从是做了充分准备的。因为喜欢汽车，他就琢磨着在汽车方面找路子。他先在网上搜集了一些关于汽车消费品的创业项目，然后根据实际情况，考虑到随着人们生活水平的提高，买车的人越来越多，而爱车的人一般都比较注重车内装饰，开一家汽车饰品店，生意应该不错。觉得自己的想法还是比较顺应市场发展的，李学从开始了第二步工作。他从网上搜索了一些经营汽车饰品的代理商，并对各家的产品质量和价位进行了比较，然后选定了一家郑州的代理商。经过联系，他和那家代理商签了协议，交了 6000 元的加盟费，就开始租房子、装修、进货，脑子里满是憧憬的李学从很快就成了老板。但是现实给李学从的热情浇了一盆冷水。开张后，顾客寥寥。尽管他店里的饰品很吸引眼球，无奈汽车饰品店所处的位置比较偏，路过的车倒是不少，但也仅仅是路过，而且大部分是大货车，根本不会在这样一个地段停车，更不会来买车内饰品。李学从每天都早早开店，很晚才打烊，商品的价位也定得很低。即便这样，开业半年，总共才卖出 3000 元的货。房租到期之后，李学从不敢再恋战，把剩下的货放到朋友空着的车库里，从此不提开店的事。

李学从的失败主要是因为选址不善，对消费群的研究不足。一个成功的选址应该从大处着眼，注重宏观环境的利用，充分调查了解该地区现有的设施情况和竞争对手的经营特色，清楚周围消费者的需求，同时选取人流量大的区域。李学从选的位置太偏，定位也不准确。如果开业前未对周边环境做充分的市场调查，盲目选址，开业后不能满足周围消费者的需求，因为交通不便不能吸引客人，会使店铺遭受巨大损失。

由以上案例，下面我们展开创业环境的介绍。

第一节　创业环境

一、创业环境的概念

所谓创业环境，是指围绕创业者的创业和发展变化，足以影响或制约创业行为的一切外部条件的总称。它一方面指影响人们开展创业活动的所有政治、经济、社会文化诸要素，另一方面指获取创业帮助和支持的可能性。

创业环境是这些因素互相交织、互相作用、相互制约而构成的有机整体。创业者的创业过程并不仅依靠一方面的推动，也不仅是某一种因素作用的结果，它的运作需要环境各方面的支持。

二、创业环境的特征

（一）整体性

创业环境是一个由各要素相互作用、相互联系而组成的有机整体，创业环境的各要素也是相互联系、相互影响而存在的。由于创业环境具有整体性的特征，在研究创业环境的时候，应该运用系统的原则和方法，从整体的角度来考察创业环境，不能割裂各要素之间的关系，要从创业环境的整体去研究个体要素的表现。

（二）主导性

在创业环境的各要素中，总有一个或几个要素在某一阶段的发展中居于主导地位，即在创业环境的整体中规定和支配其他要素。因此，对主导要素的研究具有特别重要的意义。

（三）可变性

区域环境和创业环境都是不断发展变化的，包括经济结构调整、市场需求变化、消费水平变化等，这些都极大地影响着创业环境，使创业环境始终处于不断的变化之中。因此，必须用动态的观点来看待、研究创业环境，才能正确认识创业与创业环境之间的关系。

（四）差异性

差异性是指地区差异。创业环境是个空间概念，所在的区域不同，内容也不尽相同。区域政治、经济、文化等方面的差异，决定了创业环境的地区差异。

三、创业环境的分类

创业环境可以从多个角度进行分类，其基本分类如下：

（一）按创业环境的构成要素分类

从宏观层次来看，可以分为经济环境、政治和法律环境、科技因素、商务环境、教育因素、社会文化环境以及自然环境等几个方面。

（二）按创业环境的层次分类

创业环境是有层次的，形成一个分级系统。宏观环境指一国或一个经济区域范围内的创业环境；中观环境是指某个区域或城市、乡镇的创业环境；微观环境是指企业的文化氛围、团队合作精神、创新精神等。

（三）软硬环境之分

硬环境是指创业环境中有形要素的综合，如有型的基础设施、自然区位和经济区位；软环境是指无形的环境要素总和，如经济、政治、文化环境等。

硬环境是创业的物质基础，软环境在创业活动中变得越来越重要，而且在一段时间内，硬环境的变化是有限度的，而软环境的改善能够弥补硬环境的缺陷，提高硬环境的效用，最终成倍地提高整体环境的竞争力。

四、创业环境分析

创业环境的基本要素对创业活动产生重要的影响。创业机会与创业能力相结合，就会产生创业活动，创业总是在一定的政策环境和市场环境中进行的。创业者必须对环境有着深刻的了解，并采取相应的对策，才有利于创业成功。创业环境分析的具体意义如下：

第一，研究创业环境，指导创业。创业活动可以被看作一个开放的系统，创业活动和其所处的环境是相互作用、相互影响的。创业者获取资源以及在市场上竞争都离不开其所处的环境背景。通过对创业环境的研究，以了解创业环境为什么能影响创业活动，从而为创业者评估自己的创业能力和环境因素提供一定的理论参考。

第二，研究创业环境，规避创业风险，提高创业的成功率。创业者创业活动的成功率在整个世界范围内都是不高的。出现这样的结果，除了创业者自身的能力有限、创业资金不足等因素外，更重要的是创业环境的影响，如政府服务意识不强、法律环境不健全、社会服务化程度低等，所有这些都严重影响创业企业的生存和发展。因此，通过对创业环境的研究，阐明创业环境是如何影响创业活动的，从而规避创业风险，提高创业成功率。

第三，研究创业环境，完善社会服务功能，建立有效的创业环境支持体系。创业环境对创业的影响最终表现在创业的成功率上。在创业过程中，一部分创业者崛起，更多的创业者沉沦了。分析其深层次的原因，主要是创业环境各个方面对创业活动影响较大，并且不同因素对创业的影响程度不同，同一环境因素在创业的不同阶段也会产生不同的影响。因此，正确评估创业环境的影响程度，可以完善社会服务功能，从而建立有效的创业环境支持体系。

五、优化社会创业环境

创新生态系统表明，企业、高校和科研机构、金融机构、政府部门等众多行为主体都参与创新活动，要明确不同主体在创新生态体系中的定位：在创新生态中，企业是技术创新主体，金融机构是金融创新主体，政府是制度创新主体，高校和科研机构是知识创新主体。创新正是这些主体相互联系和共同作用的结果，构建良好的创新生态，旨在发挥各主体最大的效能。

第一，强化企业创新主体作用。企业是创新活动的组织者，是促进科研成果向市场价值转化的直接推动者。正是由于企业通过不断的技术创新，把技术转变为物质财富，推动了产业结构的优化升级。与此同时，企业为了更快更好地发展，不断增加研发投入，从而促进技术的更新和突破。在市场经济条件下，企业在创新方面更为有效，因为企业贴近市场，了解市场需求，具备将创新成果转化为商品、将技术优势转化为产品的优势，以及通过市场得到回报的要素组合和运行机制。同时，在市场竞争压力下，企业迫切需要通过自主创新提升竞争力，以求发展壮大。正是这种内在属性和外在压力，决定了企业在创新中的主体地位。一方面，要明确企业的技术创新主体地位。创新的目标应由企业主导提出，创新资源要由企业主导配置，创新活动的组织实施要由企业主导推进。企业的技术创新主体地位不仅仅是研发投入、科研组织和成果转化中的主体，更是技术创新决策的主体。另一方面，企业作为技术创新主体，并不意味着可以忽略其他创新组织和主体，还需要推动高校、科研院所、中介服务机构等各类创新组织和主体为企业技术创新提供强有力支撑，支持企业成为技术创新主体。

针对企业创新意识不足的问题，要发挥科技和经济政策的导向作用，激发企业的创新活力。优化科技创新成果转化政策，加快完善相关体制机制，切实推动科技成果转化，放大科技成果对企业和产业技术改造的提升效用，强化企业创新体系建设。鼓励企业普遍设立研发准备金，探索政府支持企业技术创新、商业模式创新的新机制。鼓励有条件的企业设立工程技术中心并加大研发投入，建立研发管理标准体系，开展重大产业关键共性技术的研发攻关，自主研发能支撑企业可持续发展的核心技术。鼓励和支持有条件的企业"走出去"，到海外建立研发机构，或通过联合开发、参股并购等形式，加大先进技术的引进、消化吸收和再创新。落实民营企业在创新领域的国民待遇，推动民营经济参与国家创新驱动战略和协同创新项目。加大各类人才向企业倾斜的力度，支持企业引进和培养领军人才和高技能人才，建设高水平研发队伍。鼓励企业加强内部培训和职工继续教育，支持企业职工的技术创新活动。加强政府各部门之间的政策沟通和协同，减少政策缺失或政策冲突。

第二，完善财税扶持政策。要落实鼓励企业技术创新的政策，完善和落实实惠性政策，扩大政策覆盖面，更多运用财政后补助、间接投入等方式，支持企业自主创新。加大政策实施力度，降低政策门槛。积极推进税制改革，实施结构性减税，对有利于转变经济发展方式的自主创新和技术改造等，加大税收优惠的力度。建立"绿色信贷"机制，对节能企业和环境友好型企业加大贷款扶持力度。对创新产品，建立反映外部成本效益的财税政策，促进外部效益内部化，切实降低企业税费，尤其是进一步降低小微企业的税费负担。加快发展多层次资本市场，方便各类企业创新融资。形成创新政策、创业政策和小企业政策的组合拳，支持各种发展阶段的企业创新。加快融资平台建设，解决企业担保难、贷款难问题。积极搭建银企合作桥梁，促进银企合作，做大融资平台，降低企业融资成本，为企业实现长期可持续发展提供强有力的支撑。

第三，不断优化市场环境，发挥市场在资源配置中的决定性作用。政府要着力打造良好的创新生态，促进各类创业服务平台发展，提高创新创业服务能力。充分发挥市场在配置创新资源中的决定性作用，更好地发挥政府作用，多措并举完善企业创新的市场环境和政策环境，明确科研机构、企业、政府在区域创新生态体系中的定位。政府作为创新生态系统中最能动的参与主体，可以通过自己的战略规划和政策实施，对创新生态系统的演化进行调控，从而使得创新生态系统朝着更加良性和健康的方向发展。加快建设科学合理、富有活力、更有效率的创新体系，进而发展为优良的创新生态系统。创新生态的实现、创新创业主要靠市场推动，也离不开政府的引领。政府对于创新生态系统的影响，主要体现在公共服务提供和公共政策制定两个方面。创新生态系统中政府的主要职能在于通过营造适当的宏观经济与政策环境为创新主体消除竞争中的阻碍，同时使政府服务得到双效的提升。政府要确立以服务对象需求为导向的新理念和新范式，用整合的方法制定和实施构建创新生态系统的措施。

第四，大力发展创新平台。科技创新平台体系是在政府引导下，由企业、市场、科研机构共同参与而建立的多层次技术创新运作体系。要加快推进企业研发机构建设，鼓励龙头企业组建产学研创新联盟，开展产学研集群式研发；进一步完善企业的创新组织体系，大力发展各种形式的科技企业孵化器。产学研合作能够实现优势互补、风险共担，提高效率，是提升创新能力的关键所在。应探索一套符合高科技产业特点的产学研合作机制，学校和科研机构提供科研成果，企业提供资金和生产设备，并推进科技成果的产业化。

第五，创新科技金融服务。科技是经济可持续发展的推动力，其推动力的实现取决于高科技能否产业化，科技创新已经成为现代经济竞争的核心，更是新常态下我国经济可持续发展的动力引擎。科技产业化已经成为各国经济发展的战略重点，而科技创新只有与金融资本有机结合才能实现其产业化。

金融是现代经济的“血液”，实现科技与金融的有效融合，有利于科技型企业赢得更大的发展机遇。金融服务业是推动工业革命和科技创新的强大动力，其价值表现为对实体产业经济的强大支撑作用和对国民经济的强大拉动作用，促进区域经济增长。金融服务业能有效促进知识要素与技术创新的结合，现代金融服务业不断催生新型产业形态。科技创新与金融通常被认为是经济增长的“双引擎”，实施创新驱动战略，迫切需要科技与金融深度融合。创新科技金融服务的实质就是要引导金融资源向科技企业集聚，充分发挥产业基金、风险投资、科技贷款等资本力量，建立健全服务创新的金融体系，出台更具针对性、可操作性的金融政策，满足科技型中小企业不同发展阶段的融资需求，为中小型科技企业的快速、健康、可持续发展提供必要的资金保证。进一步完善“银政企”对接机制，整合资源，为企业在融资、投资、政府资金支持以及商业往来等方面提供服务。构建支持创新的一站式金融服务生态，培育和发展科技金融服务体系以及创新科技金融监管模式，打通从技术到产业化的“最后一公里”。

第六，构建良好的创新生态，在全社会厚植创新意识，弘扬创新文化。创新生态中能够确保创新资源与创新环境之间产生高效互动的重要原因是区域的创新文化和风险文化。树立崇尚创新、创业致富的价值导向，积极倡导敢为人先、宽容失败的文化氛围，使创业成为一种价值追求。倡导敢为人先、敢冒风险的创新精神，勇于探索，崇尚竞争。开展创新教育，培育创新意识。改革创新评价，营造创新环境，在全社会形成崇尚创新、支持创新和追求创新的良好风气。制定科技创新试错容错机制，鼓励创新，营造有利于科技创新的宽松环境。对于基础创新，要区别于应用创新，不能用产业化的要求去对待，对这一领域的创新失败应采取更加宽容的态度。要破除崇拜权威的传统思想，允许和宽容创新失败，最大限度地激发和保护创业者的创新创业激情和活力。

六、创业环境对大学生主体行为的总体影响

在国家和各级地方政府各项扶持创业政策出台后，大学生创业比例有显著提高，但大学生创业偏好经济发达地区，创业区域发展不平衡问题突出。我国政府对大学生自主创业陆续推出了各类创业的政策与措施，在各项优惠政策的扶持下，大学生毕业后创业的比例逐年提高，显示了我国扶持大学生创业有了一定成效。

目前全球经济下行对就业的影响在我国部分地区已有所显现。东部沿海部分企业用人需求有所下降，招聘规模缩减。在国家大力发展中西部地区的各项政策推动下，中西部地区的经济增速明显高于东部沿海地区，中西部地区必然成为大学生创业的沃土。而现在大学生创业往往首选创业环境优良的东部沿海经济发达地区，而忽视了经济欠发达的中西部地区良好的发展机遇。

资料显示，创业环境较好的地区都为我国的经济发达地区，意味着会吸引更多的大学生创业主体，同时也带来竞争相对激烈的问题；经济欠发达的中西部地区的创业环境相对较差，大学生不愿意到那里开拓尝试，新思维、新技术无法快速转换成生产力。实际上，中西部地区经济快速增长明显催生的创业机遇已经对有志创业的大学生虚位以待。

【案例 3-2】 扎根闽北,创业人生——林商福的创业故事

林商福,个子不高,戴着一副眼镜,看上去有点斯文而又普通,但是他已经是大武夷优秀品牌设计机构——武夷山中今文化传播有限公司董事长和福建省五一电子商务有限公司创始人。讲起他的事迹,在武夷山同龄人之中可谓是耳熟能详。他高中入党,大学期间先后担任学生会主席、武夷街道高苏坂村团支部副书记、系党支部委员会宣传委员、班级团支部书记等职;获优秀共产党员称号,获得国家、省、市各种大赛奖项,被学校推荐参加“2010 中国大学生年度人物”评选。2012 年福建省公务员局、福建省人力资源开发办公室把他的创业项目纳入了省级创业资助项目,给予首批资助。2010 年他在世界“双遗产”地的首个产品——《武夷山旅游攻略》发行 10 万份;2011 年改版,跟武夷山景区管委会合作,发行量增至 30 万份;2012—2014 年发行量突破 60 万份,成为武夷山旅游的标志性旅游攻略,已为 200 万游客服务过,也为武夷山世界“双遗产”地旅游服务做出巨大贡献。目前他是武夷山旅游攻略唯一的开发和运营商。2013 年他介入电子商务,2013—2014 年为武夷山茶叶、旅游近 100 家企业提供电子商务咨询服务,培养电子商务人才。他的企业成为南平市政府和武夷学院团委评选的首批入驻“武夷山紫阳古城电子商务产业园企业”,他服务和帮助过的企业每年电商销售额近 5000 万元,每年发货量近 50 万单。他的故事并不是现在大家看到的这样简单。这个年轻人凭自己良好的素质和惊人的胆识,搏击风云,以他不平凡的人生奋斗轨迹充分展示了创业大学生的风采。

扎根闽北,服务地方。世界“双遗产”地武夷山的旅游产业比较成熟,他因此有不少学习和交流的机会,也因此认识了当地产业。在接触的过程中,林商福发现闽北企业都是土生土长的,普遍存在两个问题:一是缺乏人才,二是产业配套不足,制约了山区企业的发展。在经过市场调研后,他发现武夷山主导的旅游产业和茶产业缺乏品牌塑造企业、品牌服务企业、互联网企业为它们服务,山区外面的大学生或者创业者不愿意进入。他发现武夷山地区有 16 家传媒公司,但是基本上都是做广告门头和物料制作转型过来的,缺乏传媒思想和传媒手段。林商福认为这就是他的切入点,正因为市场不成熟,他要去把市场做起来;因为产业支撑不足,他要去做这个支撑;因为没人来闽北,没人愿意留在闽北,他要留下来,他认为这才是他的蓝海市场。

励志照亮人生,创业改变命运。2010 年 10 月,他带领几名大学生一起开始了创业之路,开办了“武夷山市商萌信息工作室”,为所有谋求长远发展的企业提供品牌设计咨询服务。但是在创业初期,经营企业经验缺乏,无人肯把自家品牌设计包给他做;由于资金和垫款问题,有时难以准时发放工资,创业团队中的一部分人选择了离开,这无疑对他是莫大的打击。他也无数次问自己这条路还能不能走下去,应不应该选择继续创业,但在最艰难的那段时间他没有放弃。为了打开局面,站稳脚跟,他没日没夜地工作,从设计产品到销售,他都事无巨细参与其中。只要客户需要,哪怕是再苦再累,他都咬牙坚持,力争在第一时间为顾客解决问题。

机会留给有准备的人。度过初期的艰难,工作室也成功实现了提升,毕业后他决定把工作室注册成公司。他租了比原来大三倍的场地,注册了武夷山市中今文化传播有限公司,建立了自己的网站,服务项目也增加了。公司业务涉及茶叶、旅游、通信、建筑、食品等行业。2012 年他获得了福建省公务员局、福建省人力资源开发办公室省级创业资助项目 5 万元奖励，同时入选了共青团福建省委举办的“创业之星”评选，他的公司更是被武夷学院授予了“大学生创业见习基地”“创业实习基地”。目前他的公司是武夷山旅游攻略唯一的开发和运营商，先后与武夷山碧桂园房地产开发有限公司、武夷山三木实业有限公司、武夷山旅游股份发展有限公司、中国移动武夷山分公司等形成战略合作；成为“武夷山海峡两岸茶叶博览会”第6、第7、第8届合作执行单位，先后为大武夷地区茶企业180家、旅游企业30家、房地产企业5家、其他行业23家提供品牌咨询、策划、电子商务服务。武夷山市中今文化传播有限公司已成为大武夷地区第一传媒品牌。

创业虽然艰难，但难得的是那份坚持和脚踏实地、乐观进取的创业态度，在学校领导和社会各界的关心和支持下，他的创业之路和创业历程也为大家所关注，他的创业事迹先后被中国网、中国青年报、凤凰网、东南网、福建电视台经济生活频道、南平电视台、武夷山新闻网、武夷学院校报采访和报道。

第二节　大学生创业政策

一、大学生创业政策的意义与作用

（一）大学生创业政策的意义

美国创业教育与研究的先驱狄蒙斯(Jeffery A.Timmons)曾指出：“我们正面临一场无声的革命——人类的创新和创业精神在全世界取得伟大胜利的一场深刻革命。创业革命对21世纪所产生的深远影响将相当于甚至超越工业革命对19世纪和20世纪所产生的影响。”

高校是我国劳动力供给的主要提供方，能否提供适应经济常态发展的人才是高校当前要解决的关键问题。现实的情况是，我国大学生就业形势日益严峻，大学生就业难的问题和矛盾依然突出。而创业是解决大学生就业难问题的一条重要路径，为了使大学生能够顺利创业，国家制定了一系列创业扶持政策。

2014年，中国加快落实创新驱动发展的国家战略，李克强总理做出重要指示：“强调要释放民智民力，增进大众福祉，以大众创业、万众创新来打造我国经济发展的新引擎。大学生是创新创业的主力军，是国家的后备人才，国家出台大学生创业扶持政策，为其提供便利服务，使其大幅提升创新能力，是十分必要的。”创新创业是目前摆脱进口依赖、增强国家综合实力的法宝。

（二）大学生创业政策的作用

任何公共政策的研究都离不开价值分析。大学生创业是推进创新型国家建设的需要，是促进经济转型发展的需要，是高校教育改革的需要，也是促进毕业生就业和社会和谐、提升大学生自我价值的需要。大学生创业政策具有导向作用、调控作用和分配作用。

1.导向作用

大学生创业活动的行为是可以规范和引导的，制定大学生创业扶持政策，正是针对大学生创业环境艰难等问题而确定的行为准则，凭借这些行为准则能规范和引导大学生的创业行为，从而在空间的分布和时间流动方面，改变社会的人力、物力和财力等资源。例如，2011年，福建省出台《关于进一步扶持高校毕业生自主创业的意见》，该文件从工商注册、税收优惠、资金扶持、创业场所、完善服务等方面对大学生创业进行了规范。对大学生创业中最关注、最迫切的问题，每项措施都明确了责任单位，对进一步鼓励和扶持大学生创业起到巨大的推动和引导作用。

2.调控作用

在市场经济条件下存在着不同的利益群体，彼此之间不可避免地会有冲突和摩擦，甚至对抗，各利益群体矛盾的调节有赖于政府的公共政策发挥作用。完善的创业政策体系包含财税、科技、金融、创业、人才等方面，其中涉及的主体包含政府、高校、社会和大学生创业者等。只要政府有意识地去调节政府和大学生创业者、政府和高校与社会之间的关系，就能促进大学生创业者和其他利益群体均衡合理，保证大学生创业活动持续有序进行。

3.分配作用

公共政策的分配作用源于政府具备的参与社会再分配的职能，政府制定大学生创业政策的目的就是要将社会公共资源正确有效地在大学生群体中加以再分配。例如，福建省出台了一系列政策，设立大学生创业基金、基地，提供小额贷款，提供创业培训，提供税收优惠等，旨在合理分配这些公共资源。

二、国家及地方政府支持学生创业的政策和措施

针对学生创业的促进政策最早是在2000年1月，教育部出台了关于大学生、研究生(包括硕士、博士研究生)可以休学保留学籍创办高新技术企业的政策，这一政策的出台主要鼓励高新技术类创业活动。2003年财政部、国家发展改革委《关于切实落实2003年普通高等学校毕业生从事个体经营有关收费优惠政策的通知》(财综〔2003〕48号)规定，“凡高校毕业生从事个体经营的，除国家限制的行业(包括建筑业、娱乐业以及广告业、桑拿、按摩、网吧、氧吧等)外，自工商行政管理机关批准其经营之日起，1年内免交个体工商户登记注册费、个体工商户管理费、经济合同鉴定费、经济合同示范文本工本费”。

2006年1月，为进一步鼓励和促进下岗失业人员、高校毕业生从事个体经营，民政部、财政部颁发《关于对从事个体经营的下岗失业人员和高校毕业生实行收费优惠政策的通知》。通知明确规定，从事个体经营的下岗失业人员、高校毕业生免交的收费项目具体包括：

(1)工商部门收取的个体工商户注册登记费(包括开业登记、变更登记、补换营业执照及营业执照副本)、个体工商户管理费、集贸市场管理费、经济合同鉴证费、经济合同示范文本工本费；

(2)税务部门收取的税务登记证工本费；

(3)卫生部门收取的行政执法卫生监测费、卫生质量检验费、预防性体检费、卫生许可证工本费；

(4)民政部门收取的民办非企业单位登记费(含证书费)；

(5)劳动保障部门收取的劳动合同鉴证费、职业资格证书工本费；

(6)国务院以及财政部、国家发展改革委批准设立的涉及个体经营的其他登记类、证照类和管理类收费项目；

(7)各省、自治区、直辖市人民政府及其财政、价格主管部门按照管理权限批准设立的涉及个体经营的登记类、证照类和管理类收费项目。

2008 年 10 月,国务院办公厅批准了人力资源社会保障部等 11 部门联合发布的《关于促进以创业带动就业工作的指导意见》。毕业 2 年以内的普通高校毕业生从事个体经营的,按有关规定,自其在工商部门首次注册登记之日起 3 年内,免收管理类、登记类和证照类等有关行政事业性收费。放宽市场准入。加快清理和消除阻碍创业的各种行业性、地区性、经营性壁垒。法律、法规未禁止的行业和领域向各类创业主体开放,国家有限制条件和标准的行业与领域平等对待各类创业主体。在法律、法规规定许可的范围内,对初创企业,可按照行业特点,合理设置资金、人员等准入条件,允许注册资金分期到位。按照法律、法规规定的条件、程序和合同约定,允许创业者将家庭住所、租借房、临时商业用房等作为创业经营场所;扩大政府采购范围,制定促进小企业发展的政府采购优惠政策。

2009 年 1 月 19 日,国务院办公厅下发《关于加强普通高等学校毕业生就业工作的通知》,鼓励高校积极开展创业教育和实践活动。对高校毕业生从事个体经营符合条件的,免收行政事业性收费,落实鼓励残疾人就业、下岗失业人员再就业以及中小企业、高新技术企业等现行税收优惠政策和创业经营场所安排等扶持政策。在当地公共就业服务机构登记失业的自主创业高校毕业生,自筹资金不足的,可申请不超过 5 万元的小额担保贷款;对合伙经营和组织起来就业的,可按规定适当扩大贷款规模;从事当地政府规定微利项目的,可按规定享受贴息扶持。有创业意愿的高校毕业生参加创业培训的,按规定给予职业培训补贴。强化高校毕业生创业指导服务,提供政策咨询、项目开发、创业培训、创业孵化、小额贷款、开业指导、跟踪辅导的“一条龙”服务。各地要建设完善一批投资小、见效快的大学生创业园和创业孵化基地,并给予相关政策扶持。鼓励支持高校毕业生通过多种形式灵活就业,并保障其合法权益,符合规定的,可享受社会保险补贴政策。

2015 年,国务院颁布《关于大力推进大众创业万众创新若干政策措施的意见》,提出通过结构性改革、体制机制创新以推进大众创业、万众创新。

2015 年,国务院办公厅印发《关于深化高等学校创新创业教育改革的实施意见》,明确提出高校可以实施弹性学制,允许保留学籍休学创新创业。

政策环境的完善成为大学生创业的外在驱动力,国家对大学生创业的扶持政策可归纳概括为以下几方面:

(一)学生创业融资、贷款方面的优惠政策

为支持大学生创业,各级政府出台了许多贷款优惠政策,包括对于具有一定生产经营能力或已经从事生产经营活动的个人,因创业或再创业提出资金需求申请,经银行认可有效担保后可发放专项贷款。

符合条件的借款人,根据个人的状况和偿还能力,最高可获得单笔 50 万元的贷款支持。符合贷款的条件包括以下几方面:①年满 18 周岁,具有合法有效身份证明和贷款银行所在地合法居住证明,有固定的住所或营业场所;②学生创业贷款申请者需持有工商行政管理机关合法的营业执照及相关行业的经营许可证,从事合法的生产经营活动,有稳定的收入和还本付息的能力;③学生创业贷款申请者投资项目已有一定的自有资金;④学生创业贷款用途符合国家有关法律和银行信贷政策规定,不允许用于股本权益性投资;⑤在银行开立结算账户,营业收入经过银行结算。

此外，地方政府也推出了针对大学生创业的贷款优惠政策。例如，福建省对高校毕业生从事个体经营符合条件的，制定了免收行政事业性收费、落实税收优惠、小额担保贷款和贴息等扶持政策；对毕业两年以内的普通高校毕业生从事个体经营的，自其在工商部门首次注册登记之日起3年内免收管理类、登记类和证照类等行政事业性收费；对于自主创业、灵活就业的高校毕业生，人事部门所属人才中介机构3年内免费办理人事代理，提供落户服务。自主创业的高校毕业生可享受小额担保贷款和其他形式的小额贷款贴息政策，贴息政策额度最高5万元，由财政按中国人民银行公布的同期贷款基准利率上浮3个百分点以内给予全额贴息。同时依托团省委，设立大学生自主创业担保基金，为需要担保的异地创业高校毕业生提供担保服务。

此外，上海专门设立了大学生创业"天使基金"，大学生开办企业可获5万～30万元的支持。"天使基金"将根据学生的申报计划，严格评估学生创业项目，然后确定实际支持金额。这笔资金将以股权形式投入学生企业中，获利部分将成为创业者的利润。在创业之前，专门机构还将对学生科技创业者进行创业培训，使其迅速拥有"老总"素质，相关部门还将为大学生免费提供代理工商注册登记、纳税申报、发票管理等服务。

太原市制定关于创业政府协助找贷款的担保制度，对于登记失业的高校毕业生，想自主创业的，可申请不超过5万元的小额担保贷款。财政部门可委托指定担保机构，为其提供担保。应届毕业生选择自主创业，工商部门会放宽其办企业住所登记证条件，申请人只需提交有效房屋租赁合同，无须再提交相关产权证明文件。

（二）企业注册登记程序和准入市场条件方面

1.程序更简化

凡高校毕业生（含毕业后两年内），申请从事个体经营或申办私营企业的，可通过各级工商部门注册大厅"绿色通道"优先登记注册。其经营范围除国家明令禁止的行业和商品外，一律放开核准经营。对限制性、专项性经营项目，允许其边申请边补办审批手续。对在科技园区、高新技术园区、经济技术开发区等经济特区申请设立企业的，特事特办，除了涉及必须前置审批的项目外，试行"承诺登记制"。

2.减免各类费用

除国家限制的行业外，工商部门自批准其经营之日起1年内免收其个体工商户登记费（包括注册登记、变更登记、补照费）、个体工商户管理费和各种证书费。对高校毕业生申办高新技术企业（含有限责任公司）的，其注册资本最低限额为10万元，如资金确有困难，允许其分期到位。高校毕业生从事社区服务等活动的，经居委会报所在地工商行政管理机关备案后，1年内免予办理工商注册登记，免收各项工商管理费用。

3.国家为促进劳动者自我创业，放宽创业准入市场条件

如前文所述，2008年10月，国务院办公厅批准了人力资源社会保障部等11部门联合发布的《关于促进以创业带动就业工作的指导意见》，放宽市场准入，加快清理和消除阻碍创业的各种行业性、地区性、经营性壁垒。法律、法规未禁止的行业和领域向各类创业主体开放，国家有限制条件和标准的行业与领域平等对待各类创业主体。

（三）税收缴纳方面

国家对大学生开办企业在税费方面制定了优惠政策。例如，大学毕业生新开办的信息

类、咨询类、技术服务类的企业，经税务部门批准，免征企业所得税两年；新办从事交通运输、邮电通信的企业或经营单位，经税务部门批准，第一年免征企业所得税，第二年减半征收企业所得税。另外，对大学生新从事的教育文化事业等公用事业、旅游业、物资业、物流业、仓储业、对外贸易业、饮食业、居民服务业、卫生事业，经税务部门批准，免征企业所得税一年。

《关于对大学生创业的税收减免的通知》中规定："凡高校毕业生从事个体经营的，自工商部门批准其经营之日起1年内免交税务登记证工本费。新办的城镇劳动就业服务企业，当年安置待业人员超过企业从业人员总数60％的，经主管税务机关批准，可免纳所得税3年。劳动就业服务企业免税期满后，当年新安置待业人员占企业原从业人员总数30％以上的，经主管税务机关批准，可减半缴纳所得税2年。"

（四）享受培训补贴和免费的创业服务

离校后登记失业的毕业生，参加人力资源和社会保障部门举办的创业培训，可享受职业培训补贴。有创业意愿的高校毕业生，可免费获得公共就业服务部门提供的创业指导服务，包括项目开发、方案设计、风险评估、开业指导、融资服务、跟踪扶持等内容。

三、大学生创业政策存在的主要问题与完善建议

尽管目前中国大学毕业生中具有创业意愿的大学生比例较高，但真正实施创业的人数较少，并且我国大学生创业成功率也较低。在"大众创业、万众创新"背景下，如何为大学生构建创业支持体系已成为当前"双创"工作中亟待解决的现实问题。

（一）大学生创业政策不健全

近年来，我国各级政府陆续推出了一系列针对大学生的简化注册登记程序、减免税收和小额信贷等促进就业创业方面的政策，但整体还不够完善，缺乏各地、各部门的配套政策。以福建省为例，纵观当前福建省大学生创业扶持政策的结构，元政策、基本政策和具体政策呈现明显的碎片化。主要表现是元政策、基本政策和具体政策的制定主体和管理部门"分散化"，各项政策零碎地散落于相关部门的文件中，内容或大同小异，或交叉重复，甚至冲突矛盾。

针对上述创业政策存在的问题，有必要从宏观视角整合政策，增强政策的整体性和协同性，具体包括：第一，重新整合现行的政策制定主体，设立统一的、具有权威性的政策制定与实施的管理机构。我国可以借鉴欧美国家的做法，设立专职负责创业政策制定和实施的机构。第二，需要强化顶层设计，理顺政策出台主体之间的关系，处理好元政策、基本政策和具体政策之间的关系，使之相互协调统一，更好地促进大学生创业实践。

（二）创业政策缺乏宣传力度

虽然国家主流媒体在一定时期内做了大量宣传，但是持续性不强，未能连续发挥宣传的作用。宣传是落实创业政策的关键，国家应加大对创业政策落实的投入。要设置创业扶持政策宣传部门，组建一支强大的宣传队伍。队伍应由资深新闻工作者、学者、专家组成，既能深刻理解政策内容，又能将政策通过网络、报纸、讲座、课堂等宣传出去。要增加政策影响力方面的投入，提升政策认知度和认同感。公共政策的受众对政策的了解、认同甚至信任公共政策是公共政策实施的前提。以福建为例，可借助独特地域的闽商文化，弘扬"敢冒风险、爱拼会赢"的闽商精神，营造良好的创业环境和浓厚的创业氛围，以推动福建省大学生创新创业。

(三)大学生创业政策执行存在的问题

1.地方政府缺乏为大学生创业服务的积极性和主动性

虽然很多地方政府出台了扶持大学生创业的政策,但并未全部贯彻实施,大学生创业仍十分困难。很多地方政府的工作人员责任感弱,执行政策不力,致使很多创业政策不能被有效执行,造成了政策执行的空虚化,导致大学生创业者无法得到政策激励。大学生创业鼓励扶持政策不仅没有发挥相关效力,甚至打击了大学生创业者的创业热情,阻碍了他们创业的进程。例如,国家和各级政府在融资、税收、费用减免等方面出台了一系列优惠政策,但这部分资金总量少,手续复杂,条件限制较严格,对于创业学生来说只能望而却步。

因此,在国家制定的创业政策下,各级地方政府应该因地制宜制定具有地方特色的相关政策。首先,各地方政府应坚决执行中央的创业帮扶政策,不能拖延,不能只宣传不落实。要做到以中央政府为核心,结合地方实际,保证创业者的相关权益。其次,各地方政府要明确创业工作的相关职责,设立创业激励办公室,专门鼓励地方创业工作,认真落实创业工作。最后,对创新创业扶持工作方式进行创新,全面推行“校企合作”模式、“企业间合作”模式及“政府、企业和学校三方联动合作”模式,打造地方特色。

2.监督机制的缺失

政府对大学生创业政策的执行监督不力,大学生即使受到了不公平的对待也无法申诉,大大降低了学生创业的热情。应设立专门的监督和投诉机构,负责相应的职责,哪一部分出了问题必须有相关人员解决,将监督机制落到实处,给大学生提供实实在在的帮助。

应建立创业扶持全程跟踪体系,这是落实创业扶持政策的重要基石。第一,建立和完善创业者信息采集系统,全方位记录创业者的创业全过程,进而精准扶持创业者。第二,建立被扶持者的信息采集系统,记录创业者被扶持前和被扶持后的创业状态,形成对比,得出相关数据,形成书面报告,以此作为完善创业扶持政策的重要参考依据。第三,建立创业扶持奖励系统,对能够提供准确、有效、有参考价值信息的创业者,进行物质奖励或者精神奖励。

(四)社会多元化支持作用发挥不足

当前,对大学生创业的支持主要还停留在政府和高校层面,社会、企业对大学生创业的作用发挥明显不足。可以借鉴西方发达国家和地区的做法,结合竞赛奖励和风险投资模式,引导企业、民间等主体参与创业资金支持建设。例如,美国的创业教育得到了社会资金的大力支持,通过赞助创业大赛、奖励创业教育的优秀学生、开发创业教育课程等方式对创业教育提供资金支持。

思考与练习

1.创业环境是什么?创业环境分为哪几类?

2.简述优良创业环境的意义。

3.结合实例,并结合自己所学专业,谈谈对创业环境的理解。

4.大学生创业的有利条件和不利条件有哪些?

5.国家和地方支持大学生创业的政策有哪些?

6.创业政策对大学生的创业活动有哪些帮助?

7.高校毕业生自主创业,如何享受小额担保贷款政策?

第四章　创业素质与能力

两次创业成功

28～45 岁，她是一个普通的打工妹。

45～54 岁，她开始经商，积累了上千万的资产。

54 岁那年，由于倒卖进口汽车，她锒铛入狱。在入狱期间，丈夫离她而去，唯一的女儿因为抑郁症自杀。

18 年之后，她出狱了，只身一人在郑州某个公厕做保洁员，每月靠几百元工资度日。

3 年之后，75 岁的她重新创业。

现在，作为年逾八十的耄耋老人，她重新拥有上千万的资产，企业包括餐饮业、种植业等。

她就是传奇老人吴胜明。

第一节　创业素质

是什么让她决定创业，并且一直走到今天？约翰·杜威说："幸福的关键是发现自己适合做什么并确保有机会去做。"吴胜明老人两次创业成功，说明她发现自己适合创业，并积极去实践了。对于大学生来说，为什么创业成功率低？可能是你根本不适合创业，毕竟创业者都需要具备一定的特质。

一、大学生创业素质

在当今世界，一个创业者的素质和能力往往决定着创业的成败存亡。大学生的创业道路有千万条，在成功者身上所具备的素质往往有许多相同之处。通过对一些成功案例的总结分析可以发现，创业者主要具备以下几方面的素质：

(一)创业者的心理素质

所谓心理素质,是指人在心理方面较稳定的特点,即人的感知、记忆、想象、思维、言语、注意力、情感、意志、能力、气质、性格、理想、信念等多种心理品质和修养,心理素质主要由认知、情感、意志、个性几个相互联系的要素有机构成。

创业者的心理素质是指创业者的心理条件,包括自我意识、性格、气质、情感等心理构成要素,自我意识特征应为自信和自主,性格应刚强、坚持、果断和开朗,情感应更富有理性色彩。

根据成就动机理论,那些拥有创业心理素质的人比不具备创业心理素质的人具有更高的实施创业行为的倾向,成功的可能性也更大。创业者一般要具备如下心理素质:成就需要、控制源、风险承担倾向、不确定性容忍度、创业精神、团队意识等。

1.成就需要

成就需要是创业者对创业成功有强烈的意愿,而成功创业不仅是为了获得社会承认或声望,更是为了获得个人内在自我实现的满足感。

2.控制源

控制源是指创业者相信自己控制人生的程度能帮助他克服创业道路上的各种艰难险阻,将创业目标作为自己的人生奋斗目标。研究表明,创业者相信是自身而不是他人决定自己的创业能否成功,他们经常有很强的控制欲,对创业活动有较大的影响,总是希望把创业过程掌握在自己手中。和控制源相关的是创业者的个人独立性,创业者往往喜欢独立思考和行动,渴望独立自主。

3.风险承担倾向

在扑朔迷离、纷繁复杂的市场经济环境中,机会和风险并存,既有成功的机遇,也有失败的危险。所需承担的风险,无论是财务、社会方面的,还是心理方面的,都是创业过程不可分割的一部分。但是,在市场风险中,仍会有许多突破点,关键在于创业者如何面对机会和风险,并做好充分的准备去迎接机会的到来,躲避风险的侵害。只要是创业者,肯定会遇到各种各样的困境,对此必须要有充分的思想准备,敢于承担风险,不被困难击垮,并坚韧不拔地朝着既定的目标前进,终究会有成功的一天。

4.不确定性容忍度

在创业过程中会遇到各种意想不到的困难,如资金周转困难、商品不畅销、员工管理不到位等,而一定程度的不确定性容忍可以对一个创业者的成功起到积极的影响作用。对上述这些问题处理不当就有可能导致经营失误。因此,要做好随时应对困难的思想准备,迎接不断出现的挑战,始终朝着既定的目标,坚持不懈地努力。一个创业者,若勇于忍受困苦、艰难,克服阻挠、障碍,并保持旺盛的斗志,终将成为一个出色的创业家。

5.创业精神

创业精神是创业者的精神状态和对事业所持的态度。创业精神始终与某些普遍适用的创业行为素质相关联。创业要有创业精神,没有创业精神的创业者通常不会成功,也不能称为创业者。创业精神主要表现为自信、自强、自主、自立等。

自信就是创业者要对自己充满信心。对于准备创业的人而言,自信心尤为重要。一个成功的创业者的特点之一,就是对自己充满信心。如果一位老板或总裁连公司走哪条路都拿不定主意,那么可想而知,公司今后的发展也一定不会顺利。但是,自信并不是自傲。有一种极端情况是，我们常常见到有些人在采取行动时，表现得过于自信，听不进任何人的意见。其实，这并不是自信。自信者不会拒绝别人的意见和建议，否则，只能是盲目自大。对于一个创业者来说，这是必须戒掉的陋习。

自强就是创业者在自信的基础上，不贪图眼前的利益，敢于实践，不断增加自己各方面的能力与才干，勇于使自己成为生活与事业的强者。

自主就是具有独立的人格，具有独立性创业思维能力。创业是一种需要全身心投入的事业，只有具有积极的态度和务实的精神才能使创业获得成功。在这个过程中，没有人会给创业者制定计划。面对困难、问题、危机时，创业者只有积极努力、脚踏实地地奋斗，才有可能取得创业效益。

自立就是创业者凭自己的头脑和双手、智慧和才能、努力和奋斗，建立起自己事业的基础。

6.团队意识

在创业道路上，创业者必须摒弃“同行是冤家”的狭隘观念，学会合作与交往。通过语言、文字等多种形式与周围的人进行有效的交流与沟通，这样可以提高办事效率，增加成功的机会。在创业过程中，创业者需要与客户打交道，与公众媒体打交道，与外界销售商打交道，与企业内部员工打交道，这些交往、沟通可以排除障碍，化解矛盾，降低创业难度，增加信任度，有助于创业事业的发展。

（二）创业者的行为素质

创业者的行为素质对创业起着举足轻重的作用，当代大学生成功创业者在行为方式上主要有勤学好问、执着、灵活应变、良好的商业道德和强烈的责任感等素质。

1.勤学好问

优秀的创业者往往不满足于现状，经常意识到能将事情做得更好，渴望并从不放弃学习和改进的机会。现代社会需要学习型的企业，创业者在创业初期更需学习行业内的领先企业、标杆企业的成功经验。创业者的学习为新企业的发展提供了源源不断的智力源泉。

2.执着

一个心理健全的人，他的一切有目的的活动和行为都是意志活动。在日常带目的性和方向性的活动与行为中，意志因素表现得并不明显；然而，在创业活动中，目的性和方向性就表现得异常强烈、鲜明。这时候如果存在巨大的障碍和困难需要创业者去克服，人的精神就处在高度紧张的状态，在这种紧张的情况下，意志因素起着异常重要的作用。可以说，创业者的创业活动就是复杂的意志活动。成功的意志是创业者所不可缺少的。

3.灵活应变

根据情景理论，创业者对创业方法和路径的选择，要一切从实际出发，根据环境的变化对创业活动做出相应的调整。而在创业活动调整和实施的过程中，要面对处于不断变化的客观环境。因此，创业者要有一定的灵活性与应变性，才能应对这种计划实施环境的不确定性。

4.良好的商业道德

诚信、诚实、诚恳是一个新企业生存和发展的根基，是对创业者的商业伦理要求。创业者若没有良好的商业道德，只依自己的个人利益行事，肯定不会创立起成功的企业；即使能够创办企业，也只是昙花一现。只有创业者对顾客、对员工诚信，顾客和员工才会为新企业的发展增添助益。可以说，世界上所有优秀的成功创业者无一不是具有良好的商业道德。

5.责任感

责任感可分为社会责任感、工作责任感、家庭责任感等，在创业过程中，创业不仅是为了实现自己的价值，更重要的是承担社会责任。一开始创业，可能是为了家庭。创业者是否可以对更多的人负责，是否可以通过创业让身边的人在物质上有所回报，才是一个真正的创业者应该有的动机。纵观历史，那些优秀的成功创业者并非都具有渊博的知识、无与伦比的才华或者天才般的大脑，但在他们身上最基本的共同点是：他们具有强烈的责任意识。

（三）创业者的背景特质

创业者的背景特质也是当前对创业者特质研究的一个新的、重要的方向。相对于创业者的心理素质、行为素质，创业者的背景特质主要是在后天的工作和学习生活中形成的独特的个性特征，主要包括创业者的教育、个人价值观、社会资本三个方面。

1.教育

教育对于创业者的成长是至关重要的，教育的重要性体现在创业者是否具备解决问题的能力和素质，并不仅仅指一个或若干个正规的学位。美国福特汽车公司创始人亨利·福特、美国钢铁大王安德鲁·卡耐基、美国微软公司创始人比尔·盖茨这些中学或大学辍学者的成功，就说明了这一点。但是，毫无疑问的是，教育能够让创业者形成一个极有说服力的个人背景。特别是在知识大爆炸、竞争日益激烈的今天，单凭热情、勇气、经验或单一的专业知识，要想成功创业是很困难的。大学生创业者想要拥有创造性思维，做出正确决策，必须具有复合的知识，具有一专多能的知识结构，而要获得这些，必须接受教育，特别是认识论和方法论方面。

2.个人价值观

个人的需求包括生理的需求和心理的需求，也就是自然性的需求和社会性的需求。心理需求是高层次的终极的需求，个人需求的满足最终必然通过心理需求的满足来实现，而心理需求往往与社会及他人的肯定密切相关，因而创业者个人的满足与服务社会紧密联系。我国作为发展中的社会主义国家，在发展水平上，需要创业者树立大局意识和为祖国服务的意识，以使我们尽快追赶世界先进水平；在社会性质上，人与人之间、人与社会之间的根本利益是一致的，创业者只有将个人价值的实现融入为祖国服务中去才符合国家、社会及个人的长远利益。个人价值的实现建立在国家和人民承认的基础之上。创业者只有树立了这种正确的长远的价值观，才能树立正确的人生信念和人生理想。所谓坚定人生信念和明确人生理想就是能够确认自己为什么创业。具备了这一点，创业才能一往无前，遇到挫折也不后退，否则容易自我怀疑，摇摆不定。

3.社会资本

以创业者为中心并依附于创业者形成网络体系的社会关系，是创业者拥有社会资本的总体表现。从创业者的角度出发，社会资本一方面能够激发创业者的积极性、主动性和创造性，另一方面通过在网络体系中与他人的互动、学习，促进自身素质的提高。再者，还可以通过影响其他成员的积极性来促进创业。所以对于创业者来说，如何在有限的资源下加大对社会资本的合理投资以取得相应回报，需要做出平衡决策。

这些都是作为成功创业者身上具有的通用素质，当然，这并不是要求创业者必须完全具备这些素质才能去创业，但创业者本人要有不断提高自身素质的自觉性和实际行动。提高素质一靠学习，二靠改造。要想成为一个成功的创业者，就要做一个终身学习者和改造自我者。创业成功需要条件，而去追求成功就要努力让自己获得相应的条件，这是一个艰苦努力的过程，同时也是一个提高自己的过程。

二、大学生创业素质评估的具体方法

创业素质是为创业者所具备且能使创业者达成顺利创业的内在稳定的特征或特点，是创业者必须具备的重要素质条件。大学生创业者对自己的创业素质进行正确的评估，是创业之前的一个十分重要的环节，合理科学的创业素质评估能够提高大学生创业成功的概率。

(一)大学生创业素质评估的方法

1.他人评价法

根据他人对自己的态度和评价，认识自己。心理学家指出，别人对自己的态度是认识自己的一面“镜子”。每个人都处在一定的社会关系中，通过与他人相处，从他们对自己的态度中可看到自己的形象，为自我评价、认识自己提供基础。

2.自我评价法

要想正确认识自己，发现自己是否具备创业素质，可以通过类比分析，以与自己条件相似的人的行为作为参照物进行比较来认识自我。我国有“见贤思齐焉，见不贤而内省也”的古训。当看到别人优缺点的时候，想想自己是否有同样的优缺点。另外，要想更加正确地认识自己的创业素质，还需要实践的检验，必须参加实践活动，在实践中发挥特长，暴露弱点，从而扬长避短，运用“木桶效应”成为自己事业、命运的主人。

(二)大学生创业者素质的评估

对照表4-1，分析自我在每一个方面的优势、劣势或者不确定，在对应的表格上打钩，然后请一位关系比较亲密的老师、亲人或者朋友对你进行评估，最后统计一下表格中所对应优势、劣势和不确定的数量。

表4-1　大学生创业素质评估表

评估内容		自我评估			他人评估		
		优势	劣势	不确定	优势	劣势	不确定
心理素质	成就需要：创业成功有强烈的意愿，渴望创业的野心						
	控制源：个人独立性，将创业目标作为自己的人生奋斗目标						
	风险承担倾向：敢于承担风险，坚韧不拔						
	不确定性容忍度：勇于克服阻挠、障碍，旺盛的斗志						
	创业精神：自信、自强、自主、自立						
	团队意识：合作与交往，有效的交流与沟通						

续表

<table>
<tr><th colspan="2" rowspan="2">评估内容</th><th colspan="3">自我评估</th><th colspan="3">他人评估</th></tr>
<tr><th>优势</th><th>劣势</th><th>不确定</th><th>优势</th><th>劣势</th><th>不确定</th></tr>
<tr><td rowspan="5">行为素质</td><td>勤学好问：渴望并从不放弃学习和改进</td><td></td><td></td><td></td><td></td><td></td><td></td></tr>
<tr><td>执着：目的性和方向性强烈、鲜明</td><td></td><td></td><td></td><td></td><td></td><td></td></tr>
<tr><td>灵活应变：灵活性与应变性</td><td></td><td></td><td></td><td></td><td></td><td></td></tr>
<tr><td>良好的商业道德：诚信、诚实、诚恳</td><td></td><td></td><td></td><td></td><td></td><td></td></tr>
<tr><td>责任感：强烈的责任意识</td><td></td><td></td><td></td><td></td><td></td><td></td></tr>
<tr><td rowspan="3">背景特质</td><td>教育：解决问题的能力和素质</td><td></td><td></td><td></td><td></td><td></td><td></td></tr>
<tr><td>个人价值观：个人的满足是否与服务社会紧密联系</td><td></td><td></td><td></td><td></td><td></td><td></td></tr>
<tr><td>社会资本：与他人的互动，平衡决策</td><td></td><td></td><td></td><td></td><td></td><td></td></tr>
<tr><td colspan="2">总计：</td><td></td><td></td><td></td><td></td><td></td><td></td></tr>
<tr><td>优势</td><td></td><td>劣势</td><td></td><td>不确定</td><td colspan="3"></td></tr>
</table>

通过测评，可得出优劣势或者不确定项的具体数量，进行比较。如果优势多，说明你基本具备大学生创业者素质；如果劣势多，说明你目前还不具备大学生创业者素质。但是要记住这个分数并不是静止不变的，也不是绝对的，它只是相对的、动态的参考，会随着时间而有所变化。

三、大学生创业素质提升的途径

创业素质并不是一成不变的，很多创业者在创业初期，并不具备创业者所必需的所有素质，都是在创业的实践过程中逐渐获得，技术可以获取，条件可以改善，素质也可以培养。

（一）塑造健全人格是大学生创业素质提升的前提

许多大学生投身创业的浪潮中，在面临诸多发展机会的同时，面临的压力也增大了，困难和挫折也会接踵而至。然而，创业是艰难的，并非一帆风顺，创业能否成功，最根本的原因在于创业者本身的素质高低，在于创业者是否具有良好的创业心理品质，塑造健全的心理品质能够帮助大学生调节控制成就需要、控制源、风险承担倾向、不确定性容忍度、创业精神、团队意识等创业必备的心理品质。这些品质在大学生的创业活动中起着十分重要的作用。塑造健全的人格，能够增强大学生创业的软实力，是促进创业者成长的捷径，也是大学生创业素质提升的前提。

（二）参与实践活动是大学生创业素质提升的基础

大学生的创业素质不仅仅来自书本上的理论知识、间接经验和熟练的专业技能，还来自于社会知识、经验以及处理社会关系问题的技能和技巧。积极参与社会实践活动，能够使大学生在实践中积累创业经验，培养创业能力，如大学生创新创业大赛、创业企划书大赛等都是大学生提升创业素质和能力的有效途径。大学生还可以通过参加社团组织、义务实践活动以及兼职打工、职业见习、创业见习、市场调查、求职体验等来接触社会，了解市场，来磨砺自己的心智，提升创业的综合素质。“商机无处不在，商业活动也无处不在”，大学生在平时的实践活动中可以接触有创业经验的人，与他们交流沟通往往比看书本收获更多。通过这种人际交往途径获得最直接的创业技巧与经验，大学生在创业过程中将受益无穷。

这些活动成为大学生步入社会大课堂的第一步，大学生在参与实践的过程中，既为他们将来开展创业活动积累了经验，也培养了他们勤学好问、执着、灵活应变、良好的商业道德和责任感等创业行为素质，有利于增强大学生的创业意识，激发创业热情，做好面对各种困难的心理准备，促进大学生创业成功。

（三）广泛获取创业经验是大学生创业素质提升的关键

目前，我国大多数大学都已经开设了和创业指导相关的课程，教授学生与创业相关的管理学、心理学知识，帮助大学生打好创业的基础。大学生也可以通过阅读相关的书籍，获得更多的创业知识和间接经验。各地的大学生科技园、大学生创业园、创业中心等机构的网站也蕴藏着丰富的创业知识，大学生可以到这些网站上去浏览学习。可以在大学高年级期间组成创业团队在学校的创业孵化园进行模拟创业，也可投身于真正的创业实践，在真刀真枪的创业实践中提高自己的创业能力。

延伸阅读　雷军访谈实录：创业者必备的素质

你需要描绘蓝图的能力

我曾经开玩笑地讲过一句话，创业不是人干的事情，是阿猫阿狗干的事情。一般的人，最好不要去创业。因为你需要有面对困难的勇气，还需要有描绘蓝图的能力。你要能够有效地组织一帮人来实现你的梦想和抱负，这是最难的一点。

我自己创业的时间比较久，我拿金山软件创业来说，遇到的第一个坎，就是初期的时候，我们求总开发了 WPS。这个产品非常对路，很受用户欢迎，所以金山一夜之间就成功了。

成功之后，就遇到微软进入中国市场。因为他们的软件没有加密，所以他们凭借这种盗版的方式来做产品推广，速度非常快。很快，在微软加盗版的双重夹击之下，我们陷入了困境。

陷入困境以后最难的是怎么说服自己：“这件事值得干”，怎么说服所有的同事：“这件事有希望”。

你需要莫名其妙的自信

最近在跟一个创业者分享的时候，我就说：“创业者要有莫名其妙的自信。”一个不自信的人是没戏的。

我今天回想，22 年前，我不知道我怎么就能相信金山能击败微软。其实 22 年过去了，WPS 已经取得了长足的进展，但距离击败微软，还差十万八千里。

其实今天想一想，如果当年我不认为我能赢，我怎么可能坚持走到今天？

一个在中国只有十来个人、七八条枪、账上只有十来万人民币的小公司，能击败当时世界霸主微软吗？用逻辑是根本不可能证明这一点的，所以你只有这种程度的自信，你才能坚持下来。

你需要强大的说服能力

创业者还要说服所有的同事来支持你的观点。在危机来临的时间点，其实很多人都不信。创业者会很绝望。今天这个离职了，明天那个很厉害的人也要走了，公司进入了负循环。自己都总觉得明天就会关门!

创业者会觉得全世界都不相信自己,会很崩溃。每个公司陷入困境的时候,其实都是这种局面。所以我经常讲:“创业需要信仰。”

你首先要相信这件事情,才会有足够的自信去说服那些跟你一起干的人。你需要强大的心脏和无懈可击的强大口才。

第二节　创业能力

创业素质与能力是一个整体的、综合性的概念,是创业者必须具备的两大方面。在上一节中,我们介绍了大学生创业素质包含的几大要素及如何评估大学生的创业素质,本节我们将介绍大学生创业所需的能力,以及如何进行创业能力评估。

【案例 4-1】　什么样的人才适合创业?

什么样的人才适合创业?我们可以从如今已经成功的创业者身上去寻找一些共性。分众的江南春、盛大的陈天桥、网易的丁磊、百度的李彦宏、大名鼎鼎的比尔·盖茨、乔布斯、佩奇等都具备一些共同的成就其事业的特点。

首先他们充满激情但又非常理性,他们不是单纯地享受创业过程,他们更是为了一个好的结果。他们做的都是自己最爱的事情,所以能够全力以赴,工作量极大却不知疲倦。他们是自己产品和服务的最好的质检员和改进者,关注的同时不断去创新。国外的创业者勇于打破传统,因为他们有很好的法律制度作为保障;国内的创业者往往需要尝试中国商业的“潜规则”。而无论创业的地点在哪里,迈出第一步的魄力是做出成绩的必需品。

一、大学生创业能力包含的基本要素

能力是完成一项目标或者任务所体现出来的综合素质。人们在完成活动中表现出来的能力有所不同。能力是直接影响活动效率,并使活动顺利完成的个性心理特征。能力总是和人完成一定的活动相联系在一起的,离开了具体实践活动既不能表现人的能力,也不能发展人的能力。

创业能力在本质上是创业者充分利用所掌握的资源识别并开发创业机会,为创业活动提供持续动力并促使创业企业成长的能力,既包括获取创业资源、整合并提升创业资源的能力,也包括运营管理、统筹领导能力以及机会识别和开发的能力,只有将这些能力综合运用,才能够使创业获得成功。

(一)组织领导能力

组织领导能力是指创业者根据工作任务,对资源进行分配,同时控制、激励和协调群体活动过程,使之相互融合,从而实现组织目标的能力。作为创业团队的领导核心,创业者需要具备的组织领导能力一般有战略管理能力、领导能力、协调整合能力、亲和力。

1.战略管理能力

创业者的战略管理能力表现在创业实施的第一步是找准方向、严密论证，进而做出战略决策。创业环境总是复杂的，在这个环境当中，政治、经济、文化各种要素相互联系，错综复杂，任何方案都不是完备的和确定的，这就需要全局的战略管理能力和决断素质。古人云："不谋全局者，不足谋一域；不谋万世者，不足谋一时。"在今天这样一个新生事物层出不穷的时代，创业者必须能够正确认识知识经济的发展规律，敏锐地分析市场的发展变化，准确地把握国家的政策法规，才能够正确地评估创业机会和创业方案。从全局的高度认识和把握问题是全面分析把握创业方向的基本要求。

(1)提升战略管理能力有助于创业者正确评价外部环境的危机与机遇。外部环境分析对创业者非常重要，其重点是识别和评价超出某一控制能力的外部发展趋势和事件，揭示所面临的主要机会和威胁，从而对这些因素做出进攻性或防御性的反应。创业者只有正确识别和评价外部机会与威胁，才能制定明确的任务，设计实现长期战略目标所需的战略及相应的政策，并随着外部竞争环境的变化做适度的调整。

(2)提升战略管理能力有助于明确创业核心能力，确定有效的战略活动领域，使创业活动获得长久的竞争优势。通过战略管理中对创业组织的内部分析，创业者能认清自己的优势与弱势，明确核心能力，明确企业发展的领域，保证创业的专业性；创业者采取基于核心能力的发展战略，不仅能够保证创业组织专业化的发展，还可以在多样性的业务上具备很强的竞争力。

(3)提升战略管理能力可以优化组合人力资源，增强管理执行力，营造组织文化。保持创业战略和人力资源战略的一致性是战略优化的核心内容，很多创业组织忽视人力资源问题，导致在战略匹配中出现严重问题，最终创业战略实施失败。战略管理是一个组织内部各方面相互作用的过程，要求对组织内部各种职能领域进行有效的协调，各个部门的管理者和职员共同工作并提供想法和信息，参与制定组织战略，加强组织内的协调与沟通，有助于增强员工的归属感和责任感，并形成组织特有的软实力或文化。而保持"组织文化—战略管理"路径的通畅可以使组织或创业者的战略管理能力得到持续提高，最终进一步提高创业的核心竞争力水平。

(4)提升战略管理能力有助于创业者建立起战略评价与控制系统。在战略管理中，对战略的实施情况进行系统化的检查、评价和控制是一项极为重要的工作，创业者的战略评价与控制系统必须具有灵活性、创新性和主动性。由于战略评价与控制并不是创业者的主要任务，这就要求控制系统在经济性、可行性的基础上，能够真实反映创业组织的经营情况，并且促进其他各职能部门相互沟通和理解。很多大型创业组织或企业，由于规模较大，组织协调难度加大，很难把握战略控制的分寸。

2.领导能力

"领导能力"在字典中的意思是"指导和统率的能力"，领导能力在领导系统中是一个根本性、战略性的范畴，是领导者凭借其个人素质的综合作用在一定条件下对特定个人或组织所产生的人格凝聚力和感召力，是把握组织的使命，保持组织卓越成长和可持续发展的重要驱动力。创业者可以通过自我领导能力动员人们围绕创业目标及使命奋斗。

领导能力可以按下列类型进行划分：(1)变革型领导力。变革型领导力具有强适应性、高可塑性、强灵活性等特点，它能够使团队及企业在快速变化、高不确定性的经济环境中更高效地生存与发展,包含模范影响、鼓舞动机、智力激发、个性化关怀四个维度。(2)愿景型领导力。愿景型领导力强调领导者本身在了解员工的前提下,通过激发追随者动力,构建组织文化,担当组织当中的“组织设计师”角色,建立组织共同奋斗的愿景。(3)安全领导力。安全领导力是某个人指引和影响其他个人或群体在完成组织任务时,实现安全目标的能力。对于组织的安全生产来讲,安全领导和安全管理是互为补充、不可缺少的。安全管理决定了安全管理系统的实施和运行,而安全领导则决定了组织安全文化的形成和发展。(4)无形领导力。无形领导力一般包含共同的驱动目标、个体成员对目标的崇高信仰和感情投入、汇聚集体力量的人力资源、超越个人利益的意愿等方面。无形领导力作为一种文化力,构成了领导力的灵魂,决定着决策力和执行力。无形领导力作为一种影响力也体现领导魅力,是实施具体领导力的有效通道。

在创业过程中,创业者的领导能力通常通过如下几个方面体现:第一,活力。具有巨大的个人能量,对于行动有强烈的偏爱,干劲十足,不屈服于逆境,不惧怕变化,不断学习,积极挑战新事物,充满活力。第二,鼓动力。激励和激发他人的能力,能够活跃周围的人,善于表达和沟通,善于提出自己的构想与主意。第三,实施力。提交结果,能够将构想和结果联系起来,不仅是口头说说就完了,要能将构想变成切实可行的行动计划并能够直接参与和领导计划的实施。

3.协调整合能力

良好的协调能力有利于信息的沟通,对于加强相互理解和利益共享有着切实的好处。创业者和竞争者之间、创业者和客户之间都存在这样和那样的摩擦,高超的协调能力能够化解矛盾,使创业者能获得良好的形象,能够提高可信程度,为合作打好基础。协调能力还可以融洽相关主体间的感情,增加合作的愿望和机会。协调能力体现在团队内部就是如何促使团队积极、高效地开展工作。协调能力一方面能够使团队成员之间关系融洽,化解矛盾,相互支持;另一方面使得工作有序、配合协调,整个团队的工作效率达到最高。

创业需要资金、技术、人际关系等条件,但并不是全部具备这些条件才可以创业。创业路上的成功者往往不是那些条件最好的人,而是善于调用资源为我所用的人,所谓“拥有资源不如善用资源”。例如,社会上有音乐学院毕业的大学毕业生在家闲着找不到工作,也有很多家长想让孩子学音乐苦于找不到老师,一个不懂音乐的下岗职工看到这一市场需求,借钱以加盟的形式创办一所古筝培训学校,一边聘老师一边招学生,很快挣到了属于自己的“第一桶金”。这就是最简单的通过整合资源来创业的例子。善用资源是创业成功者最核心的能力。它能够巧妙地解决各种瓶颈问题,满足顾客需要,进而获得财富。

4.亲和力

亲和力最早是属于化学领域的一个概念,是特指一种原子与另外一种原子之间的关联特性,但现在越来越多地被用于人际关系领域,某人对他人有友好表示,通常就会形容这个人具有亲和力。亲和力的狭义概念是指一个人或一个组织在所在群体心目中的亲近感,其广义概念则是指一个人或一个组织能够对所在群体施加的影响力。亲和力是一种人格魅力,创业者富有亲和力可以更好地团结同事和朋友,为交际、协调等带来方便。国外的一些企业家十分重视员工亲和力的强弱,尤其是服务行业,把它作为从业人员必备的素质。良好的亲和力能拉近员工与客户之间的心理距离,从而产生最大化的管理效能和经济效益,这也是企业的最终目的。

亲和力从本质上说除了继承某种先天性的东西外，更多的是自身的一种综合气质。它要求你必须具有良好的文化素养、优雅的谈吐和大方的举止等。在很大程度上，亲和力是一种可以通过后天的努力来获得的能力，在日常工作中，要有意识地培养自己的亲和力。一个人的亲和力一方面来自于其观点、主张和处事原则，使得人们感觉到他可以信任和依赖；另一方面，亲和力来自行事作风和气质风范，能够给人一种莫名的亲切感。亲和力的基本要素是深刻认识自我，不断地进行人际交流实践，并加强自我在实践中的体验和感受，扩大自我意识，加强人际包容能力，加强对他人的理解能力，防止烦躁情绪的干扰和破坏。

（二）业务能力

1.经营管理能力

经营管理能力是指创业者对人员、资金以及新企业的内外部运营能力。经营是对外的，追求从企业外部获取资源和建立影响，追求的是效益，是扩张性的，要积极进取，抓住机会。管理是对内的，强调创业者对内部资源的整合和建立秩序，追求的是效率，是收敛性的，要谨慎稳妥，评估和控制风险。

经营能力是创业成功的关键，经营是企业进行市场活动的行为。创业者一般也是新企业的经营者，新企业的发展在很大程度上取决于创业者的经营能力，它是新企业能否成功的重要因素之一。管理能力主要包括营销管理能力和财务管理能力等。其中，创业团队组建能力十分重要，一个企业需要细致的"内管家"、活跃的"外交家"、战略的"设计师"、执行的"工程师"、发散思维的"开拓者"、内敛倾向的"保守派"。创业者既要能够把不同专长、不同个性的团队成员凝聚在一起，更要能够让他们在一起融洽、愉快地工作，组成优势互补的创业团队，形成协同优势。可以说，经营管理能力是解决新企业生存问题的第一要素。

经营与管理是密不可分、相互依赖的一对关系。经营与管理，必须共生共存，在相互矛盾中寻求相互统一。一方面，忽视管理的经营是不能长久、不能持续的；另一方面，忽视经营的管理是没有活力的，是僵化的。为了管理而管理，为了控制而控制，只会把企业管死。在企业的发展之中，管理必须为经营服务，企业要做大做强，首先要关注经营，研究市场和客户，并为目标客户提供有针对性的产品和服务；然后，匹配的基础管理必须跟上，只有管理跟上了，经营才可能继续往前进，经营前进后，又会对管理水平提出更高的要求。在我国当下的企业管理现实中，相当数量的企业现阶段的管理水平还较差，因此，需要格外注意经营管理制度的建设，借鉴国外企业的成功经验，重视资产，建立适合自身情况的科学经营管理制度。

2.专业技术能力

专业技术能力是创业者掌握和运用专业知识进行专业生产的能力。专业技术能力的形成具有很强的实践性。许多专业知识和技巧要在实践中摸索，逐步提高、发展和完善。创业者在创业过程中要重视积累专业技术方面的经验，重视职业技能的训练，对于书本上介绍过的知识和经验在加深理解的基础上予以提高、拓宽；对于书本上没有介绍过的知识和经验要积极探索，认真分析，进行总结，形成自己的经验。只有这样，专业技术能力才会不断提高。

提升专业技术能力的渠道多种多样，根据其学习教育的方式和不同岗位的具体情况可以选择不同的教育、训练方法，如专题讲座、业余学习、专业性短期培训班、在职学历学习、自学、导师制、企业大学、参观和标杆学习等。

3.交际能力

我们将创业者的交际能力界定为:在交往与资源需求的共同驱动下,创业者通过社会互动、情感交流等方式开发和维系外部社会关系的能力。

通过强化日常人际交往中的“关系化”行为,加深与社会成员的交情,可以促进资源的转换。换言之,与其他社会成员建立以感情认同为基础的熟人关系,是创业者有效利用社会资本获得创业知识、资源的重要方式。

交际能力包括表达能力和反应能力。表达能力是充分、有效地将自己的观点阐释给对方的能力,尤其作为创业者,对客户充分有效的表达能够使客户充分理解企业的产品情况,有利于推销自己;对创业团队充分有效的表达能够使大家领悟新企业目标、面临的环境和采取的对策,能够使大家更加有效地为完成共同目标而努力。反应能力是交际的另一个方面,是表达能力的补充。在交际过程中,良好的反应能力能够帮助创业者随时领会和把握表达对象的需求和对表达内容的理解,有效调整表达方式和内容。

语言表达能力分为口头表达能力和书面表达能力。口头表达能力是创业者将自己的思想、观点以最生动有效的方式传递给听者,以对听者产生最有效的影响的能力。书面表达能力是创业者将自己的思想、观点运用文字表达方式,使之系统化、科学化和条理化的能力。

语言表达能力主要表现在语言的分量、逻辑性和幽默感等方面。语言的分量是语言内容与表达态度的一个综合效果,它可以让创业者给听者一个准确的判断和感受,达到有效的激励效果。逻辑性是指内容清晰严谨,因果关系强,没有漏洞,语言的逻辑是增强说服力的主要手段。幽默感能够营造轻松愉快的氛围,使语言内容形象、易于理解,有利于听者接受创业者的观点。

4.创新能力

创新是一个民族进步的灵魂,是一个国家兴旺发达的不竭动力。创新能力是科学技术和各种实践活动领域中不断提供具有经济价值、社会价值、生态价值的新思想、新理论、新方法和新发明的能力。创新能力也是新时代经济竞争的核心,当今社会的竞争,与其说是人才的竞争,不如说是人的创造力的竞争。创新能力按主体分,最常提及的有国家创新能力、区域创新能力、企业创新能力等,并且存在多个衡量创新能力的创新指数的排名。

创新的实质是通过科学研究、生产活动和管理实践,创造新的理念、产品或服务成果并转化为生产力,以促进社会经济的发展。不论是知识创新、技术创新还是管理创新,创新的主体是人,创新的成果都要靠人来完成。创新能力是创业人才的核心。在创业者的创业过程中,无论是发现新的创意、捕捉新的机遇、寻找新的市场,还是撰写一份有潜质的创业计划,以至于创业融资、创办公司、企业运作、管理和控制,都包含着创新的内容。所以,作为一个创业者或创业团队,必须具备市场、技术、管理和控制的创新能力。创新能力又来源于创造性思维,一个成功的创业者一定具有独立性、求异性、想象性、新颖性、灵感性、敏锐性等人格特质。

当代大学生创业者,培养自我的创新能力极为重要:(1)随着现代科学技术的发展,知识激增,需要新一代学会学习,科技革命需要新一代革新创造,振兴中华需要新一代开拓前进,财富将越来越表现为人的创造性;(2)培养青年的创新能力,是未来社会生产的特点所决定的;(3)培养青年的创新能力,对我国具有更重大的意义,我国到 2050 年左右要赶上或超过世界发达国家,成为具有高度物质文明和精神文明的社会主义现代化强国,宏伟社会主义事业的建设者必须具有创新精神。

5.学习能力

社会资源为创业者提供了丰富的知识源，但技能、经验等往往难以直接获得，因而创业者对这些资源的获取还需要依靠创业学习来实现。目前，相当数量的创业者所从事的是未程序化的创新工作，需要以新的知识来解决新的问题，一些复杂的、专业性的知识和信息只会存在于具体情境中，也只有在该特定技术惯例、认知模式下，创业者了解和领会特定背景下的逻辑思维后才能识别、掌握和运用，这就需要创业者主动地学习。同时，创业者现在所面临的是一个日新月异的社会环境，往往会发现一觉醒来之后自己已经落伍了。正是这种知识的爆炸和技术更新速度的加快，决定了新企业面临的竞争异常激烈，只有具有高度学习能力的创业者，才能驾驭创业的理想，驶上成功的航程。

学习能力是现代社会里任何组织、任何人都必须努力具备的东西，只不过新企业和创业者在企业的孕育期要求更为强烈。学习能力不只是学习已存在的知识的能力，更重要的是搜集外部信息并进行总结、提高、创新的能力，这种能力在实际运用中往往表现为当事人良好的做事"直觉"。创业者的非理性行为，指的就是这种靠直觉行事的方式。直觉是知识，也是学习的结果。创业者在企业的孕育阶段更多依赖这种直觉来行事，因而需要具备较强的学习能力。较高较强的学习能力有助于缩小专业者与社会网络主体间的知识差距，从而更好地促进其对创业资源知识的利用，这种处理既包括对外部知识的转移和消化，也包括对内部知识的整合与重构。

二、大学生创业能力的评估

所谓创业能力，是指直接影响创业实践活动效率的、最具价值的综合体系，而对在校大学生创业能力做出评价，是评估其是否适合创业的重要参考依据。根据大学生创业能力的主要构成要素及建立创业能力评价指标体系的原则，大学生创业能力评估目前主要有以下几种模式：

（一）网络测评

如"中国大学生创业测评网"，对创业经营管理中涉及的目标规划能力、品牌营造能力、关系处理能力、自我发展能力、决策判断能力、控制风险能力等进行专项测评。"中国毕业生职业能力素质测评系统"进行职业定位测验、职业价值观测验、综合素质能力测评、心理健康四大板块测试，其中综合素质能力测试中有22项单独能力测试。"中国创业人才测评网"则根据不同的身份，如高校毕业生、退役军人、返乡待业人员、残疾人等设置专门测评，并配备部分创业能力单项独立测评。

"全国就业能力认证测评"（national employ-ability test，NET）由智联招聘研发，测评内容包含职业通用能力、职业性格与职业价值观三个方面。通过评估，帮助求职者更清晰地认知自我；通过大数据运算，实现求职者与企业之间的精准互推。该测评自2015年秋季首推至今，已经吸引全国超过百万名求职者参与测试考试，覆盖全国近1200所院校。目前已经有超过500家企业将NET测评结果作为参考或初筛的标准。

（二）当地政府部门提供的创业能力测评系统

如上海市人力资源和社会保障局与上海市共青团市委就在上海创业公共服务平台上建立了较为完备的创业能力测试系统，该套测试题分为创业可行性自测、风险承担自测、毅力自测、人际交往自测四大维度,每套测试题通过多种具体情境假设,综合测评创业者的能力。山东省菏泽市人力资源市场内设有人才测评专区,有测评需求人员可凭身份证明填写“测评登记表”,现场进行测评,也可登录市场门户网站“创天人才网”点击人才测评进行在线测评。天津市政府则在天津市高新区创新创业公共服务平台上引进万宝盛华公司的创业人才测评(new business starter,NBS)测试系统。

(三)高校就业指导中心或创业园区专门能力测试

现在许多高校的就业指导中心或大学生创业孵化园都提供通用就业能力(employability profile inventory,EPI)检测。EPI 测评旨在通过考察受测者的基本潜在能力,进而预测未来在多种职业领域取得成功的可能性。研究发现,基本能力得分越高,未来在职场中取得高绩效的可能性越大。如同济大学就业指导中心可通过预约制为应届毕业生每人提供免费测试报告,该报告基于受测者在 EPI 和职场行为风格两种测评工具的测评结果而生成,全面评估预测受测者在职场中的基本工作能力、职业偏好等方面的信息,通过快速识别在校大学生的素质能力,为将来的就业、择业及岗位选择提供参考依据。报告的评估结果采用标准分计分,通过与国内 20 万以上的应届生常模数据对比,转换为能力等级(EPI)和标准十分制(职场行为风格测评),使评估结果更加客观、科学。

应该特别指出的是,并非每样关键性素质、能力都具备的人才能创业成功,各类系统的测试也不是全面的。通过观察那些创业成功者就会发现,他们和普通人一样有这样或那样的毛病,只不过他们身上一定存在某种异常突出的关键性素质,只要有突出的优点压过缺点就足以让人成事。这表明组成创业团队的必要性和重要性,也表明在选择创业团队成员时要考虑其是否具备这些素质,特别是团队成员之间要具有互补性。所以,人不怕有缺点,就怕没优点,把自己的优势发挥出来是创业成功的关键。同时我们还应该知道,人是可以通过学习不断改变的,关键性素质、能力也是可以通过学习和实践来培养的,创业成功的过程也是完善个人创业素质的过程,决心改变者无所不能。

延伸阅读　俞敏洪:成功创业者必备 8 种基础能力

俞敏洪:“从我自己做事情的过程来看,一个人或者一个企业家成长的过程,就是不断否定自己的过去,承认自己的现在,追求自己的未来的过程。”创业 24 年,我总结了创业者必备的 8 种能力:目标能力、专业能力、营销能力、转化能力、社交能力、用人能力、把控能力、革新能力。

1.目标能力

首先,你得问自己:为什么要创业?你有什么样的目标?想把它做成什么样的状态?

如果说你没有目标,只是一时冲动,只是觉得你应该去干点什么,并且对所干的事情又没有太多的热爱,那创业就只会成为一种风气,而不是现实,你也不一定能做成大的事情。

我们不是为了创业而创业,而是为了做好、做大一件事情。我觉得目标能力对创业来说非常重要,而且全心全意热爱这个目标也非常重要。除此之外,需要注意的一个问题是:你的这个目标一定是能做大的,而不仅仅是为了自娱自乐。比如说你喜欢书法,就一下子去创立一家书法公司,这不太容易。

2.专业能力

如果你对一个专业不懂就去创业，失败的可能性也很大。

假如你开了一家饭店，你自己不是厨师，又没有太雄厚的资金一下子请很多大厨师，就很难把控你这家饭店的质量，而且很容易被大厨师炒鱿鱼。比如，你请了一个大厨师，他做的饭很好，招来很多顾客，这时候他一看自己的地位很重要，就反过来跟你要价，说不给更多的钱就不干，你一生气就把他开了。这样一来，你饭店的菜也做不好了，最后面临倒闭。

所以，当你白手起家、身无分文或者资金有限时，有一个重要前提：你必须是你创业的这个领域的专家，是一个能控制住专业局面的人。比如，你开一家软件设计公司，自己都不懂软件，首先把控不了质量，其次把控不了人才，这会很麻烦。想创业的这个领域具备相当的专业知识，你需要达到专业水平，才能有对专业的把控能力。

3.营销能力

比如，你的公司开了，产品也造出来了，如果产品造出来没人买的话，公司就白开了。有无数公司都是开起来后却关门了，其根本原因之一就是他们不懂如何推销自己的产品，如何推销自己的公司品牌。

因此，我们要做的是把公司“卖”出去，一个是卖公司的产品，另一个更重要的是随着产品的销售，卖出公司的品牌，就是让大众认可你公司的品牌，让大家都知道这个产品是从你的公司卖出来的。这就涉及营销，分两部分：实的营销和虚的营销。所谓实的营销，比如，我做新东方，营销的是新东方的课程，告诉学生为什么要来上这个课，上完能有什么收获。但是无数培训机构一直以来也在营销课程，却始终只是小机构，而新东方能做大，为什么？很简单，因为我们营销了品牌。那么，虚的营销是什么？新东方开始不断有内涵，到最后人们不是因为听到新东方有什么课程而来上课，而仅仅只是因为听到“新东方”三个字就来上课，这个时候品牌营销就算成功了。

在中国做企业，品牌营销往往还跟个人营销结合在一起，就是说你个人的形象有时候能代表企业形象，所以往往要把个人的道德、行为和企业的道德、行为结合起来。比如，很多人讲到新东方的时候会说，新东方就是俞敏洪，俞敏洪就是新东方；讲到联想的时候会说，联想就是柳传志，柳传志就是联想。因此，在中国，个人品牌的成长在很大程度上就是企业品牌的成长，而企业品牌的成长倒过来也带动个人品牌的成长，加上你的产品本身也能被老百姓接受，这样产品才会有价值。

所以，一家公司要成功，品牌营销有时候甚至比产品营销还重要，品牌营销的价值是无限的。利用营销能力把产品推销出去，把品牌推销出去，把自己推销出去，变成了企业发展的一个重要手段，也是创业者必须具备的能力。

4.转化能力

第一种转化是把科学技术转化成生产力，这是我们常说的一句话。如果比尔·盖茨一辈子待在实验室，我估计他就是个穷光蛋。他把自己的研究成果转化成了微软产品，推销到全世界，他就成了全世界的首富。

第二种是转化个人的能力。一般情况下，知识分子创业都有一个前提条件，就是能把在大学里学的专业知识转化为社会能力、管理能力。比如，我从北大出来，完全不知道社会是什么样子，如果抱着书生意气，抱着在学校里的那种单纯思想和行为方式去干事情，难度会比较大。而这种转化要经历很痛苦的过程，但能力是能成长的，人的能力是在不断转化的，关键是你自己要努力去转化。

5.社交能力

要创业，就要进入社会，首先你要理解社会，要理解别人为什么要这么做。比如，我刚开始创办新东方的时候，跟社会打交道的时候特别吃力，处处受制于人，一会儿居委会来把我骂一顿，一会儿城管的人来了又把我罚一通，我慢慢学会了心态平和，去理解这些社会上的人。“大隐隐于市，小隐隐于山”就是这个道理。小的隐士、没有什么出息的隐士才跑到山里隐居起来，不愿意跟社会打交道，那些大的圣人、智者都是在社会中跟人打交道而思想境界又超于社会的人。做企业也是这样，一个企业家如果不能和社会同存又不能超越社会，就会很麻烦。所以，我觉得社交能力对一个企业家或创业者来说十分重要。

6.用人能力

仅仅一个人做事情不能叫创业，要想创业的话，就得找一帮人，你的合作伙伴、你的同事、你的下属……这些人从一开始你就得用对了，把人招进来了就得让人服你，因此就得展示你的个人魅力，还得展示你的判断能力、设计能力，让大家觉得跟着你走是有前途的，哪怕在最艰难的时候，大家也愿意跟着你。阿里巴巴的马云之所以能成功，很大程度要归因于他的个人魅力。他有能力把一帮人聚在一起，给他们不高的工资，给他们承诺未来，虽然这个未来到最后不知道能不能实现，但大家会有一个期盼。所以，用人能力是有巨大力量的，是领导能力的一个典型体现。

7.把控能力

把控能力包括几个方面，首先是对企业的把控。企业的发展速度是什么？发展节奏是什么？什么时候该增加投入？什么时候应该对产品进行研发？等等。其次是对人的把控。当一个人走进你的公司之后，他会根据自己的能力和贡献每天衡量自己到底应该得到什么，人与人之间永远会寻找一种平衡关系。而这种平衡需要你对人性进行很深刻的了解，并且随时把握每个人的动向，满足他们的需求，同时还能压制住他们不合理的要求和欲望，能让他们跟你一条心，不断往前走。

其实，对人的把控能力、对环境的把控能力、对企业发展步骤的把控能力，构成了你创业是否成功的重要条件。

8.革新能力

所谓革新能力，就是 reform（改革）、renovation（革新）等能力，也就是需要你不断把旧的东西去掉，把新的东西引进来，进行体制上的革新、制度上的革新、技术上的革新以及思想上的革新。

从我自己做事情的过程来看，一个人或者一个企业家成长的过程，就是不断否定自己的过去，承认自己的现在，追求自己的未来的过程。也许你觉得公司现在已经很好，所以每一次的改革都伴随着阵痛，但也伴随着发展。而改革还得把握好步骤，如果改得不好，改得太猛了，企业也有可能崩溃；但如果停滞不走，也会崩溃。因此，每走一步都要小心，又不能不走。对创业的改革也非常重要，比如，在技术方面，你不更新的话，最后就会失去市场，也会失去机会。

在这一点上，我个人非常佩服史蒂夫·乔布斯（Steve Jobs）——苹果公司的老总，他刚开始在苹果，后来被苹果公司弄出去之后做动画片，电影也做得很好，后来又开始研究 iPod，iPod 还在热销的时候，他又开始研究 iPhone，现在 iPhone 在全世界热销。所以每走一步，他的思想都是超前的。

在我这24年不断的反思中，以下思考供创业者和想要创业的年轻人参考：

(1)痛点4要素：发现痛点，判断是否真实，是否创造更大的痛点，市场是否足够大。

(2)解决用户痛点一定要真诚，口碑一旦变差，再翻身就必须经历脱胎换骨的变革。

(3)创业一定是一个冷静投入和计算的过程，金钱、时间、精力、能力每一项都要精打细算。

(4)创业者要像刘邦，找到比自己厉害、能帮助自己往前走的人；不能学项羽，纯个人英雄主义肯定没有出路。

(5)创业者5大核心素质或能力是：洞察、专注、团队、文化、利益分配。

(6)高科技只是实现商业本质和逻辑的一种捷径，不要本末倒置。

(7)创始人赋予公司怎样的精神、文化、意义，是企业的终极追求。

(8)If you can't measure it, you can't manage it.(你无法管控自己不能衡量的事情。)

(9)A better you, a bigger world.(你若变更好，世界更宽广。)

第三节　创新方法

管理学家彼得·德鲁克认为，创新是系统地抛弃昨天，系统地寻求创新机会，在市场的薄弱之处寻找机会，在新知识的萌芽期寻找机会，在市场的需求和短缺中寻找机会。

熊彼特提出“创新”就是建立一种“新的生产函数”。

——引进一种新产品或产品的新特性；

——采用一种新的生产方法；

——开辟一个新市场；

——控制原材料的一种新来源；

——实现企业的一种新组织。

在熊彼特看来，一个正常、健康的经济，不是处于平衡状态，而是不断受到新技术的“干扰”。

创新是运用知识或相关信息创造和引进某种有用的新事物的过程。创新的能力和水平是一个国家发展的重要标志。

创新需要方法，创新方法决定了创新效率。创新方法是指创新活动中带有普遍规律性的方法和技巧。它是通过研究一个个具体的创新过程，如创新的题目是怎样确定的，创新的设想是怎样提出的，设想又如何变成现实等，从而揭示创新的一般规律和方法。常用的创新方法有模仿创新法、创意列举法、类比创新法、头脑风暴法、六顶思考帽法、检核表法、十二口诀法、组合创新法、逆向转换法、移植创新法、TRIZ理论法。

一、模仿创新法

模仿创新法是一种人们通过模仿旧事物而创造出与其相类似事物的创造方法。

从模仿的创造性程度而言，可分为机械式模仿、启发式模仿和突破式模仿三种，如图4-1所示。

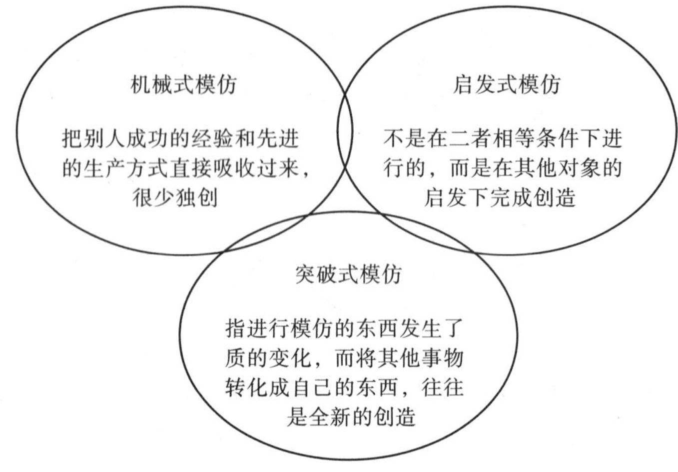

图 4-1　模仿创新法

【案例 4-2】　模仿创新

一、云南创可贴

在中国小创伤护理市场，"邦迪"一度占领了大部分市场，很多用户想到创可贴的时候甚至不知道还有其他品牌存在。云南白药认为自己的市场机会在于，同为给伤口止血的创伤药，"邦迪"产品只在于胶布的良好性能，没有消毒杀菌功能，而云南白药对于小伤口的治疗效果是可以让小伤口更快愈合。于是，"邦迪"成为云南白药第一个模仿，也是超越的对象。

挑战"邦迪"，云南白药缺少的是胶布材料的技术。

王明辉选择的解决方案是，整合全球资源来"以强制强"，与德国拜尔斯多夫公司合作开发，这家拥有上百年历史的拜尔斯多夫在绷带和黏性贴等领域具有全球领先的技术。不到两年时间，双方合作的"白药创可贴"迅速推向市场。

二、安卓系统

安卓系统的研发始于 2007 年 11 月，说明在 iPhone 上市后谷歌很快就瞄上了苹果 OS 系统，安卓实际上就是一个模仿苹果 OS＋App 模式的新操作系统。与苹果不同的是，谷歌采取了与苹果封闭系统不同的商业模式创新：安卓第一版上市时，即与 34 家手机厂商、运营商成立"开放手机联盟（OHA）"，以开放系统对阵强势的苹果系统。

加入安卓联盟的手机厂商里，真正抓住安卓产业机会的是彻底告别多普达的 HTC 与三星（Galaxy），而安卓超越苹果，仅仅用了不到两年时间，安卓系统手机的 App、用户数、手机份额、下载量等都超过了苹果 OS 系统。

三、康师傅

康师傅进入大陆市场时，魏氏兄弟并没有特别的优势，从资本、技术、产品、品牌、推广等各方面都只是一个普通的竞争者。1988 年进入大陆设厂的顶新，直到 1992 年才在天津设厂进入方便面行业。当时的日清、统一等都在所谓的"高档面"（口味更好、更营养的方便面）

上动脑筋。与行业老大的策略不同,康师傅方便面果断地选择了“大众化”(平价方便面)的道路。

康师傅实际上是第一个放弃“营养化”路线的方便面,因为魏氏兄弟看到,对于那些火车上的旅客或临时代餐的目标消费者来说,价格是一个重要的战略竞争要素。要实现规模化,产品不能复杂,尤其是消费者利益(广告诉求培养的选择驱动力)必须简单,于是,“好吃看得见”逐步被“就是这个味”“这个味对啦”等一系列以“味觉”为核心的产品诉求广告代替。

是的,康师傅红烧牛肉面不是最好吃的,更不是康师傅的原创,但康师傅红烧牛肉面是销量最大的方便面单品,因为只有康师傅率先且持续地抓住、强化了红烧牛肉面的消费者利益聚焦点:味道。

四、金丝猴奶糖

国人皆知的大白兔是牛奶软糖的第一品牌,甚至凝结了生活在1960—1990年几代人的消费情感记忆。“七粒大白兔,等于一杯牛奶”是大白兔根据热量等值换算出的一句产品USP(独特销售主张)。在牛奶匮乏的年代,大白兔奶糖是国人补充动物蛋白的替代产品。

20世纪90年代后期,金丝猴奶糖横空出世,抢夺大白兔奶糖的市场份额。金丝猴奶糖不仅模仿了大白兔奶糖的扭结、蓝白风格等产品形态及包装风格,甚至在产品诉求上采取了更加夸张的广告:“三粒金丝猴奶糖,就是一杯好牛奶。”这种模仿式创新产品,确实令领先品牌感到非常难受,就像美国营销史上百事可乐纠缠可口可乐的广告攻势一样。

在广告法还不健全的年代,类似大白兔、金丝猴的夸大宣传比比皆是,如中华鳖精、三蛇胆胶囊等。但在策略上,模仿领先对手的核心产品特点,是模仿式创新产品快速上位、成为老二的不二法门。

二、创意列举法

列举法是在美国内布拉斯加大学教授克劳福特创造的、在列举法基础上形成的,具体运用发散性思维来克服思维定式的一种创造技法。该技法人为地按某种规律列举出创造对象的要素,分别加以分析研究,以探求创造的落脚点和方案。

列举法运用了分解和分析的方法。作为一种最基本的创造技法,列举法应用广泛,常用于简单设想的形成与发明目标的确定。列举法的要点是将研究对象的特点、缺点、希望点罗列出来,提出改进措施,形成独创性的设想。

创意列举法主要分为属性列举法、希望点列举法、优点列举法和缺点列举法四种,见表4-2。

表4-2 创意列举法

类型	具体解释	说明
属性列举法	先观察和分析属性特征,再针对每项特征提出创新构想	这种方法是一种创意思维策略,强调人们在创造的过程中,先观察和分析事物或问题的属性特征,然后再针对每项特性提出相应的改良或改变的构想

续表

类型	具体解释	说明
希望点列举法	不断地提出理想和愿望，针对希望和理想进行创新	这种方法是指人们不断地提出理想和愿望，针对这些希望和理想，寻找解决问题的对策、实现这些理想和愿望的方法
优点列举法	逐一列出事物优点，进而探求解决问题的方法和改善的对策	这种方法指的是人们通过逐一列出事物的优点，从而寻求解决问题、提出改善对策的方法
缺点列举法	列举和检讨缺点及不足之处，找出解决问题的方法和改善的对策	与优点列举法相对应，这种方法是人们针对一项事物，不断地列举出其缺点和不足之处，然后分析这些缺点，从而找出解决问题和改善对策的方法

【案例 4-3】 列举法产生了“康师傅”方便面

据报道，生产“康师傅”方便面的是坐落在天津经济开发区内的一台资企业。投资者大多数是台湾彰化县人，在台生产经营工业用蓖麻油，并不熟悉食品业，是一批所谓“名不见经传”的小业主。开始，这些台商并不清楚该搞什么行当最能走红。经过大陆之行的实地调查后，他们发现改革开放后的大陆，经济建设发展很快，“时间就是金钱”的口号遍地作响，人们的生活节奏日趋加快，对方便快速的饮食希望开始产生。

于是，一个新创意涌上台商脑海：为了适应大陆新出现的快节奏生活，可以在快餐业上寻求发展机遇。

经过分析，他们列举了人们传统饮食方式的缺点和对新的饮食方式的希望，最后决定以开发新口味方便面来满足大陆消费者的需要。

开发什么品牌的方便面呢？他们列举了多个品名，淘汰了不少想法。后来，他们想到了“康师傅”的品牌，因为“师傅”是大陆人对专业人员的尊称。此外，“康师傅”中有个“康”字，也容易满足人们对健康、安康的心理希望。

台商在调查了大陆人的饮食习惯和口味要求后，决定在“大陆风味”上下功夫。他们还采用了“最笨”“最原始”的办法——“试吃”来研究“康师傅”的配料和制作工艺。直到有一千人吃过，他们才将“康师傅”的“大陆风味”确定下来。

三、类比创新法

类比创新法是根据两个或两类对象之间在某些方面的相同或相似而推出它们在其他方面也可能相同或相似的一种思维形式和逻辑方法。

根据类比的对象、方式的不同，类比创新法大致可以分为以下几种类型。

（一）直接类比

从自然界或者人类成果中直接寻找出与创意对象相类似的东西或事物，进行类比创意。

【案例 4-4】 直接类比

纳克医生很想发明一种能够诊断胸腔里健康状况的听诊设备。一天到公园散步,看到两个小孩在玩跷跷板,一个小孩在一头轻轻地敲跷板,另一个小孩在另一头贴耳听,虽然敲者用力轻,听者却听得极清晰。他把要创造的听诊器与这一现象类比,终于获得设计听诊器的方案,世界上的听诊器就这样诞生了。

(二)拟人类比

使创意对象"拟人化",也称亲身类比、自身类比或人格类比。这种类比就是创意者使自己与创意对象的某种要素认同、一致,自我进入"角色",体现问题,产生共鸣,以获得创意。

【案例 4-5】 拟人类比

工业设计经常应用拟人类比。著名的薄壳建筑罗马体育馆的设计,就是一优秀例证。设计师将体育馆的屋顶与人脑头盖骨的结构、性能进行了类比:头盖骨由数块骨片组成,形薄、体轻,却极坚固,那么,体育馆的屋顶是否可做成头盖骨状呢?这种创意获得了巨大成功,于是薄壳建筑风行起来。

(三)对称类比

自然界和人造物中有许多事物或东西都有对称的特点,可以通过对称类比的关系进行创意,获得人工造物 。

【案例 4-6】 对称类比

物理学家狄拉克从描述自由电子运动的方程中,得出正负对称的两个能量解。一个能量解对应着电子,那么,另一个能量解对应着的是什么呢?狄拉克从对称类比的思想中提出存在正电子,结果该假设被实践证实了。

(四)因果类比

两个事物之间可能存在着同一种因果关系,因此,可根据一个事物的因果关系,推测出另一事物的因果关系。

【案例 4-7】 因果类比

在合成树脂中加入发泡剂,得到质轻、隔热和隔音性能良好的泡沫塑料,于是有人就用这种因果关系,在水泥中加入一种发泡剂,结果发明了既质轻又隔热、隔音的气泡混凝土。

(五)仿生类比

仿生类比就是人在创意、创造活动中,常将生物的某些特性运用到创意、创造上。

【案例 4-8】 仿生类比

如飞机类比老鹰，就是仿生类比的例子(图 4-2)。

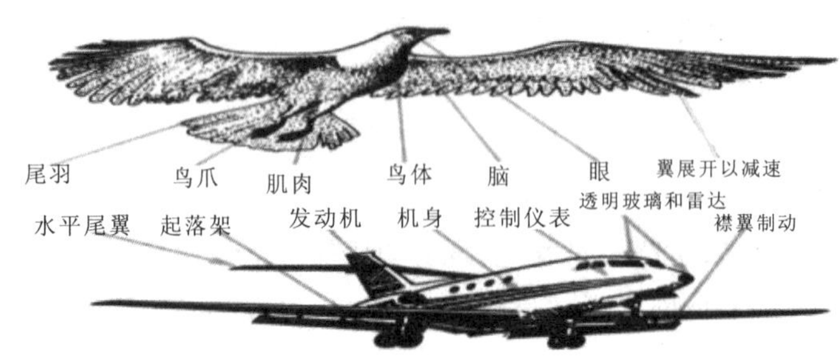

图 4-2 飞机类比老鹰

(六)综合类比

事物属性之间的关系虽然很复杂，但可以综合它们相似的特征进行类比。

【案例 4-9】 综合类比

现在盛行的各种考试前的模拟考试就是这样，先出一张试卷，其中综合了将来正式考试中可能会出现的题型、覆盖面、题量和难度，以及考生可能出现的竞技心态，使考生对正式考试的各种情景有所了解，并能对自己准备的程度做出评价，然后有针对性地做好进一步应考的准备。

四、头脑风暴法

头脑风暴法又称 BS(brain storming)法、自由思考法，是由美国创造学家 A. F. 奥斯本于 1939 年首次提出、1953 年正式发表的一种激发创造性思维的方法。原指精神病患者头脑中短时间出现的思维紊乱现象，病人胡思乱想，奥斯本借用这个概念来比喻思维高度活跃，因打破常规的思维方式而产生大量创造性设想的状况。此法经各国创造学研究者的实践和发展，至今已经形成了一个发明技法群，如奥斯本智力激励法、默写式智力激励法、卡片式智力激励法等。

当一群人围绕一个特定的兴趣领域产生新观点的时候，这种情境就叫作头脑风暴。由于会议使用了没有拘束的规则，人们就能够更自由地思考，进入思想的新区域，从而产生很多的新观点和问题解决方法。当参加者有了新观点和想法时，他们就大声说出来，然后在他人提出的观点之上建立新观点。所有的观点被记录下来但不进行评判，只有头脑风暴会议结束的时候，才对这些观点和想法进行评估。

头脑风暴的特点是让与会者敞开思想，使各种设想在相互碰撞中激起脑海的创造性风暴，其可分为直接头脑风暴法和质疑头脑风暴法，前者是在专家群体决策基础上尽可能激发创造性，产生尽可能多的设想的方法；后者则是逐一质疑前者提出的设想、方案，发现其现实可行性的方法，这是一种集体开发创造性思维的方法。头脑风暴法必须遵守以下四项基本原则：

(1)自由思考。即要求与会者尽可能解放思想，无拘无束地思考问题并畅所欲言，不必顾虑自己的想法或说法是否离经叛道或荒唐可笑。

(2)延迟评判。即要求与会者在会上不要对他人的设想评头论足，不要发表“这主意好极了!”“这种想法太离谱了!”之类的“捧杀句”或“扼杀句”。至于对设想的评判，留在会后组织专人考虑。

(3)以量求质。即鼓励与会者尽可能多而广地提出设想，以大量的设想来保证质量较高的设想的存在。

(4)结合改善。即鼓励与会者积极进行智力互补，在自己提出设想的同时，注意思考如何把两个或更多的设想结合成另一个更完善的设想。

【案例 4-10】　直升机扇雪

有一年，美国北方格外严寒，大雪纷飞，电线上积满冰雪，大跨度的电线常被积雪压断，严重影响通信。过去，许多人试图解决这一问题，但都未能如愿以偿。后来，电信公司经理应用奥斯本发明的头脑风暴法，举行一场针对此问题的讨论会议，成功解决了这一难题。

在会议过程中，大家七嘴八舌地议论开来。有人提出设计一种专用的电线清雪机；有人想到用电热来化解冰雪；也有人建议用振荡技术来清除积雪；还有人提出能否带上几把大扫帚，乘坐直升机去扫电线上的积雪。对于这种“坐飞机扫雪”的设想，大家心里尽管觉得滑稽可笑，但在会上也无人提出批评。相反，有一个工程师在百思不得其解时，听到用飞机扫雪的想法后，大脑突然受到冲击，一种简单可行且高效率的清雪方法冒了出来。他想，每当大雪过后，出动直升机沿积雪严重的电线飞行，依靠高速旋转的螺旋桨即可将电线上的积雪迅速扇落。他马上提出“用直升机扇雪”的新设想，顿时引起其他与会者的联想，有关用飞机除雪的主意一下子又多了七八条。不到 1 个小时，与会的 10 名技术人员共提出 90 多条新设想。

会后，公司组织专家对设想进行分类论证。专家们认为设计专用清雪机、采用远红外电热或电磁振荡等方法清除电线上的积雪，在技术上虽然可行，但研制费用高，周期长，且受地域条件的限制较大，一时难以见效。从“坐飞机扫雪”激发出来的几种设想，倒是一些大胆的新方案，如果可行，将是既简单又高效的好办法。经过现场试验，发现用直升机扇雪真能奏效，一个久悬未决的难题，终于在头脑风暴会中得到了巧妙的解决。

分析：实践经验证明，头脑风暴法可以排除折中方案，对所谈论问题通过客观、连续的分析，找到一组创意切实可行的方案。从这个案例可见，所谓头脑风暴会，实际上是一种智力激励法。

为了使头脑风暴取得成功，一般需要注意以下事项：

(1)参加人数不宜过多，一般为 6～10 人。

(2)参加者应自由发表意见，提出办法。欢迎参加者各抒己见，营造一种自由活跃的气氛，激发参加者提出各种想法。任何人对别人的意见或办法均不得作出评价或判断，包括主持者在内，即使想法是荒诞的。

(3)会议应设有专门详细记录所有发言的人。

(4)会议后，几名决策者应另行召集会议，对前一次会议上提出的各种意见、办法加以分析、评估与判断。需要时，可查阅前一次会议记录。会议中应注意，不应轻易否定任何人提出的任何建议,因为一些看似怪异、荒诞、可笑的意见中很有可能包含着合理的成分。

(5)决策者的责任在于分析比较、综合概括,从中找到解决难题的最佳办法。

【案例 4-11】 砸核桃

主持人:我们的任务是砸核桃,要求多、快、好,大家有什么办法?

甲:平常在家里用牙磕,用手或榔头砸,用钳子夹,用门掩。

主持人:几个核桃用这种办法行,但核桃多怎么办?

乙:应该把核桃按大小分类,各类核桃分别放在压力机上砸。

丙:可以把核桃沾上粉末一类的东西,使它们成为一般大的圆球,在压力机上砸,用不着分类。(发展了上一个观念)

丁:沾上粉末可能带磁性,在压力机上砸压后,或者在粉碎机上粉碎后,由于磁场作用,核桃壳可能脱掉,只剩下核桃仁。(发展了上一个观念,并应用了物理效应)

主持人:很好!大家再想想用什么样的力才能把核桃砸开,用什么办法才能得到这些力。

甲:应该加一个集中的挤压力。用某种东西冲击核桃,就能产生这种力,或者相反,用核桃冲击某种东西。

乙:可以用气枪往墙壁上射核桃,比如说可以用射软木塞的儿童气枪射。

丙:当核桃落地时,可以利用地球引力产生力。

丁:核桃壳很硬,应该先用溶剂加工,使它软化、溶解……或者使它们变得很脆,经过冷冻就可以变脆。

主持人:动物是怎么解决这一任务的,比如乌鸦?鸟儿用嘴啄……或者飞得高高的,把核桃扔在硬地上。我们应该把核桃装在容器里,从高处往硬的地方扔,比如说在气球上、直升机上、电梯上往水泥板上扔,然后把摔碎的核桃拾起来。(类比)

主持人:如果我们运用逆向思维来解决问题,又会怎样?

乙:可以把核桃放在液体容器里,借助水力冲击把核桃破开。(物理效应)

组长:是否可用发现法如认同、反向……解决问题呢?

丙:应该从里面把核桃破开,把核桃钻个小孔,往里面打气加压。(反向)

丁:可以把核桃放在空气室里,往里打气加压,然后使空气室里的压力锐减,内部压力就会使核桃破裂,因为内部压力不可能很快减小。(发展了上一个观念)或者可以急剧增加和减小空气室压力,这时核桃壳会承受交变负荷。

戊:从核桃壳内部,用手脚对它施加压力,外壳就会破裂。(认同)应该不让外壳长,只让核桃仁长,就会把外壳顶破。(理想结果)为此,可以照射外壳。

乙:用手抓住树枝,当成熟时就撒手掉在硬地上摔破。应该把核桃种在悬崖峭壁上,或种在陡坡上,它们掉下来就掉破。

甲:应该挖口深井,井底放一块钢板,在核桃与深井之间开几道沟槽。核桃从树上掉下来,顺着沟槽滚到井里,摔在钢板上就会摔破。

在头脑风暴法会议中,仅用十几分钟就收集了 40 个设想,经专家组评价,从中得出解决方案。

头脑风暴法在各种类型的决策中得到了较广泛的应用。在头脑风暴中,每个人的思维都能得到最大限度的开拓，能有效开阔思路，激发灵感，在最短的时间内可以批量生产灵感，会有大量意想不到的收获。头脑风暴法极易操作执行，具有很强的实用价值，同时也可以提高工作效率，更高效地解决问题。运用这种方法还能使参加者更加有责任心，因为人们一般都乐意对自己的主张承担责任。头脑风暴法非常具体地体现了集思广益和团队智慧，也可以有效锻炼一个人及团队的创造力，有利于增加团队的凝聚力，增强团队的合作精神。这种方法也有一定的缺点，实施的成本（时间、费用等）相对较高，对参与者的素质也有较高的要求。

五、六顶思考帽法

"六顶思考帽"是爱德华·德·波诺博士开发并流行于西方企业界最有效的思维训练，见表 4-3。它提供了"平行思维"的工具，从而避免将时间浪费在互相争执上。1984 年，"六顶思考帽"和"平行思维"为洛杉矶奥运会创造了 1.5 亿美元的赢利，第一次将赔钱的奥运会变为生钱的机器。在席卷欧洲的疯牛病危机中，一家工厂却能笑看风云，也全赖于"六顶思考帽"。

表 4-3　六顶思考帽法

帽子	含义、功能、特点	承担创新工作任务
白色思考帽	白色代表中立与客观。戴上白色思考帽，人们就只是关注事实和数据	陈述问题事实
红色思考帽	红色代表感性和直觉，使用时不需要给出证明和依据。戴上红色思考帽，人们可以表现自己的情绪，还可以表达直觉、感受、预感等方面的看法	对方案进行直觉判断
黄色思考帽	黄色代表价值与肯定。戴上黄色思考帽，人们从正面考虑问题，表达乐观的、满怀希望的、建设性的观点	评估该方案的优点
黑色思考帽	黑色代表谨慎消极。戴上黑色思考帽，人们可以运用否定、怀疑、谨慎、质疑的看法，合乎逻辑地进行批判，尽情发表负面的意见，找出逻辑上的错误，进行逻辑判断和评估	列举该方案的缺点
绿色思考帽	绿色代表跳跃与创造，寓意创造力和想象力，具有创造性思考、头脑风暴、求异思维等功能。戴上绿色思考帽，人们不需要以逻辑性为基础，可以帮助人们寻求新方案和备选方案，做出多种假设，并为创造力的尝试提供时间和空间	提出如何解决问题的建议
蓝色思考帽	蓝色代表冷静逻辑，负责控制各种思考帽的使用顺序，规划和管理整个思考过程，并负责做出结论。戴上蓝色思考帽，人们可以集中思考和再次集中思考，指出不合适的意见等	总结陈述，做出决策

"六顶思考帽"曾被北京 2008 奥运会组委会和中央电视台成功引进。"六顶思考帽"的思维培训为许多世界性的大公司所青睐和采用，它改变了这些公司的工作效率和企业文化，

像微软、摩托罗拉、松下、麦当劳、可口可乐、IBM、西门子、雀巢这些著名跨国企业都是“六顶思考帽”创新思维的受益者。

【案例 4-12】 办公室个人电脑运行速度缓慢问题的解决

蓝帽：目前办公用 PC 存在年限长、速度慢的问题，本次会议讨论解决方案，先用白帽介绍情况。

白帽：

1.随着软件的增多，如 Mcafee 等，占用着越来越多的资源，对当前就要上的 AD 域，部分设备将不能满足要求。

2.设备的更新要大于 3 年，且实际的情况只能更新三分之一。

蓝帽：大家出出主意，怎么办？

绿帽：

1.根据设备折旧，是否可以调整设备折旧的期限；

2.是否可以采用笔记本代替 PC 机；

3.采取策略，每半年重装软件；

4.加装另一个硬盘，将 OS 装到这个新设备上；

5.采用虚拟化；

6.对人群进行分类，对发放策略进行调整；

7.采用新软件节省内存。

黑帽：现在笔记本更换预算不能达到。

蓝帽：这是黑帽，请先用黄帽讨论这些方案的可行性。

黄帽：

1.已进入新时代，笔记本是应该普及的设备，且更换设备端的配置将很好地满足需求；

2.配置升级，保护投资；

3.软硬件方面的调整、改善是最常用的方法，已在其他单位应用，效果不错。

蓝帽：现在讨论以上方法的局限性。

黑帽：

1.更换设备资金不足，不能满足需求，财务制度变革时间长；

2.目前使用统一软件，不是正版，统一采购的在 PC 机上不能使用；

3.软件重装耗费时间太长，人员达到数百。

蓝帽：那么，从目前看，解决方案主要集中在配置升级和调整配置策略上，大家举手表决一下优先顺序。

红帽：表决顺序如下：

(1)把少量更新换代的机会给更需要计算速度的员工；

(2)大部分员工利用硬件升级(加内存、硬盘)，延长使用寿命节约成本；

(3)定期重装 OS 和应用软件(如一年左右)；

(4)梯次更新。

蓝帽：本次会议经充分讨论，解答员工疑问，找出了具有高可操作性的方法，会议顺利结束。谢谢大家。

六、检核表法

检核表法就是采用一张一览表，对需要解决的问题逐条进行核计，进而从各个角度诱导出多种创意设想的方法。人们创造出了多种检核表，其中，最常用的就是奥斯本检核表。

奥斯本检核表法就是以提问的方式(表 4-4)，根据创造或解决问题的需要，列出一系列提纲式的提问，形成检核表，然后对问题进行讨论，最终确定最优方案的方法。

表 4-4 奥斯本检核表法九大问题

序号	检核项目	说 明
1	能否他用	能否还有其他的用途？保持不变能否扩大用途？稍加改变有无其他用途？
2	能否借用	能否从别处得到启发？能否借用别处的经验和发明？过去有无类似的东西可供模仿？谁的东西可模仿？现有的发明能否引人到其他的创造设想之中？
3	能否改变	能否做某些改变？改变一下会怎样？可改变一下形状、颜色、音响、味道吗？能否改变一下型号模具或运动形式？改变之后，效果如何？
4	能否扩大	能否扩大适用范围？能否增加使用功能？能否添加零部件？能否延长它的使用寿命，增加长度、厚度、强度、频率、速度、数量、价值？
5	能否缩小	能否体积变小、长度变短、重量变轻、厚度变薄，以及拆分或省略某些部分(简单化)？能否浓缩化、省力化、方便化？
6	能否替代	能否用其他材料、原件、方法、工艺、功能等来代替？
7	能否调整	能否变换排列顺序、位置、时间、速度、计划、型号？内部元件可否交换？
8	能否颠倒	能否正反颠倒、里外颠倒、目标手段颠倒等？
9	能否组合	能否进行原理组合、材料组合、部件组合、形状组合、功能组合、目的组合？

奥斯本检核表法的“三步走”实施步骤：

第一步：根据创新对象明确需要解决的问题；

第二步：参照表中列出的问题，运用丰富的想象力，强制性地逐个核对讨论，写出新设想；

第三步：对新设想进行筛选，将最有价值和创新性的设想筛选出来。

应用奥斯本检核表法的注意事项：

(1)对所列举的事项逐条核检，确保不遗漏；

(2)尽量多核检几遍，以确保较为准确地选择出所需创新、发明的方面；

(3)进行检索时，可将每一大类问题作为一种单独的创新方法来运用；

(4)核检方式可根据需要进行多种变化。

【案例 4-13】 检核表法的应用

一、通用汽车公司的职工都持有为开发创造而采用的检查单，其训练内容是：

1.为了提高工作效率，不能利用其他适当的机械吗？

2.现在使用的设备有无改进的余地？

3.改变滑板、传送装置等搬运设备的位置或顺序，能否改善操作？

4.为了同时进行各种操作，不能使用某些特殊的工具或夹具吗？

5.改变操作顺序能否提高零部件的质量？

6.不能用更便宜的材料代替目前的材料吗？

7.改变一下材料的切削方法，不能更经济地利用材料吗？

8.不能使操作更安全吗？

9.不能除掉无用的形式吗？

10.现在的操作不能更简化吗？

二、一个企业在研制新产品方面的工作做得好坏，往往关系着它的成败兴衰。许多企业很重视这项工作，下面就是德国奔驰公司制定的用于新产品研制的检查单法的训练内容：

1.增加产品——能否生产更多的产品？

2.增加性能——能否使产品更加经久耐用？

3.降低成本——能否除去不必要的部分？能否换用更便宜的材料？能否使零件更加标准化？能否减少手工操作而搞自动化？能否提高生产效率？

4.提高经销的魅力——能否把包装设计得更引人注意？能否按用户、顾客要求卖得更便宜？

三、日本明治大学教授川口寅之助认为，在德国奔驰公司制定的用于新产品研制的检查单法训练内容四项中，第三项尤为重要，效果也最为显著，因而有必要专门制成降低成本用的检查单，单独印发给职工，便于随身携带。下面就是用川口寅之助开列的用于降低成本的检查单法的训练内容：

1.能否节约原料？最好既不改变工作，又能节约。

2.在生产操作中有没有由于它的存在而带来干扰的东西？

3.能否回收和最有效地利用不合格的原料在操作中产生的废品？能否使之变成其他种类具有商业价值的产品？

4.生产产品所用的零件能否购用市场上销售的规格品，并将其编入本公司的生产工序？

5.将采用自动化而节约的人工费和手工操作进行比较，其利害得失如何？不仅从现在观点看，而且根据长期的预测，又将如何？

6.生产产品所用的原料可否用其他适当的材料代替？如何代替，商品的价格将如何？产品性能改善情况怎样？性能与价格有何关系？能否把金属改换成塑料？

7.产品设计能否简化？从性能上看，有无加工过分之处？有无产品外表看不到而实际上做了不必要加工的地方？这时，首先要从性能着眼，考虑必要而充分的性能条件；其次，考虑商品价格、式样等。

8.工厂的生产流程有无浪费的地方？材料处理对生产率的影响很大，这方面的改进还可节省工厂的空间。

9.零件是从外部订购合适，还是公司自制合适？要充分考虑工厂的环境再做出有数量根据的判断，从而能在大家都认为理所当然的事情中发现意外的错误，只凭常识是不可靠的。

10.查看一下商品组成部分的强度计算，然后考虑能否再节约材料。

七、十二口诀法

具体阐释见表4-5。

表4-5　十二口诀法

口诀	含义
加一加	加高、加厚、加多、组合等
减一减	减轻、减少、省略等
扩一扩	放大、扩大、提高功效等
变一变	改变其形状、颜色、气味、音响、次序等
改一改	改缺点、改不便、改不足之处等
缩一缩	压缩、缩小、微型化
联一联	原因和结果有何联系，把某些东西联系起来
学一学	模仿形状、结构、方法，学习先进
代一代	用其他材料代替，用其他方法代替
搬一搬	移作他用
反一反	能否颠倒一下
定一定	定个界限、标准，能提高工作效率

八、组合创新法

组合创新法是指按照一定的技术原理，通过将两个或多个功能元素合并，从而形成的一种具有新功能的新产品、新工艺、新材料的创新方法。

组合创新法具有以下特点：

(1)将多个特征组合在一起；

(2)组合在一起的特征相互支持、相互补充；

(3)组合后要产生新方法或达到新效果，有一定的飞跃；

(4)利用现成的技术成果，不需要建立高深的理论基础和开发专门的高级技术。

组合创新法几乎覆盖了我们日常生活的各个领域，具体有以下几种实现方式：(1)主体附加法；(2)异类组合法；(3)同物组合法；(4)重组组合法。

【案例 4-14】 组合创新法的应用举例

1.成熟的蒸汽技术被衍生到蒸汽轮船、蒸汽机车等。

2.自行车从代步功能到载货,到添加发动机衍生成三轮、四轮机车。

3.在婴儿奶瓶的基础上增加温度显示功能。

4.随着科技的发展,数码相机不仅比照相机更便携且更智能,能通过蓝牙上传照片到电脑,还能通过 WiFi 分享到社交网络。

5.手表不仅可看时间,还可以打电话、发信息,与手机、私家车蓝牙连接。

九、逆向转换法

该方法分为以下几类:

(1)原理逆向。从事物原理的相反反向进行的思考。

(2)功能逆向。按事物或产品现有的功能进行相反的思考。

(3)过程逆向。事物进行过程的逆向思考。

(4)因果逆向。原因结果互相反转,即由果到因。

(5)结构或位置逆向。从已有事物的结构和位置出发所进行的反向思考。

(6)观念逆向。一般情况下,观念不同,行为不同,收获就可能不同。

【案例 4-15】 逆向转换法的应用

一、六个核桃

食品饮料无疑是过度竞争性行业,本土饮料品牌有两种主流商业模式:一是娃哈哈、农夫山泉、达利园等极少数企业走的大食品路线,横跨多个品类获得成功;二是更多的企业鉴于谋略或者资源,以单一品类切入市场,建立心智竞争壁垒,形成单品冠军,或隐形冠军。这其中,养元凭借六个核桃核桃乳跻身 10 亿元俱乐部,它有什么样的独门秘籍呢?

植物蛋白饮料属于大饮料概念的一个重要分支,在植物蛋白饮料这个范畴内又细分了多个“二级抽屉”。在六个核桃成为单品冠军之前,占据这层品类抽屉的有椰树椰汁、露露杏仁露、银鹭花生奶,三者都是各自细分品类的冠军。可以说,在植物蛋白饮料这个大抽屉里,本土品牌占据最有利的位置。

出品六个核桃的河北养元是一家中小型饮料企业,在找到“核桃饮品”专业定位之前,与国内 99%的企业一样,采取跟随策略,品项杂乱,产品线宽泛,什么都做,什么都没做好。事实证明,作为处于补充地位的蚂蚁规模型企业,创新品类可能是最佳突围捷径,喜之郎果冻布丁、香飘飘奶茶、张仲景香菇酱等莫不如此。

“核桃乳”之于“核桃露”。品类名称要求通俗、容易理解,具有通用性,“核桃乳”被确定为品类名。为什么不叫“核桃露”?“露”容易让人联想到“露水”,显得水分更多一些;“乳”容易让人联想到“乳汁”,就像牛奶一样嫩白浓郁,似乎更有营养。从字面上消费者的联想可能会是:核桃乳营养成分比例大,干货多,下料足,相反,核桃露则显得稀、薄、水。

二、吸尘器

1901 年,美国一家生产车厢除尘器的厂家在英国伦敦莱斯特广场的帝国音乐厅举行了一次除尘表演。这种除尘器的工作原理就是用压缩空气把尘埃吹入容器内,所以当时许多现场观众都被吹得灰头土脸，人们乘兴而来，败兴而归。参观了这场示范表演的英国土木工程师布斯认为此法并不高明，因为许多尘埃未能被吹入容器。他动起了脑子，他想："既然吹尘不行，那能不能换个方法把吹尘改为吸尘呢？"回到家里后，布斯做了个很简单的实验：他用手帕蒙住嘴和鼻子，趴在地上使劲儿吸气，结果灰尘不再到处飞扬，而是被吸附到了手帕上。布斯据此制成了吸尘器，用强力电泵把空气吸入软管，通过布袋将灰尘过滤。1901 年 8 月，布斯取得专利，并成立真空吸尘公司，但并不出售吸尘器。他把用汽油发动机驱动的真空泵装在马车上，挨家挨户服务，把三四条长长的软管从窗子伸进房间吸尘，公司职工都穿上工作服。这就是吸尘器的前身。

十、移植创新法

移植创新法是指将某一领域中已有的原理、技术、方法、结构、功能等，移植应用到另一领域而产生新事物、新观念、新创意的构思方法。

（一）移植创新法应用的必要条件

（1）用常规方法难以找到理想的设计方案或解题设想，或者利用本专业领域的技术知识根本就无法找到出路。

（2）其他领域存在解决相似或相近问题的方式方法。

（3）对移植结果能否保证系统整体的新颖性、先进性和实用性有一个估计或肯定性判断。

（二）移植创新法的类型

1.原理性移植

把某一领域的原理移植到另一不同的领域，从而产生新设想的方法。

2.方法性移植

把某一领域的技术方法有意识地移植到另一领域而形成创造的方法。

3.功能性移植

把某一种技术所具有的独特技术功能，应用到其他领域，导致功能拓展的方法。

4.结构性移植

把某一领域的独特结构移植到另一领域而形成具有新结构的事物。

5.材料性移植

通过材料的替换达到改变性能、节约材料、降低成本的目的，带来新的功能和使用价值。

【案例 4-16】 移植创新

一、方法移植：香港中旅

香港中旅集团有限公司总经理马志民赴欧洲考察，参观了融入荷兰全国景点的"小人国"。回来后他就把荷兰的"小人国"的微缩处理方法移植到深圳，融华夏的自然风光、人文景观于一炉，集千种风物、万般锦绣于一园，建成了具有中国特色和现代意味的崭新名胜——锦绣中华。开业以来，游人如织，生意十分红火。

二、结构移植：缝衣服

缝衣服的线移植到手术中，出现了专用的手术线；用在衣服鞋帽上的拉链移植到手术中，完全取代用线缝合的传统技术，“手术拉链”比针线缝合快10倍，且不需要拆线，大大减轻了病人的痛苦。

三、材料移植

用纸造房屋，经济耐用；用塑料和玻璃纤维取代钢来制造坦克的外壳，不但减轻了坦克的重量，而且具有避开雷达的隐形功能。

十一、TRIZ理论法

（一）TRIZ理论

发明问题解决理论TRIZ由苏联发明家“TRIZ之父”根里奇·阿奇舒勒（G. S. Altshuller）在1946年最先提出，它的英文全称是Theory of the Solution of Inventive Problems，即发明问题的解决理论，中文翻译为“萃思”或“萃智”，意为“萃取思考”“萃取智慧”。TRIZ理论被认为是可以帮助人们挖掘和开发自己的创造潜能，最全面系统地论述发明创造和实现技术性创新的新理论，被欧美专家称为“超级发明术”和“神奇点金术”。

延伸阅读　阿奇舒勒与TRIZ理论

根里奇·阿奇舒勒（图4-3），人称TRIZ创新理论之父，1926年10月出生于苏联的塔什罕干，毕生致力于研究建立一门奇妙的创造科学——TRIZ。他在14岁时就发明了水下呼吸器，获得第一个专利证书；15岁时，制作了一条装有以碳化物做燃料的喷气发动机的船；后来又相继做出了多项被列为军事机密的发明：排雷装置、船用火箭引擎等，从而成为一名苏联里海海军专利局的专利评审员。

图4-3　根里奇·阿奇舒勒

1946年，阿奇舒勒开始了发明问题解决理论的研究工作，他试图解决一个疑问：人们在进行发明创造、解决技术难题时，是否有可遵循的科学方法和法则，从而能迅速地实现新的发明创造或解决技术难题呢？经历自身的许多发明，又研究了成千上万的专利，他发现任何领域的产品改进、技术变革与创新等，就像生物系统一样，存在着产生、生长、成熟、衰老、灭亡的过程，有规律可循。人们如果掌握了这些规律，就能能动地进行产品设计并能预测产品的未来发展趋势。以后数十年中，阿奇舒勒以毕生的精力致力于TRIZ理论的研究和完善。

根里奇·阿奇舒勒经过研究发现，有 15000 对技术矛盾可以通过运用基本原理而相对容易地解决，从而发现了发明背后存在的模式。他说："你可以等待 100 年获得顿悟，也可以利用这些原理用 15 分钟解决问题。"

此后，他出版了大量有关 TRIZ 的书籍，TRIZ 学校也开始得到蓬勃发展。在他的领导下，苏联的数十家研究机构、大学、企业组成了 TRIZ 的研究团体，分析了世界近 250 万份高水平的发明专利，总结出各种技术发展进化遵循的规律模式，以及解决各种技术矛盾和物理矛盾的创新原理和法则，建立了一套解决技术问题，实现创新开发的由方法、算法组成的综合理论体系，并综合多学科领域的原理和法则，建立起 TRIZ 理论体系。

1969 年，根里奇·阿奇舒勒出版了他的新作《发明大全》。在这本书中，他将自己的 40 条创新原理全面地阐述给读者，即第一套解决复杂发明问题的完整理论。

1989 年，苏联 TRIZ 协会成立，由根里奇·阿奇舒勒出任主席。

1998 年 9 月 24 日，伟大的创新理论家、发明家根里奇·阿奇舒勒逝世于彼得罗扎沃茨克，享年 72 岁。

（二）TRIZ 理论的核心思想

现代 TRIZ 理论的核心思想主要体现在三个方面：

（1）无论是一个简单的产品还是复杂的技术系统，其核心技术的发展都是遵循着客观的规律发展演变的，即具有客观的进化规律和模式。

（2）各种技术难题、冲突和矛盾的不断解决是推动这种进化过程的动力。

（3）技术系统发展的理想状态是用尽量少的资源实现尽量多的功能。

（三）TRIZ 理论的主要内容

1.创新思维方法与问题分析方法

TRIZ 理论中提供了如何系统分析问题的科学方法，如多屏幕法等；而对复杂问题的分析，则包含了科学的问题分析建模方法——物-场分析法，它可以帮助人们快速确认核心问题，发现根本矛盾所在。

2.技术系统进化法则

针对技术系统进化演变规律，在大量专利分析的基础上，TRIZ 理论总结提炼出八个基本进化法则。利用这些进化法则，可以分析确认当前产品的技术状态，并预测未来发展趋势，开发富有竞争力的新产品。

3.技术矛盾解决原理

不同的发明创造往往遵循共同的规律。TRIZ 理论将这些共同的规律归纳成 40 个创新原理，针对具体的技术矛盾，可以基于这些创新原理，结合工程实际寻求具体的解决方案。

4.创新问题标准解法

针对具体问题的物-场模型的不同特征，分别对应标准的模型处理方法，包括模型的修整、转换，物质与场的添加等。

5.发明问题解决算法

主要针对问题情境复杂、矛盾及其相关部件不明确的技术系统。它是一个对初始问题进行一系列变形及再定义的非计算的逻辑过程，实现对问题的逐步深入分析，问题转化，直至问题的解决。

6.基于物理、化学、几何学等工程学原理而构建的知识库

基于物理、化学、几何学等领域的数百万项发明专利的分析结果而构建的知识库可以为技术创新提供丰富的方案来源。

可见,TRIZ 理论的基本内容体系以自然科学为基础,以辩证法、系统论、认识论为指引,以系统科学与思维科学为支撑,是一个结构完整且融会了交叉学科知识的系统创新理论(图 4-4)。其中,分析、解决问题的工具与方法是该理论的核心,利用它们不仅可以消除矛盾,而且只要基于技术系统进化法则就能够得到理想化的最终结果。掌握 TRIZ 并利用好科学效应与资源能更好地为解决问题提供保障。另外,物-场分析法、标准解法及类比思考的认知程度将决定创新成果的实际水平。

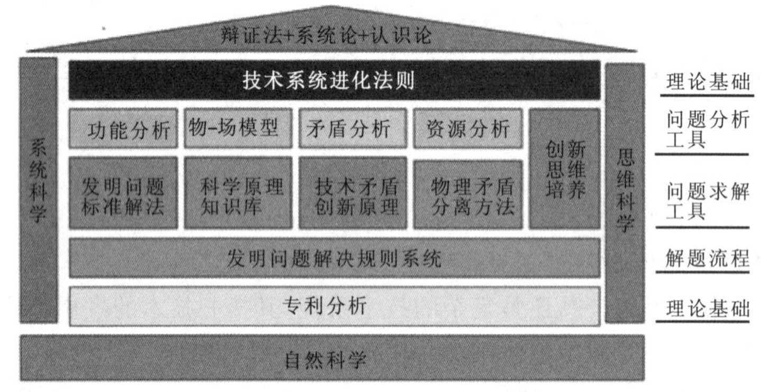

图 4-4　TRIZ 理论的基本内容体系

相对于传统的创新方法,比如试错法、头脑风暴法等,TRIZ 理论具有鲜明的特点和优势,它成功地揭示了创新发明的内在规律和原理,着力于澄清和强调系统中存在的矛盾,而不是逃避矛盾;其目标是完全解决矛盾,获得最终的理想解,而不是采取折中或者妥协的做法。它基于技术的发展演化规律研究整个设计与开发过程,而不再是随机的行为。实践证明,运用 TRIZ 理论可大大加快人们创新发明的进程,而且能得到高质量的创新产品。它能够帮助我们系统地分析问题情境,快速发现问题本质或者矛盾。它能够准确确定问题探索的方向,不会错过任何可能。它能够帮助我们突破思维障碍,打破思维定式,以新的视觉分析问题,进行逻辑性和非逻辑性的系统思维。它还能根据技术进化规律预测未来发展趋势,帮助我们开发富有竞争力的新产品。

埃及神话故事中会飞的魔毯曾经引起我们无尽的遐想,那么,现在我们不妨一步步分析一下这条会飞的魔毯,从而了解 TRIZ 理论中创造性问题分析方法在现实问题解决中的应用。

现实生活中虽然有毯子,但毯子都不会飞,原因是地球具有引力,毯子具有重量,而毯子比空气重,在什么条件下毯子可以飞翔?我们可以施加向上的力,或者让毯子的重量小于空气的重量,或者希望来自地球的重力不存在。如果我们分析一下毯子及其周围的环境,会发现这样一些可以利用的资源,如空气中的中微子流、空气流、地球磁场、地球重力场、阳光等,而毯子本身也包括纤维材料、形状、质量等。那么,利用这些资源可以找到一些让毯子飞起来的办法,比如,毯子的纤维与中微子相互作用可使毯子飞翔,在毯子中安装提供反向作用力的发动机,把毯子放在没有来自地球重力的宇宙空间,毯子由于下面的压力增加而悬在空

中(气垫毯),利用磁悬浮原理,或者毯子比空气轻。这些办法有的比较现实,有的看似不可能。比如,毯子即使很轻,但也比空气重,对这一点我们还可以继续分析。比如,毯子之所以重是因为其材料比空气密度大,解决的办法就是采用比空气轻的材料制作毯子,或者使毯子像空中的尘埃微粒一样大小等。通过上面一个简单的分析过程,我们会发现,神话传说中会飞的毯子逐渐走向现实,从中或许我们可以得到很多有趣甚至十分有用的创意。这个简单的应用展示的问题分析过程包括首先从幻想式构想中分离出现实部分,对于不现实部分,通过引入其他资源,一些想法由不现实变为现实,然后继续对不现实部分进行分析,直到全部变为现实。因此,通过这种反复迭代的办法,常常会给看似不可能的问题带来一种现实的解决方案。

思考与练习

1.创业者主要具备哪几方面的素质?

2.大学生创业素质评估的方法有哪些?

3.大学生创业素质提升的途径有哪些?

4.创业者主要具备哪几方面的能力?

5.大学生创业能力评估的渠道有哪些?

6.根据自身情况选取自己最需要提升的一项能力并阐释它。

7.创新方法有哪些?

8.你还能想到哪些创新方法的应用实例。

第五章　创业者和创业团队及团队管理

俞敏洪创业团队

在俞敏洪创办新东方之前，北京已经有三所同类学校，参加新东方培训的多以出国留学为目的。培训学校普遍做不大是有原因的。由于培训学校对个别讲师过分倚重，每个讲师都可以开一个公司，但是每个公司都做不大。所以俞敏洪需要找到更多的合作伙伴，帮他控制住英语培训各个环节的质量。而这样的人不仅要有过硬的专业知识和能力，更要和俞敏洪本人有共同的办学理念。他首先想到的是远在美国的王强、加拿大的徐小平等人。实际上这也是俞敏洪考虑了很久的决定——这些人不仅符合业务扩展的要求，更重要的是作为自己在北大时期的同学、好友，在思维上和自己有着一定的共性，肯定比其他人能更好地理解并认同自己的办学理念，合作也会更坚固和长久。

这时他遇到了一个和他有着共同梦想的、惺惺相惜的朋友——杜子华。杜子华像个漂泊的游侠，研究生毕业后游历了美国、法国和加拿大，凭着对外语的透彻领悟和灵活运用，在国外结交了各色朋友，也得到了不少让人羡慕的机会。但是他在国外待的时间越久，接触的人越多，就越是感觉到民族素质提高的重要性和迫切性。要提高一个民族的素质，唯有投资教育。

1994 年，在北京做培训的杜子华接到了俞敏洪的电话。几天后，两个同样钟爱教育并有着共同梦想的“教育家”会面了。谈话中，俞敏洪讲述了新东方的创始和发展、未来的构想、自己的理想、对人才的渴望……这次会面改变了杜子华的生活，他决定在新东方实现自己的追求和梦想。

经俞敏洪的不懈努力，从 1994 年到 2000 年，杜子华、王强、胡敏、包凡一、何庆权、钱永强、江博、周成刚等人陆续被网罗到了新东方的门下。

新东方的核心竞争力是师资，但是如何让这支高精尖的队伍最大限度发挥作用？俞敏洪从学员需求出发，秉持着一种“比别人做得好一点”的朴素的创新思维，合理构建自己的团队，寻找和抓住英语培训市场上别人不能提供或者忽略的服务，使新东方的业务体系得以不断完善。

第一节　创业者

在希腊帕尔纳索斯山南坡上，有一个驰名世界的戴尔波伊神托所，在它的入口处的巨石上赫然镌刻着这样几个大字：认识你自己！这就是古希腊哲学家们普遍认为的人类最高智慧。人最熟悉的莫过于自己，最陌生的也莫过于自己；最亲近的是自己，最疏远的也是自己。老子说："知人者智，自知者明。"禅宗有言："明心见性。"目标设定的过程，根本还是一个"自知"、一个"认识自己"的过程。

创业活动的主角是创业者本身，创业者必须清楚地认识自己，不能固执地认为别人能够创业成功，自己不会失败。一个创业者能否创业成功，与他的学历和专业不是正相关关系，创业者的品质、能力和创业精神，良好的创业团队才是决定创业能否成功的根本因素。本章将详细论述创业者和创业团队相关理论知识。

一、创业者的界定

创业者是什么样的人？从词源来看，创业者英文为 entrepreneur，和企业家为同一个词，意为在没有或拥有较少资源的情况下，锐意创新，发掘并实现潜在机会价值的个体。

创业者一词由法国经济学家理查德·坎蒂隆(Richard Cantillon)于 1755 年首次引入经济学。1880 年，法国经济学家萨伊(Say)首次给出了创业者的定义，他将创业者描述为将劳动、资本、土地这三项生产要素结合起来进行生产的第四项要素，是把经济资源从生产率较低、产量较少的领域转移到生产率较高、产量较大的领域的人。管理大师彼得·德鲁克给创业者所下的定义是：创业者就是赋予资源以生产财富的人，创业者善于创造或发现机会，然后抓住机会，并创办起有高度发展潜力的企业，其思想和行为与众不同。还有些学者将创业者界定为一种主导劳动方式的领导人，是一种需要具有使命、荣誉、责任能力的人，是一种组织、运用服务、技术、器物作业的人，是一种具有思考、推理、判断能力的人，也是一种能使人追随并在追随的过程中获得利益的人。

在企业界，创业者通常被定义为组织、管理一个生意或企业并承担其风险的人，其有两个基本含义：一是指企业家，即在现有企业中负责经营和决策的领导人；二是指创始人，通常理解为即将创办企业或者刚刚创办企业的领导人。

一般来说，国内外有关创业者的定义可分为狭义和广义两种。

狭义的创业者是指参与创业活动的核心人员，该定义避免采用领导者或组织者的概念。因为在当今的创业活动中，技术含量越来越高，离开了核心的技术专家，很多创业都无法进行，核心的技术专家理应成为创业者。事实上，很多创业活动最早都是由拥有某项特定成果的技术专家发起的。

广义的创业者是指参与创业活动的全部人员。创业者可能更多地以团队的形式出现。在创业过程中，狭义的创业者将比广义的创业者承担更多的风险，但也会获得更多的收益。另外，要把创业者与职业经理人作为对比概念加以区分。创业者是指一种开办或经营自己企业的人，他们既是员工，又是雇主，对经营企业的成功与失败负责；职业经理人通常不是他们所管理公司的所有者，而是被雇来管理公司日常运作的人。

二、创业者类型

创业者可以从几种不同的角度来分类，主要可以根据创业者的影响力、创业者在创业过程中所扮演的角色、创业者的创业内容和创业者所处的创业领域来分类。

（一）根据创业者的影响力划分

根据创业者对市场和个人的影响力，创业者可划分为复制型、模仿型、安定型和冒险型四种创业者类型。

1.复制型创业者

创业者复制原有公司的经营模式，创新的成分很低。新企业中属于复制型的创业者比率虽然高，但由于这种类型的创业者创新贡献低，缺乏创业精神的内涵，不是推动社会、经济发展的主要动力。

2.模仿型创业者

模仿型的创业者对于市场无法带来新价值的创造，创新的成分也很低，但与复制型创业者的不同之处在于，创业过程对于创业者而言还是具有很大的冒险成分的。这种类型的创业者如果具有一定的素质，经由系统的创业培训，掌握正确的市场进入时机，还是有很大机会可以获得成功的。

3.安定型创业者

安定型创业者虽然为市场创造新的价值，但对这类创业者而言，本身并没有太大的改变，从事的也都是比较熟悉的业务。这种类型的创业者强调的是创业精神的实现，也就是创新的活动，而不是新组织的创造。

4.冒险型创业者

这种类型的创业者本身变化大，创业不确定性高；对新事业的产品创新而言，也将面临很高的市场不确定风险。冒险型创业者是一类创业难度很高且风险比较大的创业者，有很高的失败率，但成功所获得的报酬也很大。这种类型的创业者如果想要获得成功，则必须在创业者能力、创业时机、创业精神发挥程度、战略、创业过程管理等方面都有很好的搭配。

（二）根据创业者的角色划分

根据创业者在创业过程中所扮演的角色，可划分为独立创业者和创业团队。

同为创业者也有不同的角色和地位，有人适合独立创业，比如其有一定的资金，有极强的独立性等。有人适合团队创业，比如与人相处融洽；有人不适合团队创业，比如该创业者能力很强，但不善于与其他人相处。在团队创业中，有的创业者适合作为主导人物，有的创业者只适合扮演参与创业者的角色。

1.独立创业者

独立创业者是指独自创业的创业者，即个人独自出资和个人独自管理。独立创业者的创业动机和实践受很多因素影响，如发现很好的创业机会，对创业活动有专注的精神，独立性强，失去工作或找不到合适的工作，对目前所从事的工作失去兴趣，受他人成功创业的影响等，这些因素都有可能激发独立创业活动。

独立创业者的主要特点是：创业过程中充满挑战和机遇，可以充分发挥创业方的想象力、创造力，自由展示独立创业者的主观能动性和创新能力；独立创业者又可以主宰自己的工作和生活，按照个人意愿追求自身价值最大化，实现创业的理想和抱负。但是，独立创业者的难度和风险较大，独立创业者可能会缺乏管理经验，或缺少资金、技术资源、社会资源、客户等，创业压力也相对较大。

2.创业团队

创业团队是由少数具有技能互补的创业者组成的，为实现共同的创业目标，有一个能使他们彼此担负责任的程序，共同为达成高品质的结果而努力的共同体。依据创业团队的组成者特征可以划分为不同类型的创业团队，主要有星状创业团队和网状创业团队。

(1)星状创业团队

星状创业团队是目前最为常见的创业团队。星状创业团队有一个核心人物作为团队领导者，由该领导者基于自身创业理念和需要组建团队，成员间可能熟悉，也可能陌生，团队成员主要为团队提供支持，执行具体任务。例如，美国太阳微系统公司创业之初就是由维诺德·科尔斯勒确立了多用途开放工作站的概念，接着他找了两位分别在软件和硬件方面的专家，以及具有实际制造经验和人际沟通技巧的麦克尼里，组成了太阳微系统公司的星状创业团队。但核心人物的权威性过强可能导致权力过分集中和盲目权威，一旦团队冲突出现，其他团队成员处于被动地位，易做出退出决定，对团队发展不利。

星状创业团队主要的特点是：新企业结构紧密，创业团队向心力强，主导人物在新企业中的行为对其他个体影响巨大；创业过程中决策程序相对简单，新企业效率较高；星状创业团队容易形成权力过分集中的局面，从而使决策失误的风险加大。

(2)网状创业团队

网状创业团队一般都是团队成员在过去的交往过程中，共同认知并确认某个创业想法，同时就创业行为和活动达成了共识以后，开始共同进行创业。一般来说，网状创业团队的成员在创业之前原本就有密切的关系，可能是同学、亲友、同事、朋友等。与星状创业团队不同，在网状创业团队组成时，并没有明确的核心人物，创业团队成员根据各自的特点在新企业中进行自发的角色定位，因此，在新企业中，团队的每位成员基本上扮演的是协作者或者伙伴角色。一些著名企业的创建多是由于具有某种关系而结识，基于团队成员互动激发出创业点子，然后合伙创业。例如，美国微软公司的比尔·盖茨和童年玩伴保罗·艾伦，惠普公司的戴维·帕卡德和他在斯坦福大学的同学比尔·体利特等，都是典型的网状创业团队。

网状创业团队的主要特点是：创业团队中没有明显的主导人物，整体结构较为松散。新企业在决策时，一般采取集体决策的方式，通过大量的沟通和讨论达成一致意见，因此新企业的决策效率相对较低。当团队队员之间发生冲突时，一般采取平等协商、积极解决的态度消除冲突，团队成员不会轻易离开，但是一旦团队成员间的冲突升级，某些成员撤出团队，就容易导致整个队伍涣散。

(三)根据创业者的创业内容划分

按照创业者的创业内容，可划分为生产型、管理型、市场型、科技型和金融型五种创业者类型。

1.生产型创业者

生产型创业者是指通过创办企业推出产品的创业者，主要特点是创业者一般都具有企业的生产技术或产品开发背景,以生产技术为主体,常常直接从事商业化技术或者产品开发,生产的产品通常科技含量比较高。

2.管理型创业者

管理型创业者是指那些综合能力较强的创业者,他们对专业知识并不是十分精通,主要特点是创业者在管理和协调中有自己的特长,能够通过各种有效的管理手段带领新企业前进。

3.市场型创业者

市场型创业者通常是缺乏企业技术专业背景,没有技术经验,或者只有非技术组织的职业经验,但是善于识别技术机会,有创业的点子,又有一定的资金支持的创业个体;主要特点是注重市场,善于把握变化中的机会。例如,MBA 学生具有管理知识,大多数有管理实践经验,他们捕捉到了某个创业机会,自主创业,属于市场型创业者。在我国计划经济向市场经济转轨过程中,就曾涌现出大批市场型创业者。海尔集团总裁张瑞敏有一句名言:"三只眼睛看世界。"其意思就是计划经济时期企业只要一只眼,即盯住政府就可以了;市场经济条件下的企业则要有两只眼,一只盯住市场,另一只盯住员工;转型期的企业则需要准备第三只眼,也就是说除了盯住市场和员工之外,还要盯住政府出台的政策。

4.科技型创业者

科技型创业者多与高校和科研机构有关联,具有很强的科研知识背景,并常常从事基础科研开发,掌握了某种技术,有强烈的欲望把科研成果转换成生产力,一般在高等教育机构或非商业化的实验室担任或曾担任过学术职位;主要特点是创业者以高科技为依托创办企业,如高校里部分科研型教授以自己的科研成果为核心,筹集资金,创办实体,即属于典型的科技型创业者。20 世纪 80 年代后,为了鼓励科技成果转化为生产力,我国推出一系列鼓励高等院校和科研机构创办企业的措施,如今许多科技企业的前身就是原来的校办企业和科研机构创办的院(所)办企业,如北大方正、清华同方以及联想集团等。

5.金融型创业者

金融型创业者实际上是一种风险投资家,他们向新企业提供的不仅是资金,更重要的是专业特长和管理经验。他们不仅参与新企业的经营方针和规划的制定,还参与新企业的营销战略制定、资本运营以及人力资源管理。

(四)根据创业者所处的创业领域划分

1.传统创业者

传统创业者是指在传统的行业,如餐饮、房地产、服装等行业筹集资金,创办企业,为顾客提供产品或服务的创业者。

2.技术创业者

技术创业者是指以突出技术为主,所创办企业一般规模比较小,产品的技术含量较高,附加值比较高,利润空间比较大。

三、创业者素质

创业者素质是一种特殊个性特征,这种个性特征往往影响创业活动的效率和创业的成功与否。

(一)创业者心理素质

根据成就动机理论,那些拥有创业心理素质的人员比不具备创业心理素质的人具有更高的实施创业行为的倾向,成功可能性也更大。创业者一般要具备如下心理素质:成就需要、控制源、风险承担倾向、不确定性容忍度、创业精神、团队意识等。

1.成就需要

创业者对创业成功有强烈的意愿,而成功创业不是为了获得社会承认或声望,而是为了获得个人内在自我实现的满足感。对于任何一位创业者来说,"渴望"创业其实首先就是希望获得金钱,使自己摆脱对贫穷的恐惧,并由此上升为一个自由的、不受金钱控制的人。因此,金钱、健康、家庭、亲友、地位等都是创业者成功的条件,但其中一个重要的条件是"渴望创业的野心"。

2.控制源

控制源是指创业者相信自己控制人生的程度能帮助创业者克服创业道路上的各种艰难险阻,将创业目标作为自己的人生奋斗目标。研究表明,创业者相信自身而不是他人能决定自己的创业能否成功,他们经常有很强的控制欲,对创业活动中的事件过程有一定的影响,总是希望把创业过程掌握在自己手中。和控制源相关的是创业者个性独立,创业者往往喜欢独立思考和行动,渴望独立自主。

3.风险承担倾向

在扑朔迷离、纷繁复杂的经济环境中,机会和风险并存,既有成功的机遇,也有失败的危险。所承担的风险,无论是财务、社会方面还是心理方面,都是创业过程中不可分割的一部分。但是,在市场风险中,无疑还会有许多突破点,关键在于创业者如何面对机会和风险,并以充分的准备去迎接机会的到来,躲避风险的侵害。只要是创业者,肯定会遇到各种各样的困境,对此必须有充分的思想准备,敢于承担风险,不被困难击垮,并坚韧不拔地朝着既定的目标前进,终究会有成功的一天。

4.不确定性容忍度

在创业过程中会遇到各种意想不到的困难,如资金周转困难、商品不畅销、员工管理不到位等,而一定程度的不确定性容忍可以对一个创业者的成功起到积极的作用。对上述这些问题处理不当就有可能导致经营失误。因此,要做好随时应付困难的思想准备,迎接不断出现的挑战,始终朝着既定的目标,坚持不懈地努力。一个创业者,若勇于忍受困苦、艰难,克服阻挠、障碍,并保持旺盛的斗志,最终将成为一个出色的创业家。

5.创业精神

创业精神是创业者的精神状态和对事业所持的态度。新企业不论规模大小,归属哪个行业,创业精神始终与某些普遍适用的创业行为素质相关联。创业要发扬创业精神,没有创业精神的创业者通常不会成功,也不能称为创业者。创业精神主要表现为自信、自强、自主、自立等。

自信就是创业者要对自己充满信心。对于准备创业的人士而言,自信心尤为重要。一个成功的创业者的特点之一,就是对自己充满信心。如果一位老板或总裁连公司走哪条路都拿不定主意,那么可想而知,公司今后的发展也一定不会顺利。但是,自信并不是自傲。有一种极端的情况是,我们常常见到有些人在采取行动时,表现得过于自信,听不进任何人的意见。其实,这并不是自信。自信不会拒绝别人的意见和建议,否则,只能是盲目自大者。

这对于一个创业者来说,是必须戒掉的陋习。

自强就是创业者在自信的基础上,不贪图眼前的利益,敢于实践,不断增长自己各方面的能力与才干,勇于使自己成为生活与事业的强者。

自主就是具有独立的人格,具有独立性创业思维能力。创业是一种需要全身心投入的事业,只有具有积极的态度和务实的精神才能使创业获得成功。在这个过程中,没有人会给创业者制定计划,面临困难、问题、危机时,创业者只有积极努力、脚踏实地地奋斗,才有可能取得创业效益。

自立就是创业者凭自己的头脑和双手、智慧和才能、努力和奋斗,建立起自己事业的基础。

6.团队意识

在创业道路上,创业者必须摒弃"同行是冤家"的狭隘观念,学会合作与交往。通过语言、文字等多种形式与周围的人进行有效的交流与沟通,可以提高办事效率,增加成功的机会。在创业过程中,创业者需要与客户打交道,与公众媒体打交道,与外界销售商打交道,与企业内部员工打交道,这些交往、沟通可以排除障碍化解矛盾,降低创业难度,增加信任度,有助于创业事业的发展。

(二)创业者行为素质

创业者在行为方式上主要有勤学好问、执着、灵活应变的能力,并具有良好的商业道德和责任感等。

1.勤学好问

创业者往往不满足于现状,经常意识到能将事情做得更好,渴望并从不放弃学习和改进的机会。现代社会需要学习型的企业,创业者在创业初期更需学习行业内的领先企业、标杆企业的成功经验。创业者的学习为新企业的发展提供了源源不断的智力源泉。

2.执着

一个心理健全的人,他的一切有目的的活动和行为都是意志活动。在日常带目的性和方向性的活动与行为中,意志因素表现得并不明显;然而,在创业活动中,目的性和方向性就表现得异常强烈、鲜明。这时候如果存在巨大的障碍和困难需要创业者去克服,人的精神就处在高度紧张的状态,在这种紧张的情况下,意志因素起着异常重要的作用。可以说创业者的创业活动也就是复杂的意志活动。成功的意志是创业者不可缺少的。

3.灵活应变

根据情景理论的内容,创业者对创业方法和路径的选择,要一切从实际出发,根据环境的变化对创业活动做出相应的调整。

4.良好的商业道德

诚信、诚实、诚恳是一个新企业生存和发展的根基,是对创业者商业道德的要求。创业者若没有良好的商业道德,而时刻只为自己的个人利益行事,肯定不会创立起企业;即使能够创办企业,最终也难免昙花一现,生命力不会长久。只有创业者对顾客、对员工诚信,顾客和员工才会为新企业的发展锦上添花。

5.责任感

在创业过程中,创业不仅是为了实现自己的价值,更重要的是承担社会责任。一开始创业,可能是为了家庭。当新企业越来越壮大的时候,创业者会被身边的员工所感动。创业者是否可以对更多的人负责，是否可以通对创业，让身边的人在物质上有所回报，才是一个真正的创业者应该具有的动机。

（三）创业者背景特质

1.教育

教育对于创业者的成长至关重要，教育的重要性体现在创业者是否具备解决问题的能力和素质，并不是指一个或若干个正规的学位。美国福特汽车公司创始人亨利·福特、美国钢铁大王文德鲁·卡耐基、美国微软公司创始人比尔·盖茨这些在中学或大学就辍学的成功例子就说明了这一点。但是毫无疑问的是，教育能够为创业者形成一个极有说服力的个人背景，特别是所接受的教育与创业领域有关的时候，更是如此。教育解决的是认识论和方法论的问题，一个人通过教育的手段和渠道可取得文化、技术和创业等方面的一些资格。教育除给予接受教育者知识、方法和体会之外，还给予他们平台和团队，同时给予接受教育者许多无形的光环。

2.个人价值观

个人的需求包括生理的需求和心理的需求，也就是自然性的需求和社会性的需求。心理需求是高层次的终极需求，个人需求的满足最终必然通过心理需求的满足来实现，而心理需求往往与社会及他人的肯定密切相关，因而创业者个人的满足与服务社会紧密联系。我国作为发展中的社会主义国家，在发展水平上，需要创业者树立大局意识和为祖国服务的意识，以使我们尽快地追赶世界先进水平；在社会性质上，人与人之间、人与社会之间的根本利益是一致的，创业者只有将个人价值的实现融入为祖国服务中去才符合国家、社会及个人的长远利益。个人价值的实现建立在国家和人民承认的基础之上。创业者只有树立了这种正确的长远的价值观，才有可能树立正确的人生信念和人生理想。所谓的坚定人生信念和明确人生理想就是能够确认自己为什么创业。只有具备了这一点，创业才能一往无前，遇到挫折也不后退，否则容易见异思迁、摇摆不定。

四、创业者能力

（一）组织领导能力

1.战略管理能力

创业实施的第一步是找准方向、严密论证，进而做出战略决策。创业环境总是复杂的，在这个环境当中，政治的、经济的、文化的各种要素相互联系，错综复杂，任何方案都不是完备的和确定的，这就需要全局的战略管理能力和决断素质。古人云："不谋万世者，不足谋一时；不谋全局者，不足谋一域。"在今天这样一个新生事物层出不穷的时代必须能够正确地认识知识经济的发展规律，敏锐地分析市场的发展变化，准确地把握国家的政策法规，才能正确地评估创业机会和创业方案。从全局的高度认识和把握问题是全面分析把握创业方向的基本要求。

2.领导能力

"领导能力"在字典中的意思是"指导和统率的能力"。在创业过程中，创业者的领导能力通常通过如下几个方面体现。

第一，活力。具有巨大的个人能量，对于行动有强烈的偏爱，干劲十足，不屈服于逆境，不惧怕变化，不断学习，积极挑战新事物，充满活力。

第二，鼓动力。激励和激发他人、员工的能力，能够活跃周围的人，善于表达和沟通自己的构想与主意。

第三，实施力。提交结果，能够将构想和结果联系起来，不仅是口头说说就完了，而且将构想变成切实可行的行动计划并能够直接参与和领导计划的实施。

3.协调整合能力

良好的协调能力有利于信息的沟通，对于加强相互理解和利益共享有着切实的好处。创业者和竞争者之间、创业者和客户之间都存在这样或那样的摩擦，高超的协调能力能够化解矛盾，使创业者能够获得良好的形象，可以提高可信程度，为合作打好基础。协调能力还可以融洽相关主体间的感情，增加合作的愿望和机会。协调能力体现在团队内部就是如何促使团队积极、高效地开展工作。协调能力一方面能够使团队成员之间关系融洽，化解矛盾，相互支持；另一方面使得工作有序，配合协调，整个团队的工作效率达到最高。

创业需要资金、技术、人际关系等条件，但并不是全部具备这些条件才可以创业。创业路上的成功者往往不是那些条件好的人，而是善于调用资源为我所用的人，所谓"拥有资源不如善用资源"。例如，社会上有音乐学院毕业的大学毕业生在家闲着找不到工作，也有很多家长想让孩子学音乐苦于找不到老师，一个不懂音乐的下岗职工看到这一市场需求，借钱以加盟的形式创办一所古筝培训学校，一边聘老师一边招学生，很快挣到了属于自己的"第一桶金"。这就是最简单的通过整合资源来创业的例子。善用资源是创业成功者最核心的能力。它能够巧妙地解决各种瓶颈问题，进而满足顾客需要，自己获得财富。

4.亲和力

亲和力是一种人格魅力，创业者富有亲和力可以更好地团结同事和朋友，为交际、协调等带来方便。一个人的亲和力一方面来自于其观点、主张和处事原则，使得人们感觉到他可以信任和依赖；另一方面亲和力来自行事作风和气质风范，能够给人一种莫名的亲切感。

（二）业务能力

1.经营管理能力

经营管理能力是指创业者对人员、资金以及新企业的内外部运营能力。经营是对外的，追求从企业外部获取资源和建立影响，其追求的是效益，是扩张性的，因此要积极进取，抓住机会。经营能力是创业成功的关键。创业者一般也是新企业的经营者，新企业的发展在很大程度上取决于创业者的经营能力。创业者的经营能力是新企业能否成功的重要因素之一。管理是对内的，强调创业者对内部资源的整合和建立秩序，其追求的是效率，是收敛性的，因此要谨慎稳妥，评估和控制风险。管理能力主要包括营销管理能力和财务管理能力等。创业团队组建能力也十分重要，一个企业需要细致的"内管家"、活跃的"外交家"、战略的"设计师"、执行的"工程师"、发散思维的"开拓者"、内敛倾向的"保守派"。创业者既需要能够把不同专长、不同个性的团队成员凝聚在一起，更要能够让他们在一起融洽地、愉快地工作，组成优势互补的创业团队，形成协同优势。可以说，经营管理能力是解决新企业生存的第一要素。

2.专业技术能力

专业技术能力是创业者掌握和运用专业知识进行专业生产的能力。专业技术能力的形成具有很强的实践性。许多专业知识和技巧要在实践中摸索，逐步提高和完善。创业者要重视创业过程中知识积累，重视专业技术方面的经验和职业技能的训练，对于书本上介绍过的知识和经验在加深理解的基础上予以提高、拓宽；对于书本上没有介绍过的知识和经验要积极探索，认真分析，进行总结，形成自己的经验特色。只有这样，专业技术能力才能不断提高。

3.交际能力

交际能力包括表达能力和反应能力。表达能力是充分、有效地将自己的观点阐释给对方的能力。创业者对客户充分有效的表达能够使客户充分理解企业的产品情况，有利于推销自己；对创业团队充分有效的表达能够使大家领悟新企业目标、面临的环境和采取的对策，能够使大家更加有效地为完成共同目标而努力。反应能力是交际的另一个方面，是表达能力的补充。在交际的过程中，良好的反应能力能够帮助创业者随时领会和把握表达对象的需求和对表达内容的理解，有效调整表达方式和内容。

语言表达能力分为书面表达能力和口头表达能力，是创业者将自己的思想、观点以最生动有效的方式传递给听者，以对听者产生最有效的影响的能力。

书面表达能力是创业者将自己的思想、观点运用文字表达方式，使之系统化、科学化和条理化的能力。

口头表达能力主要表现在说话的分量、逻辑性和幽默感等方面。说话的分量是语言内容与表达态度的综合效果，它可以让创业者给听者一个准确的判断和感受，达到有效的激励效果。逻辑性是指内容清晰严谨，因果关系强，没有漏洞，同时是增强说服力的主要手段；幽默感能够营造轻松愉快的氛围，使语言内容形象易于理解，有利于听者接受创业者的观点。

4.创新能力

创新能力的实质是通过科学研究、生产活动和管理实践，创造新的理念、产品或服务并转化为生产力，以促进社会经济的发展。不论是知识创新、技术创新还是管理创新，创新的主体是人，创新的成果都要靠人来完成。创新能力是创业人才的核心。在创业者的创业过程中，无论是发现新的创意、捕捉新的机遇、寻找新的市场，还是撰写一份有潜质的创业计划，以至于创业融资、创办公司和企业运作、管理和控制，都包含着创新的内容。所以，一个创业者或创业团队必须具备市场、技术、管理和控制的创新能力。创新能力又来源于创造性思维，一个成功的创业者一定具有独立性、求异性、想象性、新颖性、灵感性、敏锐性等人格特质。

5.学习能力

相当数量的创业者所从事的是未程序化的创新工作，需要以新的知识来解决新的问题。同时，创业者现在所面临的是一个日新月异的社会环境，往往会发现一觉醒来之后自己已经落伍了。正是这种知识的爆炸和技术更新速度的加快，决定了新企业面临的竞争环境异常激烈，只有具有高度学习能力的创业者，才能驾驭创业的理想，驶上成功的航程。学习能力是现代社会里任何组织、任何人都必须努力具备的能力，新企业和创业者在企业的孕育期对这种能力的要求更为强烈。学习能力不只是学习已存在的知识的能力，更重要的是搜集外部信息并进行总结、提高、创新的能力，这种能力在实际运用中往往表现为当事人良好的做事“直觉”。创业者的非理性行为，指的就是这种靠直觉行事的方式。直觉是知识，也是学习的结果。创业者在企业的孕育阶段更多的是依赖这种直觉来行事，因此需要具备较高的学习能力。

应该特别指出的是，并非每样关键性素质、能力都具备的人才能创业成功。通过观察那些创业成功者就会发现，他们和普通人一样有这样或那样的毛病，只不过他们身上一定有某种关键性素质异常突出，只要有突出的优点压过缺点就足以让人成事。这表明了组成创业团队的必要性和重要性，也表明在选择创业团队成员时要考虑其是否具备这些素质，特别是团队成员之间具有互补性。所以，人不怕有缺点，就怕没优点，把自己的优势发挥出来是创业成功的关键。同时我们还应该知道，人是可以通过学习不断改变的，关键性素质、能力也是可以通过学习和实践来培养的，创业成功的过程也是完善个人创业素质的过程，决心改变者无所不能。

五、创业动机

（一）创业动机的内涵

动机是个体从事某种活动，并朝着一个方向前进的内部动力。个体的内在过程即是动机，而行为是这种内在过程的表现。引起动机的内在条件是“需要”，引起动机的外在条件是“诱因”。创业动机是推动个体或群体从事创业实践活动的内部动因，是使主体处于积极心理状态的一种内驱力，具有较强的选择性、倾向性和主观能动性。创业动机是指引和维持个体从事创业活动，并使活动朝向某些目标的内部动力。它是鼓励和引导个体为实现创业成功而行动的内在力量。

（二）创业动机的类型

创业者的创业动机有很多种，也很复杂。在企业创办、成长、成熟的不同阶段创业动机也会呈现变动性。此外，探究创业者的创业动机，还需要结合创业者的个体类型和具体情况加以具体分析。

1.兴趣驱动型

兴趣是最好的老师，它是创业的重要动因之一。如果创业者对一件事物产生了兴趣，就会调动自身的潜能、时间和精力去了解、去体验，不管遇到什么困难险阻，都会一如既往地坚持下去。这种精神状态就是创业者必须具备的创业素质。当兴趣出现时，创业者就无形中拥有了必备的重要创业素质。因此，可以说兴趣是创业起步的动力源泉。如周成建因为对服装设计有浓厚的兴趣，而成就了美特斯邦威集团，成为中国休闲服饰业的领军人物；比尔·盖茨因为对计算机操作系统产生浓厚的兴趣而成就了微软公司，成为个人电脑操作系统市场的霸主。所以说，兴趣是个体事业发展至关重要的因素，也是创业的原动力之一。

2.职业需求型

美国学者克雷顿·奥尔德弗认为，个体存在三种需要，即生存的需要、相互关系的需要和成长发展的需要。其中相互关系的需要是指人们对于保持重要的人际关系的要求，成长发展的需要是指个体谋求发展的内在愿望。创业者随着年龄的增长，对于相互关系和成长的需要会逐渐强烈。创业者为了增加自己的实践经验，丰富自己的社会阅历，有利于择业，或者为了自己以后的发展或实现自己的某个目标做好经济上、经验上的准备，在条件成熟的情况下也会走上创业的道路。这种类型的创业者往往以锻炼为目的，承受失败的能力较强。

3.就业驱动型

据教育部统计，2021 年全国普通高校毕业生达 909 万人，毕业生就业形势严峻，高校毕业生成为新的就业困难户。在这种情况下，有一部分大学生开始了创业之路，以期取得更好的经济收入。经济因素成为大学生选择创业的一个重要原因。此外，随着就业压力的增大，各种鼓励大学毕业生创业的政策也纷纷出台，毕业生创业已成为社会关注的热点。密切关注的程度透露出各级政府迫切希望自主创业能成为缓解大学生就业压力的一条有效途径。

4.价值实现型

创业者是创新、创造最为活跃的群体，他们的思维活跃，创新意识强烈，同时所受的束缚较少。他们往往更容易接触一些新发明和新成果，或者他们中的一部分人拥有自主知识产权的科研成果。为了能早日实现自己成功的目标，他们中的一部分人改变了就业观念，转为开始自己的创业生涯。另外，创业者是自我意识较强的群体，“希望有一番自己的事业，而不是一辈子给别人打工”。选择自主创业是为了通过这一途径证明自己的能力，挑战自我，实现自我价值，得到社会的认可。

（三）创业动机的驱动因素

通过动机的调节作用，创业者外部的创业动机可转化为内部动机，但必须明确的是心理需要作为连接外部环境与创业动机和行为的核心，只有当环境因素支持心理需要满足时，社会环境才能有效地促进外部动机的内化，促使创业者更长久地坚持创业活动并保持积极的心理状态，从而产生更为理想的创业绩效。因此，在倡导大学生积极参与创业的当下，高校的教育、教学和服务应重视有创业倾向或正在从事创业活动的大学生群体。从其内在需要出发调整课程设置，营造适宜环境，以强化内部创业动机或促进动机内化，从而为大学生创业注入强劲的心理动力。

1.胜任需要

胜任需要是指个体对自己的学习或行动能够达到某个水平的信念，相信自己能够胜任该活动，即个体在最适宜的富有挑战性的任务上取得成功并能得到期望的结果，有效力、适宜的挑战能把个人的积极性最大限度地调动起来。反观我国大学生不敢创业，创业大多限于构思层面，实际参与创业的为数甚少。其主要原因之一就是创业能力的构成和水平与创业目标存在较大偏差，这也是导致多数大学生创业失败的重要原因。

创业能力是一种影响创业实践活动，促使创业实践活动顺利进行的主体心理条件，也是一种能提高创业绩效的技能，具有很强的社会实践性。创业能力的构成是多维的。因此，高校应从如下几方面培养大学生的创业能力：首先要突破传统，建立创业型人才培养体系；其次要探索、完善最优化的培养途径和培养方式；最后应建立科学合理的管理制度和综合评价体系。在对创业者创业能力进行培养的同时，还应创设针对性的实践活动或挑战，有机运用外部激励和内部强化，并依据动机的调节类型设立区别化的奖励形式，激发大学生参与创业实践并使其体验到与其目标匹配的胜任需要，以提升实践过程中或事后的愉悦感和自我接纳感。此外，要注重培养大学生自我内省和团体讨论的习惯，区别探讨不同类型的创业动机所引起的行为结果和主观体验。利用同辈群体的事例促使创业外部动机为主导的创业者进行自我揭露和评估，着重倡导创业内部动机对个体行为效能和价值实现的积极作用，从而逐渐引导创业者以自我实现和自我成长的创业内部动机作为行为的价值取向，或将原有的外部动机向内部动机转化。

2.自主需要

创新环境是一种宽松、民主、自由、开放、进取的环境。在这种环境下的创新人才和成果才会层出不穷。创业作为创新活动的一种,应当注重优化创业环境,努力营造一种鼓励创业、以创业为荣和宽容失败的氛围。研究表明,家庭、工作群体中的人际氛围会影响到人们的动机。群体中的个体如果感到压力或控制,就会降低内部动机;过于强调同伴间的竞争、成绩,强调赢的结果,就会使个体陷入一种外控状态,导致内部动机的缺失。宽松、民主、自由的创业氛围并不代表没有竞争存在,因此,引入合理的竞争机制显得十分必要。在开展创业实践活动或竞赛时,应将竞争的强度限于可适应的范围之内。如果竞争的氛围过于严肃和激烈,结果会被视为唯一的行为动力,创业者自我实现、自我提高等内在动机就会受到外部动机的抑制,创业行为就会趋向受控的而非自主的,参与创业活动的积极性体验也会随之降低。如果过于强调外部目标,创业者在活动过程中还会过于注重与他人之间的竞争,他人的行为模式和任务进程会极大地影响参与者,从而导致其活动中的自我决定水平的降低。此外,创业作为一种个性非常明显的活动,只有充分调动创业者的自主性和主动性才能使创业人才健康成长。因此,要适当提倡创业者的个人主义思想,虽然这种个人主义的价值观自有其不容忽视的弊端,但在市场经济条件下又有其合理的成分。在这种思想里,个人价值和个人尊严处于突出的位置,它崇尚和强调个人奋斗、机会均等的平等思想观念。在这种思想观念的影响下,创业的内部动机才可能增强。

3.关系需要

团队合作是企业进行各种创新、提高产品和服务质量、降低运作成本的重要组织方式。不但小企业采用团队创业模式的数量在增多,大公司的高层也在不断导入团队决策模式。集体创新和协作进取成为创业团队企业家精神的内涵,也是创业团队成员间合作行为的集中表现。

在大学生创业教育中,应注意培养大学生的团队合作意识和精神。高校可采用项目化的创业主题组建创业团队,并统一大学生创业团队的愿景。因为合作性的、一致性的目标和奖励方式会将所有成员团结在一起,他们会愿意一起努力来获得成功,通过目标细化和职责确定的方式,使成员清楚应该如何努力来为实现团队的愿景和目标服务。合作型团队提供了足够的社会支持,从组织内外获得各种资源,并加以有机整合。团队成员通过交流和信息共享,可公开讨论不同甚至相反的观点来深入探索未知,并提出新的解决方案。更重要的是个体可充分发挥或弥补各自人际交往的能力,使得成员逐步强化效能感和自信心。为成员搭建自我展示平台,对为团队做出贡献的成员给予肯定,对思想、态度和行为存在不足的成员宽容的同时,要帮助他们挖掘问题的根源,制定改进方案,做到共同成长与发展。在这种组织形式的团队与氛围中,个体归属感才可能得到满足,内部控制的创业动机才能占据主导地位。

在高校大学生的创业教育或创业实践中,应当充分意识到创业动机的重要性,采取相应的策略,营造良好的环境,使大学生在创业活动中有足够的能力,在创业过程中更多思考和注重自我实现和自我提升,并自觉地将个人创业目标升华为对社会有益的创业理想。

第二节　创业团队

一、创业团队的重要性

众人拾柴火焰高，三个臭皮匠赛过诸葛亮，这些古话都说明了一个道理：团队的重要性。一个人，脱离了团队，他的力量即使再无穷，也是有限的。而一个团队，却能够散发无限的力量。一个好的管理者，能够让羊群散发出狮群的战斗力。这就是团队管理的重要性。自古就有“天时不如地利，地利不如人和”，而现在，“宁要一流的团队、二流的想法，不要一流的想法、二流的团队”则是绝大多数职业风险投资人的行为准则。在考夫曼基金会创业领导中心创始人埃温·玛瑞恩·考夫曼提出的成就伟大创业的三大核心原则中，构建卓有成效的创业团队是核心中的核心。可见，创业团队的成功组建是何等重要。

不可否认，有人创业不喜欢找伙伴，因为一个人决策比较快，人多嘴杂，利益不一致，反而容易起冲突。尽管核心创业者在创业过程中的作用很突出，媒体报道也经常突出个人作用，但团队创业还是比较普遍的。创业是在资源高度约束下对机会的追寻与开发，组建创业团队本身就是资源整合的过程。但是现在越来越多的证据都表明，一个好的创业团队对于新企业的成功有着重要的影响，而且创业团队对创业成功的重要作用已得到了风险投资家的广泛认可。

从整体上看，无论是制造业中的家族企业，还是现在的高科技行业，团队创业的企业都比个人创业企业要多得多。特别是当前的高科技行业，其所要求的能力远超过个人所能拥有的。因此，为了成功地创办一个企业，团队创业就显得非常重要。许多研究和实践表明团队工作方式能够有效提高企业绩效，能促进团队团结和合作，提高员工士气，增加员工满意度等。

（一）团队约束力

把约束对物体的作用力称为约束力。创业团队成员间可以相互督促，朝着共同的方向努力奋斗。一个人经常容易放松对自己的要求，时常忘记自己应该要做的事，有了目标却不能督促自己采取行动，有了计划也不能让自己从头到尾执行。这时，团队约束力就可以非常有效地帮助个人克服上述阻碍成功的因素。每个团队的执行标准，都是整个团队在不断的执行过程中总结、提炼出来的，是每一个人所认同的，因而对于团队成员有很强的约束力。

（二）团队互补性

关于互补性，一个基本的原则是在理念、价值观等方面要高度相似，即所谓的志同道合。在突出志同道合的基础上还要考虑在技能、经历、经验等方面体现互补，要有差异性，这样才有助于创新，才能做到资源整合。

由不同背景和经历的个体组成的团队中，每个人都有自己的优势和劣势，因此团队看问题的视角更广，所做的决策也更有创意。同时，正因为团队成员优势互补，每个人都可以专心做自己擅长的事，这样效率将会大幅度提升。其中优势互补包括以下几方面：

（1）性格互补。良好的创业团队，要具有一定的互补性：A性格的人需要与B性格的人互补；内向型需要与外向型互补；独立型与依赖型互补；强势与弱势互补；行动力强的与思考力强的互补。合槽喂猪，分槽喂马，就是这个道理。

（2）特长互补。一个优秀的创业团队需要各种人才，需要有市场销售、财务管理、生产计划、人力资源、创业政策等各个专业的人才。团队可以集合各种专业优势的人才，大家相互配合，各尽其才，使团队具有综合竞争力。

（3）资源互补。这里的资源包括人、财、物三个方面。每个人的资源是有限的，当大家资源凑在一起重新整合、支配的时候，所发挥的效力将有倍数效应。

（三）团队影响力

团队成员强调相互之间的帮助、支持与互补。以团队方式开展工作，促进了成员之间的合作并提高了员工的士气。团队在鼓励其成员进行卓有成效的工作时，还创造了一种良好的工作氛围。团队工作氛围和执行文化对个人的工作状态会产生直接的影响。

拥有高素质创业团队的新创企业，不仅可以相互取长补短，拥有更多的资源、更广阔的视野和更强的能力，而且有更强的吸引私人资本和风险投资的能力，这样的团队具有更大的竞争实力和更大的发展潜力。

二、创业团队内涵及其要素分析

（一）创业团队内涵

有一些企业是独立创业者创立且拥有的，也有不少企业是由两个或两个以上的成员创立的。显然不乏个人创业成功的案例，不过一般而言，独立创业者创办新企业成长较为缓慢，因此，风险投资者通常不愿意考虑这种独立创业者创办的新企业。当然也并非采取团队创业方式就一定会获得成功，但人们普遍相信，纵然创业团队成功率不一定高，但创业成功后所产生的价值相对较高。

不同学者从不同角度界定了团队的定义。刘易斯（Lewis）认为，团队是由一群认同并致力于去达成共同目标的人所组成，这一群人相处愉快并乐于一起工作，共同为达成高品质的结果而努力。盖兹贝客（Katezenbach）和史密斯（Smith）认为，一个团队是由少数具有“技能互补”的人所组成的，他们认同于一个共同目标和一个能使他们彼此担负责任程序。钱德勒（Chandler）和汉克斯（Hanks）认为，创业团队是指当企业成立时执掌企业的人或是新企业的营运前两年加入的成员，对于公司没有所有权的雇员并不算在内。

由此可见，创业团队是由两个或两个以上具有一定利益关系，彼此间通过分享认知和合作行动以及共同承担企业责任，处在新企业高层主管位置的人共同组建形成有效工作的群体。狭义的创业团队是指有着共同目的，共享创业收益、共担创业风险的一群创建企业的人；广义的创业团队则不仅包括狭义创业团队，还包括与创业过程有关的各种利益相关者，如风险投资家、专家顾问等。

（二）创业团队组成要素

1.创业目标

创业团队应该有一个既定的共同目标，为团队成员导航，没有目标，创业团队就没有存在的价值。目标在新企业的管理中常以新企业的愿景、战略的形式体现。

2.创业人员

人员是构成创业团队最核心的要素。两个及两个以上的人就能形成一个群体,当群体有共同奋斗的目标就形成了团队。在一个创业团队中,不同的成员通过分工来共同达成创业团队的目标。

3.定位

创业团队的定位包含两层意思:一是创业团队的定位,包括创业团队在新企业中处于什么位置,创业团队最终应对谁负责等;二是创业团队成员的定位,包括个体作为成员在创业团队中扮演什么角色等。

4.权限

创业团队当中主导人物的权限大小与其团队的发展阶段和新企业所处行业相关。一般来说,创业团队越成熟,主导人物所拥有的权限相应越小。在创业团队发展的初期阶段,领导权相对比较集中。

5.计划

计划有两层含义:一是创业目标最终的实现,需要一系列具体的创业行动方案,可以把计划理解成达到创业目标的具体工作程序;二是按计划进行可以保证创业团队的顺利成长,只有按照计划,创业团队才会一步一步地贴近创业目标,从而最终实现目标。

三、创业团队的优势、劣势分析

(一)创业团队的优势分析

美国硅谷流传着这样一条“规则”:由两个 MBA 和 MIT 博士组成的创业团队,几乎就是获得风险投资的保证。虽然,这有些夸大其词,却蕴含这样的事实:如今,创业已非纯粹追求个人英雄主义的行为,团队创业成功的概率要高于个人独自创业。一个由研发、技术、市场、融资等各方面组成优势互补的创业团队,是创业成功的法宝,对于高科技新企业来说,更是如此。创业团队的优势主要体现在,一个好汉三个帮,一群人同心协力,集合各自的优势,共同创业,其产生的群体智慧和能量将远远大于个体。创建团队时,最重要的是考虑成员之间的知识、资源、能力或技术上的互补,充分发挥个人的知识和经验优势,这种互补将有助于强化团队成员间彼此的合作。一般来说,团队成员的知识、能力结构越合理,团队创业的成功概率就越大。

(二)创业团队劣势分析

最主要的劣势就是对成员个性的压抑。领导创业者通常希望团队形成一股凝聚力,朝着共同的目标一起努力,但效果却可能相反,如果领导创业者过于重视团队,将成员强行扭成一团,那么任何让创业者成员感到个性受到压抑的团队,其成员都会本能排斥,最终可能会导致团队解散。

四、创业团队的组建策略

创业团队的组建是一个相当复杂的过程,不同类型的创业项目所需的团队不一样,创建步骤也不完全相同。创业团队组建原则及组建程序如下:

(一)创业团队组建原则

1.目标明确合理原则

目标必须明确,这样才能使创业团队成员清楚地认识到共同的奋斗方向是什么。与此同时,目标也必须是合理的、切实可行的,这样才能真正达到激励的目的。

2.互补原则

创业者之所以寻求团队合作,其目的就在于弥补创业目标与自身能力间的差距。只有当创业团队成员相互间在知识、技能、经验等方面实现互补时,才有可能通过相互协作发挥出“1+1>2”的协同效应。例如,搜房网创业者莫天全在刚开始组建团队时,就非常重视团队的互补性。他认为,创业团队一定要以互补性考虑为主,大家各有其长,这样才可以组成比较稳定的长期发展的团队。因此,当年的搜房网创业团队基本由三方面人选组成:一是懂互联网的技术人员;二是跟房地产产业相关的人员;三是来自国外的“海归”,或者有比较强的资本背景和海外企业运作背景的人员。

3.精简高效原则

为了减少创业期的运作成本,最大比例地分享成果,创业团队成员构成应在保证企业能高效运作的前提下尽量精简。

4.动态开放原则

创业过程是一个充满不确定性的过程,创业者在处理创业团队建设上应有发展理念,团队中可能因为能力、观念等各种原因不断有人离开,同时也有人要求加入。不要认为团队成员的离开就是对企业“不忠”“叛逆”。如果有些想离开团队的成员是企业紧缺的人才,创业者首先要文明地努力挽留。如果他们的确想走,创业者不应该生硬地加以阻挠。即使他们留下来了,也是“身在曹营心在汉”,造成企业内耗。因此,在组建创业团队时,应注意保持团队的动态性和开放性,使真正完美匹配的人员能被吸纳到创业团队中来。

(二)创业团队组建程序

1.明确创业愿景和目标

创业团队成员要长时期的同甘共苦,就需要强有力的驱动力,并且通过这个驱动力把团队长期地凝聚在一起。这个共同驱动力就是共同的愿景。

所谓创业团队的共同愿景,是指团队组织中所有成员所共同发自内心的意愿,能够激发所有成员为实现这一共同愿望而奉献全部精力,完成共同的任务、事业或使命。真正的共同愿景能激活每个人的愿望并产生共鸣,使全体成员紧紧地团结在一起,能淡化人与人之间的个人利益冲突,从而形成一股巨大的凝聚力。只有当人们致力于实现某种深切关注的事业或使命时,他们才会忘掉自己的私利,才会真正地团结起来。

此外,创业团队在目标上的准确定位至关重要。在任何类型的新企业中,创业团队成员都会建立起某种心理约定和创业氛围。虽然这种心理约定和创业氛围通常是随着创业带头人鼓励优秀、尊重团队成员贡献的一系列措施建立起来的,但是如果能把那些目标一致的人选入创业团队,将大大促进这种心理约定和创业氛围的建立。在成功的新企业里,个人目标和团队成员的整体价值能很好地结合在一起,创业目标同样也能得到团队成员的大力支持。

2.制定创业计划

在确定了一个个阶段性子目标以及总目标之后,紧接着就要研究如何实现这些目标,这就需要制定周密的创业计划。创业计划是在对创业目标进行具体分解的基础上,以团队为整体来考虑的计划。创业计划确定了在不同的创业阶段需要完成的阶段性任务,通过逐步实现阶段性子目标来最终实现创业的总目标。

3.招募合适的成员

招募合适的成员是组建创业团队最关键的一步。关于创业团队成员的招募,主要应考虑两个因素。一方面要考虑互补性,即考虑其能否与其他成员在能力或技术上形成互补。这种互补性形成既有助于强化团队成员间彼此的合作,又能保证整个团队的战斗力,更好地发挥团队的作用。不同角色在创业团队中发挥着不同的作用,因此,创业团队中不能缺少任何角色。一个创业团队要想紧密团结在一起,共同奋斗,努力实现创业团队的愿景和目标,各种角色的人才都不可或缺。

另一方面,要考虑适度规模。适度的团队规模是保证团队高效运转的重要条件。团队成员太少则无法实现团队的功能和优势,而过多又可能会产生交流的障碍,团队很可能会分裂成许多较小的团体,进而大大削弱团队的凝聚力。一般认为,创业团队的规模控制在2～12 人最佳。

4.职权划分

为了保证创业团队成员执行创业计划,顺利开展各项工作,必须预先在团队内部进行职权的划分。创业团队的职权划分就是根据执行创业计划的需要,具体确定每个团队成员所要担负的职责以及相应所享有的权限。创业团队成员间职权划分必须明确,既要避免职权的重叠和交叉,也要避免责任无人承担造成工作上的疏漏。此外,由于还处于创业过程中,面临的创业环境又是动态复杂的,会不断出现新的问题,团队成员可能不断出现更换情况,因此创业团队成员的职权也应根据需要进行调整。

5.团队的调整融合

团队成员在价值观、目标、拥有多少股份等方面会有很大的不同,如果这些方面产生分歧而不能很好地解决,将直接影响新企业的生存和发展。所以如果在新企业试运行阶段没有考察团队成员对企业的责任感和贡献度,没有发现的问题将会暴露出来,等问题出现再解决,可能为时太晚。如某商贸有限公司的股东之一在公司成立时曾经许诺自己家族多年经营钢材、铁锭生意,有很多社会关系可用,还许诺今后在公司运作中遇到资金不够的时候,自己可以负责拆借。可需要用钱的时候,他又借不来,完全不能实现当时的承诺。三位股东的矛盾急剧激化,最终导致该商贸有限公司解体。在进行团队调整融合的过程中,最为重要的是要保证团队成员间经常有效地沟通与协调,培养强化团队精神,提升团队士气。

需要注意的是,这一组建过程并不是一个完全严格的过程,即创业团队有时并不是严格按照此顺序一步一步地进行组建。事实上,很多创业团队的组建过程没有明确的步骤划分界限,如制度体系构建、团队的调整融合可能贯穿于新企业发展的整个过程之中。创业者在组建创业团队应在上述基本原则的指导下,根据实际情况灵活加以运用。

五、创业团队的管理技巧和策略

领导者变更、计划不连续、裁减成员、规则不连续等都会冲击创业团队的合力。如果缺乏有效的管理,团队或者说新企业的生命力难以长久。而有效管理是新企业保持团队士气的关键。有效管理要求给予创业团队成员以合理的"利益补偿"。利益补偿可包括两种形式:一种是物质条件,比如报酬、工作环境;另一种是心理收益,比如创业成就感和地位,感受到尊重、承认和友爱等。

(一)创业文化的引领

创业文化植根于一个商业性生态系统,它们深深地立足于地方乃至整个社会。它们体现地方和整个社会经济的发展,更推动地方和社会的发展。我们可以这样认为,创业文化的提出,是社会发展到一定阶段的历史性产物,创业文化体现着社会历史发展观基本问题的撞击和融合。

通常情况下,新企业的创业文化在初创期就已经打下了基础,随着企业的发展,不断更新、提炼,最终成为企业形象的一个组成部分。

所谓“创业文化”是指企业在创业及成长过程中逐渐形成的,为创业团队成员所接受、传播和遵从的基本信念、共同价值观、行为准则和角色定位等的总称。创业文化是一种无形的、隐含的,似乎不可捉摸而又理所当然或习以为常的东西,是创业团队中一套规范成员日常行为的核心理念和隐含原则,其导向、规范、凝聚和激励功能是潜移默化的、内在的、自然的。

积极的创业文化,其基本内涵主要包括鼓励创新、开拓进取、积极向上,容许失败和面对失败,具有团队精神和学习精神。创业文化是维系团队的黏合剂。对于任何一个新企业来说,团队的创业文化者是其“灵魂”,是经营活动的“统帅”,是企业行动的“指挥官”,在新企业的经营发展中具有无法替代的核心作用。具体体现在以下几个方面:

1.导向作用

团队的创业文化作为共同价值观念和共同利益的表现,决定了新创企业的行为方向,规定着新创企业的行动目标,在团队文化的引导下,新企业建立起反映创业文化精神实质的、合理而有效的规章制度;团队的创业文化引导着新企业及其团队成员朝着既定的发展目标前进。

2.凝聚作用

共同的价值、信念及利益追求,把创业团队成员凝聚在一起,增强新企业的凝聚力。因为共同的目标,新企业产生极强的向心力;因为共同的价值追求,创业团队成员有了坚强的精神支柱,为了实现新企业的目标,每个成员会凝聚成一个强有力的团体,迸发出巨大的能量。因此,团队的创业文化是新企业成功的黏合剂。

3.规范作用

团队的创业文化是管理制度的升华,它通过把外在的制度约束内化为自觉的行为,从而真正达到规范约束的目的。

(二)经济利益的激励

新企业的产权一般比较明晰,机制灵活,所以对创业团队成员可以将期权激励作为经济激励的一项重要内容来实施,从而将传统的以报酬为代表的短期经济激励和以期权为代表的长期经济激励结合起来,体现人力资源的价值。以华帝公司为例,公司从无到有,一步一个脚印,发展壮大到今天,原动力就是它能在不同的发展阶段建立与之相适应的、产权明晰的现代产权制度。华帝公司最初是由邓新华等 7 名一起从小长大的同乡共同成立的。当初华帝七子在结盟之际,就以清晰的产权结构为依托,以人尽其能、人适其职作为岗位界定的支点,为今后的华帝大厦打下牢固的根基。在股权分配上,开发区所在村镇占总股本的

30%(当时的股权结构),余下的70%由7人平分,各占10%,其中2人以知识入股。华帝公司不仅有清晰的产权制度同时也明确了分配方式,轻松跨越了在国内许多企业看来最伤脑筋的股权及分配问题。

此外,还要建立鼓励创业团队合作的奖励机制,即将团队成员的一部分报酬,尤其是浮动薪酬,与创业团队成果有机地结合起来。同时在进行年度固定薪酬调整时,也要考虑成员在团队合作方面的表现。例如,在成员全部现金收入中,75%为固定薪酬,25%为浮动薪酬。在25%的浮动薪酬中,70%与个人业绩挂钩,以奖励创业团队成员在个人业绩以及坚持团队价值观和团队文化等方面的出色表现,另外30%与团队成果挂钩,只有创业团队达成既定目标,个人才能得到这部分浮动薪酬,以此鼓励成员协同作战,将个人利益与创业团队利益有机地结合在一起,为实现创业团队的共同目标而努力。

(三)权力与职位的管理

在知识经济时代,创业者具有良好的进取精神,创业团队又通常是高知群体,他们不仅为追求经济利益而进行创业活动,也为了得到成就感以及权力和地位上的满足。另外,从创业团队的生命周期来看,当团队发展到追逐权力的阶段时,团队冲突会增加,矛盾会加剧,团队效率也会降低,部分核心成员可能会选择离开团队,许多团队在"争权夺利"阶段就停止了发展。对于新企业来说,此时的生存和发展可能会面临着重大危机。如何突破这个瓶颈,实现团队自我超越是创业团队建设应考虑的关键问题。因此,随着新企业的发展,创业团队领导者要注重权力和地位的激励机制,将创业成员的工作成效、职业生涯发展、地位的提升有效地结合起来,建立并维护好创业团队的运作原则,使团队成员之间相互尊重和信任,能够倾听彼此的意见。基于不同的工作情景和分工,创业团队成员可以共享领导角色,在各自的领域中发挥领导作用。

(四)创新意识和精神的培养

创新意识和精神的培养主要是教育和引导创业团队成员增强创新意识,并逐步升华为创业精神。创新就是强调创造性思维,即凭借知识、智慧和胆识去开创能发挥个人所长的事业;提醒创业团队成员全面理解创业的深刻含义,让他们形成不创新就不会有创业机遇的共识。同时,还要使他们明白,创业不是普通的比赛或设计,而是要求能结合专业特长,根据市场前景和社会需要开发出独特的具有创新性的成果,这样才能达到真正的创新。

值得强调的是,创业团队的稳定不是指创业团队一成不变,而是一种"动态的稳定",创业团队的创建应该遵循着"按需组建,渐进磨合"的方式。创业团队的管理也不是一步到位,一开始就拥有一支成功、稳定的高绩效团队是每个创业者的理想,然而这种可能性微乎其微。这就需要在合理组建创业团队的基础上,不断加强团队管理,通过建立合理有效的激励机制,使创业团队在相互尊重、相互信任,在公平、公正的团队氛围内,密切联系,协同配合,保证创业团队成长能够满足新企业发展的需要。

六、领导创业者的角色与行为策略

(一)领导创业者的角色

创业团队领导扮演了指导者、促进者、交易者、生产者以及风险承担者的角色。领导创业者的认知水平、创业技能、创业能力和思想意识从根本上决定了是否要组建创业团队以及团队组建的时间表和由哪些成员组成。领导创业者只有在意识到组建团队可以弥补自身知识、技能、能力与创业目标之间存在的差距，才有可能考虑是否需要组建创业团队，以及对什么时候需要引进什么样的成员才能和自己形成互补做出准确判断。首先，领导创业者要在对创业动机、目标和前景进行认真的评估后，才能得出是否需要组建团队的结论。如果想要成立一个有较大成长潜力的企业，就必须有一个团队。其次，领导创业者要进一步考虑组成怎样的团队，以期获得创业成功所必备的条件和资源；要对所需要的团队成员拥有什么专长，他们的社会关系网如何，实际工作能力怎样等进行评估，然后再决定什么时候需要引进什么样的成员，才会与自己形成互补。

（二）领导创业者的行为策略

1.树立正确的团队理念

一是形成凝聚力，领导创业者拥有正确团队理念的成员，相信他们处在一个命运共同体中，共享收益，共担风险。二是拥有诚实正直的品行，这是有利于顾客、企业和价值创造的行为准则，它排斥纯粹的实用主义或利己主义，拒绝狭隘的个人利益和部门利益。三是目光长远。领导创业者不是把新企业当作一个快速致富的工具，领导创业者追求的是最终的资本回报及由此带来的成就感。四是承诺价值创造。领导创业者承诺为了每个人而使“蛋糕”更大，包括为顾客增加价值，使供应商随着团队成功而获益，为创业团队的所有支持者和各种利益相关者谋利。

2.确立明确的团队发展目标

目标在团队组建过程中具有特殊的价值。首先，它是一种有效的激励因素，共同的未来目标是领导创业者带领创业团队克服困难，取得胜利的动力；其次，它是一种有效的协调因素，只有真正目标一致、齐心协力的领导创业者和团队成员才得到最终的胜利与成功。

3.建立责、权、利统一的团队管理机制

一个成功的企业必须制定井然有序的组织策略。无序组织是混乱的根源，领导创业者要有序组织自己的企业，同时摆正位置，将自己融入团队中。

(1)创业团队内部需要妥善处理各种权力和利益关系

一是领导创业者要妥善处理创业团队内部的权力关系。在创业团队运行过程中，团队要确定谁适合于从事何种关键任务和谁对关键任务承担什么责任，使权力和责任明晰化。二是领导创业者要妥善处理创业团队内部的利益关系。一个企业的报酬体系，不仅包括诸如股权、工资及奖金等金钱报酬，还包括个人成长机会和相关技能提高等方面。

(2)制定创业团队的管理规则

规则的制定，要有前瞻性和可操作性，要遵循先粗后细、由近及远、逐步细化、逐步到位的原则。这样有利于领导创业者维持管理规则的相对稳定，而规则的稳定有利于团队的稳定。

首先是治理层面的规则，主要解决剩余索取权和剩余控制权问题。治理层面的规则大致可以分为合伙关系与雇佣关系，除了利益分配机制和争端解决机制，领导创业者还必须建立进入机制和退出机制，约定以后创业者退出的条件和约束，以及股权的转让、增股等问题。

其次是文化层面的管理规则，主要解决企业的价值认同问题。企业章程和用工合同解决经济契约问题，而文化契约是一种弥补，它包括“公理”和“天条”两个内容。所谓“公理”，就是团队内部不证自明的东西，它构成团队成员共同的终极行为依据；所谓“天条”，就是团队内部任何人都碰不得的东西，它对所有团队成员都构成一种约束。

最后是管理层面的规则，主要解决指挥管理权问题，包括平等原则、服从原则、等级原则等。

第三节　创业团队的管理

一、创业团队管理的技巧和策略

（一）建立信任

信任作为高素质团队的起点，能推动团队的发展。团队能不能发展，首先看团队成员间能不能建立起相互的信任。

（1）信任是合作的基础。对于一个团队而言，团队成员是相互信赖的，且团队合作往往是建立在信任而非利益的基础上。尤其在现今的工业社会中，虽然信任与合作正朝着一体化的方向发展，但是合作是以相互信任为前提的，没有信任，就难以产生合作的基础。可以说，信任是一个高效团队成功的关键因素。信任即彼此独立，有效率，有吸引力，共同承担责任，相互鼓励和信赖。现实中，团队的失败大多也被归纳为内部缺乏信任，团队成员对领导的不信任是团队失败的主要原因。

威尔逊和乔治在《团队领导生存手册》中指出，要建立团队内的信任，团队领导者应注意做好以下九个方面：

①必须知道自己所做的事是否对建立团队内部的信任有意义；

②能识别同伴间的不信任以及不信任对团队的不良影响；

③要知道如何避免信任陷阱，如随便猜疑别人、掩饰自己、不守承诺、混淆信息等；

④在陷入信任陷阱时，有自己信任和尊重的人来提醒自己；

⑤坦率表达自己的看法；

⑥善于倾听别人的谈话；

⑦适当的时候，承认自己不全知道所有的解决办法；

⑧让别人提供反馈意见，同时要对他们的意见做出合理的、恰当的反馈；

⑨要告诉别人，自己是非常信任他们的。

（2）信任也需要相互监督。信任无疑能提高组织成员的积极性、满意度，有效地提升组织创新、生存能力，然而，信任也有成本，一旦信任被利用了，高得可怕的信任成本便显示出极强的破坏力，因为没有约束的信任将伴随着风险。

（二）合理授权

管理学专家彼特·史坦普说过，成功的企业领导不仅是控权高手，更是授权高手。

随着团队的建设和发展，领导者要通过合理授权，让团队成员分担责任，使团队成员更多地参与项目的决策过程，允许个人或小组以自己的更灵活的方式开展工作。其目标和意义如下：

(1)灵活授权,显示了领导者对团队成员的信任,也给团队成员学习与成长的空间。这种信任可以奠定团队信任的基础,也是团队精神存在于领导者与团队之间的体现。

(2)合理授权有利于充分发挥团队成员的积极性和创造性。每个人都有实现自我价值的愿望。每一项工作的成功,不仅是领导管理的成功,更是所有实现自我价值的团队成员的成功。

(3)合理授权有利于及时决策。一方面,团队成员在自己授权范围内可根据内外部环境的变化及时决策;另一方面,通过灵活授权,领导者逐渐将工作重点转向关键点控制、目标控制和过程控制。

(三)团队角色建设

(1)做好角色定位。角色定位是综合角色期望和角色知觉,进而找出团队成员最佳的角色位置。角色期望是指别人认为你在某一场合应该有怎样的表现。角色知觉是指个体对某一场合应如何作为的认识。对团队而言,角色定位主要由组织和团队中资深的人员根据自身的知识和经验来确定。角色知觉的正确性、准确性直接影响团队角色定位与角色实现,因此,组织中的团队必须提高角色知觉信息的正确性。团队领导者要尝试让角色适合队员的个性,而不是勉强队员去适应角色。

(2)优化角色组合。“一山不能容二虎”,说明的正是团队缺乏效应,互补妥协,形成内耗。况且,即使诸葛亮有无数锦囊妙计,又有谁去执行呢?所以,重要的团队角色要符合团队任务的结构要求。结构是多样化的,有决策与执行之分,也有体力活和脑力活之分。一旦团队结构与任务结构脱节,任务就失败了一半。

(四)团队凝聚力建设

团队凝聚力是团队对其成员的吸引力和成员之间的相互吸引力,包括“向心力”和“内部团结”两层含义。只有当这种吸引力达到一定程度,而且团队成员资格对成员个人和团队都具有一定价值时,团队才具有凝聚力。要打造一个有凝聚力的团队,需要团队建设人员去挖掘相同点,使其从不同点分化出来,为团队建设服务。增强团队凝聚力有多种途径:

(1)发挥团队领导者的个人魅力。研究发现,在“民主”“专制”“放任”这三种领导方式中,以“民主”型领导方式最好。这种领导方式下的成员比其他领导方式下的成员更友爱,团队中的成员思想更活跃,情感更积极,凝聚力更强。

(2)增强团队忧患意识和团队的竞争性。将内部矛盾化解转移为外部矛盾,就可减少内部矛盾产生的机会,从而使团队内部出现“一致对外”的局面。这种情况往往能增强团队的凝聚力和自信心。

(3)确定团队长远的发展目标。确定团队长远的发展目标,可以加强成员的一致性,同时使团队成败的利害关系与团队成员产生直接联系。外国许多企业都采取让员工直接参股的方式来密切员工与企业间的关系,从而增强团队的凝聚力,提高生产效益。

(4)完善团队内部管理机制。做到赏罚分明、公平公正,将个人奖励与团队奖励相结合,把个人目标与团队目标相结合,就会增强团队观念和团队凝聚力。

(5)加强信息沟通和交流,密切团队成员之间的关系。对于一个团结的团队来说,内部成员间的交流与沟通是非常必要的,团队成员间的交流和沟通可以加强团队的一致性,密切相互间的关系,从而起到增强团队凝聚力的作用。

(五)团队培训与学习

微软公司曾经提出过这样一种说法:让优秀者更优秀,让平庸者不平庸。对于企业来说,每个成员都需要发展,而且都需要找到合适自己的方式来不断发展。这种适合方式是建立完善的团队培训与学习机制,提升团队成员的素质和能力,将企业发展的需要和员工自身发展和谐统一起来,激发员工发展的内驱力,从而促进企业和员工的全面持续发展。因此,团队管理的一项重要任务,就是要构建一个学习型团队。懂得不断充实自己的学习型团队,在发展的社会中会创造出更多的奇迹;当团队真正在学习的时候,不仅团队能有出色的表现,其成员的成长速度也快。那么如何构建一个学习型团队呢?

(1)营造开放的学习环境,构建创新型学习团队。营造开放的学习环境是建立学习型组织的基本条件。营造开放的学习环境,构建创新型学习团队,一是强调“终身学习”,让组织的成员养成终身学习的习惯;二是强调“全员学习”,不仅是企业组织的操作层要学习,决策层、管理层都要全身心投入学习;三是强调“全过程学习”,使学习贯彻组织系统运行的整个过程;四是强调“团队学习”,不但重视个人学习和个人智力的开发,更强调组织成员的合作学习和群体智力(组织智力)的开发;五是强调“兼学别样”,团队成员不仅要掌握本岗位的工作技能,而且要学习、了解其他岗位的工作技能。只有这样,工作才能顾全大局,才能相互协作,工作效率才会高。

(2)构建新颖有效的学习模式,促进企业与员工双赢发展。建设学习型团队,已不再局限于传统的学习教育培训模式,而应从企业、员工自己的工作特点和现实需要出发,大胆进行观念、机制和活动形式的创新,不断丰富和完善学习的形式和载体。企业一方面要充分利用场地组织现场学习、专家讲座等;另一方面应不断创新学习载体,如采用远程教育、网上教育、博客论坛、读书会以及现场交流、实地考察、课题调研等丰富多彩的学习形式,拓宽教育渠道;同时,还应结合实际,大力开展各种形式的校园文化活动,做到寓学习教育于各种文体活动之中。

(3)建立长效学习机制,为双赢发展提供保障服务。联想之所以能虚心学习,是因为联想集团总裁柳传志有一个有趣的“鸵鸟理论”:当两只鸡一样大的时候,人家肯定觉得你比它小;当你是只火鸡,人家是只小鸡时,你觉得自己大得不得了,而人家会认为咱俩一样大;只有当你是只鸵鸟时,小鸡才会承认你比它大。正是有了“鸵鸟理论”作指导,联想才不自高自大,才会经常看到自己的短处,发现别人的长处,并努力学习,取长补短,使自己不断得到提高,由此可见建立长效学习机制的重要性。

二、创业团队的社会责任

(一)创业团队社会责任的概念

创业团队的社会责任是企业追求的,超越经济、法律要求的,有利于社会长远发展的义务,创业团队的社会责任就是企业的社会责任。

企业社会责任(corporate social responsibility,CSR)是指企业在其商业运作中对其利害关系人应负的责任。利害关系人是指所有可以影响或会被企业的决策和行动所影响的个体或群体,包括员工、顾客、供应商、社区团体、母公司或附属公司、合作伙伴、投资者和股东。企业社会责任是基于商业运作必须符合可持续发展的想法,企业除了考虑自身的财务和经营状况外,也要加入其对社会和自然环境所造成的影响的考量。

(二)团队社会责任的产生

企业活动究竟应该对谁负责?负什么责?有人提出这样的观点:企业在照章纳税之后,就算完成了对社会的责任,就没有必要再去承揽其他社会义务;企业如果负有太多的社会责任和道义感,肯定长不大,成不了大气候。这种观点甚至将道义感笼统地概括为东方企业的特点,最后得出结论:东方文明难以产生大企业,发展到一定阶段时便会被社会责任压垮。还有人认为,企业首先要为自身的生存与发展负责,然后才能考虑到社会。这些观点也有一定的道理,但并不全面。企业是否仅仅是一台机械运转的机器,企业具不具有人性化,市场经济下的企业到底负有哪些责任,的确值得我们进行认真的研究和讨论。

毋庸置疑,企业的首要任务是创新和生产,企业是社会物质财富的创造者,企业的主要目的是为社会提供物质产品和服务。企业是支撑人类社会生存的基本经济单位。企业如果失去了生产和创新功能,就失去了存在的基本价值。因此,任何企业的第一要义是搞好生产,创造出市场效益,争取为社会多纳税,承担它对社会的经济责任,这样企业就完成了它的主要任务。至于说企业的其他社会责任,有人认为是第二位的事情,可以称为“分外”的事情。譬如,如何保障职工的劳动权利,要不要教育职工,要不要从事清洁生产和保护环境的活动,要依企业的发展程度来定。企业如果有经济实力了就可以考虑,如果没有就顾不上了。

但我们看到,市场经济下的企业与社会有着千丝万缕的联系。企业来自社会,也必将回馈于社会,这是一种新形势下的社企关系。企业的发展壮大或被淘汰出局,都要由社会来承接它。更主要的是,社会是企业的生存环境,没有一个好的环境,企业也难以生存。因此,企业与社会有一个共荣的关系,市场经济下的企业与社会有着更密切的关系,而不是关系变得相对疏远。

(三)创业团队社会责任的内容

美国学者戴维斯就企业为什么要承担以及如何承担社会责任提出了自己的看法,这种看法被称为“戴维斯模型”。其具体内容如下:

(1)企业的社会责任来源于它的社会权利。由于企业对诸如少数民族平等就业和环境保护等重大社会问题的解决有重大的影响力,因此社会就必然要求企业运用这种影响力来解决这些社会问题。

(2)企业应该是一个双向开放的系统,既要开放地接受社会的信息,也要让社会公开地了解它的经营。为了保证整个社会的稳定和进步,企业和社会之间必须保持连续、诚实和公开的信息沟通。

(3)企业的每项活动、产品和服务,都必须在考虑经济效益的同时,考虑社会成本和效益。也就是说,企业的经营决策不能只建立在技术可行性和经济收益之上,而要考虑决策对社会的长期和短期影响。

(4)与每一项活动、产品和服务相联系的社会成本应该最终转移到消费者身上。社会不能希望企业完全用自己的资金、人力去从事那些只对社会有利的事情。

(5)企业作为法人,应该和其他自然人一样参与解决一些超出自己正常范围的社会问题,因为整个社会条件的改善和进步,最终会给社会每一位成员(包括作为法人的企业)带来好处。

具体来说，创业团队社会责任的内容如下：

①对股东：股东拥有充分分享企业经营成果的权利。

②对职工：职工拥有相当的收入水平，工作的稳定性，良好的工作环境、健康保护，平等的就业和提升机会。

③对政府：对政府号召和政策的支持，遵守法律和规定。

④对供应者：保证付款的时间。

⑤对债权人：对合同条款的遵守，保持值得信赖的程度。

⑥对消费者/代理商：提供高品质的产品和服务，保证商品的价值。

⑦对社会：对环境保护和节约资源的贡献，对社会发展的贡献(税收、捐献、直接参加)，对扶贫济困和发展慈善事业的贡献，对公共产品与文化建设的贡献，公平地竞争。

思考与练习

1.什么是创业者？创业者应当具备什么样的品质？

2.哪些素质为成功创业者所持有？为什么说诚信是创业者的首要财富品质？

3.你适合创业吗？为什么？

4.优秀的创业团队有什么特点？

5.简述创业团队组建的策略及其后续影响。

6.如何加强创业团队管理？如何根据团队成员角色类型配置工作岗位？

7.假如你是团队领导者，你将如何组织创业团队？

第六章　创业机会的识别与模式选择

海岛卖鞋

曾经有一家美国制鞋公司寻找国外市场，公司总裁派了一名推销员到非洲某个海岛上的国家，让他了解一下能否向该国卖鞋。这个推销员到非洲后给总部发回一封电报说："这里的人都习惯赤脚，不穿鞋，这里没有市场。"随即这名推销员就离开了那里。总裁随后又派去另一名推销员。第二个推销员到非洲后也给总部发回一封电报，电报中说："在这里的发现让我异常兴奋，因为这里的人都是赤脚，还没有一人穿鞋，这里市场巨大。"于是他开始在岛上卖鞋……

该公司觉得情况有些蹊跷，于是总裁派出了第三个业务员。他到非洲待了3个星期，发回一封电报：这里的人不穿鞋，但有脚疾，需要鞋。不过不需要我们生产的鞋，因为我们的鞋太窄，我们必须生产宽一些的鞋。这里的部落首领不让我们做买卖。我们只有向他的金库进一些贡，才能获准在这里经营。我们需要投入大约1.5万美元，他才能开放市场。因此，我建议公司应开辟这个小岛市场。该公司董事会采纳了这位业务员的建议，并通过适宜的营销组合，最终成功地开拓了这个小岛市场。

第一节　创业机会识别

一、创意与机会

(一)创意

1.创意的内涵

创意是什么？根据百科的解释，创意是传统的叛逆，是打破常规的哲学，是大智大勇的同义，是一种智能拓展，是超越自我、超越常规的导引，是深度情感与理性的思考与实践，是思维碰撞、智慧对接。简而言之，创意就是具有新颖性和创造性的想法。创意是一种思想、概念或想法，是纯粹经验的、主观的。创意意味着梦想，容易唤起创业者的创业冲动。因而创意是创业者确定创业目标的起点，所有的创业机会都蕴含在一个个或许是“天方夜谭”或许是“点石成金”的大胆创意中，所以良好的创意是创业成功的一半。

市场机会并不等于创意，有一个好的创意也并不意味着就一定有市场机会。一般来说，在有了创意之后，创业者仍需要进行市场研究，并在此基础上对市场机会进行辨识和筛选。

对于创业者来说，一个好的创意只不过是一个起点。

2.创意在创业中的作用

有创意才会有创业的机会，在现代经营中，谁拥有创新思想，谁就有可能立于不败之地。但是创意不等于创业机会。实际上，以创业计划或创业建议等形式呈送给投资者的每 100 个思路中，通常仅有 4 个最后会成为投资对象。创意要结合现实，任何创意都应有依据，如果脱离了市场需要，脱离了顾客需求，创意就得不到市场的认可，再新奇也是枉然。

3.从创意到成功创业的影响因素

从机会、创意到创业成功的关键因素有：

①对市场风向、对消费者需求的透彻了解；

②有相关的知识经验，不断学习，长期积累；

③勤于思考研究。

(二)机会

创业中所说的“机会”主要是指“市场机会”、“商业机会”或“创业机会”。其主要含义，一是指从事商业活动的时机；二是指市场主体平等、公平地参与市场竞争的资格；三是指通过某种商业利润或达成某项交易的可能性。

对一些人来说，创业机会是客观的、内在的、可发现的、独特的；对于另一些人来说，它是主观的、外生的、被制定的。

英国的爱德华·狄波诺博士认为机会可以分为七类，见表 6-1。

表 6-1　机会类别

序号	类　别	内　　容
1	寻找机会	机会是一个隐藏的空间与园地，创业家为了进入这个园地，必须努力去寻找入口
2	明显的机会与隐藏的机会	明显的机会易于掌握，隐藏的机会则是经由个人事业逐步形成并发展而获得的
3	拥挤的空间机会	市场开拓者和市场追随者共同开发市场空间，因竞争者的加入，使机会空间变得拥挤，后因竞争者不遗余力地开发市场，机会空间变宽广
4	浅碟的空间机会	浅碟的空间机会是指市场潜力或市场容量太小，不宜产生过大的经济效益，致使大企业不想插手，小企业却可视其为“市场空隙”，充分利用市场策略，产生经济效益

续表

序号	类 别	内 容
5	假机会	许多人突然产生一个奇妙的想法，虽经深入探讨无法成立，但假机会却带来了投机的可能
6	觉察机会	所有实际机会区的入口并不一定就能够使人成功地掌握机会，创业家必须持续尝试失败，才能对机会的整体有更完整的、更正确的认识，待时机成熟时，就能够确认机会并加以掌握
7	迟来的报偿	只要热情、诱因或资源仍能继续维持，创业家还是应该在投资尚未取得回报之前，追求诱人的理想

二、创业机会与商业机会

本质上，成功创业者就是识别商业机会，并将其转化为创业机会进而成功的人。商机犹如一扇门，一旦新产品市场建立起来，机会窗口就打开了。

(一)创业机会

关于什么是创业机会有以下几种常见的看法：

创业机会是可以为购买者或使用者创造或增加价值的产品或服务，它具有吸引力强、持久性和适时性的特点。

创业机会是可以引入新产品、新服务、新原料和新的管理方法，并能应用或以高于成本价出售。

创业机会是一种新的“目的-手段”关系，它能为经济活动引入新产品、新服务、新原料、新市场或新组织方式。

综合上述看法，我们简单定义创业机会是基于未明确市场需求或未充分使用的资源或能力，对于“产品、服务、原料和管理方法”有重大革新的机会。

仅有少数创业者能够把握创业机会从而成功创业，创业者的成功几乎都是源于成功把握创业机会。例如，蒙牛公司的牛根生看到了乳业市场的商机，好利来公司的罗红看到了蛋糕市场的商机。在现实生活中这样的例子不胜枚举。一旦创业者创业成功，不仅会改变人们的生活和休闲方式，甚至能创造出新的产业。随着人们对创业机会价值潜力的探索，会逐渐衍生出一系列的商业机会，从而出现更多的创业活动，例如利用互联网创业的多个成功案例。

(二)商业机会

1.商业机会的内涵

商业机会也称市场机会，是指有吸引力的、能实现某种商业赢利目的的、适时的商务活动空间。

创业研究之父蒂蒙斯教授认为，创业过程始于商业机会，而不是资金、战略、网络、团队或商业计划。开始创业时，商业机会比资金、团队的才干和能力及适合的资源更重要。商业创业来自于创业机会的丰富和逻辑化，并最终演变为商业模式，好的商业模式具有对社会资源的极大整合力。

商业机会是一个人决定是否进行创业的最核心考虑要素，也是创业行为的起点。一个人只有在发现商业机会后，才可能进一步考虑能否配置到必要的资源，以及利用这个商业机会能否最终赢利，如果能够，则这个商业机会对于这个人而言就成为创业机会，进而决定是否进行创业。

商业机会往往由于存在消费者未能满足的消费需求而研发，这种未能满足的需求导致可以给顾客提供更多价值的产品和服务的机会。但是，一个好的想法未必是一个好的商业机会。例如，你可能通过一项新技术发明了一个非常有创意的产品，但是市场可能并不需要它；或者一个想法听起来不错，但是在市场上没有竞争力，或不具备必要的资源，或者尽管有时市场有需要，但是需求的数量不足以收回成本，那也不值得考虑。事实上，在新产品开发中，有超过80%的新产品都是失败的，很多发明家的想法听起来很好，但是经受不住市场的考验。如何将一个不错的想法或创意创业转化成一个商业机会？一个简单的答案就是：有市场需要且收入超过成本能够获得利润时。

2.商业机会的类型

商业机会的类型见表6-2，它来源于对我们身边各种市场机会和创意的发掘，需要大胆的设想和大量的实践提炼，方可找到最佳的创业构想。事实上，寻找商业机会的过程有可能像“踏破铁鞋无觅处”一样复杂，也可能是“得来全不费功夫”的灵机一动。医药新产品的机会锁定就是一个“复杂”的典型（一般发生在成熟的大型医药企业内部，属于公司创业行为），一种新药从原始创业到最终成功实现经济应用，其过程大体是：3000个原始设想—筛选出300个提交讨论的思想—形成125个小项目—（经过进一步研制后）筛选形成9个大的开发项目—最终集中资源于4个重大开发项目—市场测试的结果只有1.7个被市场接受—只有1个取得经济上的成功（但其回报却足够可观）。柳传志和他的伙伴们在创办联想电脑时，也是费了很长一段时间和周折才发掘到了商机。

表6-2　商业机会的类型

序号	类　型	内　容
1	问题型机会	指的是由现实中存在的未被解决的问题所产生的一类机会，例如现代环保产业、新能源产业、有机农业中的大部分创业项目
2	趋势型机会	就是在变化中看到未来的发展方向，预测到将来的潜力和机会，例如互联网领域的许多创业项目
3	组合型机会	就是将现有的两项以上的技术、产品、服务等因素组合起来，以实现新的用途和价值而获得的机会，例如家电、家居和娱乐类产品

3.创业机会与商业机会的内在关系

创业机会与商业机会的根本区别在于利润或价值创造潜力的差别，创业机会具有创造超额利润的潜力，而其他商业机会只可能改善现有利润水平。

创业机会是指能营造出对新产品、新服务或新业务需求的有利市场环境，且能够被创业者有条件加以利用的商业机会。从这个意义上讲，中国的创业机会远比发达国家多，因为发达国家的市场已经相当完善，市场几乎没有缝隙，而中国的市场还很不发达、很不完善，因而充满了各种机会。这也是近年来外国投资者纷纷到中国投资、大批海外留学人员回国创业的基本动因。

三、创业机会的特征与类型

（一）创业机会的特征

《21 世纪创业》的作者杰夫里・A.蒂蒙斯教授指出，好的创业机会具备以下四个特征：

（1）它很能吸引顾客；

（2）它能在你将面临的商业环境中行得通；

（3）它必须在机会之窗存在的期间被实施；

（4）你必须有资源（人、财、物）和技能才能创业。

（二）创业机会的类型

创业机会的类型见表 6-3。

表 6-3　创业机会的类型

序号	类　型	内　容
1	现有市场机会和潜在市场机会	市场机会中那些明显满足的市场需求称为现有市场机会，那些隐藏在现有需求背后的、未被满足的市场需求称为潜在的市场机会。现有的市场机会表现明显，往往发现者多，进入者也多，竞争势必激烈。潜在的市场机会则不易被发现。例如，金融机构提供的服务与产品大多针对专业投资大户，而占有大量资金的普通投资者未受到应有的重视，这种矛盾显示出为一般大众投资提供服务的产品市场极具潜力
2	行业市场机会与边缘市场机会	行业市场机会是指某一行业内的市场机会，而在不同行业之间的交叉结合部分出现的市场机会称为边缘市场机会。一般而言，人们对行业市场机会比较重视，因为发现、寻找和识别的难度系数较小，但往往竞争激烈，成功的概率也低。而在行业之间出现“夹缝”的真空地带，往往无人涉足或难以发现，需要有丰富的想象力和大胆的开拓精神，一旦开发，成功的概率比较高。比如，人们对于饮食需求认知的改变，创造了美食、健康食品等新兴行业
3	目前市场机会与未来市场机会	那些在目前环境变化中出现的市场机会称为目前市场机会，而通过市场调研和预测分析它将在未来某一时期内实现的市场机会称为未来市场机会。如果创业者提前预测到某一机会会出现，就可以在这种市场机会到来之前早做准备，从而获得领先优势
4	全面市场机会与局部市场机会	全面市场机会是指在大范围市场出现的未满足的需求，如国际市场或全国市场出现的市场机会，着重于拓展市场的宽度和广度。而局部市场机会则是在一个局部范围或细分市场出现的未满足的需求。在大市场中寻找和发掘局部范围或细分市场的机会，见缝插针，拾遗补阙，创业者就可以集中优势资源投入目标市场，有利于增强主动性，减少盲目性，增加成功的可能

（三）创业机会的来源

随着经济环境与技术条件的变化，实践创业者越来越多，对于初创企业或已建企业的二次的企业家来说，首先要考虑一个问题是：创业机会来自哪里？

1.发现与创造需求

在市场经济中有很多创业机会，关键看如何发现与把握出现的机会，这就需要创业者能够有常人所没有的捕捉商机的智慧和眼光。美国作家加里・胡佛于 20 世纪 60 年代提出“发现需求并且去满足它”的经典理论，说明只要有市场需求的地方，就不可避免地存在机会。

2.从意料之外捕捉创新商机

有一些人将创业点子的产生归结于机缘凑巧，所谓“无心插柳柳成荫”。不过，研究创意的专家以为，创意只是冰山上的一角，没有平日的用心耕耘，机缘也不会如此凑巧。无数的人看到苹果落地，却只有牛顿能产生地心引力的联想。所谓的机缘凑巧或第六感的直觉，主要还是在于创业者在平日培养出面对环境变化的敏锐观察力，因此，才能够举一反三形成创意构想。

例如，在旧金山淘金热形成之际，难以计数的贫穷人满怀着美丽的憧憬奔向旧金山。这么多的淘金者都待在一个地方，生活在帐篷里，再加上离市中心很远，买东西十分不方便。一次偶然的机会，李维斯看到这些淘金者为了买一点日用品不得不跑很远的路，自己也深有体会，于是，他决定开一家日用品小店。

3.在现实与预期结果的反差中寻找机遇

不管做什么事情，在具体实施之前，我们一般都会制定一份大致的计划。创业更是如此，从准备创业到进行创业，有一个周密的准备过程。但计划赶不上变化，市场是块炼金石，再精密的策划在市场前面都会显得肤浅。当创业的实际状况与预期的结果不一致或出现冲突时，如何拨开乌云见太阳，从失败的阴影中走出来，是对创业者最大的考验。成功的创业者，就在于他们在实际与预期出现重大不一致时还坚持自己的信念，百折不挠，从而找到创新之路。不少创业者在调整自我中发现商机，从而取得成功。

4.从创业过程的需求中寻求成功的可能

创业过程是一个极其艰辛的过程。任何一个创业者，在创业之初，是很难预想自己会面临哪些困难的。在进行创业的过程中，任何一个创业者都会遇到各种各样的压力，有时候甚至是难以承受的，要想创业成功，就必须承担这些困难与压力。创业做生意，必须想到什么事情都可能发生，事情发生的时候，必须冷静对待，要有相应的后备计划，不要让自己处于被动的地位。在创业就要成功的时候，往往是最黑暗的时候，而且往往在最后一刻会出现各种各样的问题。创业者只有不断地解决创业过程中的种种矛盾和问题，才会一步步走向成功。

5.从行业市场的结构变化中寻求成功的可能

行业市场结构指的是某一市场中各种要素之间的内在联系及其特征，包括市场供给者之间、需求者之间、供给者和需求者之间以及市场上现有的供给者、需求者与正在进入市场的供给者、需求者之间的关系。

6.从解决困境出发寻求成功的可能

困境无处不在，无时不有，只不过成功的创业者会从困境中突破自己，发现机会，对于他们而言，危机既是危险，更是机遇。只有敢于直面危机与困境才能体会到“柳暗花明又一村”的喜悦。

7.从新知识中捕捉创新机会

21 世纪是知识经济蓬勃发展的时代。知识经济时代就是以知识运营为经济增长方式、知识产业成为龙头产业、知识经济成为新的经济形态的时代。知识在现代社会价值的创造中其功效已远远高于人、财、物这些传统的生产要素，成为所有创造价值要素中最基本的要素。在这种时代背景下，涌现了一批以知识为创新机遇的创业者，他们是引领时代的新行业缔造者，创造了新的生意模式和价值标准，带来新的领导风格和行为理念。他们开发和运用的高新技术成为推动人类社会加速发展的重要力量。2004 年 6 月 16 日，腾讯控股在香港联交所正式挂牌交易。根据持股比例，马化腾因持有 14.43％的股权，其账面财富是 8.98 亿港元。马化腾成为身价 9 亿元的财富新军，仅仅用了 6 年的时间。

四、影响机会识别的关键因素

创业机会常常是朦胧而模糊的，综合看来，影响机会识别的关键因素主要有以下四类，见表 6-4。

表 6-4 影响机会识别的因素

序号	要 素	内 容
1	先前经验	在特定产业中的先前经验，有助于创业者识别机会。在某个产业工作的经历，会使个体有可能识别出未被充分满足的市场需求。同时，创业经验也非常重要，一旦有过创业经验，创业者就很容易发现新的创业机会。这被称为“走廊原理”，指创业者一旦创建企业，他就开始了一段旅程，在这段旅程中，通向创业机会的“走廊”将变得清晰可见。这个原理告诉我们，某个人一旦投身于某产业创业，将比那些在外观察的人更容易看到产业内的机会
2	认识因素	有些人认为，创业者有“第六感”，使他们能看到别人错过的机会。多数创业者以这种观点看待自己，认为自己比别人更警觉。实际上创业警觉不仅是一种先天禀赋，也是个体在多年实践中通过学习积累和沉淀的认知特性、对信息的敏锐把握和解读能力。机会发现者和未发现者之间最重要的差别在于他们对市场的敏锐洞察力，换句话说，创业者可能比其他人更擅长估计信息背后的商业价值和含义，感知事物的发展趋势
3	社会关系网络	个人社会关系网络的深度和广度影响着机会识别，拥有大量关系网络的人，比那些拥有少量的人更容易得到更多的机会和创意。在社会关系网络中，按照关系的亲疏远近，可以将这种关系大致分为强关系和弱关系。强关系以频繁互相作用为特色，形成于亲戚、密友和配偶之间，弱关系以不频繁互相作用为特色，形成于同事、同学和一般朋友之间。研究显示，创业者通过弱关系比通过强关系更可能获得新的创业机会。在弱关系中，个人之间的意识往往存在较大的差异，因此更可能激发创意的灵感
4	个人特征	创业者的个人特征体现为个体的自信乐观与创造力。自信乐观的心态使个人首先看到信息中蕴含的机会，而不是风险。创业机会要求创业者愿意看到充满不确定性的机会中的潜力，而不是因仅看到不确定性和风险而止步不前。创造性是产生新奇或有用创意的过程，从某种程度上讲，机会识别的过程是不断反复的创造性思维过程

五、识别创业机会的一般过程

创业者从创意中选择了他心目中的创业机会，随之而来的是组织资源着力开发这一机会，使之成为真正的企业，直至最终收获成功。这一过程中，机会的潜在预期价值以及创业者的自身能力被反复权衡，创业者对创业机会的战略定位也越来越明确，这一过程称为机会的识别过程。它可分为三个阶段：机会搜寻阶段、机会识别阶段、机会评价阶段。

（一）机会搜寻阶段

这一阶段创业者对整个经济系统中可能的创业展开搜寻，如果创业者意识到某一创业可能是潜在的商业机会，具有潜在的发展价值，就将进入机会识别的下一阶段。创业者在这一阶段需要从各种途径尽可能搜寻更多的创业点子与想法，先不去急于评价点子的优劣，只需把所有的想法都写在纸上。

（二）机会识别阶段

这里的机会识别是指从创意中筛选合适的机会。这一过程包括两个步骤：第一步是通过对整体的市场环境，以及一般的行业分析来判断该机会是否属于有利的商业机会，此阶段称为机会的标准化识别阶段。第二步是考察。对于特定的创业者和投资者来说，这一机会是否与创业者的资源和能力相吻合，是否与投资者的兴趣点和价值期望相一致，也就是个性化的机会识别阶段。

（三）机会评价阶段

机会评价阶段主要包括各项财务指标的预测分析、创业团队和资源的酝酿等。通过机会的评价，创业者决定是否正式组建企业和吸引投资。通常机会识别和机会评价是共同存在的，创业者在对创业机会识别时也有意无意地进行评价。在机会识别的初始阶段，创业者可以非正式地调查市场的需求、所需的资源，直到判定这个机会值得考虑或进一步深入开发；在机会开发的后期，这种评价变得较为规范，并且主要集中于考察这些资源的特定组合是否能够创造出足够的商业价值。

六、把握创业机会的行为技巧

创业者不仅要善于发现机会，更需要正确把握并果断行动，将机会变成现实的结果。

（一）着眼于问题把握机会

机会并不意味着无须代价就能获得，许多成功的企业都是从解决问题起步的。所谓问题，就是现实与理想的差距。比如，顾客需求在没有满足之前就是问题，而设法满足这一需求，就抓住了市场机会。美国“牛仔大王”李维斯的故事多年来为人津津乐道。19 世纪 50 年代，李维斯像许多年轻人一样，带着发财梦前往美国西部淘金，途中一条大河拦住了他们的去路，面对如何过河怨声一片。李维斯产生了第一次创业的主意，没有人会因吝啬一点小钱而不坐他的渡船过河。李维斯设法租船，做起了摆渡生意，结果赚了不少钱，他人生中第一笔财富居然因大河的挡道而获得。李维斯还发现，由于跪地采矿，许多淘金者裤子的膝盖部分容易磨破，而矿区有许多被人丢掉的帆布帐篷，他就把这些旧帐篷收集起来洗干净，做成裤子销售，“牛仔裤”就这样诞生了。李维斯将问题当作机会，最终实现了他的财富梦想。

（二）利用变化把握机会

变化中常常蕴藏着无限商机，许多创业机会产生于不断变化的市场环境。环境变化将带来产业结构的调整、消费结构的升级、思想观念的转变、政府政策的变化、居民收入水平的提高等，人们透过这些变化，就会发现新的机会。在国有事业民营化的过程中，创业者可以在交通、电信、能源等产业中发掘创业机会。私人轿车拥有量的不断增加，将产生汽车销售、修理、配件、清洁、装潢、二手车交易和陪驾等诸多创业机会。任何变化都能激发新的创业机会，但需要创业者凭着自己敏锐的嗅觉去发现和创造。许多很好的商业机会并不是突然出现的，而是对“先知先觉者”的一种回报。聪明的创业者往往选择在最佳时机进入市场，当市场需求爆发时，他已经做好准备等着接单。

(三)跟踪技术创新把握机会

世界产业发展的历史告诉我们，几乎每一个新兴产业的形成和发展，都是技术创新的结果。产业的变更或产品的替代，既满足了顾客的需求，同时也带来了前所未有的创业机会。比如，电脑诞生后，软件开发、电脑维修、图文制件、信息服务和网上开店等创业机会随之而来。任何产品的市场都有其生命周期，产品会不断趋于饱和达到成熟直至走向衰退，最终被新产品所替代，创业者如果能够跟踪产业发展和产品替代的步伐，通过技术创新就能够不断寻求新的发展机会。

(四)在市场夹缝中把握机会

创业机会存在于为顾客创造价值的产品或服务中，而顾客的需求是有差异的。创业者要善于找出顾客的特殊需要，盯住顾客的个性需要并认真研究其需求特征，这样就可能发现和把握商机。时下，创业者热衷于开发所谓的高科技领域等热门课题，但创业机会并不只属于“高科技领域”，在金融、保健、饮食、流通这些所谓的“低科技领域”也有机会。随着打火机的普及，火柴慢慢退出了人们的视线，而创业者沈子凯却在这个逐渐被人淡忘的老物件里找到了新的商机，他创造的“纯真年代”艺术火柴红遍大江南北。还有为数不少的创业者追求向行业内的最佳企业看齐，试图通过模仿快速取得成功，结果使得产品和服务没有差异，众多企业为争夺现有的客户和资源展开激烈的竞争，企业面临困境。所以，创业者要克服从众心理和传统习惯思维的束缚，寻找市场空白点或市场空隙，从行业或市场在矛盾发展中形成的空白地带把握机会。

(五)捕捉政策变化的机会

中国市场受政策影响很大，新政策出台往往引发新商机，如果创业者善于研究和利用政策，就能抓住商机站在前头。2006 年国家出台了新的汽车产业政策，鼓励个人、集体和外商投资建设停车场。停车场日益增多的同时，对停车场建设中的智能门禁考勤系统、停车场系统、通道管理系统等的需求也随之增多，专门供应停车场所需的软硬件设备就成为一个重要的商机。事实上，从政策中寻找商机并不仅仅表现在政策条文所规定的表面，随着社会分工的不断细化和专业化，政策变化所提供的商机还可以延伸，创业者可以从产业链在上下游的延伸中寻找商机。

(六)弥补对手缺陷把握商机

很多创业机会是源于竞争对手的失误而“意外”获得的，如果能及时抓住竞争对手策略中的漏洞而大做文章，或者能比竞争对手更快、更可靠、更便宜地提供产品或服务，也许就找到了机会。为此，创业者应跟踪、分析和评价竞争对手的产品和服务，找出现有产品存在的缺陷，有针对性地提出改进方法，形成创意，并开发具有潜力的新产品或新功能，就能够出其不意，成功创业。

第二节　创业机会评价

一、创业机会的基本特征

所谓特征是指某事物区别于其他事物所具有的征象和标志。创业机会特征则反映作为具有商业投资价值的潜在机会的标志。我们认为，这些能够描述创业机会的独特的标志才是创业者真正的应该把握的机会的本质。创业者在识别创业机会过程中，必须拒绝很多机会而后抓住少数的机会，拒绝或抓住机会的依据是机会的重要特征。

创业机会特征应该包括两个方面：一是机会的赢利性，二是机会的可行性。其中，前者指机会所带来的赢利能力和规模，后者指实现赢利的可行性和把握度。创业机会特征包括机会的赢利性和可行性两个维度，赢利性分为行业与产业的吸引力、目标市场的利益及机会的竞争优势，可行性分为创业者特征、创业者的能力以及价值链内外的社会网络。

(一)机会的赢利性

从机会的赢利性的定义来看，反映的是机会所带来的赢利能力和规模。可以从三个维度分析机会的赢利性，即行业与产业的吸引力、目标市场的利益及机会的竞争优势，见图 6-1。

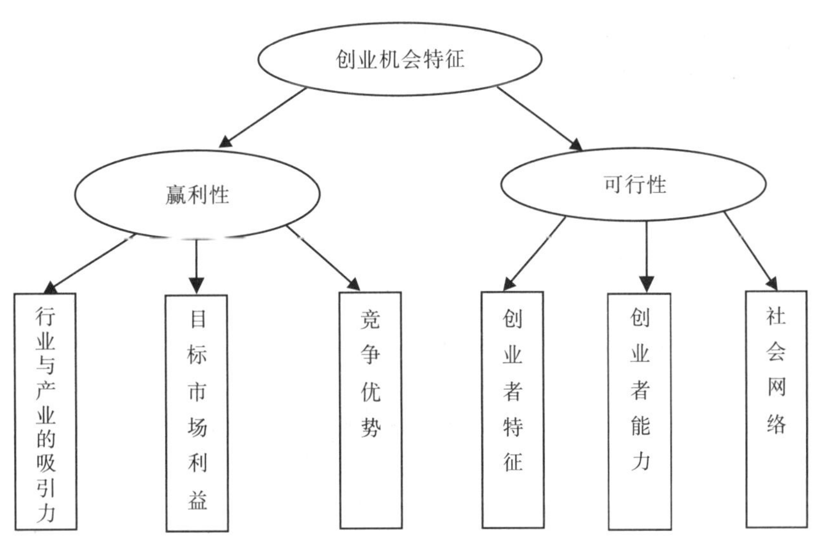

图 6-1　创业机会特征维度

1.行业与产业的吸引力

对于创业者而言，他们往往喜欢在大部分参与者都能获得良好效益的行业中竞争，而不愿意在那些很多公司为了生存而拼命挣扎的行业里打拼。这种行业的选择是创业者选择机会首要考虑的问题，正如迈克尔·波特(1980 年)认为，企业所处产业战略的核心是获取竞争优势，而获取竞争优势的因素之一是企业所处产业的整体赢利能力，即产业的吸引力。波特认为，选择合适的机会应该选择有潜在利润的产业。同时，他在《竞争战略》(1980年)中提出了决定行业吸引力的力量。这些力量是影响任何行业利润的决定性因素，同样，是进行行业和产业吸引力分析的主要方面。波特提出产业五种竞争力量模型，这一模型说明产业的赢利能力主要取决于潜在进入者、替代品、供应商、购买者以及产业内现有竞争者五种因素，而产业赢利能力影响这个机会有多大的赢利空间。

2.目标市场的利益

从财物指标考虑市场机会，这也是绝大部分创业者或者风险投资公司做投资决策时主要考虑的方面，经济性将决定整个赢利的水平。从其构成来看，税后利润、达到盈亏平衡点所需的时间、投资回报潜力、内部收益潜力、自由现金流特征、毛利率、资本要求都是财务指标的主要内容。

3.机会的竞争优势

主要指机会本身的技术优势，包括技术是否存在进入壁垒、这种机会是否具有成本优势、技术优势能否持久等。有吸引力的机会往往是有潜力的机会，因而，机会的竞争优势将决定机会在未来的时间是否具有竞争优势，或是这个产品或服务使企业成为成本最低和营销、分销成本最低的生产商。拥有一个有利的机会之窗或壁垒保护很重要，这使得新创企业获得所有权的保护或契约的优势，甚至可以使新创企业占据市场的主导地位，因为机会的竞争优势也将影响企业的赢利性。按照波特竞争优势理论，企业的定位决定了其赢利能力是高于还是低于产业的平均水平。企业的定位可以考虑选择适当的战略，以增强其在产业内的竞争地位。成本领先、差异化和集中三种战略为最常用的基本竞争战略。

通过以上分析，我们将机会的赢利性特征主要分为市场(行业)吸引力、经济性及竞争优势。这三个维度的划分，可以从宏观到微观考虑机会的整体赢利性，既考虑了财务指标，也充分考虑了企业未来的收益水平，还考虑了机会的成长空间，因此可以比较全面地反映赢利性特征。

(二)机会的可行性

机会的可行性是指新创企业实现赢利的可行性和把握性，即对成功开发赢利机会的可能性。而对机会开发的把握完全取决于创业者或创业团队所具有的内在特征及所拥有或者控制的资源和一定的社会网络。机会的可行性包括三个维度，即创业者个人特征、创业者的能力及连接外部资源的创业者或团队的社会网络。

1.创业者特征

主要包括创业者心理特征，可以从以下几个方面进行考察：敏感性、风险承担性、创新精神、成就需要。这些特征不仅使创业者能够敏锐地发现商机，还使创业者在创业动机的趋势下努力开发机会，并具有一定的风险承担性，能够抵抗存在的风险。

2.创业者能力

所谓创业者能力，是为了顺利完成创业活动且直接影响活动效率所必备的行为特征。创业者能力强烈影响其获取竞争优势的过程。同时，创业者的能力是获取动态的、持续绩效的能力(Lau和Chan，2002年)。Chandler和Hanks(1993年)认为创业者能力是“识别、预见并利用机会的能力”，是创业核心的能力。Spence等(1993年)认为创业者能力是与有效或出色的工作绩效相关的个人潜在的特征，主要包括五个方面：知识、技能、自我效能感、特质和动机。Rule 和 Irwin(1998 年)认为,创业者能力等同于现存公司的创造性和创新能力。

创业者能力是指在创业过程中,一个绩效优秀的创业主体所具备的能够胜任创业任务并取得很高的新创企业绩效所要求的知识、技能、能力和特征,集中表现为在创业过程中能够识别、追求机会,获取和整合资源的综合能力。创业者能力主要围绕机会开发过程中资源的获取和整合展开的。其主要包括战略谋划能力、合作能力、获取可控资源能力、适应性调整能力、创新能力、专业知识、领导能力、学习能力等。

创业者通过以上能力,在新创企业的管理、创新和技术开发等方面发挥作用,并且相互影响,共同影响创业。新创企业是在一个资源困乏的情势下进行"创造性的组合"的,其设计、运营受到创业者个体及其团队的主导。创业者能力通过影响创业者在创业过程中实施相关动态的、连续的开发行为进一步影响新创企业绩效。

3.社会网络

社会网络也称社会资本,米切尔对社会网络的界定是:"特定的个人之间的一组独特的联系。"(Micheal,1969 年;Aldrichetal,1987 年)Sexton 和 Bowman Upton(1991 年)认为社会网络是指与创业者有着直接或是间接关系的人。因此,社会网络包括两个要素:一个是人,另一个是连接这些人的关系。

社会网络对于创业者成功地开发机会的重要性已经得到理论和经验的证实(Aldrich,Rosen 和 Woodward,1987 年;MacMillan,1983 年)。社会网络的重要性体现在创业者资源的获得及信息的获得两个方面:首先,个人网络使创业者能够通过增加与外部环境的联系,进而更容易地获得更多的资源和信息(Sexton 和 Bowman Upton,1991 年)。一个较好的个人网络能够给创业者提供商业情报和在不明确环境下交易的能力(Dollinger,1985 年;Johannisson,1966 年)。另外一些研究认为由关系形成的网络成为创业的一个社会资本来源(Nahapiet 和 Goshal,1998 年),创业者尽可能地建立更多的网络链条以获得多样化的信息优势和未来发展的机会。丰富的社会网络包含许多关系,特别是有丰富经验的创业者参与能减少获得信息所需的时间和投入(Burt,1992 年;Granovetter,1973 年)。另外,社会网络在资源获得方面具有重要作用。社会网络理论指出,从个人的社会网络所获得的资源严重影响创业启动阶段的决策行为。Nahapiet 和 Ghoskal(1998 年)发展了社会资本的观点,认为网络的联系提供了资源和信息的潜在性或可获取性,这一点对企业形成至关重要。在早期的研究中,Hills 等(1997 年)认为,利用社会网络资源获悉及开发创业机会的创业者将比那些单独的创业者识别出更多的机会,同时对开发机会有着显著的积极作用。

因此,社会网络是新创企业(创业者)获取资源和配置资源一种非常有效的方式,同时是信息和知识的主要来源,为成功开发机会提供了必要的渠道和手段,并影响机会的可行性。

二、创业机会评价的特殊性

创业是一个识别、开发和利用创业机会的过程。广义的创业机会识别包括创业机会识别和创业机会评价。创业机会识别是指依据一定的标准和方法,从大量创意当中挑选出具有顾客需求的创意,是从市场角度对创意的评估,体现创业机会的有用性;而创业机会评价是指依据一定的标准和方法,对具有顾客需求的创业机会的效益进行评估。

蒂蒙斯(Timmons)在 *New Venture Creation:entrepreneurship for 21th century* 中提出了 8 个一级指标、55 个二级指标的评价体系,涵盖了其他理论所涉及的指标体系,是最全面的创业机会评价的指标体系，可以作为创业机会评价标准。蒂蒙斯提出的 8 大类评估标准是比较全面的，几乎涵盖了其他一些理论所涉及的全面内容。这 8 大类包括行业和市场、经济性、收获、竞争优势、管理团队、致命缺陷问题、个人标准、战略差异。对每个指标的吸引力分为最高潜力和最低潜力，并对最高潜力和最低潜力进行描述。

王伟、朱燕空（2010 年）以蒙蒂斯创业机会评价指标标准为指标库，在实证和理论分析的基础上，借鉴平衡记分卡原理，从财务、顾客、内部因素、创新与成长四个维度，构建了创业机会评价指标体系，见表 6-5。

表 6-5　创业机会评价指标体系

财　务	顾　客	内部因素	创新与成长
预期内部回报率 预期投资回报率 投资回收周期 市场增长 销售净利率	市场接受性 市场规模 市场结构 成本 价格	创业者素质 管理层素质 创业者资源 致命的缺陷	创业者潜力 创业团队的潜力 机会的持续性 环境适应能力 抗风险能力

（一）指标的解释

1.财务

其目标是解决“股东如何看待我们”这一类问题。告诉企业者及创业团队他们的努力是否会对新创业的经济收益产生积极的作用，因此财务方面是其他三个方面的出发点和归宿。总之，财务方面是描述预期的投资回报及财务风险。主要包括预期内部报酬率、预期投资回报率、投资回收周期等。

2.顾客

其目标是解决“顾客如何看待我们”这一类问题。顾客方面指标主要解决企业为谁提供及提供什么的问题。顾客评价是一个通过顾客的眼睛来看一个企业，从价格、质量、服务和成本几个方面，关注市场份额以及顾客的需求和满意程度。顾客评价是衡量创业机会最重要的标准，也是创业机会能持续存在的根本。

3.内部因素

内部因素的目标是解决“我们擅长什么”这一类问题。顾客和财务因素都属于外部因素，为了满足股东投资和顾客的需求，创业者必须创造性地整合其内部资源，这些资源既包括人的因素如创业者、创业团队等，也包括物的因素如创业资源、创业者的网络等。内部因素反映了新创业的核心竞争力。

4.创新与成长

其目标是解决“我们是在进步吗”这一类问题，将注意力引向企业未来成功的基础，涉及人员、信息系统和市场创新等问题。其主要包括创业团队是否有持续进步的潜力、创业机会是否有增长的潜力、创业机会对环境的适应能力及创业者抗风险的能力等。

（二）创业机会评价指标之间的内在联系

财务指标是创业者最终的追求和目标，也是机会存在的根本物质保证；而要提高企业的利润水平，必须以客户为中心，满足客户需求，提高客户满意度；要满足客户，就必须加强自身建设，提高企业内部的运营效率；提高企业内部效率的前提是创业者和创业团队的学习与发展。也就是说，这四个方面构成一个循环，从四个角度解释创新企业在发展中所需要满足的四个因素，并通过适当的管理和评估促进新创业的发展。可以说它们基本囊括了创业机会成功的几个关键因素（如图 6-2）。

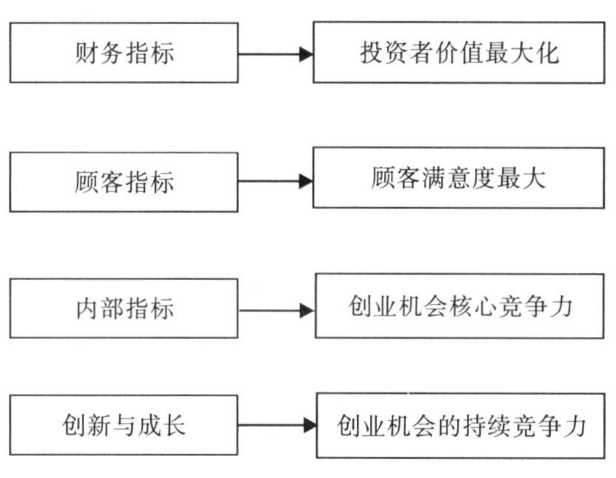

图 6-2　创业机会评价指标的因果关系

三、创业机会评估准则与选择技巧

（一）创业机会评估准则

所有的创业行为都来自于绝佳的创业机会，创业团队与投资者均对创业前景给予极高的期待，创业家更是对创业机会在未来所能带来的丰厚利润满怀信心。但是，时常有悲剧发生。为了尽可能地避免这样的情况，创业者应该先以比较客观的方式进行评估，评估的准则有以下两种。

1.市场评估准则

（1）市场定位。评估创业机会的时候，可由市场定位是否明确、顾客需求分析是否清晰、顾客接触通道是否流畅、产品是否持续衍生等，来判断创业机会可能创造的市场价值，创业带给顾客的价值越高，创业成功的概率也越大。

（2）市场结构。对创业机会的市场结构进行五大分析：进入障碍，顾客，经销商的谈判力量，替代性产品的威胁及市场内部竞争的激烈程度。

（3）市场规模。市场规模大者，进入障碍相对较低，市场竞争激烈程度也会略为下降。若要进入的是一个十分成熟的市场，那么利润空间会很小，不值得再进入；若是一个成长中的市场，只要时机正确，必然会有获利的空间。

（4）市场的渗透力。对于一个具有巨大市场潜力的创业机会，市场渗透力评估将会是非常重要的。应该知道选择在最佳时机进入市场，也就是市场需求正要大幅增长之际。

（5）市场占有率。一般而言，在成为市场的领导者，最少需要拥有 20%以上的市场占有率，若低于 5%的市场占有率，则这个新企业的市场竞争力不高，自然也会影响未来企业上市的价值。尤其是处在具有赢家通吃特点的高科技产业，新企业必须拥有成为市场的前几名的能力，才有投资价值。

(6)产品的成本结构。从物料与人工成本所占比重之高低、变动成本与固定成本的比重,以及经济规模产量的大小,可以判断企业创造附加值的幅度以及未来可能获利的空间。

2.效益评估准则

(1)合理的税后净利。一般而言,具有吸引力的创业机会,至少需要能够创造15%以上税后净利。如果创业预期的税后净利在5%以下,那么这就不是个很好的投资机会。

(2)达到损益平衡所需的时间。合理的损益平衡时间应该在两年之内达到,如果三年还达不到,恐怕就不是个值得投入的创业机会了。当然,有的创业机会确实需要经过比较长的耕种时间,通过前期收入,抬高进入门槛,保证后期的持续获益,这样的情况可将前期投入视为投资,才能容忍较长时间的损益平衡时间。

(3)投资回报率。考虑到创业面临的各种风险,合理的投资回报率应该在25%以上,而15%以下的投资回报率是不值得考虑的创业机会。

(4)资本需求。资本需求量较低的创业机会,投资者一般会比较欢迎,资本额过高其实并不利于创业成功,甚至还会带来稀释投资回报率的负面效果。通常,知识越密集的创业机会,对资金的需求量越低,投资回报反而会越高。因此在创业开始的时候,不要募集太多资金,最好通过盈余积累的方式来创造资金,而比较低的资本额,将有利于提高每股盈余,并且还可以进一步提高未来上市的价格。

(二)创业机会选择技巧

1.创业者应该考虑的具体条件

不同的人有不同的条件,因此也该根据创业者自身各种特性来分析是否应该踏上创业的路,以及选择的这个创业方向是否适合自己,主要看以下几个方面。

(1)看进入的产业。创业者进入的产业应该是已经处于上升期,但还没完全达到大规模发展阶段;处于下降期的产业说明进入企业已经太多,竞争激烈,几乎都是以规模效应来竞争的环境了。

(2)应当选择进入自己具有优势的领域。如有现成客户,拥有技术。

(3)资金。每个领域需要的资金投入各有不同,但是如果是白手起家,又无任何足以打动风险投资人的项目,最好不要选择创业。

(4)人力资源。创业者自己可能不具备所有资源,所以需要合作者来弥补。初创公司在员工的选择上其实与合作者是很相似的。

(5)投资人选择。别人给你钱都是有代价的,他的目的是从你身上赚到更多的钱,还要能够给企业带来更多的品牌提升、更多的业务、更好的管理,这样才有利于你的创业。

2.研究市场的动向

能够自己去识别和选择创业机会,根据自己的具体情况找到合适的创业方向,明确了想做什么和能做什么以后,这还不够,还要研究市场。市场需求是客观的,你能够做到的是主观的,主观只有和客观一致起来,才能变成现实,才能有效益。因此,要尽所能地研究市场,捕捉信息,把握商机。机会从来都是垂青有心人的,做一个有心人,就会发现处处有市场,遍地是黄金,你就会发现你拥有的各类资产的最佳用处。因此还应该做好以下工作,为更好地创业做铺垫:

(1)研究大家都在做什么,做什么最挣钱。不妨先做小工,向做得好的人虚心学习,学习他们经营的长处,摸清一些做生意的门道,积累必要的经验与资金。学习此行业的知识和技能，体会他们经营的不足之处，在你做的时候力争改进。

(2)研究自己家庭生活经常需要什么商品和服务。研究大众需求可从你自己的家庭需要开始，研究家里每天什么东西消费最多。普通老百姓衣食住行的日常需要是稳定而广阔的市场。

(3)研究当前及今后一段时间的社会热点、公众话题。对精明的商人来说，热点就是商机，就是挣钱的项目和题材。抓住热点，掌握题材，独具匠心就能挣钱。同时，注意潜在热点的预测和发现，在热点没有完全热起来之前，就有所发现，有所准备，在别人没有发现商机时，你能发现，就更胜一筹。

(4)研究社会难点，关注社会焦点。只要用心看就会发现我们身边有这样那样小的难点，看看我们能做什么来解决这些“麻烦”，这就是商机。

(5)研究市场的地区性差异。不同的地区需要不同的商品和市场，地理因素的限制会带来不同地区之间的市场差异。市场的地区性差异是永远存在的，关键在于能不能发现差异并缩小差异，满足市场需求，这也就是挣钱之道。

(6)研究生活节奏变化而产生的市场需求。现代生活节奏越来越快，越来越多的人接受了“时间就是生命”“时间就是金钱”的价值观念。快节奏的生活方式必然会产生新的市场需求，用金钱购买时间，是现代都市人的时髦选择。精明的生意人就会看到这一点，做起了各种各样适应人们快节奏生活需求的生意。

第三节　创业风险识别

一、创业风险含义与分类

(一)创业风险的定义与特征

所谓创业风险，是指在创业过程中存在的风险，是由于对创业过程了解得不充分而产生的创业不确定性，创业机会与创业企业的复杂性，创业者、创业团队与创业投资者的能力与实力的有限性，而导致创业活动偏离预期目标的可能性及后果。

创业是企业整个成长过程的孕育期，这一时期可塑性强，变化多，投入大而且对企业以后的发展影响很大。创业风险主要有以下几个特点：

1.创业风险客观存在

即指创业风险的存在是客观的，是不以人的意志为转移的。在创业过程中，由于内外部事物发展的不确定性的客观存在是事物发展变化过程中的特性，因而创业风险是必然存在的。客观性要求我们采取正确的态度承认创业风险，认识创业成长发展规律，并积极应对创业风险。

2.创业风险的不确定性

创业的过程往往是由创业者一个构思或创意变为现实的产品或是服务的过程。在这一过程中创业者面临各种各样的不确定因素，如可能遭受已有市场竞争对手的排斥，进去新的市场面临着需求的不确定性,新技术难以转化为生产力,顾客需求发生改变等。此外,在创业阶段投入较大,而且往往只有投入没有产出,因而可能面临资金不足的风险,从而导致创业失败。也就是说,影响创业的各种因素是不断变化难以预知的,这种难以预知,造成了创业风险的不确定性。

3.创业风险的损益双重性

创业风险对于创业收益不是仅有负面的影响,如果能正确认识并充分利用创业风险,反而会使收益有很大程度的增加。

4.创业风险的相关性

指创业者面临的风险与其创业行为及决策是紧密相关的。同一风险事件对不同的创业者会产生不同的风险,同一创业者由于其决策或是采取的策略不同,也会面临不同的风险结果。

5.创业风险的可变性

创业风险的可变性是指在创业的内部与外部条件发生变化的时候,必然会引起的创业风险的变化。创业风险的可变性包括创业过程中风险性质的变化、风险后果的变化,以及出现新的创业风险这三个方面。

6.创业风险的可测性与测不准性

创业风险的可测性是指创业风险是可测量的,可通过定性或是定量的方法对其进行估计。创业风险的测不准性是指创业风险常常会出现偏离误差范围的状况,它一般是由创业投资的测不准、创业产品周期的测不准、创业产品周期的测不准与创业产品市场的测不准等造成的。

(二)创业风险的来源

创业环境的不确定性,创业机会与创业企业的复杂性,创业者、创业团队与创业投资者的能力与实力的有限性,是创业风险的根本来源。研究表明,由于创业的过程往往是将某一构想或技术转化为具体的产品或服务的过程,在这一过程中,存在着几个基本的、相互联系的缺口,它们是上述不确定性、复杂性和有限性的主要来源,也就是说,在给定的宏观条件下,创业风险往往就直接来源于这些缺口。

1.融资缺口

融资缺口存在于学术支持和商业支持之间,是研究基金和投资基金之间存在的断层。其中,研究基金通常来自个人、政府机构或公司研究机构,它既支持概念的创建,也支持概念可行性的最初证实;投资基金则将概念转化为有市场的产品原型(这种产品原型有令人满意的性能,对其生产成本有足够的了解并且能够识别其是否有足够的市场)。创业者可以证明其构想的可行性,但往往没有足够的资金将其实现商品化,从而给创业带来一定的风险。通常,只有极少数基金愿意鼓励创业者跨越这一缺口,如富有的个人专门进行早期项目的风险投资,以及政府资助计划等。

2.研究缺口

研究缺口主要存在于仅凭个人兴趣所做的研究判断和基于市场潜力的商业判断之间。当一个创业者最初证明一个特定的科学突破或技术突破可能成为商业产品基础时,他仅仅停留在自己满意的论证程度上。然而,这种程度的论证后来不可行了,在将预想的产品真正转化为商业化产品(大量生产的产品)的过程中,需要大量复杂且耗资巨大的研究工作(有时需要几年的时间),从而形成创业风险。

3.信息和信任的缺口

信息和信任的缺口存在于技术专家和管理者(投资者)之间。也就是说,在创业中,存在两种不同类型的人:一是技术专家,二是管理者(投资者)。这两种人接受不同的教育,对创业有不同的预期、信息来源和表达方式。技术专家知道哪些内容在科学上是有趣的,哪些内容在技术层上是可行的,哪些内容根本就是无法实现的。在失败的案例中,技术专家要承担的风险一般表现在学术上、声誉上受到影响,以及没有金钱上的回报。管理者(投资者)通常比较了解将新产品引进市场的程序,但当涉及具体项目的技术部分时,他们不得不相信技术专家,可以说管理者(投资者)是在拿别人的钱冒险。如果技术专家和管理者(投资者)不能充分信任对方,或者不能够进行有效的交流,那么这一缺口将会变得更深,带来更大的风险。

4.资源缺口

资源与创业者之间的关系就如颜料和画笔与艺术家之间的关系。没有了颜料和画笔,艺术家即使有了构思也无从实现。创业也是如此。没有所需的资源,创业者将一筹莫展,创业就无从谈起。在大多数的情况下,创业不一定也不可能拥有所需的全部资源,这就形成了资源缺口。如果创业者没有能力弥补相应的资源缺口,要么创业无法起步,要么在创业中受制于人。

5.管理缺口

管理缺口是指创业者并不一定是出色的企业家,不一定具备出色的管理才能。进行创业活动主要有两种:一是创业利用某一新技术进行创业,他可能是技术方面的专业人才,但不一定具备专业的管理才能,从而形成管理缺口;二是创业者往往有某种“奇思妙想”,可能是新的商业点子,但在战略规划上不具备出色的才能,或不擅长管理具体的事务,从而形成管理缺口。

(三)创业风险的分类

1.按风险来源的主客观性划分

按风险来源的主客观性划分,创业风险可分为主观创业风险和客观创业风险。

主观创业风险是指创业阶段创业者的身体与心理素质等主观方面的因素导致创业失败的可能性。客观创业风险是指在创业阶段客观因素导致创业失败的可能性,如市场的变动、政策的变化、竞争对手的出现、创业资金缺乏等。

2.按创业风险的内容划分

按创业风险的内容划分,创业风险可分为技术风险、市场风险、政治风险、管理风险、生产风险和经济风险。

技术风险是指技术方面的因素及其变化的不确定性而导致创业失败的可能性。

市场风险是指市场情况的不确定性导致创业者或创业企业损失的可能性。

政治风险是指战争、国际关系变化或有关国家政权更迭、政策改变而导致创业者或企业蒙受损失的可能性。

管理风险是指因创业企业管理不善产生的风险。

生产风险是指创业企业提供的产品或服务从小批试制到大批生产的风险。

经济风险是指宏观经济环境发生大幅度波动或调整而使创业者或投资者蒙受损失的风险。

3.按风险对所投入资金即创业投资的影响程度划分

按风险对所投入资金即创业投资的影响程度划分，创业风险可分为安全性风险、收益性风险和流动性风险。

创业投资的投资方包括专业投资者与投入自身财产的创业者。

安全性风险是指从创业投资的安全性角度来看，不仅预期实际收益有损失可能，而且专业投资者与创业者自身投入的其他财产也可能蒙受损失，即投资方财产的安全存在危险。

收益性风险是指创业投资的投资方的资本和其他财产不会蒙受损失，但预期实际收益有损失的可能性。

流动性风险是指投资方的资本、其他财产以及预期实际收益不会蒙受损失，但资金有可能不能按期转移或支付，造成资金运营停滞，使投资方蒙受损失的可能性。

4.按创业的过程划分

按创业的过程划分，创业风险可分为机会识别与评估风险、准备与撰写创业计划风险、确定并获取创业资源风险和新创企业管理风险。

创业活动需经历一定的过程。一般而言，可将创业过程分为四个阶段：识别与评估机会、准备与撰写创业计划、确定并获取创业资源、新创企业管理。

机会识别与评估风险是指在机会的识别与评估过程中，由于各种主客观因素，如信息获取量不足，把握不准确或推理偏误等，使创业一开始就面临方向错误的风险。另外，机会风险的存在，也由于创业而放弃了原有的职业所面临的机会成本风险。

准备与撰写创业计划风险是指创业计划的准备与撰写过程带来的风险。创业计划往往是创业投资者决定是否投资的依据，因此，创业计划是否合适对具体的创业产生影响。创业计划制定过程中各种不确定性因素与制定者自身能力的限制，也会给创业活动带来风险。

确定并获取创业资源风险是指由于存在资源缺口，无法获取所需的关键资源，或即使可获得，但获得的成本较高，从而给创业活动带来一定的风险。

新创企业管理风险主要包括管理方式，企业文化的选取与创建，发展战略的制定，组织、技术、营销等各管理方面中存在的风险。

二、创业各阶段风险分析与管理

（一）创业启动阶段风险

创业前期的风险可称为创业启动阶段的风险。这个阶段是指从产生创业动机开始，到创业企业正式运营为止。

1.创业启动阶段风险来源

(1)创意或创业计划的内容被泄露。由于创意或创业的内容被泄露，因而被人模仿甚至捷足先登，导致创业失去源头。这其中，既可能有创业团队“内部人”作祟，也有可能是一些信息收集公司将自己掌握的信息标价出售给共享信息企业的竞争对手。

(2)仓促上阵。低估了创业起步阶段所需要的时间。从创业过程上来看，一家公司在赢利之前，必须完成大量的工作：寻找厂房、装修门面、安装设备、购入存货、联系客户等，还要办理许多准备事项，如各种证件和手续，和政府的相关部门打交道。不仅如此，创业初期，很可能没有几个顾客来光顾，对这一点要有足够的心理准备。

(3)计划不明。凡事预则立，不预则废。计划是创业过程中指导性、方向性的规划，计划的错误或者不明确都会给创业者带来苦头，尤其是关键的步骤、关键的环节不明确，很可能会以失败告终。机遇从来都是垂青有准备的人，计划不明就意味着创业是盲目的。

(4)资源不足。主要是两方面的资源不足：一是创业企业的主要产品没有市场。创业要想成功，在很大程度上依赖于市场，没有市场也就没有创业。二是没能获得外部资本的支持或缺乏足够的流动资金。没有了资金，公司运转一天都困难。

(5)创业团队内讧分裂。大多创业者创业没有成功，主要原因之一就是创业伙伴选择不当，败在创业伙伴之间的内讧。创业团队内讧通常经历三个阶段：第一阶段，企业还未见效，就开始争利益，争股份大小、利益多少；第二阶段，企业刚有起色，就开始为职、权、利你争我夺，钩心斗角；第三阶段，当企业开始赢利、火红成长时，开始闹分家，最后企业也灭亡了。

(6)创业初期有些创业者就追求享受，或者受到误导而将资金投入到可租用或暂时不急用的固定资产上，投资后资金回笼慢，导致无效投资。往往大学生创业的资金是有限的，追求奢侈生活或用于不必要的开支，导致流动资金匮乏，很容易造成资金链断裂，从而创业失败。

(7)选址不当。中国人办事研究“天时、地利、人和”。在考虑选址的时候，社区的环境、与目标顾客群的地理关系、与供应商的区位关系、物流成本等，都是应该考虑的，考虑不周，都可能失败。

(8)对市场环境和竞争对手缺乏了解。任何一个行业都会有许多同行或竞争对手。当创业者决定进入某个市场的时候，必须全面详尽地考察市场的状况。有些创业者对于市场和竞争状况缺乏深入了解，不了解竞争对手是谁，不懂得自己与竞争对手优势与劣势的比较，高估自己企业的竞争力；甚至有些人认为自己的能耐最大，竞争对手不值得去考虑。实际上市场远不是那么回事，市场具有很大的偶然性，有些看起来很好的产品，市场反应冷淡，一些看上去不怎么样的产品，在市场却热卖。

(9)悲观主义。创业过程中，难免会遇到挫折和困难，如果创业者是一个悲观主义者，一碰到暂时难以解决的问题就灰心丧气，再无当初的创业激情和雄心壮志，那么悲观会影响到团队，整个团队就会失去面对现实环境的灵活机智，失败就在所难免。

2.创业启动阶段风险的防范

(1)严格筛选项目。首先是项目初选。通常创业者应该选择自己熟悉的行业，同时地域上也必须与市场邻近，以方便沟通和联络。在此基础上，再对项目内外环境进行信息收集、访谈和论证，进行详细评估，做深入的投资可行性研究。

(2)有效保护创意和商业机密。创业者在向潜在投资者分析创业可行性时，一定要有保护创意的意识。为此，可以通过以下几种途径来努力。

①商标注册。麦当劳、肯德基生产没有什么技术含量的产品，它们最初商业创业仅仅是为了向司机等蓝领阶层提供快速、便捷、卫生的食品，它们正是靠商标来保护自己的经营服务特色。当然，麦当劳、肯德基已经超越了普通商标的概念，其品牌价值已经赋予了商标无形资产，也就是它们已经拥有了高额的资本属性。

②专利申请。申请前一定要不断地提醒自己，你的专利是否可以被轻易地加以改进，从而导致他人胜出？例如，可口可乐的配方至今仍是一个秘密，也从来没有获得专利，但可口可乐的味道很难被模仿。

③版权保护。国际知名的特劳特咨询公司最具价值的核心资产可能就是特劳特先生的

《定位》一书，特劳特咨询公司在全球的业务经营正是以此为蓝本，所以，对于特劳特而言，对《定位》一书的版权保护是公司最重要的事。

④制度保护。比如企业与员工除了签订劳动合同以外，还要签订同业竞争限制协议；在企业投入力量研发之前，先明确知识版权的归属等。

除了以上措施外，万一创意被盗用还可以援用《反不正当竞争法》的相关规定请求工商行政部门对未经许可披露或使用你的商业秘密的竞争对手进行处罚。当然，若想真正保护你的商业创意、技术创意不被侵犯，最好的保护办法莫过于尽快实施创业计划。

(3)选择好创业伙伴，应注意以下几个方面。

①最基本的法则，就是选择最了解的人一同创业。大家相互了解，不会为了相互了解磨合而花费太多的精力。

②选择不太计较的人一起创业。

③朋友关系和家庭关系不要混合。

④创业团队最好有一个权威人物。

⑤领军人物最好是第一大股东。领军者如果不是第一大股东，当企业发展到一定程度后，就会出现领军者挑战第一大股东，取代第一大股东，或领军者带领核心成员离开，会造成创业团队分裂，创业失败。

(4)密切关注资金风险和技术风险。处于创业启动期的企业面临的最大的风险是资金风险和技术风险。首先，要认真筹划创业初始需要的融资或投资的数额。融资时要考虑好准备借多少，能借到多少，最佳值应该是多少，风险多大。其次，考虑企业的持续融资能力。创业者要提前考虑好融资方法，并建立起快速融资渠道，以防万一。最后，建立财务预防机制，正确把握企业负债经营的"度"。

(5)注重建设营销队伍。吸纳、任用既有营销能力又掌握技巧知识的营销人才，建设最坚强有实力的营销队伍。因为创业企业一定要拥有正确的营销理念和最好的营销策略，这是防范市场风险最有效的方法。

(6)设法分散或转嫁风险。风险不可避免，但可以分散和转嫁，特别是创业启动阶段。比如财产投保，就是转嫁投资以外事故的风险；以租赁代替购买设备是转嫁投资风险；个人独资承担无限责任，但几个人共同投资，就是有限责任，就能分散风险。许多个体创业者都忽略保险，但买保险是"小投入大保障"，必不可少。

(二)新创企业起步阶段风险

新创企业起步阶段的风险亦可称为创业中期的风险。

1.起步阶段新创业风险来源

(1)孤军奋战。创业者需要有良好的社交网络、资源的支持，创业者未能取得股东、银行、家人或供应商等关键人士的支持，孤军奋战会使其疲于奔命，增加创业风险。

(2)目标游离。明确创业目标，是成功的第一步，也是非常关键的一步。不少创业者创业开始决心很大，雄心壮志，但创业起步后在工作的忙乱、疲惫与挫折中逐渐丧失信心、兴致与目标，导致创业中途夭折。

(3)长期缺乏流动资金。如果流动资金筹集不足，或者启动阶段在固定资产、原料存货上投资过多而缺乏足够的流动资金，有可能导致企业夭折。

(4)缺乏市场。随着产品在市场的试销，潜在的市场风险也随之出现。如果创业启动阶段对市场规模估计过高，甚至市场判断失误，则创业起步后市场销量或营业额肯定上不去，与预期目标相去甚远，持续亏损必然导致入不敷出，企业是无论如何也撑不久的。

(5)管理混乱。创业者并一定是出色的企业家，不一定具备出色的管理才能。进行创业活动主要有两种：一是创业者利用某一新技术进行创业，他可能是技术方面的专业人才，但不一定具备专业管理才能，从而造成管理混乱；二是创业者往往有某种“奇思妙想”，可能是新的商业点子，但在战略规划上不具备出色的才能，或不擅长管理具体事务，从而造成管理混乱，导致人心涣散，引发创业风险。

2.新创业起步阶段的风险防范

(1)必须抓好人和财两个关键点。首先，人事管理方面，要制定并实施招聘制度、考勤制度、考核制度、奖惩条例、薪资方案等相关制度，把握好员工入职、在职与离职管理中涉及的相关法律及管理要求，保护好商业机密，防止核心员工携秘跳槽。厘清员工间的亲属关系或地缘、学缘关系，避免这些关系对工作的干扰。其次，财务管理方面，建立健全财务管理的各项规章制度，要制定报销、预算、核算和控制成本等制度，编制财务计划，加强财务监控。

(2)创业者主观上要有千方百计让企业“活下去”的强烈愿望。新创企业在起步期利润很少，甚至无利可图，增长缓慢，创业者必须设法让企业“活下去”，只有生存下来才可能图谋日后的发展。

(3)及时把握产品及经营状况。首先，要主动开展产品经营状况的调研，收集客户关于产品价格和经营方面的意见和建议。其次，召开小型市场调研会，邀请行业协会、政府主管部门的相关人员和专家进行咨询，听取专家意见和建议。最后，在前两项工作的基础上，对产品和经营进行调整。

(三)创业企业成长阶段的风险

创业企业成长阶段是指经过创业启动与起步阶段的努力，创业构想变成现实，企业开始真正产生商业价值，业绩、利润基本维持在一个较为稳定的水平，创业者的初始目标已经基本达到。此时，新创企业步入成长和发展阶段，伴随着企业步入快速成长阶段，创业后期的风险也接踵而至。

1.成长阶段新创企业风险来源

最大风险来自管理风险。

(1)未进行有效风险管理；

(2)用人失误；

(3)疲于奔命；

(4)财务失控；

(5)市场反应迟钝；

(6)创新乏力；

(7)新老员工冲突。

2.新创企业成长阶段的风险防范

(1)尝试授权，学会解脱。创业后两个主要因素会导致创业者开始考虑授权：一是管理问题变得又多又复杂，创业者不堪重负；二是员工渴望分享权力，希望得到更多发挥自己的空间与舞台。最有效的授权是由创业者拟定哪些问题由自己来决策，哪些工作可以授权给员工去完成，哪些工作需要员工定期汇报。创业者可让渡企业的管理权，聘请职业经理人来把握企业未来的发展大业，自己成为真正的企业家。

(2)完善组织架构，规范决策。创业成功后，企业为了更好地发展，必须建立一套完善的组织架构来有效地执行决策，有计划地完成企业的既定目标。创业者不必奢求一步到位，也不要期望建立一套持久不衰的组织架构，因为企业的组织架构也需要根据企业的目标和发展阶段来进行调整，不可能一劳永逸。一个不断完善的组织架构，会使企业做出的决策越发客观、规范。

(3)建立风险责任机制，趋利避害。

①要通过分析，主动预测风险可能会带来的负面影响。例如，投资一旦失误，可能造成多大的损失；贷款一旦无法收回，会产生多大影响；资金周转出现不良，对正常经营会造成哪些影响等。

②积极预防风险。例如，对投资方案进行评估，对市场进行周密调查，制定科学的资金使用策略等。一旦某个环节出了问题，要有补救预案，尽可能减少负面影响。

③学会减少和转移风险。对无法回避的风险，应当设法分解和转移风险。比如，尽可能将风险大的项目外包。对于风险较大的投资或经营活动，可以将这个项目分解成许多小的项目，再将其中风险较高但别人能接受的部分分包给他人去做，共享收益，共担风险；不拒绝必要的合作和规模化经营。

(4)完善激励机制，凝聚人才。创业者要与员工在沟通的前提下设计激励机制，做到一视同仁，避免特例或特殊照顾。创业者不能仅仅关注激励机制的内容，更要关注激励的过程和结果，要让员工理解和接受。当然，“老人老办法，新人新制度”是创业者常常需要遵循的原则。激励制度确定后要严格执行，及时奖惩，使其发挥应有的作用。当然，除了激励机制外，良好的企业前景对于优秀人才也具有很强的吸引力和凝聚力，这就需要不断提升企业经营业绩，规划企业未来。

(5)发展核心竞争力，战略制胜。保持竞争优势是每个企业得以持续成长的关键。核心竞争力也叫核心专长，是拥有别人所没有的优势资源，这项资源可以是人力、产品、品牌、技术、流程、营销能力、企业文化及价值等。培育和发展核心竞争力必须让企业寻找出属于其自身的核心专长，然后在这个核心专长上与他人竞争。

随着竞争对手的学习、模仿和攻击，竞争优势会随着时间而消失，为避免这种情况出现，处于快速发展阶段的新创企业必须研究并确立自己的发展战略，只有确立和选择了正确战略，并在其指引下不断实施成功的战略行动，才能在竞争对手学习、模仿或者攻击之前，建立起企业新的竞争优势，使企业的利润永远处于盈亏平衡线以上，这才是快速成长中企业永葆青春的秘密所在。

三、大学生创业风险及其防范

是否具备认清风险和防范风险的能力，将直接影响到大学生创业的成败。大学生创业远非想象中那么顺利，由于缺乏经验、阅历及风险意识，创业的成功率不高。大学生创业是一个机会，创业并非一蹴而就，创业的路上总是伴随着各种风险。大学生创业者只有学会分析自己创业过程中可能遇到的风险，懂得如何预防、应对、转移和化解风险，才能确保创业的成功。

(一)大学生创业风险的主要形式

1.创业项目风险

项目风险就是在实现项目目标的活动中具有的不确定性和可能发生的危险,分布在项目的选择、市场的定位、进度安排及对环境的判断几个关键点上。项目的选择必须经得起市场检验,不是想搞什么项目就能搞成什么项目。很多大学生创业时只是凭自己的兴趣爱好和想象来决定创业项目,甚至仅凭一时的心血来潮做决定,没有做好市场调研,在不了解市场行情的基础上就草率选择创业项目。大学生创业者的这种冲动,很容易造成项目选择不准、市场把握不清、项目进度安排不合理等一系列问题,使创业一开始就面临方向错误的风险,极有可能造成项目中途失败。

2.创业资金风险

资金风险是指因资金不能适时地筹集和供应而导致创业失败的可能性。可以说,资金风险贯穿在创业活动的整个过程,尤其在创业的起步阶段更是处在重要的位置,创业启动资金的筹备情况直接决定了创业能否顺利进行。当今社会,空手套白狼的创业奇迹越来越少,如果没有足够的流动资金,很可能会导致在创业初期就遭遇失败。资金风险普遍是创业前期的"命门",大学生更是缺乏财务分析知识,在资金管理上表现出明显的不足。相当多的大学生创业企业会在创办初期因资金紧缺而严重影响业务的拓展,甚至错失商机而不得不关门大吉。

3.创业技能风险

大学生从象牙塔走出来,还未实现由"学校人"向"社会人"的完全转变,年龄、阅历、心理等与有社会经验的人相比处于劣势。创业本身是一个复杂的系统工程,市场不会因为创业者是学生就网开一面,在单纯的校园环境中成长起来的大学生,在面对社会和市场时,比有社会经验的人更容易迷失和迷茫,做起生意来还十分稚气,儒生气太浓,"眼高手低",既不了解创业的相关政策法规,也没有相关创业的工作、实践经历,缺乏创业必备的知识和能力,对具体的市场开拓也缺乏相关的知识和经验,对一切人和事都理想化思考,对困难估计不足。大学生创业基本技能的匮乏直接影响创业成功。

4.创业竞争风险

创业竞争风险是指在创业过程中由于参与市场竞争而给企业事业带来的不确定性或损失。在市场经济条件下,任何一个行业都存在着激烈的竞争,任何企业都要面对市场参与竞争,如何面对竞争是每个企业都要随时考虑的事,而对新创企业更是如此。大学生创业者创办企业,对于创业者来讲可能是第一次,但对于社会来讲并不是第一家,也许所创办的企业已经有若干家,如果创业者选择的行业是一个竞争非常激烈的领域,那么在创业之初极有可能受到同行的强烈排挤。所创企业是否能站住脚,是否能竞争得过人家,就要看创业者的能力和策略。因此,考虑好如何应对来自同行的残酷竞争是创业企业生存的必要准备,竞争风险无处不在,无时不有。

5.创业营销风险

创业要想成功,在很大程度上依赖于经营管理,没有严格的营销手段就没有成功创业。创业失败,基本上都是营销管理方面出了问题,其中包括决策随意、信息不通、理念不清、急功近利、盲目跟风等。对于大学生而言,要有敏锐的机会意识和高超的决策水平,善于发现机会、把握机会并利用机会,决不可以根据不切实际的个人偏好或自己的喜怒而做出营销策略。市场营销风险来自许多方面，总的来说有以下几大类：

(1)市场需求变化是导致市场营销风险客观存在的首要因素。

(2)经济形势与经济政策变化产生市场营销风险。

(3)科技进步是导致市场营销风险的又一因素。

(4)人为因素，主要指销售人员和经销商给企业带来的风险。

(二)大学生创业风险形成的原因

1.风险意识薄，抗压能力弱

创业是一种积极、主动的行为，创业者的心理品质对其创业行为具有指引和调节作用，是决定创业能否成功的关键所在。很多大学生在创业前没有仔细分析过自己的性格特征和心理特质，如抗压、抗风险能力，他们并不知道自己是否适合创业。创业是一项富有挑战和风险的项目，对创业的艰难、市场的残酷、创业的复杂性和困难性没有足够的认识，没有做好积极的防范措施，会大大降低创业成功的概率。当代大学生大多是出生于20世纪90年代的独生子女，一直在比较宽松闲适的环境中生活、成长，缺乏艰苦生活的磨炼，独立性和自立意识普遍较差，对父母的依赖程度高，心理承受能力小。很多人认为影响自己择业最大的人是父母或者其他亲朋好友，过度依赖家人的心理在一定程度上影响了大学生独立自主创业的步伐。

2.实践经验少，经营管理差

创业具有很强的实践性，需要经验的积累。很多大学生属于初次创业，对于有关经营公司的知识技能如财务、营销、管理等可能只停留在理论阶段，实际遇到问题时往往难以应对。在学校里，虽然也有许多模拟创业的活动，但毕竟和真正的市场运作有所差别。创业期间，实践经验缺乏，导致经营管理不够完善，出现效率低下、人才流失、入不敷出的现象。在创办和经营企业的过程中，无法建立一套合理有效率的制度，在生产、人事、财务及销售等各方面的管理上极易出现漏洞和失误。

3.交际范围窄，团队凝聚散

创业企业要推广自己的产品，开拓市场，增大企业规模，需要有丰富的社会资源。由于大学生人际交往的范围相对狭窄，因而社会资源不丰富。许多刚创业的大学生，往往很难找到客户，接到订单，导致企业难以赢利，规模难以扩大，企业发展受阻，最终被迫关闭。此外，大学生创业团队建立往往是靠感情建立，而不是基于契约，随着创业企业的成长，这种重感情轻契约的工作关系会逐渐暴露出矛盾和问题。如果没有妥善解决，最终只能导致团队的解散。

4.政府扶持政策不完善

大学生的创业需要国家各级政府、企业各界及社会舆论等方面的支持。创业首先考虑的便是资金问题。虽然政府出台不少优惠政策，但对本身缺乏资金，筹资经验又不足的大学生而言于事无补。其次，在创业的过程中往往出现性别歧视的现象，男生创业相对女生创业要简单得多，他们更容易获得社会的认同和支持。还有就是企业基于自身发展的角度考虑，很少提供在校大学生实习机会，那么大学生获得经验技能的渠道大大减少，不利于自身的创业活动。

5.创业教育缺失

虽然大部分高校已经开设了相关的课程，但仅仅是孤立的课程，创业教育课程同专业课程之间的逻辑关系都有待进一步完善。另外，创业课程中实践环节较为缺乏，通过创业指导课程，许多大学生掌握了基本的创业理论与技巧，了解了许多他人成功创业的案例，学会了写创业计划书，也参加了不少创业设计比赛，但我们发现许多优秀的创业设计很少投入实践，难以在实践中检验设计的可行性。创业是实践性很强的活动，缺少实践便只是纸上谈兵。随着大学生创业热潮的兴起，很多高校设置了大学生创业园区，以提供大学生创业实践的场所，但这些园区尚未被充分利用，出现有些园区有场无人的情况。现有高等院校普遍缺乏对创业的政策支持和文化营造，更多的是把创业作为学生自身的一个发展选择。高校的就业指导中心也只关心学校学生的就业问题，对创业问题较少涉及。在这种状况下，大学生很难从现有的创业教育中获得系统的素质培养和能力提升。

6.法律意识不强

大学生创业过程中创业和经营方面的法律知识欠缺。在创业和经营过程中，大学生创业者对一些生意上的相关手续并不十分清楚，没意识到潜在的法律隐患，往往以感情代替规则，以主观判断代替理性思考，以赌博意识、投机心理和冒险行为代替理性的法律思维，做一些自认合理但不合法律规定的事，以致造成一些惨痛的教训。当在签署合同、洽谈业务中，没有用法律武器好好保护自己，而导致创业失败，甚至要承担刑事责任；或是被对方钻了空子，无法维护自身的合法权益，吃“哑巴亏”。法律知识匮乏，法律意识不强，是大学生创业风险形成的又一主要原因。

（三）大学生防范创业风险的对策

1.项目选择要谨慎

目前，大学生创业项目的选择多集中在高科技领域和智力服务领域，如软件开发、网络游戏、家教中介、设计工作室等。大学生决定创业之前，选择好合适的创业项目至关重要，即要选择既有市场需求又符合自己的创业项目。具体来讲，大学生创业者既要客观分析自身的创业条件，更要冷静地分析创业环境，立足于技术项目，尽量选择知识含量高、自主知识产权明确的项目，并在技术创新的基础上做产品市场化工作。在选择创业项目过程中切忌盲目跟风。还要切记的是，要做熟而不做生，一定要选择自己最熟悉、最擅长、最有经验、资源丰富的项目开始创业。

2.资金管理要科学

创业初期，通常情况下创业者的资金往往都比较缺乏或十分有限，但很多大学生创业者没有深厚的金融知识和足够多的商场经验，创业企业内部也没有财务方面的专业人员，很难对有限的资金进行科学的财务预算和管理。创业者只知道创业初期很多地方都要花钱，但不知道该怎么花，该不该花，哪里必须要花，哪里可以节省，很多都是不顾后果地乱花，等发现资金跟不上的时候后悔已经晚了。所以，创业初期对资金的管理要科学，要有严格的资金管理计划，要做好可操作性的财务编制和预算管理，规划好每一个需要花钱的地方，使得有限的资金用在刀刃上。

3.技能准备要充分

创业技能准备不足，缺乏从企业视角整合资源、实施管理的能力，大大影响大学生创业的成功率。要成功创业必须要培养创业精神和团队合作精神，提升创业心理素质，提高解决问题能力、信息收集能力、环境适应能力以及研究和完成项目的能力，要具备必要的创业知识，学会创业的本领。要敢于创业和善于创业，最好要先经历过实践的磨炼，先利用业余时间创立一些投资少、见效快、风险小的实体，提高创业能力、适应社会的能力，通过实践增加创业体验，熟悉社会环境，学会社会交往。同时，要学会对创业的科学决策，要深思熟虑，该想到的困难要想到，做到心中有数，避免准备不足，以克服创业的随意性。

4.创业经营要规范化

对于大学生创业企业来说，规模通常不大，在创立初期，一定要规范经营，诚信经营，守法经营。创办人必须建立完善的制度章程，并严格按制度和章程行事，建立现代企业制度。即使是企业起步阶段，也要制定企业发展的中长期规划，从长远考虑。同时，要认真学习与创业相关的法律内容，避免在风险和利益同时存在的情况下，采取赌博心态，以投机取巧和冒险行为代替理性的法律思考，从而造成不可弥补的损失。只有懂法、守法，并依据法律保护自己的合法权益，才能确保大学生的创业行为稳健与长久，使得创业企业从小到大、从弱到强健康发展。

5.规模扩大要稳步

当大学生新创企业顺利渡过创业阶段并生存下来后，在外部市场竞争的压力和自身成长需要的双重作用下，要通过扩张壮大，来增强企业竞争力和提升企业价值，这也是大学生创业企业持续健康成长必然的发展方向。但大学生创业企业成长实践中，创业企业刚刚有起色，初尝甜头后就急于求成，想更快收回成本创造赢利，急于企业规模扩张、经营领域扩张、项目扩张，这种盲目扩张很可能造成企业不能与自身能力、市场需求相协调，使得刚进入成长期的企业在短暂的高速扩张后很快陷入困境，成为“流星式”的企业。因此盲目扩张是极其危险的，稍不注意就可能血本无归，有计划稳步扩张才是创业企业有序发展之路。

总之，大学生创业需要胆量，审慎地决策，科学、规范地运作，准确、及时地预防风险，以期在实践中不断增强能力，开拓进取，取得创业的稳步成功。

第四节　商业模式开发

为什么有些企业短短几年时间就可以成功上市？为什么觉得过去曾经有效的方法，现在已经无效了？

为什么辛苦积累的经验不能帮助企业突破成长的天花板？为什么有些曾经风光的企业被新兴企业转眼轻松超越？

正在创业路上的你，是不是也会有这样的感触或疑惑？

中国企业基于低成本的竞争不能形成长久的优势，要获得真正的竞争力，必须转向对商业模式的关注。商业模式是屏蔽行业恶性竞争和整体经济低迷最终的防御工事，是在令人绝望的冬天里置身充满希望的春天中的“时间机器”。那么，到底什么是商业模式？我们将在本节为你揭开它的神秘面纱。

一、何谓“商业模式”

商业模式是创业者和风险投资者经常挂在嘴边的“热词”。

管理大师彼得·德鲁克指出,“当今世界企业之间的竞争,不是产品之间的竞争,而是商业模式之间的竞争”。

商业模式实践最早始于古代的商业贸易活动。但商业模式(business model)一词最早在20世纪50年代出现,而其流行却是到20世纪90年代中期以后,直到互联网的出现才使得商业模式引起主流社会的关注。网络社会的出现使得企业凭借对商业模式创新获得了巨大成功,如腾讯、百度、阿里巴巴、慧聪国际、盛大网络、分众传媒。以互联网技术为代表的新技术的出现催生了各种商业模式的不断创新,商业模式创新带来的价值创造数倍甚至是数十倍于传统经济条件下的企业价值,诱发了人们对商业模式的关注和思考。

商业模式是公司运作的秩序,公司依据它建立,依据它使用其资源,超越竞争者,向客户提供更大的价值,并依据它赢利。商业模式就其最基本的意义而言,是指做生意的方法,是一个公司赖以生存的模式,是一种能够为企业带来收益的模式。商业模式规定了公司在价值链中的位置,并指导其如何赚钱。简言之,饮料公司通过卖饮料来赚钱,快递公司通过送快递来赚钱,网络公司通过点击率来赚钱,通信公司通过收话费赚钱,超市通过平台和仓储来赚钱,等等。只要有赚钱的地方,就有商业模式存在。

所谓商业模式是为实现客户价值最大化,把能使企业运行的内外各要素整合起来,形成一个完整的高效率的具有独特核心竞争力的运行系统,并通过最优实现形式满足客户需求,实现客户价值,同时使系统达成持续赢利目标的整体解决方案。

商业模式涵盖了产品和服务价值链的全过程,是企业理念、要素、流程的系统集成,也是企业战略的动态组合。商业模式已经成为挂在创业者和风险投资者嘴边的一个名词。几乎每一个人都确信,有了一个好的商业模式,成功就有了一半的保证。

二、商业模式的特征和要素

(一)商业模式的特征

商业模式是一个非常宽泛的概念,跟商业模式有关的说法很多,包括运营模式、赢利模式、B2B模式、B2C模式、电子商务模式、广告收益模式、会员模式、佣金模式等。

在人们所熟悉的商业世界中,任何一个商业组织,都具有特定的业务流程,这一业务流程汇聚了物流、信息流和资金流,最终以增值的商品或服务传递到客户手中,并产生每个组织所赖以生存和发展的收益。概而言之,这一与每个商业组织相联系的业务流程或其核心环节的抽象,就是它的商业模式。商业模式是一种简化的商业逻辑,依然需要用一些元素来描述这种逻辑。成功的商业模式具有以下三个特征:

(1)成功的商业模式要能提供独特的价值。有时候这个独特的价值可能是新的思想;而更多的时候,它往往是产品和服务独特性的组合。这种组合要么可以向客户提供额外的价值,要么使得客户能用更低的价格获得同样的利益,或者用同样的价格获得更多的利益。

(2)商业模式是难以模仿的。企业通过确立自己的与众不同,如对客户的悉心照顾、无与伦比的实施能力等,来提高行业的进入门槛,从而保证利润来源不受侵犯。比如,直销模式(仅凭“直销”一点,还不能称其为一个商业模式),人人都知道其如何运作,也都知道戴尔公司是直销的标杆,但很难复制戴尔的模式,原因在于“直销”的背后,是一整套完整的、极难复制的资源和生产流程。

(3)成功的商业模式是脚踏实地的。企业要做到量入为出、收支平衡,这个看似不言而喻的道理,要想年复一年、日复一日地做到,却并不容易。现实当中的很多企业,不管是传统企业还是新型企业,对于自己的钱从何处赚来,为什么客户看中自己企业的产品和服务,乃至有多少客户实际上不能为企业带来利润,反而在侵蚀企业的收入等关键问题,都不甚了解。

(二)商业模式的要素

2004 年瑞士学者亚历山大·奥斯特瓦德(Osterwalder)在综合了各种概念的共性的基础上,提出了一个包含 9 个要素的参考模型。这些要素包括:

(1)价值主张,即公司通过其产品和服务所能向消费者提供的价值。价值主张确认了公司对消费者的实用意义。

(2)消费者目标群体,即公司所瞄准的消费者群体。这些群体具有某些共性,从而使公司能够(针对这些共性)创造价值。定义消费者群体的过程也称市场划分。

(3)分销渠道,即公司用来接触消费者的各种途径。这里阐述了公司如何开拓市场。它涉及公司的市场和分销策略。

(4)客户关系,即公司同其消费者群体之间所建立的联系。我们所说的客户关系管理即与此相关。

(5)价值配置,即资源和活动的配置。

(6)核心能力,即公司执行其商业模式所需的能力和资格。

(7)合作伙伴网络,即公司同其他公司之间为有效地提供价值并实现其商业化而形成的合作关系网络。

(8)成本结构,即所使用的工具和方法的货币描述。

(9)收入模型,即公司通过各种收入流来创造财富的途径。

结合中外学者研究成果,我们认为商业模式的核心三要素是顾客、价值和利润。一个好的商业模式,必须回答以下三个基本问题:

(1)企业的顾客在哪里?

(2)企业能为顾客提供怎样的(独特的)价值和服务?

(3)企业如何以合理的价格为顾客提供这些价值,并从中获得企业的合理利润?

当评价一个企业是否提出了真正具有创新性的商业模式时,首先需要从逻辑上回答上述问题,需要判断它能否为顾客、股东和员工,甚至其他利益相关者带来实际的价值和利益。总之,一个好的商业模式应当能够为多方创造价值。

三、商业模式画布

每一个创业者都希望自己的初创公司能颠覆传统行业,为用户提供独一无二的服务体验。苹果、亚马逊和 Uber 都是业界令人羡慕的公司,它们的商业模式不仅极具颠覆性,更引领着其他创业者不断创新、优化自己的业务。想要实现真正的商业模式创新,就要学习如何设计它。

瑞士学者亚历山大·奥斯特瓦德与比利时学者伊夫·皮尼厄合著的《商业模式新生代》一书将商业模式设计成简洁易懂的可视化版式,以绘图的形式将其比喻成一个个商业模式画布(business model canvas),主要用来帮创业者建立商业模式并使之可视化及测试其可行性，从而避免挥霍资金或者盲目地叠加产品功能。商业模式画布的主要内容包括以下九个部分(如图 6-3)。

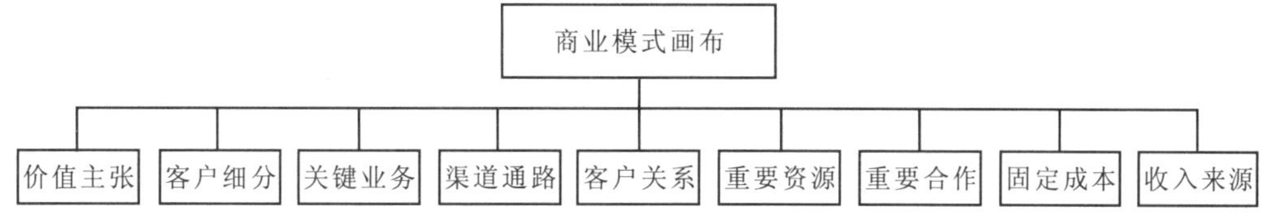

图 6-3 商业模式画布结构

商业模式画布图是指一种能够帮助企业催生创意、降低猜测、确保精确定位目标用户、合理解决问题的工具。商业模式画布图不仅能够提供更多灵活多变的计划，而且更容易满足用户的需求。它可以将商业模式中的元素标准化，并强调元素间的相互作用。目前普遍应用的商业模式画布如图 6-4 所示。

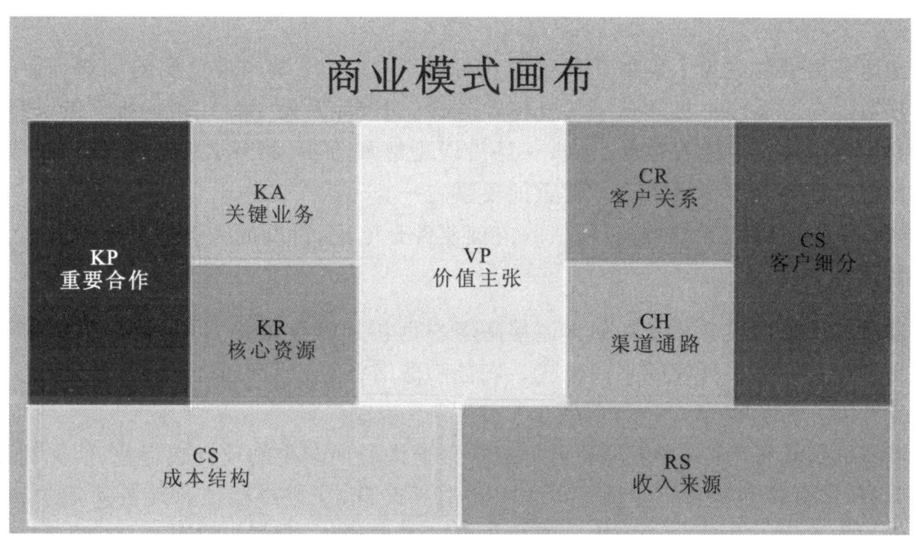

图 6-4 商业模式画布

商业模式画布由九个方格组成：客户细分——根据不同的评价维度精确定义目标客户群；价值主张——企业所提供的产品或服务；客户关系——与目标用户建立怎样的关系；收入来源——收入的来源方式；核心资源——资金、人才、技术等完成业务流程的关键资源；渠道通路——你和客户如何产生联系；关键业务——产品开发、生产、市场推广等关键行动；重要合作——通过与重要合伙人的合作能快速高效地完成业务目标；成本结构——运营成本的主要构成。

商业模式画布的正确运用，能很好地帮助创业者快速认识创新创业。商业模式画布是很多创新创业会议和头脑风暴活动的常用工具，因为它的呈现方式非常容易让受众群体接受。大学生可以借助模式画布，从以下九个方面设计商业模式。

(一)价值主张

价值主张用来描述为特定客户细分创造价值的系列产品和服务。价值主张就是客户需要的产品或服务。痛点思维是定位价值主张的常用方法。价值主张告诉消费者为什么选择你而不是选择你的竞争对手，并一开始就把你的产品或者服务清晰明了地传达给消费者。

例如共享单车的出现，就是由于城市拥堵而呼吁生态环保且强身健体的出行方式，自行车到目前为止还是最佳的选择。在不能让人到达每一个城市都带上自行车的情况下，共享单车是不能否认的好主张。

（二）客户细分

客户细分用来描述一个企业想要接触和服务的不同人群或组织。上面说到了价值主张，然后就要知道我们为谁创造价值，谁是我们的重要用户，这就是我们的目标用户群体，它可以是一个或多个群体的集合。

例如，当前各类电商品牌都是在充分重视客户，并对自己产品对应的客户进行细分后，发现了产品(服务)的发展方向，因为全盘通吃有可能什么都吃不到。

经常有大学生创业者在被问到产品(服务)的客户是哪些人(群)时，回答总是很笼统，有些直接说所有人，所有人就等于没有客户细分，目标不明确将直接导致项目无法执行。

（三）关键业务

关键业务用来描述为了确保其商业模式可行，企业必须做的最重要的事情。关键业务就是创业者的商业运作中必须从事的具体业务，比如产品开发、生产、市场推广的关键行动。这些关键业务事关企业能否存活下去，一旦错误理解和分析，将导致创业项目无法执行，这也是各类创新创业大赛中评委十分看重的要素之一。

例如腾讯的关键业务是社交，阿里的关键业务是电商，百度的关键业务是搜索。

（四）渠道通路

渠道通路用来描述公司是如何沟通接触客户而传递其价值主张的，是组织机构(企业)沟通和交付给目标客户价值的不同方式。它能唤醒潜在客户对产品的了解，并促成买卖，保证售后满意度。

在传统的买卖行为中，我们随处可见重视渠道沟通而诞生的项目或行业，比如物流行业就是典型，其极大地方便了企业和客户之间的沟通渠道，让客户能快速地获得需求；再如各个城市的外卖企业以各种方式在需求客户集中区派发传单，这就很好地推广它们的产品，让目标客户最好最快地获得熟知产品的渠道。在“互联网＋”的背景下，各类外卖平台迅速诞生，也是很多企业争相上线各种产品宣传和推广平台的重点。

常见的渠道通路有面谈或电话沟通、店内营销沟通、实物交付、社交平台沟通等。

（五）客户关系

客户关系用来描绘公司与特定客户细分群体建立的关系类型。客户关系就是与目标客户建立什么样的关系。说到客户关系，很多大学生在写计划书时都不能很好地将客户关系放入其中。企业与客户建立和保持的不同关系，会随着目标客户的不同而发生变化，既有时效性又不缺个性。所有的企业都需要不断加强与客户交流，不断了解顾客需求，并不断对产品及服务进行改进和提高以满足顾客需求。企业必须基于自身明确定义客户侧重的关系类型，尤其在当前“互联网＋”的背景下，创业者稍有不慎，会适得其反。

生活中常见的例子如各类会员卡、会员制就是一种较好的客户关系。再如“互联网＋”背景下的“粉丝”经济，就是名人、明星、“大咖”们与“粉丝”间的客户关系。罗永浩想做锤子手机之前，由于他的个人魅力，有了大量的“粉丝”，也就是他已经与客户建立了联系。推出锤子手机后，很大一部分“粉丝”变成了他的客户。客户关系中企业如何让客户掏钱，就要想办法解决怎样获得客户、留住客户的问题，提升销售额。如电信运营商早期充话费送手机优惠活动及增值业务活动。

(六)重要资源

重要资源又称核心资源，用来描绘让商业模式有效运转所必需的最重要的因素。重要资源就是企业(项目)能够正常投入市场所需要的能力和资源，包括人力资源、实体资产、知识产权、金融资产等。不同的商业模式对资源的要求是不一样的，在大学生商业计划书设计的时候要重视该部分，不然会很容易暴露企业(项目)的短板，甚至会影响企业(项目)的成败。

企业为了提供销售产品或服务的价值，必须拥有为价值生产或服务的资源，如资金、技术、人才。资金、人才、技术是完成业务流程的关键资源，是能够完成关键业务活动的基础和必备条件。企业针对关键的业务环节如研发，其重要资源包括高素质产品开发团队。生产制作的重要资源是厂房、设备和管理体系等。创业者需要解决“我们的价值主张需要什么样的核心资源，我们的渠道通路需要什么样的核心资源”之类的问题。

(七)重要合作

需要借助外界力量来完成的事情都需要合作伙伴，除非该企业(项目)创业团队都具备。现实中，任何一个企业(项目)都不可能拥有所有资源。说白了，有钱的人不一定有想法，有想法的人不一定有技术，有技术的人不一定有渠道……太辩证了，这一点其实不用举太多例子，快递公司没有车怎么办？饭店买不到菜怎么办？种菜的人不知道怎么销售怎么办？这就体现创业中寻找合作伙伴的重要性。

在商业模式画布的九大要素中，其中一个是合作伙伴。可能是非竞争者之间的联盟，也可能是竞争者之间的合作。合作伙伴是指让商业模式有效运作所需的供应商与合作伙伴的网络，哪些人或机构可以给予战略支持。国美与苏宁都是家电销售企业，与多家电器供应商建立合作关系，直接与电器生产商合作。其中国美与长虹达成一致，合作上市。

(八)成本结构

成本结构是运营一个商业模式所引发的所有成本。关于成本，一句话，企业(项目)需要花钱的地方都是成本，只是我们需要掌握自己企业(项目)的成本结构模型，因为每一个(类)企业的成本结构模式都是有区别的。同样是社交平台，有技术团队和没技术团队的成本结构是不一样的，比如常见的固定成本如场地成本、人力成本、营销成本、仓储成本、物流成本、进货成本等。

创业在创造价值、提供价值、维系客户关系以及产生收入时都会发生成本。创业者要清楚商业模式中最重要的固有成本有哪些，哪些核心资源花费最多，哪些关键业务花费最多。

就汽车企业车辆开发和生产环节而言，主要成本投入为车辆的设计、开发、测试，材料成本及设备厂房投入等。在车辆交付后，在使用一定年限内为了保证协议规定的服务水平和范围，还需要投入一定的车辆维护保养和维修费用。新能源汽车电池的成本对生命周期内总成本的影响非常大。

新手创业者只关注直接成本，低估了营销和销售成本、日常开支和售后成本。在计算成本时，可以把预估的成本与同类公司发布出来的报告对比一下。

（九）收入来源

收入来源用来描述公司从每个客户群体中获取的现金收入（需要从创收中扣除成本），收入来源是怎样从提供的价值中取得收益。如果说客户是商业模式的心脏，那么收入来源就是动脉。如果创业者不知道收入来源，该项目将会夭折。不管哪个老板，如果项目不赚钱，肯定不会干的。所有的企业（项目）必须清晰：哪些客户愿意为哪些价值服务付钱，他们最喜欢的付钱方式是什么，以及收入占总收入的比例等。各类支付平台就是在“互联网＋”背景下产生的。收入来源常见的方式有两种：一次性收费和持续性收费。具体包括一次性售出、租赁费，服务或使用费，订购费，注册费，中介费等。一个商业模式可以包含两种不同的收入来源：交易性收入，通过一次性支付获得的收入；经常性收入，来自客户为获得价值主张和售后服务而持续支付的费用。如资产销售：卖产品；使用收费：电信话费；订阅收费：在线音乐；租赁收费：租车、租房；经纪收费：信用卡手续费、房地产中介费、股票佣金。在画布中创业者要说明项目的主要收入来源。

模式画布九个部分画成九个方格，每一个方格都代表着成千上万种可能性和替代方案，你要做的就是找到最佳的那一个。九个构造块并不是独立存在的，而是相互支撑，共同描绘出企业创造盈利的逻辑。这些构造块也是创业者设计商业模式重要的方向或指标。

四、商业模式设计方法

商业模式设计关注的是企业的价值实现，是企业的商业逻辑表达方式和产品/服务赢利方式。商业模式是企业在给定的行业中，为了创造卓越的客户价值而将自己推到获取价值的位置上，运用其资源执行什么样的活动，如何执行这些活动以及什么时候执行这些活动的集合。成功的商业模式设计应该以本企业为出发点，充分考虑社会资源的集约利用和设计安排，创造企业价值、客户价值、伙伴价值和社会价值。

商业模式的本质是以系统的方式创造价值。商业模式主要通过整合社会资源提高资源集约利用率；依靠技术创新或提高效率提高社会资源的单位产出，依靠社会资源节约降低社会的总成本。商业模式设计需要具备整合资源、思维创新、关注客户、双赢理念等，通过聚合网络群体、整合社会资源、增强系统功能等实现价值创造。商业模式设计应具有指导性、战略性、目的性。结合商业模式设计目标，我们提出以下商业模式设计原则：顾客价值最大化原则、利益相关者共赢原则、企业价值最大化原则、持续赢利原则、核心能力延伸原则、价值要素匹配原则、系统资源整合原则、商业机会把握原则。

目前，对商业模式设计方法研究不多，我们在参考组织设计等相关文献的基础上，提出商业模式设计方法，主要包括参考法、相关分析法、关键因素法、价值创新法。

（一）参照法

参照法是商业模式设计的一种有效方法。该方法是以国内外商业模式作为参照，然后根据本企业的有关商业权变因素，如环境、战略、技术、规模等不同特点进行调整，确定企业商业模式设计的方向。采用参照法进行商业模式设计时一定要根据企业自身的情况加以调整和改进，创新地摸索出符合本企业的商业模式。许多企业的商业模式设计都是通过参照法进行的，如腾讯参照新浪等建立门户网站。

(二)相关分析法

相关分析法是在分析某个问题或因素时,将与该问题或因素相关的其他问题或因素进行对比,分析其相互关系或相关程度的一种分析方法。相关分析法需要根据影响企业商业模式的各种权变因素,运用有关商业模式设计的一般知识确定企业的商业模式。利用相关分析的方法,可以找出相关因素之间规律性的联系,研究如何降低成本,达到价值创造的目的。如亚马逊通过分析传统书店,在网上开办电子书店,eBay 网上拍卖也来自传统的拍卖方式。

(三)关键因素法

关键因素法是以关键因素为依据来确定商业模式设计的方法。商业模式中存在着多个变量,影响设计目标的实现,其中若干个因素是关键的和主要的(即成功变量)。通过对关键成功因素的识别,找出实现目标所需的关键因素集合,确定商业模式设计的优先次序。关键因素法主要有以下五个步骤:

(1)确定商业模式设计的目标;

(2)识别所有的关键因素,分析影响商业模式的各种因素及其子因素;

(3)确定商业模式设计中不同阶段的关键因素;

(4)明确各关键因素的性能指标和评估标准;

(5)制定商业模式的实施计划。

(四)价值创新法

对一些从未出现过的商业模式设计,往往需要进行创新,即通过价值要素的构建、组合等设计出新的商业模式。这一点在互联网企业表现尤为明显,如盛大网络游戏全面实行免费模式,开创了网游行业赢利新模式——CSP(come-stay-pay)。A8 音乐公司通过网络原创音乐平台,将进行原创音乐的网民、网络音乐下载者、电信运营商、风险投资者、合作伙伴等进行了关联,从而设计出新的商业模式。

五、商业模式设计过程

(一)基于价值的商业模式设计模型

近年来,商业模式设计成了商业界关注的新焦点。商业模式设计基于企业战略,从内外部环境、市场、资源、产品/服务、价值主张等开始,是基于企业的产品/服务能力、价值网络关系、价值要素等的一种资源整合和价值匹配,是企业的一系列价值活动过程,是从价值发现到价值实现的过程。商业模式设计过程包括价值主张、价值创造、价值配置、价值管理等环节。结合大量互联网企业实例和价值理论,我们提出从价值发现(value find)、价值主张(value proposition)、价值创造(value creation)、价值配置(value configuration)、价值管理(value management)、价值实现(value realization)6 个要素角度进行商业模式设计,并构建商业模式设计模型,如图 6-5。

(二)基于价值的商业模式设计要素描述

1.价值发现

价值发现是基于企业愿景目标,通过内外部环境的 SWOT 分析,对企业的战略进行定

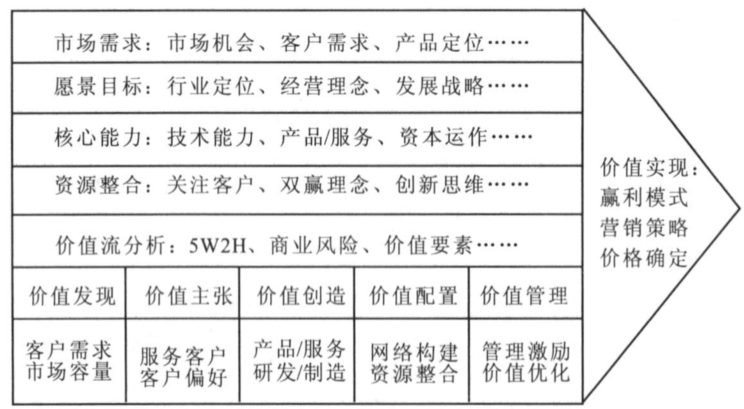

图 6-5 基于价值的商业模式设计模型

位，进而利用核心优势创造市场价值的过程。价值发现是建立在客户精准分析上的关注客户、思维创新、合作共赢、资源整合等一系列理念的应用。价值发现主要立足于发现市场需求，深入分析企业的价值链环节和客户需求，判定企业的利润区分布和市场容量，分析产品/服务的市场价值。正如和尚卖梳子一样，商业模式最核心的一部分就是它发掘了别人没有发现的顾客需求。客户需求的空间是无限的，因此，企业必须持续不断地发现市场需求，适时调整并设计商业模式，抓住并掌握企业发展的时机和机遇。

2.价值主张

价值主张是公司通过其产品和服务所能向消费者提供的价值。一个能为参与者理解且接受的价值主张应该能使每一个参与者都增加其经济效用。价值主张的阐释必须清楚、准确。如果价值主张表述得太复杂，会使顾客在购买的时候产生犹豫。价值主张必须要对客户及其偏好深刻理解，必须是真实的、可信的、独特的，具有销售力。价值主张的渗透力越强，就越能打动消费者的心，通过产品或服务创造价值就越持久。戴尔公司成功的关键就在于“按订单制造和个性化定制”的价值主张。

3.价值创造

价值创造研究的是价值是如何被创造出来的，即价值的源泉是什么。商务模式是企业创新的焦点和企业为自己、供应商、合作伙伴及客户创造价值的决定性来源。产品研发与制造或服务是公司价值创造的核心。越来越多的顾客开始参与公司的价值创造活动，无论对于产品开发还是服务提供，顾客参与都是价值创造的重要来源。商业模式价值创造主要在于便捷性、成本低廉、新颖性、用户黏性、锁定、创新性。亚马逊在图书市场能脱颖而出正是凭借其网络图书销售的方便快捷和成本低廉。此外，公司提供给顾客的往往既有产品也有服务，两者之间的区别正在逐步缩小乃至消除。正如自动取款机，取款业务的重新安排给顾客提供了一种新价值，顾客取款不再受时间和地点的限制。

4.价值配置

价值配置是资源和活动的配置。价值配置是为了企业资源和能力的有效配置和协同发展。价值配置涉及价值链的各个环节，涵盖了企业的整个运营流程。价值配置能有效地整合价值网络中的各种资源，实现资源的最佳利用，促进网络价值创造活动，实现优化产出。价值配置以利益相关者需求满足和合作共赢为目标，以利益相关者价值网络构建为核心，通过对资源和活动的有效整合与配置，建立合作共赢的价值网络体系。

5.价值管理

James M.McTaggart 于 1994 年在其《价值命令》一书中提出了价值管理（managing for value）的观点。价值管理本质上是一种管理模式、一整套指导原则，是一种以促进组织形成注重内外部业绩和价值创造激励的战略性业绩计量行动。价值管理能够传承落实公司的远景，设定员工守则、工作信条等，通过团队激励和价值优化等核心内容，沟通组织内外部，凝聚组织与个人目标成为共同信念，增加组织成员与顾客满意度，提高组织持续竞争力。价值管理取决于企业价值和企业的经营目的。

6.价值实现

价值实现是指企业创造的价值被市场认可并接受，完成要素投入到要素产出的转化。价值实现主要依靠一系列商业策略来完成。微利时代的到来使得企业需要依靠独特的价值主张吸引更多的用户来获取利润。

（三）商业模式设计过程分析

商业模式设计过程是价值发现、价值主张、价值创造、价值配置、价值管理到价值实现的过程。价值发现是商业模式的起点，价值实现是商业模式的终点。商业模式设计是通过分析找到未被满足的市场需求或发现新的市场机会，进行产品/服务的价值发现，确定核心赢利点和相关赢利点，实现产品/服务的战略定位，提出产品/服务的价值主张；以核心能力为基础，围绕着利益相关者的价值网络整合资源，通过价值配置和价值管理，并通过产品/服务构建商业营销策略和赢利模式为客户提供价值的一系列商业创新过程。

商业模式设计主要需要考虑：企业的价值主张是什么，客户是谁，直接营销对象和潜在营销对象是谁，如何赢利，如何以合适的成本来把价值传递给客户，如何构建利益相关者的价值网络，如何进行产品和服务的定价，如何最大限度地提高收入，该模式能否为客户创造最大价值，客户为什么选择本公司的产品或服务而不是其他公司的，如何与客户进行沟通，企业有哪些特殊资源和能力可以增强模式的竞争力，如何实现商业模式的可持续赢利，等等。商业模式是价值创造过程的媒介，它通过筛选技术，包装成特定的形态提供给既定的目标市场来实现技术的经济价值。商务模式明确了一个公司开展什么活动来创造价值，在价值链中如何选取上游和下游伙伴中的位置以及与客户达成产生收益的安排类型。

有人从顾客价值角度出发，通过系统分析，设计出七种赢利模式，并将其归并为价值创造类、提供类和附加类三种类型。商业模式设计应放在产业链价值环节中考虑，其核心是价值过程分析，价值链环节位置和分工对商业模式赢利能力影响很大，也决定了商业模式创新空间的大小程度。商业模式设计需要考虑股东价值、社会价值、员工价值以及顾客价值的集合，并强调所有企业利益相关者的利益最大化。商务模式的设计类似企业建模，通过对业务过程重新设计和组合，来确保商务决策为利益相关者所接受。在商业模式设计过程中应充分考虑市场、客户和利益相关者网络以及各利益相关者间复杂的需求关系，形成一个利益共生体。

商业模式是通过组成要素或其要素组合的改变而实现赢利，价值要素的数目变化、整合方式或功能结构方面哪怕一个微小的改变都会带来商业模式上巨大的变化，如设计新战略、发现新市场需求、利益相关者满足、减少运作成本、创新产品/服务、改进营销策略、吸引客户新措施（如提供额外价值、宣传）、构建新赢利模式（如广告、代理、佣金）、支付方式、订货方式、价格的改变等。价值要素组合的不同和价值要素发挥程度的不同都会导致商业模式的差异。如迅雷社区延伸的下载搜索，则使迅雷顺理成章地介入了竞价排名业务。商业模式设计的目的是创造价值，而扩大用户规模和提高用户黏性是创造价值的关键。如何使不同产品或服务具有相关性，如何增加产品或服务的用户黏性和用户体验，成为商业模式设计的重点。商业模式的设计应该考虑更符合顾客偏好，满足用户体验，这是产品创新的趋势，也是商业模式设计的趋势。淘宝网采取的用户体验方式巧妙地迎合了中国人的心理和习惯，热闹喜气，它甚至将客服人员的称呼改为具有中国武侠色彩的“店小二”，拉近了与用户的距离。

六、商业模式设计分析工具

最后我们需要对商业模式运行的关键环节进行测评、跟踪，对商业模式的实施绩效进行评估，检测商业模式的竞争优势，发现问题及时采取措施，让企业的商业模式高效运行、持续成长，不断提升竞争优势。结合管理学理论方法，我们提出价值链分析、价值流分析、作业基础管理和流程管理等商业模式设计的分析工具。

（一）价值链分析

价值链模型是 1985 年 Michael Porter 在《竞争优势》一书中提出的。该理论认为：企业的任务就是不断地创造价值，创造价值的过程就是由一系列互不相同但又相互联系的增值活动所组成。企业的运作是为了价值最大化，为此需要进行包括设计、生产、营销以及对产品起辅助作用在内的各种活动的综合，并用价值链表示（如图 6-6）。价值链分析可以评价企业竞争优势来源于哪些活动环节，有助于企业认清在运作活动链上的优劣环节，调整价值链结构，创造新的竞争优势。价值链是分析一个组织各个运作活动在创造价值贡献大小的有用工具，它从根本上将企业作为价值创造活动，包括生产操作、营销与分销、后勤等来综合考虑。价值创造体现在生产过程的各个具体活动中，价值链的每一活动既增加消费者从企业产品中获得的收益（B），也增加企业在生产、销售产品过程中的成本（C）。价值创造是产成品的价值与生产成品所牺牲价值的差额。消费者在购买产成品时付出的货币价格（P）必须低于他的可察觉价值时，才会觉得合算，即消费者剩余（$B-P$）。企业要创造比竞争对手更多的价值才能获取竞争优势。

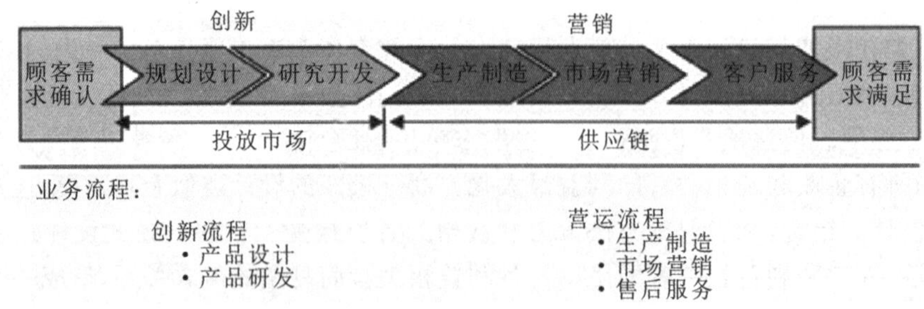

图 6-6 商业模式设计的价值链分析

（二）价值流分析

价值流是指从原材料转变为成品并给它赋予价值的全部活动，包括从供应商处购买的原材料到达企业，企业对其进行加工后转变为成品再交付客户的全过程，企业内以及企业与供应商、客户之间的信息沟通形成的信息流也是价值流的一部分。价值流包括增值和非增值活动，如供应链成员间的沟通、物料的运输、生产计划的制定和安排以及从原材料到产品的物质转换过程等。价值流分析可以绘制价值流图，分析运作过程现状，从顾客需求开始，通过研究运作流程中的每一道工序，从下游追溯到上游，直至供应商；分析每个工序的增值和非增值活动，包括准备、加工、库存、物料的转移方法等，记录对应的时间；分析物流信息传递的路径和方法，判别和确定出问题所在及其原因，设计出新的价值流程，为持续改善提供目标。价值流管理是通过绘制价值流图，进行价值流图分析来发现并消灭浪费，降低成本，赢取最高的边际利润。

(三)作业基础管理

作业基础管理是帮助企业管理者制定企业战略，管理为将战略落到实处所需要的行动及其与企业资源之间关系的一种管理方法。成功的企业能将外部的资源最大地整合到价值网络中，实现价值拓展的最大化，为企业带来最大战略利益。作业基础管理的目标已扩展到对企业活动、业务流程、产品和服务的计量，从而对分配于上述这些企业活动和业务流程直至产品和服务上的企业资源予以定价。作业基础管理对这种战略的筹划和实施是至关重要的，它辨别了关键作业、成本动因及为降低成本而改善业务流程的途径。作业基础管理能帮助管理者发现价值增加的机会，提供卓越的顾客价值是实现竞争优势的一种经营战略。通过识别和分析关键作业、业务流程及改进方法，能够帮助发展客户战略、支持技术领先战略或者辅助支持定价策略的制定。作业基础管理关注的重点主要是在确定作业，找出成本动因，包括资源动因和作业动因，据此分配资源和作业成本。

(四)流程管理及其分析工具

流程管理理论认为，为客户创造价值的不是哪一个独立的部门或者个人，而是企业的流程，流程的变化或者通过“改进”或者通过“重组”，根据流程的增值性要求来配置资源，形成适应于流程需要的新的组织机构。业务流程是把一个或多个输入转化为对顾客有价值的输出的活动(边克尔·哈默)，或是一组将输入转化为输出相互关联或相互作用的活动(ISO 9000)。“流程”的定义包括六个要素：输入资源、活动、活动的相互作用(即结构)、输出结果、顾客、价值。企业的流程具有多个层级，是从个体员工、工作团队、业务单位到企业全景的多层级过程。流程管理中的流程分析工具有助于对流程层次结构有一个更为清晰的认识和理解。国外学者 William J. Kettinger，James T.C.Teng 和 Subashish Guha 三人对流程重组的方法、技术和工具做了大量的研究工作，最终归集出可以用于流程重组的 25 种方法、72 种技术和 102 种工具。其中，最具有流程管理代表性的技术工具为 DEF 流程图分析法。

(五)价值链分析与作业基础管理的结合

价值链管理和作业基础管理都涉及了流程(或者活动)。价值链管理是利益导向的战略思维观念，作业基础管理在思想理念上是属于成本导向的。价值链高度概括并抽象出了企业的经营活动，揭示出了这些活动的目标本质　　价值增值；作业基础管理则为价值链分析和企业竞争战略的策划和实施提供了有效的分析方法。两者在分析方法上都将视野集中于企业的业务流程、经营活动(作业)，可以将两者有机结合，互动有机地应用价值链管理和成本管理的优势，通过对企业所在产业链和企业内部整个价值链的分析，寻找出企业的优势和增值环节，通过对企业资源的战略性整合和集中配置实现价值增值，营造竞争优势，同时对微观作业活动进行成本价值分析，消除资源浪费，节省投入，实现投入/产出两个方面的价值增值。构成价值链的是企业运作中互有差异又相互联系的各种流程和作业，作业基础管理所针对的对象就是这些流程和作业。从流程管理及其分析工具当中设计商业模式的价值创造来源不失为一种有效的方法。

思考与练习

1.试述创业机会的概念、来源和类型。

2.谈谈识别创业机会的一般步骤与影响因素。

3.为什么说创业机会的识别因人而异？

4.简述创业风险的构成与分类。创业者如何提高防范风险的能力？

5.试述商业模式的本质。

6.谈谈商业模式设计的思路与方法。

7.请结合本章商业模式的学习，选择一家企业对其进行“商业模式画布”练习。

第七章　创业资源

蒙牛传奇:借力打力

蒙牛乳业1999年成立,总部设在内蒙古呼和浩特和林格尔县。在短短9年的发展历程中,蒙牛乳业由中国乳业1116位上升为中国数一数二的领头羊,创造了举世瞩目的"蒙牛速度"和"蒙牛奇迹"。

1999年初,蒙牛刚成立,但是蒙牛的力量非常弱小,资金只有1000多万元,这在乳品行业实在是微不足道。当时内蒙古乳品市场的第一品牌是伊利,蒙牛当时还名不见经传。

1999年,实现销售收入0.37亿元,同业排名第119位;

2000年,实现销售收入2.47亿元,同业排名第11位;

2001年,实现销售收入7.24亿元,同业排名第5位;

2002年,实现销售收入16.68亿元,同业排名第4位;

2003年,实现销售收入40.71亿元,同业排名第3位;

2004年,实现销售收入72.14亿元,同业排名第2位。

仔细算起来,在最初3年的1000余天里,蒙牛平均一天超越一个同类企业!

4岁蒙牛,是如何后来居上的?又是如何从后来居上的角色成长为中国乳业老大的挑战者的?

蒙牛自一诞生起,蒙牛乳业的老总牛根生就非常注重借助外部力量发展壮大。

乳界素有"得奶源者得天下"之说。然而,当时的奶源已被大企业瓜分殆尽。自建奶源基地,自建工厂,没有一年半载根本就不可能。如果按部就班,在强大竞争队友的层层围困中,弄不好就会落个"出师未捷身先死"的下场。面对窘境,公司管理层跳出"先建工厂,后建市场"的窠臼,创造性地提出"先建市场,后建工厂"的战略。于是,"虚拟联合"诞生了。

1999年,蒙牛把区内外8个中小型乳品企业变为自己的生产车间,盘活了7.8亿元资产,经营冰激凌、液体奶、粉状奶3个系列40多个品种的产品,使蒙牛产品很快打入全国市场,当年销售收入达到4365万元。半年时间,蒙牛在我国乳品企业销售收入排行榜中,由千名之末蹿升至第119位。“蒙牛现象”一时成为经济界备受瞩目的一个亮点。

牛根生说，在计划经济下，企业就是生产车间的同义语，而当今做企业，可以先建市场，后建工厂。像这样，一个品牌拥有者运用自己的品牌优势、市场优势、科技优势，将许多个企业联合到自己的名下，只进行资本运营，不发生资金转移，这种联合方式就是“虚拟联合”。

2000年，蒙牛一面扩展“虚拟组织”，一面杀了个“回马枪”，创立自己的“根据地”，高起点建起了具有国际先进水平的17条冰激凌全自动生产流水线和22条液体无菌奶生产流水线。

蒙牛有了自己的工厂后，“虚拟联合”不仅没有收缩，而且进一步延伸。目前，参与公司原料、产品运输的600多辆运货车、奶罐车、冷藏车，为公司收购原奶的500多个奶站及配套设施，近10万平方米的员工宿舍，合起来总价值达5亿多元，没有一处是蒙牛自己掏钱做的，均由社会投资完成。通过经济杠杆的调控，蒙牛整合了大量的社会资源，把传统的“体内循环”变作“体外循环”，把传统的“企业办社会”变作“社会办企业”。

第一台液态奶设备，初创的蒙牛自己根本买不起。2500万元，那是一个太过奢侈的数字。怎么办？“曲线救国”。通过沟通，在看好蒙牛团队的情况下，利乐公司采取了灵活的变通策略：先在北京找了一家租赁公司，然后由这家租赁公司以第三方的身份把设备转租给蒙牛。如果蒙牛将来不出问题，那就一直租下去；如果万一出了问题，就撤回设备。双方都没有风险。

牛根生是一个非常讲究策略的人。在蒙牛羽翼未丰的时候，他暂时收起了自己的野心。在品牌上，甘当老二，依附于伊利，借势于伊利。蒙牛巧妙地通过“甘当内蒙古第二品牌”的品牌宣传和“中国乳都”等概念的推出，叫响了蒙牛自己的品牌。

蒙牛在宣传上一开始就与伊利联系在一起，它的第一块广告牌子上写的是“做内蒙古第二品牌”；在冰激凌的包装上，它打出了“为民族工业争气，向伊利学习”的字样。把蒙牛与伊利绑在一起，既借道伊利之名，提高了蒙牛品牌，使双方利益具备一定的共同点，又使伊利这个行业老大投鼠忌器，避免了其可能的报复性市场手段，因为此时伊利任何报复性的市场手段都可能造成一荣俱荣，一损俱损。由于牛根生与蒙牛骨干力量全是从伊利出来的，所以提起伊利董事长郑俊怀，牛根生至今仍言必称“我们的领导”，显示了对伊利极大的尊重。

我们看到这样一段段“蒙牛故事”，创业不是拥有资源，而是没有资源的情况下怎样寻找机会，怎样去创造资源。

“巧妇难为无米之炊”，不管多么优秀的创业者，无论多么好的创意和商业模式，都要依靠对资源的拥有和利用来实现成功创业。创业者是否拥有必要的资源来成功进行产品或服务创意的开发，是决定创业是否能够顺利推进的一个重要因素。但在创业过程中，资源几乎从来都不会是非常充足、完备的，因此，大多数情况下创业者需要通过寻找、获取、整合外部资源来弥补自身资源的不足，实现创业目标。不论是新创企业还是大型企业，不论是早期创业者还是已创业成功者，整合资源的能力都如同水之于鱼一样，不可或缺。

第一节　创业资源的分类与识别

资源是生产资料或生活资料的来源，是企业实现其产出目标所需的要素投入。创业资源是企业创立以及成长过程中所需要的各种生产要素和支撑条件的总和，包括有形资源与无形资源。对于创业者来说，只要是对其创业活动和创业企业发展有所帮助的要素，都可以归入创业资源的范畴。创业的过程也就是创业者整合、利用创业资源以创造价值、实现创业目标的过程。

一、创业资源的分类

创业资源当中最基本的是人员、资金和创业项目，除此之外还包含诸如技术支持、销售渠道、咨询机构、潜在顾客甚至政府机构在内的各种各样内容。简单地说，“创业资源”就是创业者所应具备的一些创业条件。

关键的创业资源基本上可以概括为人力、技术和资金三个方面，人力资源是其中最重要的资源，除了人以外企业资源的作用都相对明确，只要配置合理就能发挥很好的作用。简单来说，关键的创业资源就是创业企业的核心竞争力。

(一)人力资源

人是创业活动的根本，创业是对人力资源要求很高的活动，风险投资界有一句“投资就是投人”的话，很好地诠释了这一点。在创业中，人力资源分为两种：一种是创业者及其自身团队所掌握的经验、技能、协作程度等资源，创业团队自身的人力资源是创业时期最为关键的因素，创业者及其团队的洞察力、知识、能力、经验及社会关系影响到整个创业过程的开始与成功；另一种是创业团队所掌握的社会人际网络，比如创业者曾经工作过的公司，曾经的同学、战友、同乡、亲戚等，其分布在各行各业，可以在某一时点对创业企业起到正面的作用。这其中，创业者和团队自身的资源需要不断、持续地挖掘，而外部人际网络具体到个体则是阶段性的。

(二)技术资源

技术资源对于创业活动就像长矛之于骑士，是企业在市场竞争中的锐利武器。在创业初期，技术资源是最关键的创业资源之一。新创企业是否掌握创业需要的“核心技术”和是否拥有所有权，决定着创业的成本，以及新创企业能否在市场中取得成功。真正的创业者，一是拥有核心技术，二是拥有一流团队，而仅依靠一个商业上的想法来融资比较困难。技术资源能回答这些问题：我们能提供什么样的产品或者服务？它能满足或者实现人们什么样的需求？谁会需要我们提供的产品或者服务？

(三)资金资源

资金资源对于创业活动来讲，就如同汽油对于汽车一样，是推动创业活动不断开展的“燃料”。企业在不同的发展过程中，需要不同规模和性质的资金推动其发展，筹措资金是创业者最基本的能力。资金是可以通过团队的能力以及团队所拥有的技术去获得的，但反之并不成立。

(四)其他创业资源

除了以上三种关键资源外，还有很多不可或缺的资源，包括市场资源、物质资源、环境资源等。比如市场资源之于创业活动就如同跑道之于运动员，首先要把合适的运动员安排在对口的跑道上，而运动员能跑多远，一方面取决于其自身的素质，另一方面也取决于跑道的长度。企业针对市场推出产品或者服务进而获得收入，市场资源包括渠道资源、推广资源和营销资源。再比如物质资源，是开展创业活动的基础，包括场地、办公用品、固定资产和原料等。从某种意义上说，物质资源更是创业活动的生产资料，在创业活动中更多地体现为投入或成本，创业者根据自己的经验和企业性质选择并整合合适的物质资源，以提高效率或获得额外的收入。而环境资源作为一种外围资源影响着创业企业的发展。例如，信息资源可以给创业者提供场地资金、管理团队等关键资源信息，文化资源可以促进管理资源的持续发展，等等。

二、创业资源的重要性

创业者获取创业资源的最终目的是组织这些资源追逐并抓住创业机会，提高创业绩效并获得创业成功。无论创业资源是否直接参与企业的生产过程，它们的存在都会对创业绩效产生积极的影响。

一方面，要素资源可以直接促进新创企业的成长。要素资源包括以下几个方面：

(1)场地资源。任何企业都要有生产和经营的场所，高科技创业企业也不例外，这是企业存在的首要条件之一。如为科技人员提供舒适的研究开发环境和高速网络通信系统，为市场人员提供便捷的商务中心和配套设施等，将有助于新创企业更快更好地成长。

(2)资金资源。充足的资金将有助于加速新创企业的发展。新创企业无论是进行产品研发还是生产销售，都需要大量的资金。而且，新创企业往往由于资产不足而缺乏抵押能力，很难从银行得到足够的贷款，这更使得资金资源成为企业高速发展的瓶颈。因此，如何有效地吸收资金资源是每个创业者都极为关注的问题。

(3)人才资源。人才对于企业的成长和发展越来越重要。事实上，当代企业管理中的人才已经由传统的“劳动力”概念转变为“人力资本”的概念。高素质人才的获取和开发成为现代企业可持续发展的关键，尤其是对于高科技企业来说，因为更大的知识比重，人才资源更为重要。

(4)管理资源。很多新创企业的创业者都是科技人员出身，他们本身具备较强的科研能力，但是对于企业管理知识往往有所欠缺，很多新创企业都失败于管理不善，这意味着拥有一套完整而高效的管理制度是新创企业的宝贵资源。当然，在企业缺乏这一资源时，专业的管理咨询策划将有助于提高新创企业的生产和运作效率。

(5)科技资源。积极引进寻找有商业价值的科技成果，加强和高校科研院所的产学研合作，将有助于加快产品研制和成型的速度，缩短产品进入市场的时间，为企业的市场竞争提供有力的支持。

另一方面，环境资源可以影响要素资源，并间接促进新创企业的成长。环境资源包括以下几种：

(1)政策资源。从中国的创业环境看,发展高科技企业需要制定相应的扶持政策,只有在政策允许和鼓励的条件下,新创企业才能获得更多的国内外人才、贷款、投资、具有明确产权关系的科技成果、各种服务和帮助以及场地优惠等。当然,政策资源是公共资源,所有同质的高科技企业都可以享受,但新创企业更应该重视政策资源。

(2)信息资源。专业机构对于信息的收集、处理和传递可以为创业者制定研发、采购、生产和销售的决策提供指导和参考。对于新创企业来说,由于竞争十分激烈,就更加需要丰富、及时、准确的信息,以争取到更多的要素资源。这种信息如果由创业者通过市场调研分析获得,成本可能过高。因此,信息资源常常由专业机构提供。

(3)文化资源。文化资源是企业发展中重要的一环,对于新创企业来说,文化资源尤为珍贵。硅谷成功的一个很重要的原因是因为那里有浓厚的文化氛围,如鼓励冒险、容忍失败等。文化对于创业企业和创业者有着极大的精神激励作用,令新创企业以更强的动力和能力有效组合要素并创造价值。

(4)品牌资源。创业企业所置身的环境也具有一定的品牌效应。例如,优秀的孵化器能为高科技创业企业提供品牌保证,这可以提高政府、投资商和其他企业对在孵企业信誉度的估价,有助于提升新创企业获取资金、人才、科技、管理等资源。创业者要善于利用品牌资源,扩大新创企业和品牌之间的互动,以增强社会影响力。

三、创业资源的识别

资源和创业资源并不完全等同,在整合创业资源之前,首先要把创业资源识别出来,这样才可以进行有效整合。创业资源有以下特征。

(一)创业资源必须满足创业需求

在创业活动开展的过程中,会有各种各样的需求需要被满足,比如推广产品时需要媒体和广告资源,销售产品时需要渠道资源,技术升级时需要研发资源等。当然,不是每个可以满足需求的创业资源都需要被利用,最终确定的资源一定是在成本、质量和稳定性方面综合考量后选出的。

(二)创业资源具有时效性

创业者们流行"资源现在如果不能为我所用就不能成为资源"这句话,这一方面说明资源向创业资源的转变其实是一个"变现"的过程;另一方面,创业资源的需求不存在或者已经被解决时,创业资源就暂时退回到了资源的层面,不需要再被列在优先考虑的位置。所以,创业资源发挥作用具有时效性。

(三)创业资源需要可控

创业资源可以是看得见的场地、办公用品、设备等,也可以是无形的资产、机会等,并不拘泥于某一种单一的形式,但是要想真正掌握创业资源,需要对其具有一定的掌控力,既可以调用,又可以施加影响甚至是掌控其运转方向。只有可控的资源才可以成为对创业活动有帮助的创业资源。

(四)创业资源以人为载体

创业资源的分布是分散无序的,最终呈现在创业者面前的资源一定是经过人的加工和整理完成的资源包,其分类可能是以行业、地域为依据,也可能是以价格、背景等为依据。但是资源的组织和整理离不开人的力量，所以创业资源的整理和识别实际上是一个识人的过程，人也是创业资源最重要的载体。

(五)创业资源是有限的

创业资源并不是谁都可以获得并使之有效发挥作用的，它是有价格并且稀缺的。只有少数创业者才能够获得最有价值的创业资源，如顶级的资金投资机会、大牌广告推广机会等。

第二节　创业资源的获取与整合思维

一、获取创业资源的渠道

对于新创企业来说，这既是最好的时代，也是最坏的时代。创建一家企业远比以前要容易得多。但也因为这么多新创企业的存在，创业企业要想幸存下来又比之前艰难得多。在这个竞争激烈的时代，资源的争夺也愈加激烈，创业企业很难找到足够的资源来支持自身的发展。创业资源对于创业者来讲是稀缺的，但并不代表是不可获得的。创业资源具有稀缺性有三个原因。

首先，创业资源总体是有限的。与耕地、石油和淡水一样，人才、技术和市场也是有限的，对于企业庞大的数量来讲，不可能一一满足，这也就注定了有限的创业资源一定是集中在少数企业手中，正是因此，创业资源才能够创造出附加的价值。

其次，创业者获取创业资源的能力是有限的。任何一个创业者都不可能获得市场上的全部资源，即便是垄断企业也不例外，根据能力的不同，其获得的份额也不尽相同，如500强企业和新创企业如果同样组织开发一个项目，显然前者能获得更多的资源来支持项目发展。

最后，创业者对资源的欲求在不断膨胀且具有无限性。企业的发展壮大是每个创业者不断追求的，那就势必要更多的资源以支撑，但是对于有限的创业资源来说，创业者获得的创业资源的欲望却在不断膨胀，创业资源/创业者欲望的比值越来越小，使创业资源的稀缺性愈加明显。

虽然创业资源是稀缺的，但通过适当的渠道和方法仍然是可以获得的。一个基本的逻辑方法是以人为核心的倒推，即“谁能解决这个问题—他们都分布在哪些组织中—找到该组织的需求和自己所能付出的契合点—谈判和资源整合”。说到底，资源的整合其实并不是产生新的资源，也并不是其中一方面的单方面获得，而是将不同个体之间的资源重新组合，以实现资源优化配置和共赢的关系。以下是获得主要创业资源的一些渠道和方法(如表7-1)。

表 7-1　获得不同类型的创业融资方法

分　类	方　法	分　类	方　法
人力资源	为别人工作 熟人介绍 社交网络 圈子辐射	资金	亲友筹措 银行、信托等债权融资 私募股权投资、风险投资等股权投资 政府资金
技术资源	自有或自行研发 引进技术人才 购买技术成果	市场	市场：媒体、市场研究机构、创业孵化机构 销售：已经积累的客户、互联网、广告和网络交易平台

（一）获取人力资源的途径和方法

这里的人力资源不是指创业企业成立以后需要招募的员工，而是指创业者及其团队拥有的知识、技能、经验、人际关系、商务网络等。在获取人力资源的过程中，一方面要考虑让合适的人做擅长的事，另一方面也需要考虑性价比。获得人力资源有很多种方法：

1.为别人工作

这里的别人不仅指企业，也包括可能为未来创业提供帮助和支持的政府、事业单位和组织等。以进入企业为例，通过打工的经历学习行业知识，建立客户资源渠道，了解企业运作的经验，学习开拓市场的方法，认识赢利模式。先让自己成长起来，并累积一定的人脉资源，再去主导创业，是个不错的选择。

2.熟人介绍

可以说，创业过程中"关系"被摆在了一个很重要的位置上。透过"关系"，我们可以看到它背后实际上的指向是"信任"。通过同学、朋友、亲戚、战友甚至熟悉的商业伙伴，可以让陌生人之间建立起起码的信任，这也是开展商业行为的基础。

3.社交网络

这里的社交网络是指狭义的网络社交。如今互联网和移动互联网蓬勃发展，类似于微博、微信、人人等网络社交平台已经成为人们交往的主要方式之一，例如在北京、上海、广州、深圳等一线城市，很多人第一次见面直接交换的已经不是手机号码，而是微信号码，可见新技术浪潮正在改变人们的生活。所以主动拥抱社交网络，可以更快地获得人力资源。

4.圈子辐射

每一个行业都有自己的行业协会、俱乐部，就如同每所大学都有自己的校友网络一样，这些圈子可以说是行业人才聚集的地方。当然，初期进入这些圈子的成本可能相对较高，很多圈子都是不公开的，但是当成功进入之后，获取人力资源的成本会降低很多，不失为一种专业的、高效的方式。

（二）获取资金的途径和方法

资金是创业活动的"燃料"，但在创业初期就不缺钱的创业者实在是少之又少，所以如何获得资金让自己的企业发展壮大，几乎是每个创业者都要面临的问题。对于每一笔资金，获取都会有相应的成本，如果剔除人际关系、信任等因素，一笔资金的获取成本根据获得形式的不同也有不同的预测，方法也不尽相同。

1.亲友筹措

除了创业者投入自有资金之外,向亲友筹措资金是创业初期创业者常用的方式,通常这笔资金的规模并不大,主要作为启动资金,形式可以是股权关系,也可以是债权关系,股东或借款人通常关注创业者本人而非创业项目。

2.银行、信托等债权融资

这种融资方式比较适合传统产业或重资产行业,一般贷款需要一定的抵押物,包括房产、设备、厂房等,而获得这些金融机构的债权融资一般需要先与贷款的负责人或信托经理接洽,进而准备尽职调查等。该种融资方式周期一般为1~6个月不等。

3.风险投资、私募股权投资等股权融资

风险投资(VC)和私募股权投资(PE)是科技企业常见的一种融资方式,金额一般从100万美元到5000万美元(或等值人民币)不等。想要获得风险投资基金的青睐,首先得有一份完整的创业计划,这种方式不适合新创企业,而适合已经有一定规模的中小型科技企业。从风险投资人接洽项目到最终完成交易,可能需要几个月的时间。然而需要指出的是,风险投资每年投资项目非常有限,所谓打铁还需自身硬,创业者也不需要把目光只集中在概率不高的VC和PE上,专注于业务等投资人找上门未尝不是个省心的办法。而上市则是企业发展到一定阶段后向公众募集资金的方式。

4.政府资金

目前,上到国家机关和部委,下到各省市的相关部门,都有专门扶持创业的基金,而这些基金扶持的行业一般都要符合国家的大政方针,非常有针对性,比如针对科技创新火炬基金、针对大学生创业的共青团中央的中国青年创业国际计划、上海大学生创业基金会等,此类信息一般通过政府、机构和组织的主管部门网站和熟人网络获得。

(三)获取技术资源的途径和方法

技术在新创企业中发挥的作用是巨大的,作为产品和服务的基础,技术资源如何获取是非常有讲究的,一方面要保持领先性,另一方面也要控制技术所占的成本。获得技术资源的方法不尽相同,具体如下:

1.自有或自行研发

如果创业者自身拥有企业对口的技术背景,那么技术获取成本会大大降低。如果创业者有一定的技术资源但还未达到企业的要求,那么可以自行组织资源和人力研发,这样的优点是可以保证技术的稳定性和适应性,缺点是研发会有一定的周期。

2.引进技术人才

引进技术人才是一个比较快捷的获取技术资源的方法,可以把技术人才以技术合伙人的形式引进团队。术业有专攻,创业者可以全力发挥自己的优势而不用被技术所困。缺点是合适的合伙人并不容易找,技术所有权和机密层面也存在一定的风险。通常可以通过人才网站、科研院所和大公司的技术部门等途径找到相应的技术人才。

3.购买技术成果

购买他人的技术是一种比较彻底的获取技术资源的方法,这样做的优点很明显,可以在最短的时间内获得最符合需求的技术成果,并且技术产权方面也不会发生不必要的纠纷。当然,缺点也很明显,即长期来看更新换代方面可能比较乏力。通常通过科技成果报道、科研机构或高校实验室、专业信息机构和图书馆等途径可以找到技术成果的信息。

(四)获取市场资源的途径和方法

通常所指的市场资源简单来说分为市场(marketing)和销售(sales),前者包括市场分析数据、活动策划和供应链等,后者包括推广和渠道等。市场资源通常可以通过媒体、市场研究机构、创业孵化机构等途径获取,而销售资源通常可以通过已经积累的客户、互联网、广告和网络平台获得。销售网络的构建一方面可以借用他人已有的营销网络,使用公共流通渠道;另一方面可以将自建营销网络与借用他人营销网络相结合,扬长避短,使营销网络更合适新创企业的要求。

二、整合创业资源的思维

在创业过程中,创业资源的获取并不一定都是指传统意义上的完全拥有、占有或控制创业资源,而是找到一种适当的方法使其为创业者所用。创业者在缺乏技术、资金、人才的情况下,只需掌握有关信息,知道"是什么""为什么""谁可以做""如何做""哪里做",甚至仅仅知道"谁知道",就可以通过寻找、利用与资源掌控方的某种利益契合点,实现双赢,达到四两拨千斤的效果。在此过程中,创业者应该具有一种整合创业资源的思维。

整合创业资源思维的核心是资源互换,通俗一点说是合作。以经营一家连锁店为例:当一个创业者只有一家店或者两三家店且经营水平一般的时候,他是断然不会去想如何再去开 10 家店的,每天只会聚焦于如何提高业绩,如何学习管理,如何规范管理、技术、流程和员工教育等,导致一大堆问题好像永远都解决不完。假如这位创业者擅长技术,他对面或隔壁的店主擅长管理,过去的思维模式是他拼命地去学习管理来打败他对面或隔壁的竞争对手;同理,他的竞争对手也在拼命地学习技术打败他。三年过去,谁也没有打败谁,因为他和他的对手都在不断地学习进步,最终的结局是,在他和他的竞争对手拼得你死我活、两败俱伤的时候,一个大连锁进来把他和他的竞争对手全部收购了。

整合的思维是换几种思维方式。假如当初创业者和他的竞争对手联合起来,成立一家公司,一个负责技术,一个负责管理,用他们各自省下三年的时间来研究管理和技术,合作起来管理和技术都有了,再找一个营销比较擅长的老板来合作,那么技术、管理、营销全部都有了。而一谈到和别人合作,大多数创业者的思维却是:和他合作我有什么好处?一旦形成了这种和别人合作就必须占别人便宜的思想,那么就永远都做不大,因为没有人愿意和心胸不宽广的人来往。

两三家连锁店如何合作呢?其实并不需要收购谁,只需要遵照等价交换股权的方法,互换股权即可。当整合了 10 家店的时候,公司本身的总股本就是董事会股本加公司实际投资金额。按照连锁店发展的步骤,以下分别讨论四种整合资源的思维。

(一)确立 1+1>2 的思想

假如原始创业团队是 10 个人,每人一家店,那么董事会股东就是 10 个人,每个人的占股比例就是转到董事会的实际股本除以公司总股本。一个人去开 10 家店会非常累,因为事无巨细都要处理,但 10 个人去开 100 家店就很轻松,因为分工明确:搞技术的搞技术,搞管理的搞管理,搞营销的搞营销,搞流程的搞流程,各自做了擅长的事情。10 个人开 100 家店相当于还是 1 个人 10 家店,赢利应该一样多才对,但实际上,10 个人开 100 家店赚的钱平均下来比 1 个人开 10 家店赚的钱多 3 倍以上,而且更轻松。

(二)看清品牌的本质是规模

在公司成立之前,创业者一定不能够把别人店的招牌换成自己的招牌,一是会让对方很反感直接导致整合失败,二是这个时候换不换招牌没有任何实际意义,但在公司成立以后就必须统一品牌,因为要塑造品牌意识。真正的品牌在于实际规模而非名字,因为名字本身并不重要,当有了100家店的时候,不管叫什么,也是全国知名连锁品牌了。

(三)充分尊重合作者的权益

建立发展基金,就是每月每个股东的分红扣除一定比例,比如用15%来作为发展基金。建立发展基金的目的主要用于投资开设新店。等规模发展到30家店的时候,即可与经销商谈分红,经销商供到店里的产品的利润是30%,他自己的利润还剩70%,所以经销商没有理由不同意。充分尊重合作者的权益,保护并争取他们应得的利益,才能让自己的事业格局越来越大。

(四)从个体整合到单元整合

整合单店过后是整合连锁店。首先,连锁企业是不可能为了合作而换品牌的,一家连锁店旗下有2～3个品牌是很正常的。连锁与连锁合作比单店与单店合作成功率高,因为连锁店已经具备一定的格局,合作思维也更加开放。但连锁与连锁合并等同于两家公司的合并,所涉及的股权交易、股本核算、资产重组与董事会重组就要复杂得多,而且还涉及多品牌运作的方法和公司的法律程序,这就需要引进专业人士来处理。从整合个体的单店到整合可以看作是一个单元的连锁店,是具有一定基础的创业者不可不学习的。

简单来说,一个连锁企业的发展,不可避免会经历机制升级、品质升级、体制升级、项目升级、产业升级的阶段,每个阶段都有特定的整合资源的方法,但万变不离其宗。管理重在发挥已有资源的效率,创业重在在现成资源的情况下如何达到既定目标,资源互换、合作共赢即是整合资源的真谛。

三、整合创业资源的原则与方法

成功的创业者大多都是资源整合的高手,创造性地整合资源是他们成功的关键因素之一。人们经常用“白手起家”来描述创业者敢于冒险、艰苦奋斗、坚强等品质。资源匮乏、难以融资、难以吸揽人才等,对创业者来说是普遍现象。哈佛商学院教授斯蒂文森先生认为,创业是不拘泥于当前资源条件对机会的追寻,是将不同的资源组合利用和开发机会并创造价值。资源是人类开展任何活动所需要具备的前提,要把握创业机会,同样需要具备相应的资源。创业活动往往是在资源不足的情况下把握机会,这并不等同于创业者不需要重视资源,相反,这样的定义恰恰是在提醒创业者必须创造性地整合资源。

以下是创造性地整合资源必须遵循的重要原则与方法。

第一,尽可能多地发现和确定可供整合的资源提供者。要整合资源,就要找到可以提供资源的对象。对此,一种办法是找到少数的拥有丰富资源的潜在资源提供者,如政府、大公司等;另一种办法是尽量多找潜在的资源提供者。“借力建天桥的故事”中建天桥的小伙子找到了政府、愿意做广告的大公司。

第二,认真分析潜在资源提供者的利益并找到共同利益所在。商业活动强调利益,要做到资源整合,需要认真分析潜在资源提供者各自关心的利益所在。在建天桥故事中,小伙子想赚钱，政府希望拥有政绩，大公司想在黄金地段做广告。表面上看，各自的目的不同，利益诉求也不同，但存在联系。一旦不同诉求的组织或个人之间存在共同利益，或建立起紧密的利益联系，他们就成为利益相关者。

第三，采用让对方先赢自己再赢的整合机制。资源能够整合到一起，需要合作，合作需要双赢甚至是共赢。合作总要有一个开始，在没有合作基础的前提下，一开始就双赢不容易。建天桥案例成功的关键在于主人公想到的是让对方先赢，以此换取对方的信任。建天桥的小伙子明确告诉政府，自己出钱建天桥还不标明是自己建的，政府不花钱还让老百姓高兴，合作正是由此达成的。

第四，注重沟通。沟通很重要，具有较强的沟通能力是创业者创业成功的关键因素。

创业成功与否与创业之初所控制的资源多少关系不大。很多人在初次创业的时候，资源都十分欠缺。大量事实也表明创业之初创业者支配的资源几乎是微不足道的。对于创办一个小企业来说，并不需要多少资本。在创业者把企业做到一定规模之后，与之相比企业的初创资本可以忽略不计。

实际上，所有成功创业者在新创企业成长的各个阶段，都会做到用尽可能少的资源推进企业往前发展。同时，对他们而言，资源的所有权并不是关键，关键的是对其他人的资源的控制、影响程度。这种态度的好处在于，它能够减少创业者创业所需的资本量；在选择经营企业还是放弃企业时处于更有利的地位，即以放弃资源所有权为代价而提高了灵活性；降低沉没成本、固定成本，并以丰富的利润抵消变动成本的上升；能够大大降低创业者把握商机过程中的风险。

资源的种类很多，有有形资源，也有无形资源；有物质资源，也有非物质资源。对于创业者来说，自身所具备的知识、社会关系网、专长、组织领导才能、沟通能力、对市场和顾客需求的洞察能力等都可以成为有助于其创业成功的重要资源，合理地运用这些资源，创业者就有可能成功地整合到资金、人力和物力，进而为创业活动奠定基础。

资源流动是经济全球化的重要特征，资源整合可以突破空间、组织和制度等方面的限制，而在更加广阔的范围内开展，这也是创业活动活跃的重要原因。要成功地整合资源，创业者必须有创新的思维，要兼顾各方面利益相关者的利益，达到多赢、共赢的目标。

第三节　创业融资

对于大多数创业者和新创企业而言，资金往往是其最不可或缺也最容易短缺的重要资源。因此，寻找外部资金支持就成为创业过程中十分重要的环节。但这并不是一件容易的事情：银行因规避风险而不愿意贷款给新创企业，创业投资家总是在寻找非同寻常的创意和商业模式，私人投资者则小心翼翼，而通过公开上市募集资金只有少数明星企业能够做到。那么创业者该怎样获得外部资金支持呢？

一、创业融资的内涵与阶段性

“融资”就是资金在供给者与需求者之间的融通与流动。所谓创业融资，是指创业者和创业企业为了实现一定的创业目标，弥补自身资金不足，根据经营策略和发展需要，经过科学预测和决策，通过某种渠道和方式筹集资金的行为。资金是企业的血脉，是企业经济活动的第一推动力和持续推动力。企业的创立、生存和发展，必须以一次次融资、投资再融资为前提。创业融资不是一次性融资，而是包括整个创业过程的所有融资活动。创业融资可以在企业成立前，也可以在企业成立后，其产生的原因和内容如表 7-2 所示。

表 7-2 创业融资产生的原因和内容

产生时间	产生原因	主要内容
企业成立前	注册资本	设立企业的注册资本
	发起成立	办理相关权利证书，审批、登记等
	办公条件	租赁、装修办公场所，购置办公物资
企业成立后	资金流	购买原材料、招聘员工、员工培训、薪资、市场推广、建立品牌等
	生产资料	购置、维护生产设备设施
	产品开发	前期开发、生产成本

创业融资具有鲜明的阶段性特点。创业企业在“种子期”，总体上对资金的需求较少，主要体现在开办费用、可行性调研费用、部分技术研发费用等。这一阶段以赢利为目的的外部资本一般不会介入，企业大多依靠自我融资或亲戚朋友的支持。在成长期初期，企业现金流通常为负，现金需求量增大。创业企业在成长期中期，企业销售迅速扩大，收入大幅增加，需要大量资本投入生产运营。创业企业在成长期后期，企业表现出高度的成长性，形成较好的市场声誉，且具有一定的资产规模，现金流动处于较好的状态，但为了提高市场占有率，扩大企业规模，仍需要大量资金。这一阶段风险投资等开始介入。在创业企业成熟期，尽管现金流能够满足现有业务的发展需要，但新的机会不断出现，企业仍需外部资金来实现高速增长。这一阶段通过银行贷款获得资金较为容易，也较为普遍。

二、创业所需资金的测算

创业者必须先要有一定的资金，才可以开展自己的经营行动。创业者需要筹集哪些资金？需要的资金规模有多大？企业正常运转后，又需要多少资金？这些是创业前必须考虑的问题。

(一)启动资金的预算

创业者在对市场有了一定的分析和了解并确定产品的市场状况良好后，下一步要做的一项非常重要的工作就是确定开办企业必须购买的物资和必要的开支，并测算总费用，这些费用称为启动资金。

1.启动资金的类型

启动资金分为固定资产投资和流动资金两部分，主要用来支付场地（土地和建筑）、办公家具和设备、机器、原材料和商品库存、营业执照和许可证、开业前广告和促销、工资以及水电费等费用。

固定资产是指企业购买的价值较高、使用寿命长的资产，如使用期限超过一年的房屋、机械、运输工具以及其他与生产经营有关的设备等。不同的企业所需的固定资产不同，有的企业用很少投资就能开办，而有的则需要大量的投资才能启动。在创办企业时尽可能把必要的投资降到最低程度，让企业少承担风险。

流动资金是指项目投产后，为进行正常生产运营，用于购买原材料、燃料、支付工资及其他经营费用等所必不可少的周转资金。

2.启动资金的预测

创业者要认真而详细地对固定资产投资和流动资金进行预测，不同类型的企业所需资金有所不同。

(1)固定资产投资预测

对于企业而言，最主要的固定资产投资就是企业用地和建筑投资及设备投资。

一是企业用地和建筑投资。办企业或开公司，都需要有适用的场地和建筑物。也许是用来开工厂的整个建筑，也许只是一个小工作间，也许只需要租一个店面。如果能在家里开始工作，就能降低投资。当清楚需要什么样的场地和建筑物时，要做出以下选择：

①造新的建筑物。

②买现成的建筑物。

③租一栋楼或其中的一部分在家开业。

④造房。如果企业对场地和建筑物有特殊要求，最好造自己的房子，但这需要大量的资金和时间。

⑤买房。如果你能在优越的地点找到合适的建筑物，则买现成的建筑物既简单又快捷。但现成的房子往往需要经过改造才能适合企业的需要，而且需要花大量的资金。

⑥租房。租房比造房和买房所需的启动资金要少，这样做也要灵活。如果是租房，当需要改变企业地点时，就会容易得多。不过租房不像自己有房那么安稳，而且也得花些钱进行装修才能使用。

⑦在家开业。在家开业最便宜，但即使这样也少不了要做些调整。在你确定你的企业是否成功之前，在家开业是起步的好办法，待企业成功后再租房或买房也不晚。但在家工作，业务和生活难免互相干扰。

二是设备投资。设备是指企业需要的机器、工具、车辆等。对于制造商和一些服务行业，最需要的往往是设备。一些企业需要在设备上大量投资，因此了解清楚需要什么设备，以及选择正确的设备类型就显得非常重要。即使是只需要少量设备的企业，也要慎重考虑确实需要哪些设备。

(2)流动资金预测

企业开张后要运转一段时间才能有销售收入。制造商在销售之前必须先把产品生产出来；服务企业在开始提供服务之前要买材料和用品；零售商和批发商在卖货之前必须先买货。所有企业在揽来顾客之前必须先花时间和费用进行促销。总之，需要流动资金支付以下开销：

①购买并储存原材料和成品；

②促销费用；

③工资；

④租金；

⑤保险和许多其他费用。

一般而言，创业者必须准备足够的流动资金来维持企业的正常运转。不同类型的企业对流动资金规模要求不同，有的企业需要足够的流动资金来支付6个月的全部费用，也有的企业只需要支付3个月的费用。创业者必须做好预测，在获得销售收入之前，企业能够支撑多久。一般而言，刚开始的时候销售并不顺利，因此，流动资金要计划富裕些。

一是购买原材料和成品费用。制造性企业生产产品需要原材料；服务性企业的经营者也需要一些材料；零售商和批发商需要储存商品来出售。创业者预计的库存越多，需要用于采购的流动资金就越大。既然购买存货需要资金，创业者就应该将库存降到最低限度。如果创办的是制造性企业，创业者必须预测生产需要多少原材料库存，这样可以计算出在获得销售收入之前需要多少流动资金。如果是服务性企业，创业者必须预测在顾客付款之前，提供服务需要多少材料库存。零售商和批发商必须预测在开业之前，需要多少商品库存。

创业者请记住：如果企业允许赊账，资金回收的时间就更长，需要动用流动资金再次充实库存。

二是促销费用。新企业开张后，由于消费者对自己的产品或提供的服务还不了解，为了让消费者购买自己的产品或服务，就需要对自己的产品或服务进行促销活动，而促销活动需要费用开支。

三是工资。如果新企业雇用员工，就得给员工付工资。创业者还要以工资方式支付自己家庭的生活费用。计算流动资金时，要计算用于发工资的钱，只要用每月工资总额乘以还没到达收支平衡的月数就可以计算出来。

四是租金。正常情况下，新创办企业一开始运转就要支付企业用地用房的租金。计算流动资金中用于房租的金额，用月租金乘以还没达到收支平衡的月数就可以得出来。而且，创业者还要考虑到租金可能一付就是3个月或6个月，这样会占用更多的流动资金。

五是保险。同样，企业一开始运转，就必须投保并支付员工的医疗保险、养老保险、工伤保险等相关保险费，这也需要流动资金。

六是其他费用。在创业起步阶段，还要支付一些其他费用，例如电费、办公用品费、交通费等。

(二)运转过程所需资金的预测

为了使企业能正常地运转，企业必须有足够的资金予以保证，这就需要制定现金流量计划。现金就像是使企业这台发动机运转的"燃料"，有些企业由于缺乏管理现金流量的能力，可能会影响企业的正常经营。在大多数企业中，每天都要收取和支付现金，成功的创业者都要制定现金流量计划。现金流量计划显示每个月预计会有多少现金流入和流出企业。预测现金流量将帮助企业保持充足的动力，使企业不会出现现金短缺的威胁。当然，制定现金流量计划绝非易事，常常有下列因素影响其准确性。

(1)有些销售需要赊账，赊销通常在几个月后才能收回现金。创业者在制定市场营销计划时，已经决定了赊销政策，因此需要考虑到这个因素。

（2）有时企业采购会赊账，以后再付现金，这也会使现金流量计划的制定变得更加复杂。但赊账对于一个新企业而言不太可能，因而也就不太常见。

（3）新企业的某些费用是“非现金”的，如设备折旧等项目将不包括在现金流量计划里。但是，当设备折旧期一过，就可能丧失功能，必须购买新设备。若没有考虑到这个因素，现金准备不足，不能按时购进新设备，将会影响企业的正常运转。

通过制定现金流量计划，创业者明确了流动资金的需求量。现金流量计划有助于保证企业在任何时候都不会出现无现金经营的情况。为了保证新企业的正常运转，一旦发现现金短缺，企业应尽快考虑筹措资金的渠道和方式。

三、创业融资的类型与渠道

（一）创业融资的类型

根据资金来源的性质不同，融资资金可以分为债权性资金和股权性资金两种。如表7-3所示，二者各有不同特点。

表 7-3 债权性资金与股权性资金的比较

比较项目	股权性资金	债权性资金
本金	不能从企业收回，可以向第三方转让	到期从企业收回
报酬	根据企业经营情况而变化	事先约定固定金额的利息
风险承担	承担	不承担
对企业的控制权	按比例享有	无

1.股权融资

股权融资也叫权益融资，意味着创业者用未来企业部分股权换取创业融资，表现为未来企业出具的股票（适用于股份有限公司）、出资证明（适用于有限责任公司）。私募资本、风险投资和公开上市是股权融资最常见的来源。股权融资不是贷款，收到的资金不需要偿还。实际上，股权投资者成了企业的部分所有者，即股东。有些股权投资者进行所谓的长线投资，满足于通过股利支付的投资回报，更为一般的是，股权投资者具有 3～5 年的投资期，期望通过股权买卖收回他们的资金并获得可观的投资回报。

2.债权融资

债权融资对创业者来说主要是商业信贷，贷款最普遍的来源是商业银行。一般来说，银行贷出的款项必须还本付息。银行不是投资者，只对风险小、具有可靠抵押物和较易预测回报的创业项目感兴趣。

（二）创业融资的主要渠道和方式

融资渠道是指筹集资本来源的方向与通道，体现着资本的来源与流量，属于资本供给范围。创业融资渠道包括私人资本融资和机构资本融资。私人资本融资包括创业者自筹资金、向亲朋好友融资、个人投资（即天使资金）；机构融资指创业企业向相关机构融资，包括银行贷款等。近年来又兴起了一种众筹方式。以下介绍几种比较重要的融资渠道和方式。

1.风险投资

风险投资也叫创业投资，是指向企业进行股权投资，待创业企业发育成熟或相对成熟后通过股权转让获得资本增值收益的投资方式。风险投资者不仅投入资金，还利用长期积累的经验、知识和信息网络帮助创业者将获得高额度的回报，这是一种高风险与高收益并存的投资。关于如何获得风险投资后面会详细论述。

2.银行信贷

银行信贷是各类自然人或法人按照贷款合同从银行等金融机构借贷长期或短期债权资本的融资方式。我国除了为配合国家科技发展计划、针对技术创新的科技贷款之外，面向处于种子阶段、萌芽阶段的创业信贷资本较少，这也是符合银行信贷资本追求“赢利性”“流动性”“安全性”的基本要求。当新创企业在市场上存在一定时期，具有一定生产规模及稳定的经营项目时，可以向银行申请信贷资本。

3.创业担保

创业担保即由专业创业担保公司为中小型企业向商业银行提供贷款担保，对银行来说，降低了风险，对企业来说，获得了资金。担保基金的来源，一般是由当地政府的财政拨款、会员自愿缴纳的会员基金、社会募集的基金、商业银行的资金等几部分组成。

4.首次公开募股(IPO)

企业的首次公开募股(initial public offering，IPO)是指一家企业或公司(股份有限公司或有限责任公司)第一次将它的股份向公众出售(首次公开发行，指股份公司首次向社会公众公开招股的发行方式)。通常上市公司的股份是根据招股书或登记声明中约定的条款通过经纪商或做市商进行销售的。有限责任公司首次公开募股后会成为股份有限公司。

5.其他融资方式

除了以上四种常见的融资方式之外，还有其他的融资方式，比如融资租赁(指出租人根据承租人按照合同约定方式取得租赁物，出资向出卖人购买租赁物，出租给承租人使用，承租人按照合同约定方式取得租赁物长期使用权，在承租期间，按照合同约定期限向出租人支付租金的租赁方式)、典当(指当用户将其不动产、动产或权利作为当物抵押给典当行，支付一定比例费用，取得当金，并约定期限内支付当金利息、偿还本金、赎回当物的行为)、政府或社会中介机构的扶持(如创业孵化器、科技园区、财务顾问公司)等方式。

四、创业融资的步骤

(一)准备一份创业计划书

一份详尽的创业计划对创业而言是一个重要的资源。

“投资人条件苛刻与否，那就要看你跟投资人是如何处理的，是如何签合同的。一般来说，投资人就是请神容易送神难，他进来的目的就是赚钱，不管等多少年，他希望你的公司做大。所以中间当你的公司发展处于瓶颈或者困境的时候，投资人就会给你制造很多麻烦。但是如果他们不给你投钱，你的公司可能连制造麻烦的机会都没有。”新东方集团董事长俞敏洪有关创业融资的讲话表明，创业者要用可行的创业计划才能达到实现融资要求。

创业计划书应编写得清楚、扼要，能对所涉及的关键的假设做具体解释。具体而言，一份创业计划书必须回答清楚以下几个基本问题：

(1)你要做什么(what)？清楚简洁地描述你的产品或服务的名称、特点和核心优势。

(2)你的市场在哪里(for whom and at where)？论证你的产品或服务面向的顾客群及其特点、规模，同类或者相似产品或服务的市场状况以及竞争对手状况，你所拥有的差异性以及优势。

(3)你准备和谁一起做(with whom)？阐述你的团队构成、团队技能组成以及拥有的基础资源、核心资源。

(4)你准备怎么做(how to do)？说明你将采用什么生产产品或者提供服务的技术，使用什么市场方法寻找你的顾客以及销售你的产品。

(5)创业第一年可能的经营状况怎样(how)？(预先)编制第一年的现金流量表、损益表，估计第一年可能会遇到的各种困难和风险。

创业者要根据创业计划书的功能、面对的对象编写不同的创业计划书，创业计划书撰写与展示将在第七章作详细论述。

(二)争取风险投资基金

新创业企业经常会处于缺少资金的艰难境地，即便是在充满创业精神、政府管制少、风险资本供应充分的美国也是如此。因此启动资金和后续资金的充沛与否已成为风险企业成败的最关键因素。大学生创业者如何获得风险投资基金的青睐呢？

1.要了解风险投资者的所思所想

任何一家投资公司都不会选择那些不具备成功条件的企业进行投资。通常，企业成功的条件是：

(1)有较高素质的风险企业家。他必须有献身精神，有决策能力，有信心，有勇气，思路清晰，待人诚恳，有出色的领导水平，并能激励下属为同一目标而努力工作。

(2)有既有远见又符合实际的企业经营计划。这个计划要阐明创办企业的价值，明确企业的发展目标和发展趋势，明确企业的市场和顾客，明确企业的优势和劣势，同时指明创办或发展企业缺少的资金。

(3)有能够满足市场需求或潜在市场需求的新技术、新产品。有需求就会有顾客，有顾客就会有市场，有市场就有了企业生存发展的空间。

(4)有经营管理的经验和能力。有技术和营销人员配备均衡的管理队伍，有能高效运转的组织机构。

(5)有资金支持。任何没有资金支持的企业都只能是空想。对于大学生来讲，由于经验缺乏和创业资源有限，直接获得风险投资的可能性不大，更好的方式是寻找天使投资人，比如新东方联合创始人徐小平创立的真格基金，就以专门投资回国留学生创业为特色。

风险投资者特别偏好那些在高技术领域具有领先优势的公司，比如软件、药品、通信技术领域。如果创业者有一项受保护的先进技术或产品，那么他的企业就会引起风险投资者更大的兴趣。这是因为高技术行业本身就有很高的利润，而领先的或受保护的高技术产品和服务更可以使风险企业很容易进入市场，并在激烈的市场竞争中立于不败之地。因此，这些企业常常可以筹集到足够的资金以渡过难关。

一般的风险投资公司都有一定的投资区域，这里的区域有两个含义：一是指技术区域，风险投资公司通常只对自己所熟悉行业的企业或自己了解的技术领域的企业进行投资。二是指地理领域，风险投资公司所资助的企业大多分布在公司所在地的附近地区。这主要是为了便于沟通和控制。一般地,投资者自己并不参与所投资企业的实际管理工作,他们更像指导者,不断地为企业提供战略指导和经营建议。

大多风险投资者更偏爱初创小型公司,首先是因为小公司技术创新效率高,有更多的活力,更能适应市场的变化。其次,小公司的规模小,需要的资金量也少,风险投资者所冒风险也就有限。从另一方面讲,小公司的规模小,其发展的余地也更大,因而同样的投资额可能获得更多的收益。此外,通过创建一个小公司而不是仅仅做了一次投资交易,可以帮助某些风险投资者实现他们的理想。

现在的风险投资行业越来越不愿意去和一些缺乏经验的创业者合作,尽管他的想法或产品可能非常有吸引力。在一般的投资项目中,投资者都会要求创业者有从事该行业工作的经历或成功的经验。如果一个创业者声称他有一个极好的想法,但他又几乎没有这一行业的工作经历时,投资者就会怀疑这一建议的可行性。

2.多与风险投资家沟通

大多数年轻的创业者所常犯的一个错误就是没有去寻找足够的帮助,没有和已在本行业中取得成功经验的其他创业者进行交流。通常,一个意识到自己缺乏经验的创业者会主动放弃企业的最高领导职位,他会聘请一位已有成功经验的管理者来担任风险企业的总经理。因为多数没有经验的创业者都很年轻,这就使得他们没有足够的经验成长为一名卓越的管理者和企业家。寻求风险投资的企业应预先了解风险投资市场的行情。创业者可以去查阅风险投资公司大全这样的参考资料,这些资料中常会有一些关于风险投资公司偏好方面的信息,也可以查阅一下本行业中那些即将上市企业的投资者名录,或直接访问行业中其他公司的管理层。此外,创业者可根据本企业的特点和资金需要筛选出若干可能的投资公司。在筛选时,创业者所考虑的因素包括:企业所需投资的规模,企业的地理位置,企业所处的发展阶段和发展状况,企业的销售额及赢利状况,企业的经营范围等。通常,在此过程中,律师和会计师要起很大的作用。在筹集风险资金的过程中,有时创业者需要找到一个主要投资者,这个主要投资者将会和企业一起推动、评价、促成这笔交易。此外这个主要投资者还会把周围的投资者组织起来形成一个投资者集团。创业者应从最具有实力的投资者中选择他的主要投资者。

多数情况下,与风险投资者的接触可以通过电话开始,可以打电话探讨一下自己的想法是否与风险投资公司的业务范围相适合。绝大多数的风险投资者都会拿起听筒,因为他们也不知道下一个好的项目会从哪里来。由于寻求资金的人很多,风险投资公司也需要一个筛选的过程。如果创业者能够得到令某位风险投资公司信任的律师、会计师或某位行业内的"权威"推荐,他获得资助的可能性就会提高许多。多数风险投资者都要比人们想象的更容易接近。

3.目标不宜过多

为了保证筹资成功,有的创业者认为一次接触的风险投资者越多越好,但结果往往不尽如人意。事实上,如果和20位以上风险投资者联系,就会让人感觉这不是一笔好生意,进而不愿意花时间去考虑这个项目(因为这个项目可能已经被别人拿走了)。反过来,如果创业者每次都是一个一个地去找风险投资者,那么,他可能永远也筹集不到资金。因此,最可靠的方法是先选定8～10位风险投资者作为目标,然后再开始跟他们接触。在接触之前,要认真了解那些有可能对项目感兴趣的风险投资者的情况,并准备一份候选表,这样,如果没有人表示出兴趣，创业者不仅可以知道原因，而且可以找另外的候选投资者去接触。总之，创业者千万不要把项目介绍给太多的风险投资者，风险投资者不喜欢产品展销会似的形式，他们更希望发现那些被丢弃在路边不被人注意的好的商业机会。

4.递交相关文件

有了目标投资者后，下一步要做的便是争取这些投资者对本企业投资项目的认可。创业者要想成功地获得这种投资，除了向风险投资者展示本企业的投资价值外，还必须掌握必要的应对技巧。在准备和风险投资者洽谈融资事宜之前，创业者应该准备创业计划，在提交时，创业者最好先得到该风险投资者的某个朋友的推荐。这通常是创业者的材料得到认真考虑的很重要的一步。因为大部分风险投资者每个月都会收到成百上千份创业计划，没有足够时间和精力来对每一份创业计划进行细致的考察。而熟人推荐的创业计划通常会引起风险投资者的注意，这样在前几轮筛选中入围的概率就要大得多。大多数情况下，能够承担这种推荐任务的可以是会计师或其他商务网络的成员，因为风险投资者最容易相信这些人对业务的判断能力。风险投资谈判通常需要通过若干次会议才能完成。在大部分会议上，风险投资者和创业者将就创业者先前递交的创业计划进行探讨。这里有两点需要注意：一是要尽可能让风险投资者认识、了解本企业的产品或服务的优势。如果能提供一种产品的样品或产成品的话，这种认识和了解就会变得更加直观并且印象深刻。二是始终把注意力放在创业计划上。有时会议会延续数小时之久，创业者有可能会变得非常健谈，从而自觉不自觉地就可能会谈到一些关于未来的宏伟计划，并提到某些在创业计划中并未提及的产品。这一点要尽量避免，因为这样的谈话会使风险投资者认为你是一个幻想者，或是一个急于求成的人。一些有经验的风险投资专家还指出，在应对风险投资基金经理的问询和查验时，为了做到对答如流，并给基金经理留下深刻的印象，创业者最好事先对基金经理可能问到的问题有所准备。同时，为了慎重起见，也可以聘请专业的投资顾问公司为企业设计有关谈判要点，并帮助起草有关创业计划书等文件，使企业顺利地获得风险投资。

对大学生来讲，去寻求偏好投资大学生创业者的基金或政府项目，会降低获得投资的难度。比如，为鼓励创业，政府出台了一系列支持计划，其中一个与大学生创业有密切联系的是“中国青年创业国际计划（YBC）”，各地也先后出台了有关计划或者设置了相应的基金。为鼓励高校毕业生自主创业，以创业带动就业，财政部、国家税务总局发出《关于支持和促进就业有关税收政策的通知》，明确毕业生从毕业年度起三年内自主创业可享受税收减免的优惠政策。在创业资金方面，除贷款享受优惠利息外，还可以向青年创业引领计划公益扶持基金等机构申请 3 万～30 万元的创业启动金。再比如，上海市还创建了上海市大学生科技创业基金（即天使基金），政策措施以及计划、基金切实地帮助了很大一部分青年学生创业。

五、争取风险投资的技巧

作为一个理想的对象，创业者必须具有靓丽的容貌和良好的气质。容貌是前提，没有好的项目，一切都无从谈起。创业者想获得风险投资，要学会如何与风投“谈恋爱”的本领。

（一）“化妆”：给自己以自信

创业者必须具有靓丽的容貌和良好的气质。风险投资家都“好色”，看姿色往往是从项目的商业计划书开始的。

准备好一份专业、简明扼要的商业计划书。它应该包括详细的市场规模和市场份额分析，清晰明了的商业模式介绍，集技术、管理、市场等方面人才的团队构建，以及良好的现金流预测和实事求是的财务计划。SinoBIT中华创业网仅用两周就迅速完成了商业计划书，其商业计划书就市场战略、管理机制、财务分析等方面进行了研究，制定了可操作性较强的实施方案，并为其进行了离岸公司注册，拟定了“协议条款”“股权协议”“期权计划”“认购协议”“合作方案”等，从而提前进入融资过程的实质性阶段，开辟了一条获取风险投资的快速通道。

(二)“征婚”：使对方看到你

资本是有性格的，“征婚”能成功的关键在于吸引志趣相投的风投，并让它知道你。

让风投看到你，则需要采取针对性的措施，有些可以通过参加各种类型的风投研讨会，面对面交流。但对于IDG，则可以通过他们原来投资的企业推荐，起到事半功倍的效果。然后将可能接触的风险投资归类，调查一些风险投资的对象。比如，通过网站或者媒体报道，大家可以较为容易地找到风险投资的关注点，找到结合点，因此就更容易拿到风险投资。

(三)“相亲”：让VC(Venture Capital)爱上你

已经有风投上了钩，标志着关键时刻就要到了。此时，如何恰到好处地展示“内涵”，比外貌更重要。

1.突出价值点

要积极地对待VC的尽职调查。因为，任何风险投资机构在这方面都比较有经验，所以，对于自身良好价值的把握，不仅有助于保护自身的利益，也可以切实地得到投资人的尊重。特别是要注重企业无形资产的价值评估。核心技术在得到权威部门的鉴定后，要请专业评估机构评估，实事求是地把企业的价值挖掘出来。

在此基础上，要客观直接地提出你需要的融资金额，在谈判前确定欲吸纳资金比例与可出让股份比例，以及希望的境外或境内架构等。

2.强调团队特色

创始人的履历对引进风险资本是很重要的。创始人如果是一个非常成功的经理，又试图创立各种不同的生意，就证明他不仅具有管理企业的经验，同时还有创业家的精神。他既能够自己有所发明，同时又能够承受个人破产的心理创伤，因而他无疑能够集中精力去做成一件事，这与风险资本家们投“人”的理念是相吻合的。奇虎网能在创业后短短200天内融得2000万美元的巨资，与其创始人齐向东曾是3721总经理，他的原来老板周鸿祎是天使投资人有着极大的关系。

3.展现未来前景

在市场与产品方面，风险投资公司通常要求企业能在世界范围内或者大的区域内最终拥有足够大的市场，这样它才会认真考虑其投资的可能性。中星微能得到风投的青睐，就在于它研发的多媒体芯片早期还是一个大企业不愿意去，小企业没技术的空白市场，而它的技术如果发展顺利，却能迅速占领世界市场，而这要投入大量的资金来进行技术研发，开发出新产品才有可能。结果也如此，现在它已经占领了PC多媒体芯片60%以上的份额。

思考与练习

1.怎样区分资源和创业资源?

2.创业资源有什么作用?

3.创业资源分为哪几类?

4.创业资源有什么特征?

5.在哪里可以找到创业资源?

6.创造性地整合创业资源需要遵循哪些原则?

7.整合创业资源要采用什么样的思维方法?

8.通过本章学习,你能否举出一些创业者整合资源的案例?

9.你作为一名初创企业者,谈谈你是怎样来获取创业资源并进行创业资源管理的。

10.你认为创业企业应如何策划融资方案?

11.调查搜集近年来国内金融机构为创业企业融资推出的各种金融创新工具,分析其对解决创业企业融资难问题的作用。

第八章　创业计划

艺电公司:一切始于创业计划

在美国“超级杯”橄榄球赛决赛仅剩6秒时,费城老鹰队获得一次37码球机会,大卫·阿克斯正站在罚球点准备射门。此时,老鹰队仅落后新英格兰爱国者队2分,老鹰队其他球员都弯着腰,静静地等待着,因为如果阿克斯得手,老鹰队就将捧回超级杯。“啪”地一声响,阿克斯一脚怒射,皮球绕过爱国者队防守队员的手臂,射门得分,老鹰队最终战胜了爱国者队。

但很快,爱国者队又与卡罗莱纳黑豹队在“超级杯”决赛中争夺起来。这究竟是怎么回事?我们描述的赛况来自宾夕法尼亚州安布勒地区一个16岁男孩的索尼PS2游戏,而并非美国橄榄球职业联赛的赛场。这个男孩是数百万“疯狂橄榄球2003”游戏的购买者之一,该游戏做得十分逼真,男孩能在游戏的整个赛季扮演老鹰队教练,并最终帮助球队赢得超级杯。请不要以为这很容易,为了最终赢得超级杯,他必须正确处理整个赛季中可能出现的队员伤病、三连败和黑色五分钟等状况。

“疯狂橄榄球2003”游戏出自美国艺电公司,它是全球最大的交互式电子游戏开发商。为了反映联赛各队球员名单的变化,该游戏每年都会更新,结果导致那些在“疯狂橄榄球2003”游戏中努力赢取超级杯的宾夕法尼亚州青少年极可能继续购买“疯狂橄榄球2004”“疯狂橄榄球2005”……

艺电公司还开发了其他大众游戏,包括模拟人生、哈利·波特、詹姆斯·邦德和FIFA足球等。仅在2002年,艺电公司销量超过百万的游戏就有16种,公司年收入高达17亿美元,净利润超过1.015亿美元。艺电公司不仅开发计算机游戏,还为索尼公司、任天堂公司GameCube和微软公司Xbox等控制台系统开发游戏。

尽管艺电公司已经成为一家成功的大企业,但对它如何走向成功进行反思仍有意义。事实表明,它的成功始于一份创业计划和特里普·霍金斯(Trip Hawkins)的愿望,即创立一家新式的电子游戏公司。

快到20岁的时候，霍金斯开始尝试进行创业。他创办了一家企业，销售由他发明的名为Accu-Stat的桌面足球游戏。当时，个人计算机时代远未来临，游戏开发者使用方块和图表来模拟现实世界。Accu-Stat是“疯狂橄榄球”游戏的雏形。在提到他的第一家企业时，霍金斯说道：我当时只有19岁，毫无疑问，自己对所做的事情一无所知，所以企业失败了。但是，它也许是我工作生涯中最重要的一段经历。因为我发现，对游戏开发的挚爱可以和创业热情相结合，对我来说，这次失败反而成为事业助推剂。很多年来，我的挚友们总说，我创立艺电公司的唯一原因就是为了有朝一日能开发出另一个足球游戏。

1980年，在第一家企业失败后，霍金斯进入苹果公司工作。在那里，他为个人计算机产业的出现而兴奋不已。尽管在苹果公司工作很舒适，但他仍决定再次创业。不过，这次他更加小心谨慎。直到1982年，他才下决心创立一家电子游戏开发企业，并围绕创意制定了详细的创业计划。

霍金斯认识到，他需要一个真正的“大创意”以便使新创业企业有别于计算机游戏产业中的其他公司。事实上，他找到了三个大创意，围绕这三个大创意的创业计划使艺电公司超越了当时软件出版商之间的趋同风潮。

(1)艺电公司引入了“软件艺术家”的概念。与其他软件企业不同，艺电公司雇佣软件工程师和电影制片人而非程序员，强调把每个游戏开发都当作是好莱坞的电影制作，是编剧、技能师和音乐师等构成的团队共同努力的结果。这种做法不仅鼓励了创造力，也要求创造力。

(2)艺电公司把产品直接送交零售店出售。艺电公司成立时，软件出版商一般都通过第三方渠道来销售产品，而艺电公司却认为直接通过零售商销售产品，能帮助公司更好地捕捉市场脉搏和把握未来趋势。

(3)艺电公司完全采用自有工具和技术，通过有组织的高效率交叉平台开发流程来开发游戏产品。

数年后，霍金斯发现艺电公司最初的创业计划简直就是一个奇迹，因为它准确预测了公司的未来。他进一步强调，在起步时就注定艺电公司走向成功的秘诀是“战略愿景与发现错误、不断调整并执着行事能力的结合”。

第一节　创业计划概述

创业计划是对构建一个企业的基本思想以及与企业创建有关的所有事项进行总体安排的文件，是创业的行动导向和路线图。

创业计划并非是一份合同、一份协议或一份预算，而是一份书面文件，它阐述了创业者的创业创意、愿景以及创意与愿景如何转化成为一家赢利企业。创业计划就是创业的行动计划，既是指导创业活动的工具，也是创业者与有关人员进行沟通的工具。

创业计划的有效性取决于计划的准确性和计划的严肃性、灵活性。创业计划虽然不能保证创业一定成功，但一份好的创业计划可以有效地指导创业活动，减少和避免无效和错误的行为，提高成功的概率。

一、创业计划的作用

创业计划在整个创业过程中发挥着重要的作用。首先，创业计划是一份内部文件，它能帮助新创企业分析创业机会的价值，确定商业模式，明确创业目标以及制定创业战略。在开篇案例中，特里普·霍金斯并没有将准备好的创业计划弃之不顾，相反地，他切实利用创业计划来帮助自己及合伙人塑造企业文化、结构和早期战略。其次，它为新创企业提供了一种向潜在投资者、供应商、商业伙伴和关键职位应聘者展示自己的机制。这种机制清晰地展现了新创企业如何通过各部分的有机匹配，来塑造实现其使命和目标的组织能力。具体地，创业计划有以下五大重要作用。

(一)系统整理创业思路

创业者及其团队对于未来的创业活动进行了一番筹划之后，在脑海中形成一个创业思路，但还需要将这个脑海中的思路转变成为系统的文字性计划。将脑海中的计划转变成文字性的计划，有助于创业者进一步发现自身创业思路的缺陷，进而将其进一步完善和系统化。

(二)进一步明确创业的方向

古人云：凡事预则立，不预则废。创业计划是创业者未来事业的蓝图，编写一份系统的创业计划，创业者就有了创业活动的“路线图”，也就有了更为明确的创业方向和路线。无论什么时候，只要按照计划去做，创业者就不至于迷失创业方向，不至于乱了创业活动的进程。

(三)提高团队成员的凝聚力

创业计划是创业者对于所筹划创业活动系统性的文字归纳和描述，其中必然包含创业的目标、团队行动的纲领、创业的路线图。团队成员也可以由此看到企业未来的发展前景，这有利于凝结团队成员的力量，使整个创业团队更有效地合作。

(四)吸引创业所需要的资源

创业者甚至整个团队不可能拥有特定创业活动所需要的全部资源，要想在资源的供给者与创业者之间搭起桥梁，获取他人掌握的资源，或者争取他人的资源支持与投入，创业者就必须让他人了解自己的创业思路，而创业计划正起到这样的作用，有助于创业团队与资源持有者进行沟通。资源持有者看了创业计划，才可能了解创业者想要做什么、计划怎么做事，才可能将所拥有的资源投入到创业活动中，或是有兴趣、愿意为创业者提供所需要的资源。

(五)争取政府支持

在我国，政府掌握着最多的社会资源，政府机构甚至会成为新创企业所提供产品的客户。各级政府相关部门为鼓励创业，都在以各种形式扶持创业者，除了出台多项政策，给创业者提供政策性支持外，还采取了其他很多措施。有些扶持是长久性的、日常性的、职能性的，有些则是临时性的。有的直接提供经济上的帮助，如资金扶持、场地扶持、税收扶持、社保扶持等，有的则在其他方面提供便利，社会各界也采取了各种各样的举措来帮助创业者。

要争取到这些扶持，创业者就需要让政府了解自己“想干什么”“在干什么”，以及创业项目所具有的积极的社会意义，而创业计划恰恰是创业者与政府有效沟通的工具。

二、创业计划的目标读者

需要了解并阅读创业计划的人主要有两大类：一类是企业内部人员，如创业者、管理者、团队成员、普通员工；另一类是与企业发展有关的外部人员，如潜在投资者、潜在银行家、供应商、销售商以及政府有关部门等。不同的人阅读创业计划有不同的目的，所以创业计划的制定者在准备创业计划的过程中要考虑到各个群体的争论点和关注点。下面，我们分别探讨这两类读者。

（一）内部读者

对新创企业管理团队来说，撰写一份明确阐明愿景和未来规划的创业计划十分重要，因为撰写创业计划能促使管理团队仔细考虑企业的方方面面，并对企业最重要的目标和事项达成一致。创业计划要描述新创企业的发展前景和成长潜力，使员工对企业及个人的未来充满信心，并为了这个未来去努力工作。同时，创业计划应明确员工从事什么项目和活动，从而使员工了解要充当什么角色，完成什么工作，以及自己是否能够胜任这些工作。一份好的创业计划有助于普通员工协调工作，并通过一致的行动向目标前进。对新创企业职能部门经理来说，创业计划有着特殊的用途。例如，假设你是一家快速成长企业新雇用的负责管理信息系统部门的副总经理，那么如果能够制定分析企业各环节和未来战略目标的创业计划，你就能确保自己所做的事情与企业整体计划和方向一致。

（二）外部读者

投资者、潜在商业伙伴、潜在客户、前来应聘的关键员工等外部利益相关者是创业计划的第二类读者。要吸引这些人，创业计划必须切合实际，不能过分乐观。因为过分乐观的陈述或预测会破坏创业计划的可信度。同时，创业计划必须明确显示商业创意可行，并且与那些风险更小的投资选择相比，商业创意能给潜在投资者带来更高的资金回报；对于潜在商业伙伴、客户和前来应聘的关键员工而言，仍需如此。除非新创企业能展现出非凡的潜力，否则很难找到吸引投资者的理由。

在向他人陈述创业计划之前，企业必须论证其商业创意的可行性，开发出一套行之有效的商业模式，并深入认识所处的竞争环境。老练的投资者、潜在商业伙伴和前来应聘的关键员工会用事实评价企业的未来，而不依靠臆测或听到的溢美之词来做判断。在创业计划中，企业所能展现的最引人注目的事实就是可行性分析结论，以及有竞争力的独特商业模式描述。如果商业模式仅建立在创业者预测和对企业未来前景估计的基础上，它就会显得苍白无力。

另外，创业计划还需要阐明新创企业在开始赚取收入之前必须解决的资源匮乏问题。例如，企业在真正有能力为产品做出售后承诺之前，就需要雇用售后服务人员。对新创企业而言，掩盖或低估资源需求是不明智的。新创企业寻找投资者的主要原因，就是为了筹集雇用关键员工、深入开发产品或服务、租赁办公地或弥补运营中其他漏洞所必需的资本。投资者很清楚这一点，而且那些经验丰富的投资者往往愿意帮助所投资的企业填补资源或能力差距。看看唐·瓦伦丁的故事吧，他是硅谷著名的风险投资家，从20世纪80年代到90年代，瓦伦丁及其水杉创投公司资助了许多成功的创业企业，包括思科系统公司和雅虎。在谈到水杉创投公司如何帮助思科和雅虎填补其能力差距时，瓦伦丁这样说道：

> 这两家公司十分相似。当我们与思科公司创业团队接触时，他们仅有5位员工，令我印象深刻的地方是思科员工的聪颖，他们能正确评价自身的特长，同时也能深刻认识到自身的不足。我们合作关系的基础是，水杉创投公司提供管理支持和250万美元的资金支持，而思科公司提供技术。
>
> 有趣的是，我们与雅虎的合作基础也是如此。我们与杨致远和大卫·费罗碰面时，他们最大的优势也是清楚地认识到自己的弱点和不足之处。我们之间建立起同样的合作方式，水杉创投公司提供管理团队和管理流程，同时提供创业资金，而他们两个则专注于他们有兴趣并擅长的事务。

表8-1归纳了“谁会阅读创业计划及他们希望看到什么”的主要内容。

表8-1　谁会阅读创业计划及他们希望看到什么

读者		他们希望看到什么
内部读者	企业创立者和初始管理团队	这也是撰写创业计划的群体。撰写创业计划的过程促使企业的初始管理团队缜密思考企业的各部分，并就一些重要问题达成一致
	普通员工	这个群体愿意看到创业计划实现以及如何实现的清晰阐述，这些信息有助于员工确认自己行为是否与企业目标和预期方向保持一致
	董事会成员	对那些有董事会的企业来说，创业计划树立起一个标杆，根据这个标杆，就能够评价高层管理团队的绩效
外部读者	潜在投资者	对潜在投资者来说，创业计划提供商业机会优势、企业高层管理团队质量和其他相关信息的证据。潜在投资者也会对他们将如何实现投资回报感兴趣，如首次公开上市、出售企业或管理层回购
	潜在银行家	潜在银行家关心新创企业贷款何时以及如何偿付，新创企业是否有担保品以确保贷款安全。此外，潜在银行家还会对企业如何从潜在危机中谋生感兴趣
	潜在联盟伙伴和大型客户	高质量的联盟伙伴和大型客户一般不愿意与不熟悉的公司打交道，一份有说服力的创业计划有助于打消他们的顾虑
	前来应聘的员工	关键职位应聘者往往看重商业机会的吸引力、报酬计划与企业未来前景
	潜在并购候选人	为了增加灵活性，企业要么通过兼并成长，要么剥离下属单位，无论怎样潜在并购候选人都会索要企业创业计划复本，并将其作为第一个筛选标准

三、创业计划的特点

作为创业的纲领性文件，创业计划具有如下基本特点。

（一）开拓性

创业计划最鲜明的特点是创新性。这种创新性是通过其开拓性表现反映出来的，而开拓性最本质的体现在于对新项目、新内容、新的营销思路和运作思路的整合，这也是创业计划不同于一般的项目建议书的根本之处。

（二）客观性

创业计划的客观性是其又一个十分重要的特点。这种客观性突出表现在创业者提供的创业设想和创业商业模式上，是建立在大量的、充分的市场调研和客观分析的基础之上的，是项目具有实战性和可操作性的基础。

（三）整体性

创业计划的整体要求创业者把严密的逻辑思维融会在客观事实中体现和表达出来，通过项目的市场调研、市场分析、生产安排、运作以及全程的接口管理和严密的组织，把创业者提出和设计好的商业模式付诸实践，把预想的效益变成切实的商业利润。因此，创业计划的每一个部分都是为这个整体目标服务的，每一个部分又是这个整体目标的一种论据、一种支撑。

（四）实战性

创业计划的实战性是指创业计划具有可操作性。这种实战性尽管没有设计出每一个运作细节，但是运作的整体思路和战略设想应该是清晰的。实战的过程可能做出若干调整，但项目的鲜明特点和操作性是不会改变的。

创业计划除了具备上述基本特点之外，在书写格式和规范上还具有如下特点。

第一，要简洁明了。人们在阅读一份自己喜欢的创业计划时，应该能够立即找到解决问题的办法，因此对于那些可能引起读者兴趣的主题都应该全面而简洁地阐述。

第二，其风格要适中。好的创业计划既不要太平淡无奇，不能吊起读者的胃口；也不要太花哨，要有冲击力，能够抓住投资者的心。记住一点，创业计划不是动员报告，也不是文艺作品，它是一篇实实在在的说明书。

第三，保持写作风格一致。一份创业计划通常由几个人一起完成，但是最后定稿应由一个人统一完成，以避免写作风格和分析深度不一致。创业计划是企业的敲门砖，不仅要以一种风格完成，而且应该看起来很统一、很专业。例如，标题的大小及类型都应该与该页的内容及结构相协调，也可以适当地使用图片，图文并茂。

第四，让外行也能看懂。一些风险创业者认为他们可以使用大量的技术细节、精致的设计方案、完整的分析报告打动读者，但这样效果并不好。因为往往只有少数技术专家参与创业计划的评估，而许多读者并不懂技术专家的高深评论，他们更欣赏一种简单的解说，也许用一个图片作进一步说明效果会更好些。

四、创业计划基本框架

创业计划是创业者自己的创业目标、纲领和路线，是向他人讲述自己未来的创业故事，所以虽然不同类型的创业计划的具体内容不同，甚至也无严格一致的格式与体例，但是仍然有一个基本框架。

创业计划的基本框架如表 8-2 所示，框架中每一项在后文会有更详细的介绍，每一部分的关键问题也将适当地细化。

表 8-2　创业计划基本框架

封面
目录
一、执行概要 1.机会 2.企业概述 3.商业模式
二、新创企业描述 1.任务说明 2.产品 3.服务 4.企业规模 5.办公设备和人事 6.创业者背景
三、环境和行业分析 1.未来前景和趋势 2.竞争者分析 3.行业和市场预测
四、生产计划 1.生产流程 2.物资设备 3.机器设备 4.原材料供应商
五、运营计划 1.企业运营描述 2.产品、服务的订单流程 3.技术利用
六、市场营销计划 1.定价 2.分销 3.促销 4.产品预测 5.控制
七、组织计划 1.所有权结构 2.合伙人或主要股东信息 3.组织结构 4.组织成员的任务和责任

八、风险评估 1.企业潜在风险 2.风险的后果 3.应对措施
九、财务计划 1.资金需求 2.资金使用计划 3.财务预测 4.财务分析
十、附录 1.高层管理团队简历 2.产品或产品原型的图示或照片 3.契约或合同 4.市场研究数据

五、创业计划各部分主要内容

(一)封面和目录

封面应该包括公司名称、地址、联系电话、日期以及核心创业者的联系方式等内容，其中联系信息应该包括固定电话、电子邮件地址和移动电话，并且这些信息应置于封面的顶端中间。封面底部可以放置警示读者保密等事项信息。如果公司已经有独特的商标，那么应该把它放在靠近封面中心的位置。目录紧接着封面，用以列出创业计划和附录的组成部分及其对应的页码。

(二)执行概要

执行概要是在整体的计划之后准备的，长度最好保证在两三页之内。执行概要应该能够吸引潜在投资者的注意力，并引起他们的兴趣。这是创业计划中非常重要的一部分，不应该被创业者轻视。所以，它应该简明扼要，切入重点。

通常，执行概要应该陈述一些话题或问题，这些内容是任何人在第一次拿到这个计划时都想知道的。例如，新创企业的机会有哪些？新创企业的经营理念和经营模式是什么？企业的经营理念和经营模式的独特之处在哪里？如何创立这个企业？怎样赚钱和能赚多少钱？

对新创企业有利的资料，如市场调研的真实数据和法律文件、法律合同等也应该包括在执行概要中。要记住的是，撰写这部分的目的是强化关键因素，并且激发拿到计划的人去阅读整个计划。尽管从形式上看，执行概要要先于创业计划的其他部分，但它的撰写应在创业计划之后，因为只有这样，才能形成对创业计划的准确概述。

(三)新创企业描述

新创企业描述，即对一个新创企业的产品、服务和运营情况进行总体的描述。在这部分，对新创企业的描述应该细化，这样才能使投资者了解企业的规模和范围。这部分应该从新创企业的任务说明开始，这个说明主要描述企业的性质以及创业者对企业的期冀，它会对企业长期市场营销计划的制定起到指导作用。在任务说明之后，可列出能够清晰描述新创企业的一些重要因素，这些因素包括产品、服务、企业定位与规模、所需要的人员与办公设备、创业者背景及新创企业的历史等。总之,这部分应该简要说明企业的现状及其未来的方向。

里程碑是描述企业现状及未来需要的好方法。在创业计划中,里程碑是企业过去或未来发展中的重大事件。企业创立是第一个重要的里程碑。企业可通过列出创业至今所跨越的里程碑来概括企业现状,依此类推,企业未来第一个预测的里程碑是企业得到了创业计划中所需要的资金,其他预测的里程碑则是有关利用这些资金将做些什么,这样就能刻画出企业未来生命中关键事件的时间曲线。

(四)环境和行业分析

环境分析就是对影响新创企业的外部不可控变量进行的评估。对新创企业进行环境分析,以确定国内和国外环境的变化趋势是非常重要的,这将对新创企业产生重大影响。这些环境因素包括:经济因素,创业者应该考虑国民生产总值、区域内失业率和可支配收入等因素;文化因素,评估文化的变化趋势需要从人口统计学的角度考虑人口状况的变化,如婴儿潮或人口老龄化问题的影响;技术因素,创业者应该考虑相关行业信息来源或政府官方报告所提供的技术发展和技术进步情况,需要制定详细的短期市场营销计划,以及伴随企业技术发展,影响产品和服务的长远计划;法律因素,创业者应该考虑到对价格、媒体广告等的法律规定,对各种可能影响产品、服务、分销渠道、价格和促销战略的未来法律制定做好准备。

创业者一旦完成了环境评估,就应该进行相关行业分析。行业分析是对行业趋势和竞争策略进行的分析,分析内容包括:行业需求分析,这可以根据已发布的资料来获得,识别市场是将继续成长还是逐渐衰退、新的竞争者数量以及可能变化的消费者需求对新创企业确定潜在商机是非常重要的;竞争情况,创业者应该进行波特五力分析和 SWOT 分析,为潜在威胁做好准备,制定一个有效的市场计划。

(五)生产计划

如果新创企业是生产制造企业,生产计划就很有必要,且该计划应描述完整的生产过程。如果全部生产过程或者其中的一部分要外包出去,那么这部分就应该描述承包方的地址、选择理由、费用以及已签订的所有合同。如果生产制造过程全部或者部分由创业者来执行,那么这部分就应该描述车间设计方案、生产作业所需的机器设备、原材料以及供应商的名字、地址和期限,还有生产费用和未来的资本设备需求。在评估财务需求时,讨论这些问题对潜在投资者来说是非常重要的。如果新创企业不包括生产制造类工作,那么这部分内容就应该从计划中略去。

(六)运营计划

所有企业的创业计划都应该包含运营计划部分,这部分涉及企业的日常运营描述、产品和服务的订单流程,以及技术利用问题。创业者应该阐述创业制造产品或提供服务必需的供应商、业务伙伴和服务提供者等构成的网络;应该解释企业的质量控制程序,尽管不需要很详细,但表明在制造过程中计划采用何种监控或督导程序以确保高质量;应该讨论顾客支持战略,如果企业需要通过呼叫中心或其他渠道为其他客户提供售后服务的话,创造者就必须明确描述这些义务。

创业计划也必须明示与企业运营有关的一切风险和法规,如涉及废物处理和员工安全的特殊法规。如果企业排出的废物要受环境保护法规监控的话,这部分内容就更为重要。此时,如果废物没有经过恰当处理就直接排放,那么企业就承担实质性责任。对新创企业的创业计划而言,大的流行趋势是企业日益依赖于将某些职能外包给第三方,目的在于使新创企业更集中于它的独特竞争优势,而新创企业外包的主要领域是人力资源管理。

很重要的一点是,服务和产品之间的主要区别在于服务属于无形的工作,这就意味着服务不能像生产出来的产品那样被触摸、被看到、被品尝或被听到。航空公司、旅馆、汽车租赁公司、剧场、医院等所依靠的是服务质量,对于这些企业来说,绩效好坏取决于其地理位置、便捷性、设计方案和人员这些能影响服务质量(包括可靠性、响应性和保证性)的因素。传递这种服务质量的过程就是将新创企业与其他企业区别开来的过程,因此应该将提高服务质量作为运营计划的重点。

(七)市场营销计划

市场营销计划是创业计划非常重要的一部分,尤其对投资者来说至关重要,它主要描述产品或服务如何定价、如何分销、如何促销,以及产品预测与控制。通过该计划,投资者可以确信新创企业是否拥有人们愿意购买的产品,以及企业将产品送达市场的实现计划。

因此,创业者应该认真地去准备一个详尽的市场营销计划,以使投资者能够清楚地了解新创企业的目标和执行怎样的战略来达到这些目标。这部分应该详细描述企业产品开发。请注意,这部分一定要比创业计划前面部分阐述得更为详细。可行性分析结论应该在这里出现,其中包括概念测试和可用性测试结果,如果无关大碍,可以给出产品或产品原型的图示或数码图像。如果产品体积很小或非常廉价,比如某些易存食物,可以将样品和创业计划一同送出。如果产品技术原理非常复杂,就必须用通俗的语言对它进行阐述。投资者往往不是科学家,因此要避免使用技术术语和行话。创业计划还必须详细说明为了更深入开发产品或服务所需的资金数量。在描述完产品后,应该阐述其他营销组合方面的内容,包括价格、渠道和促销。阅读完这部分内容后,投资者应该对企业进入其目标市场的总体策略充满信心,同时也能感觉到企业的产品战略、价格战略、渠道和促销战略互相补充、融为一体,并能够起到实效。

(八)组织计划

组织计划用来描述新创企业的所有权结构和组织结构。这部分应首先介绍新创企业的所有权结构,即是独资结构、合伙结构还是股份制结构。如果新创企业属于合伙制,则需要包括合伙的形式;如果新创企业是股份制,则需要详尽说明股份占有情况和利益的分配情况,以及股东的姓名、地址、公司董事和工作人员的履历。

另外,这部分需要解释企业的组织结构,包括描述高层管理团队成员之间的关系。对新创企业而言,最常见的问题就是没有清晰界定权责关系,当两个或多个创业者地位相当时更容易发生这种失误。为了表明创业者已解决了这个问题,创业计划中必须加上组织结构图,即企业内职权与责任如何分配的图形化描述,同时配以简要的文字来说明结构图中的重要关系。这些信息可以帮助潜在投资者了解谁对组织进行控制以及其他组织成员如何有效地执行相应的职能。

(九)风险评估

在特定的行业和竞争环境中,任何一个新创企业都将面临一些潜在的风险。对创业者来说,进行风险评估是非常重要的。首先,创业者应该指出新创企业的潜在风险;然后讨论如果这些风险真的发生了,会造成怎样的后果;最后研究采用哪些战略来避免风险,将风险降到最小,以及如何应对风险。新创企业的主要风险来自于竞争对手的反应、市场营销、生产和管理团队的劣势,或者由于技术进步而带来的产品更替风险。

创业者不可为了更大可能地获得投资而故意人为缩小、隐瞒风险因素,这样只会令潜在投资者产生不信任感,对于企业的融资没有任何帮助。如有可能,可对企业的一些关键性问题做最好和最坏的设定,估计出最好的机会和最大的风险,以便投资者更容易估计企业的可行性及相应的投资安全性。

(十)财务计划

财务计划能够体现新创企业的财务生存能力,反映创业计划从财务角度是否具有可行性。通常这部分需要讨论财务的三个方面。

首先,创业者应该对企业在未来 3～5 年的资金需求及资金使用计划做出解释,这些信息被概括为“资金来源与运用说明”。在创业计划中列出迄今为止企业获得的资金支持来源十分有益。有些创业计划提供了所需资金的投入时间表,它能够阐明追加资金的投入需求(这正是投资者或银行家阅读创业计划的原因),并说明企业如果得到追加资金,将如何实现进一步的发展等问题。

其次是财务预测,应该建立在现实预测的基础上,进一步阐明企业的财务生存能力。财务预测应该包括 3～5 年的利润表、资产负债表和现金流量表。利润表反映的是企业的盈利状况,它是企业在一段时间运作后的营运结果;资产负债表则反映在某一时刻的企业状况,投资者可以用资产负债表中的数据得到的比率指标来衡量企业的经营状况及可能的投资回报率;现金流量表反映的是企业现金在一段时间内的实际流入和流出情况,反映企业开展创业活动的财力。

最后,结合财务预测表进行财务分析,包括主营业务收入分析、项目可行性分析、财务状况分析、敏感性分析和盈亏平衡分析等。这一部分是很多潜在投资者非常关注的,风险投资公司往往要求在很短时间内收回投资,一般是 3～5 年;而私人投资者、天使投资者或机构投资者则对长期投资更感兴趣。投资者主要通过对所谓的“流动性事件”收回投资,即企业全部或部分股票变现的事件。对新创企业而言,主要有三种流动性事件,分别是公开上市、卖给他人或被其他企业收购。

(十一)附录

创业计划的附录通常包含那些没有在正文中列出而又需要说明的内容。例如,高层管理团队简历、产品或产品原型的图示或照片、具体财务数据、签订的租借契约、合同或其他形式的协议、市场研究数据等。附录不宜过长,应仅包括那些不宜放在创业计划正文而又十分重要的材料。

六、创业计划的类型

根据不同的需要,创业者应该制定不同类型的创业计划,创业计划可以分为以下几种类型。

(一)针对银行贷款的创业计划

当银行同意贷款时,并不总是要求提交创业计划。金额很小时(如 1 万元以下),大多数是按照个人用于商业的贷款来处理,甚至有银行信用卡就可以发放。但是,金融机构中制定规章的部门可能对个人贷款进行严格限制,金额很大时(如 10 万元以上),要在个人资产担保(抵押证券或其他抵押品,如房子、设备,以及担保人签名)的基础上才能发放,同时要求提供企业的创业计划。此时计划的目的是向银行家展示创业者的可信度,说明创业者不仅是风险企业的创立者,也是一个有竞争力的企业所有者或管理者。

当银行家考虑是否给新创企业提供大额贷款时,创业计划就具有很重要的意义,它是银行家制定决策的重要依据。创业计划可以是简式的,但是应该包括对可以市场化的产品的令人信服的描述,以及财务报表,其中现金流量表中应该简述贷款偿还计划。计划中如果再包括对资金流入账户的金额和频率的估计,以及对未来融资需求的估计(一个非常出色的银行经理常常会关注长期客户)就更好了。

(二)针对风险投资家的创业计划

想与风险投资家打交道的创业者当然需要一份创业计划。为吸引投资者准备的计划与针对银行贷款的计划不同:它必须更加详细,因为涉及更多的风险。但是请记住,非常简短的概要也是激发兴趣的好办法。风险投资家是有组织的风险投资者,可以是独立的小公司、金融机构的附属公司或者个人。他们希望通过提供投资而获利,一般是和中小型公司交换权益,这些中小型公司需要有高增长潜力,但是难以从证券交易所获得资金。

在投资之前,风险投资家要确认他们可以获得高的投资回报率,而且一旦达到赢利目的就会迅速撤出。因此,创业计划要包括令人信服的产品和市场信息以及详细的财务数据(专业的报表);必须确定“分配结构”,分配结构确定了退出方式,比如投资者可以期望五六年后公司挂牌上市时在证券交易所出售股份。

(三)针对他人合伙的创业计划

争取他人入伙,是创业者常常不得不做的事情,甚至是迫切想做的事情。多数情况下是为了获取创业需要的某些核心资源,有时则是为了完善创业团队的角色搭配。例如,著名学生新创企业视美乐在创办之前,为获取多媒体投影仪技术,视美乐的发起人王科热情地邀请了技术持有人邱宏云加入创业团队。而要争取他人合伙,就要将自己的创业思路告诉他人,达到心理上的高度沟通,进而达到在新创企业上的强烈共鸣。

在这类创业计划中,需要包括:创业机会及其商业价值的详细描述,这对于吸引合伙人很重要;新创企业拟提供的产品或服务,清晰地说明企业发起人要做什么,才会让别人感兴趣;可能的市场竞争、市场收益及市场风险,这让合伙人知道发起人对新产品或服务的市场有一个较为全面的认识;希望合伙人以怎样的方式参与、创业者设想的企业组织模式、创业团队的权责利关系,可以提供几种参与方案;将给新进入者哪些利益,有待新进入者讨论的问题等。

(四)针对政府部门的创业计划

申请政府支持的创业者必须提交一份详细的创业计划。撰写人必须检查具体项目的要求,强调公司为何需要这些资助以及公司发展给社会带来的好处,如创造就业或增加出口,把预期的结果和项目的具体目标联系起来也会有所帮助。

这类创业计划应该包括:项目对于经济、社会发展的意义;项目产品的市场需求预测、项目可行性分析及项目实施方案;财务分析,包括财务报表以及融资需求;希望政府给予具体支持,例如,希望政府给予无偿拨款还是贷款贴息,希望政府以大额资金参股,还是希望政府许可使用某项国家所有的技术成果。说具体了,政府才便于提供支持。

(五)作为创业者行动指南的创业计划

创业计划如果是作为创业者自己工作使用就不需要特别的格式,但是一些组织好的形式能把创业者的想法汇集起来,想象三年后或五年后企业会是什么样子,并概述要达到那种状况所需要的策略和战术。

作为企业及个人行动指南的创业计划应该至少包括:定义个人和企业目标;概述达到目标所需要的资源;制定获得这些资源的策略;把达到目标所需要的行为分级;提供一个行动计划;提供承担挑战的精神、体力和财务能力的自我评估等。创业者常常在企业的孵化期和启动期使用这种不正式的行动计划,其实它在任何时期都可以使用。

第二节　创业计划书的撰写与展示

创业计划书是一份全方位的商业计划,是创业者在创业初期根据自己的创业计划制作的一份专业的书面文件,用以描述创办一个新的风险企业时所有相关的外部与内部要素;是创业者在正式启动创业项目之前,基于前期对整个项目的调研、策划的成果,对创业项目进行全面说明的计划性文件。其主要用途是递交给投资商,以便于他们能对企业或项目做出评判,从而使企业获得融资。创业计划通常是结合市场营销、财务、生产、人力资源等职能计划的综合。

创业计划书的起草与创业本身一样是一个复杂的系统工程,不但要对行业、市场进行充分的研究,还要有很好的文字功底。创业计划书是将有关创业的想法,借由白纸黑字最后落实的载体。创业计划书的质量,往往会直接影响创业发起人能否找到合作伙伴、获得资金及其他政策的支持。如何写创业计划书呢?要依目标而定,即看计划书的对象,如是写给投资者看呢,还是拿去银行贷款,因此从不同的目的来写,计划书的重点也会有所不同。对于初创企业,专业的创业计划书既是寻找投资的必备材料,也是企业对自身的现状及未来发展战略的全面思索和重新定位的过程。

一、研讨创业构想

创业计划其实就是将创业构思转化为完善的企业运营方案的过程。

从有创业冲动、创业热情到形成创业决策,并决定创业方向、创业行动、创业产品或服务以及创业方式,这对每个创业者来说都是一个巨大的挑战。技术人员一般选择利用自己的技术优势进行创业,非技术人员一般会选择技术含量相对低的服务行业进行创业,或者利用构思、资金形成创业组合,选择技术含量高的行业和产品进行创业。

创业构思细化关系到企业是否成功,因此创业者应冷静分析,谨慎决策。创业者对创业计划要想得完整,想得细致,就需要按部就班,一步一步地进行思考。

(一)寻找合适的创业模式

创业如何进行,在创办一个公司前,创业者首先要有构想和理想,然后再从构想开始。选择合适的创业模式,是创业成功的关键。准确判断自己的优势和劣势,选择最适合自己的创业模式,可以化解很多不利因素。创业模式是创业者为保障自己的权益而对各种创业要素的合理搭配。适合的创业模式,未必需要投资一大笔资金,未必需要具有很大的规模,甚至未必需要场所或店面。根据自己条件和市场环境,采用何种创业模式,比如,在家创业还是网络创业等,是创业构想阶段创业者必须考虑的问题。

(二)确立明确的创业目标

赚钱是重要的目标,但并不是唯一的目标,因为创业本身应该有理念,理念会带动很多新的创意和实践冲动。大多数成功的创业者的创业目标并不是为了赚钱,而是基于自己的兴趣,或者是为了解决现实生活中的一些问题。开始研讨创业构想的时候,创业者一定要明确创业的目的是什么,做到有的放失。

(三)制定创业原则

在创立公司的时候,不应该一直想着什么时候能见成效;今天还没有赚钱,明天会不会赚钱。在研讨创业构想的时候,创业团队一定要针对自己的特定情况,制定适合团队和项目的创业原则。创业团队不应该一直想着什么时候才能赚钱,针对艰苦的创业工作,制定团队成员认可的创业原则对团队今后的发展更有意义。

(四)规划合理的创业步骤

规划创业步骤是一个循环的过程。首先要看创意从哪里来;怎么会有这个创意;资金怎么找;怎么组织一个团队;产品的市场营销怎么做;这个产品做完了,会不会还想做。对这些问题是一个周而复始的修改、完善和论证过程。

(五)创造有利的创业条件

创业时,不一定要有很重大的发明或全新的创意,重要的是所做的东西在市场上会不会成功,然后考虑市场上需求什么,自己的能力是什么,最后再把这些内容结合起来考虑。在研讨创业构想时,创业团队应认真对自己的创业条件进行深入思考,选择对创业有利的自然条件,努力创造有利于创业成功的社会条件。

(六)确定明确的创业期限

充分的准备尽管有助于降低创业风险,但是过长的时间准备也可能会消磨创业者的意志,降低创业激情。一个大公司,至少要花三年至五年才能做出来,时间太长,风险也大,因为市场是不断变化和发展的。因此,创业初期应确定合理的创业期限,创业最好以两年为期限,要想办法在两年内把产品或服务推向市场,达到赢利。

(七)处理与投资商的关系

很多创业者认为,自己占这个公司的股份应该是99%,投资者应该是1%。这种想法对风险投资来讲是不对的。如果需要更多投资的话,创业者在公司持有的股份会越来越少,但这并不表示他拥有的钱越来越少,因为公司的价值会越来越高。如何寻找合适的外部投资者,以及处理好与外部投资者的关系等,也是创业构想研讨阶段必须思考的问题。创业团队可以通过合理的股份构成和分配机制与投资者建立长久的良好合作关系。

(八)产生好创意

一个好的创意,在市场上并不一定有价值。好创意或许已经有很多人想过了,重要的是,在好创意里面是否包含着市场需求。

(九)组织高效的创业团队

在组建团队时,很多创业者认为要把最好的人才都网罗起来。其实,高效的创业团队中不一定都是最好的人才,事实上只要遵循创业团队的组建原则,做好团队管理,团队成员适合做创业企业中对应的工作,能够做到优势互补,精诚合作,凝聚起来,为共同的创业目标而奋斗,即使创业团队水平一般,也可以成为一个非常好的团队。在创业构想阶段,创业者应该想办法去组建一支高效的团队。

(十)选择风险投资商

第一,要确定好各自的股份占多少;

第二,要选择能够跟你一起同甘共苦的风险投资商;

第三,要找有影响力的风险投资商,借助他们的经验和力量。

在开始行动之前把各种问题都想清楚,创业者就能在心中明确一些创业的问题和困难,而到开始行动之后,在处理问题时也就有了更多更好的准备。

二、分析创业可能遇到的问题和困难

有的创业者激情高、行动快,但成功率并不高。究其原因,主要是对创业过程中面临的问题和困难估计不足,没有想好应对措施,以致一旦实施创业就困难重重。

(一)制定创业计划书时常见的问题

第一是对创业项目的相关调查研究不够。对市场态势想当然,在没有做好充分准备的情况下就匆匆上马,致使骑虎难下。

创业者不做科学的市场调研,不了解潜在市场的需求量,错误预估占有率,对销售渠道和竞争对手的情况了解不清,一味凭自己的感觉行事,到头来往往吃尽苦头。

在国外,做生意通常要委托专门的市场调查公司做专项调查,而国内许多创业者往往头脑一热拍脑袋凭直觉来决策。当然这里还有一个原因,那就是为了节省市场调查这笔看似可以忽略的费用。

例如,2005 年 12 月 27 日在南京召开了一场特别的新闻发布会。说其特殊,是因为新闻发布会的主角是一位在校的大学生——南京某大学 21 岁的大二学生陈某。在新闻发布会上,他大声向众多媒体宣布由他自筹资金 300 万元并担任董事会主席的电器有限公司正式成立。在陈某的创业计划中,公司的市场规模是这样预算的:“南京仙林地区有 12 万名大学生,手机、笔记本和数码产品年市场份额达 3.6 亿元,如果有 18%的学生选择到他的电器公司购买,公司就会占有 6400 万元的销售额。”凭着这个理想化的数字,他要打造一个庞大的商业帝国:年销售额达到 4000 万元,3 年超过南京本地电器销售龙头“苏宁”,5 年上市,年销售额达到 8 亿元,占有南京仙林大学城 80%的市场份额,并将业务拓展到餐饮、娱乐、电子商务等领域。不切实际的构想导致经营失败,而且陈某于 2006 年 7 月因涉嫌诈骗和非法集资,被南京市警方拘捕。

第二是构思与实际脱节。过多认可自己的设想,对创业的理想容易停留在美妙的想法和概念上,没有和现实紧密结合,与社会需求不符。

例如,武汉非职务发明界内有位“发明大王”,在 2004 年时他就申请并拥有 121 项专利。多年来痴心专注于搞发明而耗尽财力,每月还要坐两个多小时的长途车,到原单位领取 300

元失业救济金。媒体称其为“专利流浪汉”。

许多创业者在撰写创业计划时往往对流动资金的重要性考虑不足，并不一定是计算方法上有什么错误，主要问题是创业者按理想状态来制定创业计划，对创业初的破冰期估计不足。创业后经营不是很顺利，需要坚守一段时日时，如果没有充足的流动资金就不得不提前关门。再者，即使经营按正常状态进行，大多数情况下资金回笼都需要一定时间，这期间的各种开销需要流动资金支撑。因此创业者在创业计划中应保证能够维持企业运作半年以上的充足的流动资金。

构思与实际脱节还表现在对风险的认知上。好的创业计划会对创业过程中可能出现的风险加以预测并设计相应的应对策略。许多创业计划的模板上对如何写风险分析也有一定的建议，即可以从哪几个方面着手分析。

许多创业者在撰写创业计划时不知变通，不清楚每个项目面临的具体风险是不同的，是要具体分析的，只会照搬模板框架，认为该项目实施过程可能在所有方面都会遇到风险，包括政策风险、技术开发风险、经营管理风险、市场开拓风险、生产风险、财务风险、汇率风险、投资风险、股票风险、对公司关键人员依赖的风险等。但多是泛泛而谈，提不出有针对性的控制、防范手段和措施。

第三是对创业者个人条件不足缺乏认识。碰到困难无法克服，使难点久攻不下。

这也是最常见的问题，是创业者本身不具备企业管理的基本条件，如知识储备、商业意识、时间精力等。

创业者管理经验不足，没有从自己最熟悉、有特长的业务起步，往往听说什么赚钱，就开什么店、做什么业务，在业务深入到一定程度后，方才发现自己的经验、知识、能力和人际关系都与业务不吻合甚至相差太远。

虽说可以在错误中学习，但要耗费公司许多资源，这对于资源匮乏的初创企业往往是致命的。

例如，2004 年 11 月 19 日，某高校食品科学系 6 名 2003 级上海籍研究生自筹资金 20 万元，在成都著名景观——琴台故径边上开起了“六味面馆”。在创业计划中，这 6 位股东目光长远，“2 年内在成都开 20 家连锁店，跟肯德基、麦当劳较量”。但 4 个月后，面馆倒闭。有媒体分析认为，这 6 位研究生因功课繁忙，无暇顾及店堂，导致管理混乱。另外高学历者开面馆只有新闻轰动效应，并不能保证他们的面馆会受顾客欢迎。

第四是应变能力差。社会经验、个人素质、社会关系等不足，个人素质不高，常常不能及时解决碰到的问题，导致长期处于被动局面。在缺少资金、竞争激烈的环境中创业，青年人的确面临着巨大的压力和风险。

(二)创业过程中常见的困难

创意和构思是影响创业不容忽视的重要因素之一。好的、新的创意则是决定创业能否成功的重要因素。创业者一般富有热情和创意，他们求新求变，但如何将这些新颖的创意转化为创业的基石是需要重点考虑的问题。

初创企业由于缺乏经营业绩，主要靠自有资金开展自主创业，资金不充裕，创业融资难、融资贵和担保难。

在企业初始运营过程中，受资源要素价格持续上涨影响，企业应收账款、存货占用资金上升加剧，初创企业资金需求量大幅增加，企业财务成本大大增加。企业贷款需求与金融机构信贷的结构性矛盾突出，针对小型微型企业的贷款比重和支持中小企业技改中长期贷款比重很低。虽然小额创业贷款政策已经实施了几年，但由于担保门槛较高，融资来源不足，因此政策的受益面十分有限。

在企业的经营模式上，为渡过创业初期的难关，多采取家族式的经营管理模式，妨碍了企业的科学决策和规范管理；创业者经营管理等相关知识欠缺，创新意识和能力不足；企业产权结构单一，限制了企业的融资渠道，成为企业发展的制约因素。

三、凝练创业计划的执行概要

从撰写时间上看，执行概要是最后完成的，却是阅读者最先看到的内容。

衡量创业计划概要写得好坏的标准，就是看它是否能够让阅读者感兴趣并渴望通过阅读创业计划获得更多更全面的信息。

撰写执行概要时需注意以下关键要素。

(1)问题和解决方案。这些是创业者用来“钩住”投资人的“钩子”，最好在第一段就描述清楚，如陈述拟建企业的价值定位，能给谁提供什么特别的产品(服务)。这部分不要写缩写词、公司历史以及方案背后用到的技术。

(2)市场大小和增长机会。投资者都在寻找巨大的、处在增长期的市场。因此这段需说明基本的细分市场、市场大小、增长情况和市场动态：有多少人或多少公司、多少产值、增长速度如何、是什么因素驱动这个细分市场。

(3)竞争优势。辨别出持续竞争优势，如独特的优势、成本节约或行业关系。

(4)商业模式。谁是企业的客户？产品如何定价？一件产品的成本是多少？目前是否有真实客户？是否正在发展阶段？概括销售和营销策略(直接营销、销售渠道、并购营销、潜在客户开发等)。列出一些关键数字，如客户量、授权量、产品数量和利润等。

(5)执行团队。要记住投资的是人而不是创意。介绍为什么自己的创业团队有能力成功、他们以前做过什么。解释每个人的背景、角色、工作过的公司。

(6)财务预测和融资。需要展示3～5年的收入和支出预测。投资者要知道创业者现在想融资多少，能给他们什么样的回报。这样的融资需求通常是为了实现创业计划书中下一个重要里程碑所需要的最小金额。

以上关键要素并不是创业计划书执行概要的硬性要求。没有能涵盖所有创业项目的执行概要，但是要确保每一个关键问题都提到。

四、把创业构想变成文字方案

这个阶段是将创业理念进行梳理并通过一定方式呈现出来的过程。这一阶段要做以下几件事。

(一)确认经营目标与策略

在顾客调研和竞争对手调研的基础上，利用一般创业计划提供的思路，将企业的经营方向、目标市场和运营策略等问题分析得细致透彻，如对市场机遇的描述、实现赢利目标应采取的策略等都需具体阐述。除正文论述外，还可以将各种佐证材料妥善整理，作为附录纳入创业计划，如顾客座谈会记录、问卷调查原始数据、文献资料、产品规格清单、产品或服务的推广资料。

(二)合理设计并展示管理团队

创业计划展望的前景无比辉煌，对风险投资家具有很强的吸引力，但并不一定就能吸引到企业所需的资金。创业者必须让风险投资家相信自己的管理团队有能力实现所描绘的美好前景。风险投资家固然看重创意，但最看重操作这个创意的团队。

创业计划应重点说明所组建的管理团队有能力实施此项创业，这需要通过详细介绍各负责人的专业技能与相关背景来加以证明。

(三)进行细致的财务预算

在创业计划中要进行全面的财务预算，包括融资筹划和企业赢利能力测算。

通盘考虑实现创业所需的具体投资内容，做到可靠、可行、可信。

所有财务预算要与经营目标、市场营销和生产运营方面的设计保持一致。

(四)评估企业面临的风险

没有风险分析与评估的创业计划书是不完美的。风险分析不仅能减轻投资者的疑虑，让他们对企业有全方位的了解，更能体现管理团队对市场的洞察力和解决问题的能力。简要评估可能面临的主要风险及其影响，设计规避风险的基本思路。

五、创业计划书的撰写与展示原则

(一)创业计划书措辞行文的原则

1.简明扼要

制定创业计划书的目的是获取风险投资，或者向合作者展示思路。因此行文或口头表达时要直截了当，简明扼要。风险投资家没有时间也没有兴趣看对他来说没有意义的东西。

简明扼要的另一个要求是通俗易懂，不可加入过多的技术术语及英文缩写来证明自己的专业性。事实上，阅读者更关注行动计划能够创造的价值，技术只是价值实现的保障而已。

2.条理清晰

良好的写作水平和表达方式虽然不能挽救创业者不成熟的理念，但思路不清的表达却有可能使好的创意无法有效地与阅读者交流而导致创业夭折。

清晰的材料可以使创业计划书中阐述的理念具有可信度，主要表现在计划书中所做的任何主张都有相应的证据支撑。

3.客观公正

创业者应实事求是地用数据来说明存在哪些市场机会，而不是用过多的形容词来夸耀市场多么巨大。

客观公正可以让阅读者相信你对市场进行了了解与分析，竞争态势也在掌握之中，所有行动计划都是经过深思熟虑的结果。

(二)创业计划内容展示的原则

1.客户价值至上

具有创新性的产品或服务对企业固然重要，因为整个企业都是建立在出色的产品和服务上的。但企业在市场上取得成功的关键是满足客户的需要，客户购买企业产品或服务的目的是满足其需求或解决问题。因此判断创业计划的创意是否成功主要是看它是否满足客户的需要以及用什么方式去满足。

创业者与风险投资家沟通的重大分歧就在此处,创业者过多地关注产品的生产技术特征,而风险投资家则首先会从市场角度观察企业产品或服务可以给客户带来的价值有多大。在风险投资家眼里,客户价值是第一位的,其他都退居次位。

2.产品描述清楚明了

创业计划书中应将所有与产品和服务相关的细节描述到位,但这并不是一件容易的事。因为对创业者来说,他对产品及服务的概念和属性非常清楚,但对风险投资家或其他合作者却不一定,他们很有可能是外行,过分专业化的描述不仅不能吸引他们,有时甚至会让他们怀疑是创业者故意用技术词汇蒙人。

因此,创业计划要用简单的词语把产品及服务阐述清楚,让投资者或合作者与创业者一样对产品和服务感兴趣,且相信该产品和服务有极强的生命力,并被其发展前景所鼓舞。

3.市场研究科学细致

创业计划要让阅读者相信创业者对市场非常了解,也要让阅读者对市场有深入的了解,才能建立起他们对企业的信心。

企业要成功必须要有市场,也就是要有顾客。要想吸引顾客,必须要有自己的特色,这个特色也许是服务更优、价格更便宜、交通更方便或体验更美妙,这些都要通过市场研究,清楚了解市场需求。

通过市场研究,创业者和投资者都能预见到企业开张后的目标市场规模、客户购买特征、产品或服务给客户带来的利益。

4.直面竞争不回避

为了能给投资者一个前景很好的印象,有的创业计划会忽略企业即将面临的真实竞争状况,认为没有什么替代品可以取代他们的产品,或者认为企业不会引起其他竞争者的注意,实际上这种回避现实的“鸵鸟心态”不可取。

制定创业计划时,创业者应认真研究已经存在的竞争对手及其关键管理人员的状况,比较不同竞争对手的优缺点,密切关注竞争对手推销的最新相关产品,评估任何一个竞争对手想进入目标市场的可能性。

5.行动计划无懈可击

创业者应该为企业制定一个周密的行动计划。这个计划应该包括下列内容:企业如何把产品推向市场、如何设计生产线、如何组装产品,需要哪些原料,拥有哪些生产资源,还需要哪些生产资源,生产和设备的成本是多少,是买设备还是租设备,与产品组装、储存及发送有关的固定成本和变动成本的情况如何,员工工资福利的筹划等。

6.管理队伍富有战斗力

创业成功的关键因素就是要有一支强有力的创业管理队伍。这支队伍的成员必须有丰富的专业技术知识、管理才能和多年的工作经验,能给投资者“投资他们就是投资成功”的感觉。

风险投资家对管理队伍的关注主要集中在以下几点:创业者是否具有领袖式的人物应有的素质;管理团队的信念是否坚定,目标是否一致;是否具有强大的凝聚力使管理团队始终努力地追求事业成功;管理团队的市场战斗力如何;团队是否非常熟悉市场,是否善于开发潜在的市场。

在制定创业计划时，可以先考虑展示整个管理队伍及其职责，再分别介绍每位管理人员的特殊才能、特点和造诣，细致阐述每位管理者将对公司所做的贡献，以及管理团队成员的互补、匹配与协作情况。

(三)创业计划书制作的原则

当创业计划以文本形式展示时，制作精美的创业计划可以给投资家留下良好的第一印象。做好以下几点对获得投资家好感大有帮助。

1.文本篇幅要适当控制

创业计划文本应尽可能控制在40页以内，这就要求创业者用精练的语言描述出最能吸引投资家注意的构思和结论。

2.版面设计要精致

排版、装订和印刷不能粗糙，否则会让人产生不舒服感。注意检查文本，不可有排版混乱或错别字之类的低级错误，否则会引起阅读者对创业者做事严谨性的怀疑。使用优质纸张可以使创业计划整洁又耐用，经得起多人翻阅而不受损。

3.方便读者阅读

给创业计划书设计一个封面，把企业的名称、地址、联系方式印在封面上，使感兴趣的投资者能方便地联系到创业者。

创业计划书应编好页码，并设计目录，方便阅读。

仅仅依靠创业者个人的力量撰写创业计划很难做到尽善尽美，在写作过程中，求助于律师、会计师、专业咨询师可以弥补不足，他们的建议能让创业计划更加完美。

(四)创业计划书核查

创业计划核查主要有两方面：文本核查和内容核查。

文本核查主要对创业计划书本身进行核查，如对格式排版、文字措辞、数据运算、表格图形、资料引用、模型公式、数据处理等方面进行核查。

行文上要确保创业计划容易被阅读者所领会。应备有索引和目录，使阅读者可以方便地查阅。

内容核查则主要从阅读者角度审视，对创业计划所反映内容的完整性、科学性、合理性进行核查。

可以从以下几个方面加以核查：摘要引人入胜，足以引起投资者的兴趣；能够显示企业具有很强的偿债能力；能够显示创业团队已进行过科学的市场研究；能够打消投资者对产品或服务的疑虑；能够显示创业团队具有管理企业的经验。

六、创业计划书的展示

今天，“大众创业、万众创新”已成为时代的标签，在新一轮供给侧改革下，基于互联网的技术将催生更多“小而精”“小而专”的创新型企业。拥有知识、技术和团队合力的大学生正是时代的创新者和创业者。创业构想通过研讨、市场调研、撰写商业计划书，已经相对完善和成熟了，该到了向他人展示的环节，特别是面向投资人进行路演了。

创业计划的展示一般分为两种形式，即书面展示和陈述展示。陈述展示就是我们经常说的路演，也是创业计划展示最普遍、最重要的形式。

(一)创业路演

何谓路演？路演(road show)就是创业者在公共场所进行演说、展示产品、推介理念，让创业项目与行业专业人士、创业评审专家、投资方和顾客在短时间内了解创业项目最有效的方式。

投资人往往在一个阶段内会约见众多的创业者，因为投资人最终选择投资的新创企业或项目还是非常少的，所以项目展示者应尽可能在有限的时间内给投资人留下深刻的印象，这个过程类似求职者进入面试的环节。

在与投资人会面之前，要对路演做好充分的准备。重点考虑以下几个问题：

首先，如何着手准备这项艰巨的任务，团队人员该如何有效分工。

其次，必须构思采用什么样的演讲形式，如何进行一次精彩的创业项目汇报。

再次，演讲由谁来完成。当然创业团队核心人物是最佳人选。

最后，推荐项目、团队等内容的时间比例该如何分配。

(二)创业路演展示注意事项

创业项目通过路演，一旦获得投资人的青睐，就能够帮助企业腾飞；相反，如果搞砸路演，创业者的创业想法可能永远无法实现。如何做一场引人注目、令投资人难以忘怀的路演，作为初创企业应该了解及掌握以下相关展示事项。

1.讲清你做的事情

投资人在决定是否要投资你的项目之前，首先想知道你是干什么的。一定要讲你的团队最擅长的事情，如通过技术解决了用户的哪些需求。

开场白宜开门见山，直接点题。例如："我们是××创业团队，我们正在做一个基于移动互联网的福建省养生旅游 APP 应用平台，下面我将介绍一下为什么用户会需要这个产品。"

为了让投资人印象深刻，最好提炼出一句足够吸引人的口号或句子，并在展示过程中多次提及，让投资人印象深刻。

2.详细介绍你的团队

大部分需要融资的新创企业还没有将创意转化成真正的业务，赢利模式还不明确。投资人最终投资的还是"人"，所以团队介绍是路演中重要的环节。

路演过程中要向投资人展示出你对这个项目有多么热爱，团队成员在行业中的经验，甚至团队成员认识多久、彼此的默契程度等，都决定着潜在投资者是否相信你有能力将梦想变成现实。

3.提高 PPT 的效率

一定要做一个有视觉冲击力的 PPT，太多的文字让观众迷茫，用简洁和凝练的语言表达出你的所思所想。要仔细斟酌每一页讲稿，确保没有多余的文字和图片，每一个元素都提醒你应该说什么，而不是将文字堆砌到 PPT 上。

当然，如果你真的不擅长 PPT 的制作，那就请 PPT 制作高手来帮忙。最后，千万要记得多带一个存有 PPT 的 U 盘，以便不时之需。

4.提供产品或服务演示模型

一个 DEMO 演示胜过千言万语。如果能把你的养生旅游 APP 应用软件的样品 DEMO 在路演现场展示给潜在投资人看，并使其模拟用户使用场景，潜在投资人在互动中体验了你的产品，同时你再分享下朋友或顾客使用该产品后的感觉，这会给他留下深刻的印象。

5.注重你的演讲技巧

为了不让“千里马”错过“伯乐”的眼光，你还需要一些演讲的技巧。谁都喜欢和自信的人合作，如果你自己都不够自信，那么凭什么要求投资人投资呢？自信不是自负，不是夸夸其谈，而是言谈举止自然从容。

优秀的演讲者不是天生的，你可以适当地控制语速，让你的讲话听起来更清晰。这些没有诀窍，只能靠你反复练习。

6.合理使用非语言表达技巧

PPT一定要做得简明扼要，只提供总体框架以及发言的重点内容，一定要让听众的目光聚焦在你的身上，因而合理使用非语言表达技巧就显得格外重要。可以通过眼神的转换、表情的传递、手势的示意、位置的移动、语音语调的变化与停顿来吸引听众的注意力，以此提高互动的沟通效果。

当然这些非语言表达技巧也要适度，毕竟是为创业项目以及演讲做辅助的，如过度使用就显得太做作了，效果反而不好。

（三）创业路演展示PPT制作

创业路演展示过程中除了创业者自身的演讲水平之外，其制作的创业项目PPT也是一个重要的展示内容。车库风险投资公司(Garage Venture)董事会主席盖伊·川崎建议使用路演项目PPT“10-20-30”法则，即如果能用10张PPT、在20分钟内、用30号的字体将创业项目阐述清楚，创业者核心的创业想法一定能够简洁高效地传递到投资人的大脑里。

将Word文档直接搬上PPT，没有做好减法，文字已让投资人看得心堵。只讲自己和产品，不提团队成员，投资人又如何知道团队的实力和执行力？粗暴简单，没有经过简单的美化，纯自然美在这里可不好看。

如何制作一份结构合理、内容简洁实用的PPT？以下是PPT样例，供创业项目路演参考。

创业项目路演PPT样例：

这里写上

您企业的名字

商业计划书

一句话介绍你企业的核心业务或企业核心理念

（清晰简洁的描述可以让投资人更快地了解企业甚至产生兴趣）

LOGO

演讲者：XXX

2017/00/00

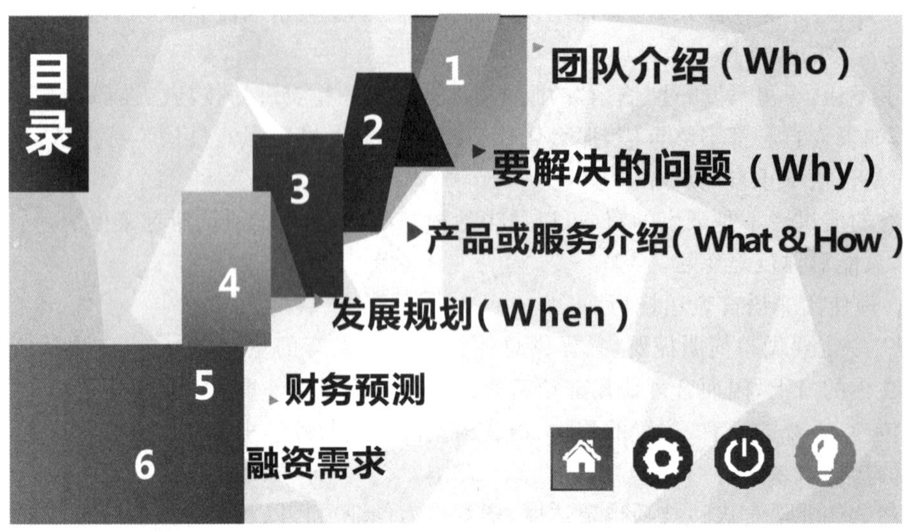

目录
1
团队介绍（Who）
2
要解决的问题（Why）
3
产品或服务介绍（What & How）
4
发展规划（When）
5
财务预测
6
融资需求

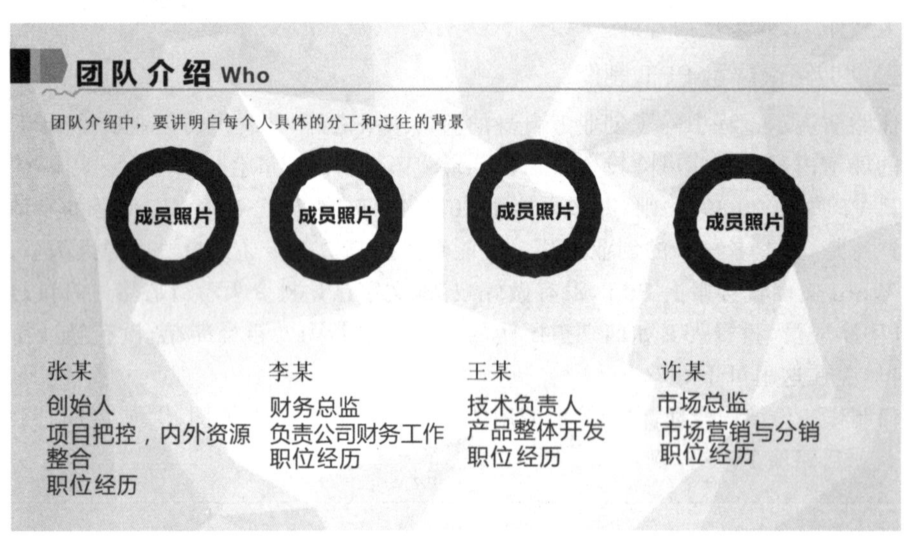

团队介绍 Who
团队介绍中，要讲明白每个人具体的分工和过往的背景
成员照片
成员照片
成员照片
成员照片
张某
创始人
项目把控，内外资源整合
职位经历
李某
财务总监
负责公司财务工作
职位经历
王某
技术负责人
产品整体开发
职位经历
许某
市场总监
市场营销与分销
职位经历

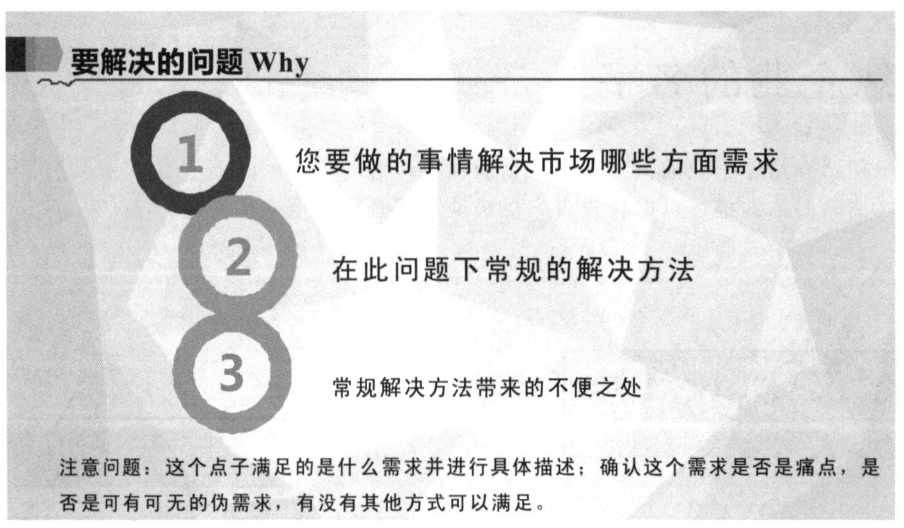

要解决的问题 Why
1
您要做的事情解决市场哪些方面需求
2
在此问题下常规的解决方法
3
常规解决方法带来的不便之处
注意问题：这个点子满足的是什么需求并进行具体描述；确认这个需求是否是痛点，是否是可有可无的伪需求，有没有其他方式可以满足。

产品或服务介绍 What & How

01

阐述您解决上一页市场需求的方法

02

关键要说明白做什么，用什么样的方式去做

避开常见误区

A：不要太多细节。有些创业者会把产品的交互图、流程图直接贴上去，具体到有什么功能，这个功能怎么操作，这没有必要，投资人想要更多了解的是产品是怎么解决用户问题的；

B：不是要讲想法和点子，而是你产品或服务能切实落地的事情。

发展规划 When

1 **这个产品做出来以后，怎么推广**

2 **你打算用多少时间做到多少用户量**

3 **公司会怎么去扩展，希望占有多少市场份额**

4 **这一步做好以后，下一步会怎么做，公司的长远发展及规划**

注：你的商业模式、你的市场推广都可以在这里体现

财务预测

项目	明细	第一季度	第二季度	第三季度	第四季度	第一年	第二年	第三年
固定费用	房租、水电、网络……							
人力成本	工资、社保……							
市场推广	……							
……								

（这方面要找财务跟你一起做，具体到每个月哪些项目的开支。）

除了样例以外，也可以从创业计划书结构的角度去制作PPT，包括概述、需要解决的问题、解决方式、机会与目标市场、技术、竞争者、市场和销售、管理团队、财务规划、目前企业现状、财务情况、总结等。

七、创业计划书实例

苹果医药互动传媒创业计划

第一部分 执行概要

一、公司及商业模式

长春市苹果医药互动传媒有限责任公司是由吉林大学在校学生联合德国图乐斯科技发展有限公司(投资方)、长春一萌电子有限责任公司(技术合作伙伴)，拟创办的有限责任制公司，主营业务为药品媒体广告及药品互动评论平台，致力于让大众通过我们搭建的平台交流用药心得体会，并配合我们的医师、药师针对其自身情况进行的用药指导来实现“理性择药，分享健康”。

1.赢利模式

公司利润来自液晶终端播放药品广告的收入，终端安放地点设在各大药房。

2.智能药师

终端包含一个由药学专业人员编写的资料库，用于引导消费者正确服用药品，相当于“智能药师”，同时有体重计、血压计等测量装置。

药品广告占据终端屏幕的上3/4，用药指导占下1/4，消费者使用终端观看用药指导，测量自身指标的同时还可以看到药品广告。

3.多方互动的商业模式

与药店互动。终端的用药指导功能可以省去药店培训营业员的成本，并且显得更专业，能提升药店形象；公司以此功能为吸引条件，让药店允许我们进驻，提供播放广告的载体。

与医药企业互动。公司为医药企业播放广告，宣传业务，医药企业则是公司最主要的利润来源。

与药监部门互动。终端另设有药品真伪识别功能，能协助药监部门检查假药，防止其流入社会，有利于构建和谐社会；药监部门可以为我们提供政策支持。

与广大民众互动。公司通过药店终端和网站互动交流平台向大众提供用药指导，解决健康问题；大众消费者的支持所带来的人气让药店与医药企业更乐意与我们合作。

以上述互动为基础，公司打造出一个集苹果传媒、药店、医药企业、政府、广大民众五位合一的“利益共同体”，以期实现“五方共赢，共创和谐”。

二、市场与营销

我国传媒行业发展迅猛，不断涌现出新型媒体。但针对药品零售领域的传媒行业尚不成熟，在全国医药企业都在寻求迅速扩张时期，具有巨大的发展潜力。公司依托终端的智能药师功能针对利益共同体中其他几方制定了一系列互动营销策略：

药店：免费安装终端，辅助药店营业员解答消费者的用药问题；附带为进驻药店提供宣传广告；与药店形成利益共生关系，使其允许终端进驻。这种以提供服务而非现金合作的方式，可以尽量节约成本。

医药企业：在药品销售场所播放药品广告，针对性强；同时采取低价策略，并根据不同的客户类别差别定价，短期内打开市场。

消费者：免费提供用药指导，并根据所查药品治疗的疾病提出具体健康建议，吸引大众关注，迅速扩大影响，建立品牌。

三、主要风险

公司面临的主要风险是市场进入风险和行业特点决定的覆盖速度风险。该计划均有相应的规避策略。

四、融资与财务

公司初期的融资需求为1700万元，用于在沈阳、长春、哈尔滨规模较人的医药连锁药店铺设终端，开展销售业务。融资方式为机构投资、风险融资和自有资金融资。风险资本预计在第三年开始退出，主要退出方式为回购风险股份或股票上市。公司筹建期为半年，计算期为4年，静态投资回收期1.6年，选取行业平均折现率15%计算得动态投资回收期为1.8年，净现值NPV为14315.85万元，内部收益率125%，有很高的投资价值，且可行性高。

随着市场业务的不断扩张，公司会迅速成长壮大，这棵承载着美好心愿和创业梦想的健康之树定会早日结出累累硕果。

第二部分　公司简介

一、公司名称

长春市苹果医药互动传媒有限责任公司。

二、法律结构

有限责任公司。

三、成立背景

在我国现有医疗状况下，存在“重医轻药”的现象，消费者在医院和药店内均一定程度上不能得到满意的药品咨询服务。我们成立苹果互动传媒，目的是为消费者提供专业药品咨询服务，并为其提供分享用药经验的互动交流平台，协助消费者科学理性地选择药品，实现医药结合，为大众的健康事业更好地服务。

四、发展规划

2009 年：4000 个终端，迅速占领沈阳、长春、哈尔滨各大连锁药店，保证受众量，树立苹果医药传媒品牌，为进入其他市场奠定坚实的基础。

2010—2011 年：终端数量增加 8000 个，在东北其他大型城市继续铺设苹果医药互动传媒终端，占领东北市场。

2012 年：终端数量增加 13000 个，在全国各主要城市铺设苹果健康传媒终端，形成品牌优势及市场占有率优势。与药监部门合作建立全国性质的药剂师协会，打造权威媒体品牌。

五、公司文化

公司目标：打造中国“80 后”知名上市公司

价值主张：理性用药，分享健康

公司标志：苹果医药互动传媒的标志为屏幕中三个重叠在一起的苹果

六、知识产权

公司完全对网站、硬件技术以及资料库享有自主知识产权，终端技术正在申请专利。

七、团队简介

苹果医药互动传媒科技有限责任公司是由来自吉林大学在校研究生和本科生所组成的以高科技为先导的创业团队。管理团队成员来自理、医、法、经、管等专业，这种创新和多元的组合，对任何一个创业团队在种子期都是最宝贵的财富。大家在思维的碰撞中产生了苹果医药互动传媒的构想。

第三部分　服务和技术

一、服务理念

苹果医药互动传媒是国内领先的互动及分众类媒体的研究及开发者，苹果互动传媒将解决分众类广告投放不能互动的问题，将互联网、视频显示终端进行完美结合，为消费者提供终端用药引导和健康建议，网上提供药评及健康社区，打造传媒新概念，实现药厂、药店、消费者、政府等多方共赢。

二、服务流程

苹果医药互动传媒的服务围绕资料库展开，当消费者产生买药需求时，可以有两种选择：一种是到药店，对可能购买的药品进行查询或者进行身体指标自测，从资料库获得反馈；另一种是登录网站，参与药品评论或者与医师交流参与互动，获得反馈。如此往复，不断更新资料库，形成一个良性循环（流程图、网站示意图、信息终端示意图略）。

三、服务特色

苹果健康传媒的终端不同于竞争对手，具有信息双向交流功能，可以实现不间断无线网络连接，远程调用数据库，极大地方便患者购药以及店员卖药。

苹果医药健康网的定位十分明确，即沟通药店与普通用户的桥梁。一方面，网站将实现药店与用户之间的无缝沟通；另一方面，我们将发挥点评的力量，使我们每一位用户都可以参与到点评中来，引导用户科学购药。

苹果医药互动传媒的终端与健康网站相互独立但又相互联系。用户可以直接调用网站后台数据库，查看网站上对药品的评论；也可以查询到加盟终端使用的连锁药店，进行有针对性的选择。

四、技术支持

（该部分包括对资料库、网络支持以及技术合作伙伴的介绍，具体内容省略）

五、信息质量控制

苹果医药互动传媒对信息的控制，主要体现在对资料库中用药指导及健康建议的公正性、客观性的保障上（详细内容省略）。公司特邀专家详细介绍详见附录。

第四部分　市场分析

近年来，我国传媒行业发展迅猛，不断涌现出新型媒体，但针对药品零售领域的传媒行业尚不成熟。

一、医药液晶传媒行业分析

公司涉足的液晶传媒行业，属于户外广告的一个分支。中国户外广告市场总量仅次于电视和报纸。有关预测数据显示，户外液晶广告的市场规模在未来几年内呈明显上升趋势，年增长率不低于20%。

伴随我国医药流通体制改革，药品的市场竞争日益激烈。作为有效的营销工具，企业纷纷采取各种各样的广告手法。近年来，药品广告投放额占广告市场总额的比重一直在10%左右，在2005年达到150亿元。

根据液晶传媒行业的迅猛发展以及各大药企在药品广告方面的激烈竞争情况，可以预测两者的交叉领域——药品液晶传媒业必将拥有良好的发展前景。目前虽已有少数液晶传媒企业将业务扩展到医药领域，但都以医院为主，且播放的均是单项广告。因此，本公司所涉足的医药互动传媒行业基本属于空白领域，极具开发潜力。

二、广告客户分析

近年来，东北三省的多家知名药厂发展迅猛，生产的药品品种齐全，质量过硬，规模和实力在不断壮大，年总销售额已达到350多亿元。东北三省的药厂为了进一步发展壮大，必将凭借其雄厚的资金实力投放更多的广告。以××集团广告投放率14.7%计算,按照这个比例估算,东北三省的广告投放总额将超过50亿元。

三、药店渠道分析

东北三省的省会城市均存在多家快速发展的大型连锁药店,具有极大的覆盖面,总数在6000家。规模大、信誉好、发展成熟的大型连锁药店能够保证本公司发展初期的布点工作顺利、迅速,并且能够保证公司的终端在短期内形成较大的覆盖面。

四、人口统计学分析

东北三省人口总数接近1.1亿。东北三省居民生活水平逐年提高,人均可支配收入稳步上升,消费者购买力较强。作为老工业基地,东北三省的高端医疗市场比较集中,居民消费水平低,老龄人口居多,居民有病愿到药店买药,故药品零售市场的份额较大。根据全国药品销售总额2558亿元,以及东北三省总人口占全国13亿人口的比例估算,东北三省的药品销售总额将达到200多亿元。而按30%的零售比率推算,东北三省有60多亿元的药品是在药店销售出去的。

五、竞争对手分析

本项目关注两类竞争对手:传媒类竞争对手和网站类竞争对手(具体内容省略,需详细列举主要竞争对手的名称和特点,并分析与本企业相比的优势和劣势)。

第五部分 营销策略

一、营销目标及开拓计划

公司的营销目标是在2009年实现总营业收入2312万元,并在以后的4年中保持198%以上的营业收入增长速度。通过不懈的市场开拓,公司力争在进入的各大城市市场中拥有药品零售行业客流量40%以上,占据药店液晶广告市场30%以上份额,并且拥有100家以上稳定客户。在计划期内,公司将把苹果医药互动传媒的品牌知名度扩大,并进一步提高苹果医药互动传媒终端的关注度以及使用率。

二、药店进入策略

针对传统分众式营销方式的强制灌输,营销效率不高,也无法为产业带来价值的缺憾,苹果医药互动传媒将分别对药店以及消费者采取整套营销方案,占领药店及消费者资源。

1.苹果店员终端

免费安装的苹果店员终端,能提高药店的工作效率,节约药店培训营业员的经营成本。

2.苹果消费者终端

免费安装的苹果消费者终端,除具有店员终端的全部功能外,还有体重、血压、血糖等消费者健康指标查询功能,并且能为消费者提供相关健康建议。

3.药店形象广告

苹果医药互动传媒将为所进驻的连锁药店免费播放形象广告,提升其在消费者中的形象,使得药店在药品零售行业激烈的竞争中占据优势。

三、销售策略

1.产品策略

为了满足不同客户的推广需求,苹果医药互动传媒设计了多种软硬结合的媒介产品，客户可以根据自身市场策略，灵活地选择不同搭配，健康传媒为客户提供最佳推广方式（具体内容省略）。

2.定价策略

（内容省略）

3.营销渠道

公司将采取直接渠道与间接渠道相结合的方式进行渠道营销。在初期，主要采取零级渠道方案，通过公司销售人员直接与药品及保健品企业建立稳定的客户关系。在中期及后期，将在原有直接渠道的基础上，建立广告代理中介渠道，进一步开发及挖掘市场，提升客户数量及质量。

第六部分　运营计划

一、资料库构建

项目建设初期，聘请药学专业人员编写资料库以实现终端功能，包括用药指导、健康建议等，待资料库完成后，输入终端及网站，完成技术支持。

二、业务运营

以终端的用药指导功能为条件，吸引药店允许终端进入，获得药店的准入协约，解决广告的载体问题。

与政府（药监部门）取得联系，以终端的假药劣药查询功能为依托，拟协助药监部门检查假药，以赢得药监部门的政策支持。

在扫清市场准入障碍后，与药厂取得联系，签订广告投放订单。

在药店，实现终端的药品查询、身体检测以及播放广告等功能；在网站，实现提供药品大众点评的功能，以及消费者与药师进行在线交流的功能。同时，统计消费者的买药信息和健康信息，对其进行整理和分析，并将有价值的统计分析资料反馈给药厂、药店和药监部门，使药厂和药店更加了解消费者的健康状况及相关用药需求，从而调整药品的生产和销售计划；使药监部门及时了解各类药品的使用情况，加强对药品的监管及对问题药品和问题厂商的处理力度，从而规范药品的生产和销售，为大众建立起一个更加安全可靠的用药环境。针对消费者的身体状况和买药需求，医药专家及时修改和完善所建资料库，从而使资料库将为大众提供更全面的用药指导和健康信息。随着大众对本公司的认可度和信任度的提高，将有更多药店邀请公司进入，更多药厂希望借助终端播放广告。公司根据市场扩张的速度增设终端，并对网络进行搭建和维护，保证公司持续稳健地运营（具体的运营流程图省略）。

第七部分　公司组织结构及管理

一、公司组织及管理

1.组织结构

基于分众式互动传媒的经营模式定位，公司根据团队成员的专业特长设计了一套适应分众式互动传媒工作特点，能够有效支持网络化经营模式的组织结构。

公司创建初期：总经理下设运营、市场、财务三个职能部门和行政办公室，并另设法律顾问。运营部下设医药和网络两个部门(组织结构图省略)。

2.各部门职能

(内容省略)

二、人才招聘计划

公司为了保证所提供信息的专业性和权威性,以及业务的正常运营,拟在将来聘请医疗医药专家顾问、法律顾问、财务顾问(详细内容省略)。

第八部分 融资需求及使用

一、融资需求及使用

根据公司的运营计划——公司首期以东北三省的省会城市长春、沈阳、哈尔滨为试点,共投放4000个终端,财务部经过测算得出:公司首期资金需求总量为1700万元,主要用于公司的开办费用、铺设终端、网站数据库建设以及公司运营资金(资金使用情况表省略)。

本公司的二期计划是以3个省会城市为中心,在两年内(2010年、2011年)迅速增加8000(每年增加4000)个终端,使终端数目达到12000个,进一步占领东北三省。因此,公司需于2010年再融资825万元,主要用于铺设终端。

本公司的三期计划是向全国一线城市铺设13000个终端,争取以最短的时间占领全国主要一线城市,该期发展所需资金可完全由公司提供,该期不需融资。

二、融资渠道

本公司的第一阶段需资金1700万元,主要通过机构投资(600万元)、风险投资(1000万元)及自有资金(100万元)解决。本公司发展规划第二阶段需资金825万元,主要通过以转让20%股权为条件向风险投资公司进行再融资解决。

三、股权分配

(内容省略)

第九部分 财务分析

本公司经过对预测的收入、支出等数据进行详细的分析,认为在计算期(4年)内,该项目的静态回收期为1.6年,取折现率为15%,算得动态回收期为1.8年,净现值为14315.85万元,该项目可行,而且内部报酬率达到125%,明显高于行业水平,项目有很高的投资价值(详细内容及财务报表省略)。

第十部分 风险分析

公司在不断的成长中将遇到市场风险、行业风险、财务风险和法律风险(具体内容省略)。

第十一部分 收获与退出

苹果健康互动传媒的投资者可选择回购股份或股票上市两个资金退出方案(具体内容省略)。

第十二部分　时间表和里程碑

附录

股东及合伙人的履历、合伙协议、租赁协议、设施布局、市场研究调查结果、附有价格表的营销手册(具体内容省略)。

该创业计划是第四届"挑战杯"金奖参赛作品之一。由于篇幅原因,部分内容省略,通过阅读这份创业计划,你发现该创业计划有哪些特色与不足?如果你是风险投资经理,看完这份创业计划,你是否会投资此项目?给出你的理由。

八、创业计划书模板

创业计划书有不同的模板,创业者可以根据创业所需,选择以下模板中一个,进行创业计划的撰写。

(一)创业计划书模板 1

第一章　执行总结

1.1 项目简介

1.2 服务简介

1.3 市场分析

1.4 营销策略

1.5 管理策略

1.6 财务分析

1.7 风险分析和管理

1.8 法律关系

第二章　服务打造

2.1 项目计划简介

2.2 服务内容与服务模式

2.3 技术介绍

2.4 服务优势

2.5 附加产品

第三章　市场分析与预测

3.1 需求分析

3.2 市场调查结果

3.3 市场预测

3.4 竞争分析

3.5 实际市场反响

第四章　营销策略

4.1 销售渠道

4.2 项目产品服务价格

4.3 营销计划
4.4 客户关系管理
第五章　公司战略与管理
5.1 公司文化
5.2 公司战略
5.3 组织结构
5.4 人力资源配置
5.5 人员培训
5.6 人员绩效考核方法
5.7 薪酬奖惩制度
5.8 媒介计划
第六章　财务分析与预测
6.1 初始投资成本
6.2 财务预算
6.3 财务分析
6.4 投资分析
第七章　风险分析
第八章　法律分析
第九章　附录

(二)创业计划书模板 2

一、创业计划书摘要
(一)企业简介
(二)产品/服务介绍
(三)目标市场
(四)营销策略
(五)竞争优势
(六)管理团队
(七)生产管理计划
(八)财务计划
(九)企业长期发展目标
二、企业介绍
(一)企业理念
(二)企业的基本情况
(三)企业的发展阶段
三、产品与服务
(一)产品的基本描述
(二)产品的竞争优势

(三)产品的研究和开发情况
(四)开发新产品的计划和成本分析
(五)产品的市场前景预测
(六)产品的品牌和专利
四、市场分析与营销策略
(一)市场分析的内容
(二)营销策略的内容
五、产品制造
(一)产品生产制造方式
(二)生产设备情况
(三)质量控制
六、管理团队
(一)管理机构
(二)关键管理人员
(三)激励和约束机制
七、财务管理
(一)企业过去三年的财务情况
(二)今后三年的发展预测
(三)融资计划
八、附录
(一)附件
1.营业执照副本
2.董事会名单及简历
3.公司章程
4.产品说明书
5.市场调查资料
6.专利证书、鉴定软件
7.注册商标
(二)附图
1.企业的组织结构图
2.工艺流程图
3.产品展示图
4.产品销售预测图
5.项目选址图
(三)附表
1.主要产品目录
2.主要客户名单
3.主要供应商和经销商名单

4.主要设备清单

5.市场调查表

6.现金流量预测表

7.资产负债预测表

8.损益预测表

(三)创业计划书模板 3

Ⅰ.导言

A.企业的名称和地址

B.负责人的姓名和地址

C.企业的性质

D.对所需筹措资金的陈述

E.报告机密性的概述

Ⅱ.计划执行概述

用 3～4 页的篇幅对企业的经营计划做全面的概述

Ⅲ.行业分析

A.对将来的展望和发展趋势

B.竞争者分析

C.市场划分

D.行业预测

Ⅳ.风险企业的描述

A.产品

B.服务

C.企业的规模

D.办公设备和人员

E.创业者的背景

Ⅴ.生产计划

A.制造过程(被分包的数量)

B.厂房

C.机器和设备

D.原材料供应商的姓名

Ⅵ.营销计划

A.定价

B.分销

C.促销

D.产品预测

E.控制

Ⅶ.组织计划

A.所有权的形式
B.合作者或主要股权所有人的身份
C.负责人的权力
D.管理团队的背景
E.组织成员的角色和责任
Ⅷ.风险的估计
A.企业弱点的评价
B.新技术
C.应急计划
Ⅸ.财务计划
A.损益预估表
B.现金流预测
C.资产负债表
D.资金的来源及运用
Ⅹ.附录(包括补充材料)
A.信件
B.市场研究数据
C.租约或合同
D.供应商的报价单

思考与练习

1.创业计划的阅读者主要有谁?他们希望通过创业计划了解什么信息?
2.试描述创业计划的基本结构、基本内容及重要性。
3.撰写创业计划需要收集哪些方面的信息?
4.撰写创业计划书应遵循的原则有哪些?
5.创业计划书展示技巧有哪些?

第九章　创业探索

第一研究生面馆如何走出困境

大众创业、万众创新，点燃了无数在校大学生的创业梦想。对当下大学生而言，如何实现自己当老板的梦想，是每一个想创业的大学生所面临的问题。只有理解创业，做好各项准备，才能在创业路上越走越远。下面的研究生面馆案例也许能给创业大学生一点启示。

自古君子远庖厨，可来自西华大学食品科学系的6名研究生就偏不理这个说法，他们自筹20万元资金，大大方方地在成都著名的景观——琴台故径边上开了第一家研究生面馆——“六味面馆”，号称是南北结合天下无敌。为了创业成功，创业前他们做了以下几项工作：

一、组建创业团队

“同桌的你”“睡在我上铺的兄弟”“同窗姐妹”是研究生面馆创业团队构成人员，术业有专攻，他们根据各自专长进行了任务分工：

NO.1 谋士：潘晓亚　擅与各路人等打交道

NO.2 采购先生：万国福　执着

NO.3 账房小姐：高秀容　含蓄内向

NO.4 外交大臣：何洋　处事活泛头脑灵活

NO.5 人事钦差：王立晖　扎实的河北小伙子

NO.6 挂名店长：周黎黎　够耿直，够火辣

二、选择创业项目

民以食为天，在众多的创业项目中，6个人的观点出奇地一致：选择开面馆。理由是开面馆成本小，利薄，消费量大，最适合初次创业的人。

三、市场调查

开业前两个月，6个人分头到成都大街小巷的面店去“明察暗访”。他们花了足足两个月时间，看了几百家铺子，吃了1000多碗面。

四、创业融资

6个人分头找亲戚朋友集资，好不容易凑够了20万元。

五、制定创业计划

6位股东已经把目光放到了5年之后，先把第一家店搞好，积累经验，再谈发展。他们准备两年内在成都开20家连锁店，到时候跟肯德基、麦当劳较量较量。

六、形成独特的企业文化

色香味美，有食则名；汤清面雅，有鲜则灵。斯是面馆，唯我独欣。窗明几上净，餐色满目新。谈笑有师儒，往来尽相亲。可以任腹求，品佳肴。酸甜苦辣咸，鲜字更当精。此之谓，“六味面馆”。

虽然6位研究生创业经过精心设计，但这家当初在成都号称“第一研究生面馆”的餐馆仅经营了4个多月，6位投资人准备公开转让，不得不草草收场，真可谓情伤钱损。

对这6位研究生的雄心，当时就有行内人泼了冷水。在成都李家沱小区开了5年面馆的陈先生说：“我这个铺子60多平方米，一个月的营业额才有2万～3万元，房租开销3500元，原材料10000多元，煤和其他一些杂费要5000多元，另加税费两三千元，我都感到压力不小，赚不了多少钱。如果这些在读研究生像他们所说的还要搞什么绿色食品、无公害蔬菜，那么原材料价格肯定要比普通的高1倍，想赚钱我看玄得很！”而事实上面馆开业头几天生意十分火爆，却没有一直持续下去。

第一节　创业类型

一、基于创业动机分类

日前，学者们对创业类型的划分都是从不同角度以及各自的研究偏好，按照不同的标准进行的，并没有统一的划分标准。全球创业观察组织GEM(the Global Entrepreneurship Monitor)根据初始创业动机把创业活动划分为生存型创业和机会型创业。

(一)生存型创业

生存型创业就是那些由于没有其他就业选择或对其他就业选择不满意而从事创业的创业活动。生存型创业的标准有以下两点：第一，必须是初始创业者；第二，创建一个新企业是因为没有别的更好的工作机会。

生存型创业，起初阶段根本就不需要什么管理，因为什么事都是自己做，但到后期就需要不断完善管理与制度，否则很快就会倒下去，当然能够留下的肯定是优秀的企业，毕竟经过磨炼而生存发展壮大起来的企业肯定是有其独到之处。

(二)机会型创业

机会型创业是指那些为了追求一个商业机会而从事创业的创业活动,是已经感知到商业机会的人自动自发地开创商业机会。满足机会型创业者的标准是:第一,必须是初始创业者;第二,创建一个新企业是为了追求新的商业机会。与生存型创业不同的是,机会型创业者更多的是在拥有一个稳定的经济基础之上才开始准备从事创业活动的,机会型创业者往往在他们所熟悉或擅长的领域里开始创业,这些因素使得他们同生存型创业者相比有较长的生存时间。表 9-1 是基于创业动机的创业类型。

表 9-1　基于创业动机的创业类型

创业类型	学　者	观　点
生存型创业	Zoran Perunovi(2007)	受生存驱动的创业行为的目标是创造财富
机会型创业	Hundley(2001) Benz 和 Frey(2003) Benz(2005)	机会型创业追求非物质回报,如更多的自主性,更广泛的技能开发,实现自己理想的机会
	Zoran Perunovi(2006)	受机会驱动两种生活目标是:追求专业性与创新性

二、基于价值创造的分类

关于创业的类型,还有一种较有代表性的观点是克里斯汀(B.Christian)等人依照创业对市场和个人的影响程度,把创业分为四种基本类型,即复制型创业、模仿型创业、安家型创业和冒险型创业。

(一)复制型创业

这种创业模式是在现有经营模式基础上的简单复制。例如某人原先担任某家电公司部门主管,后来他自行离职,创建了一家与原供职的家电公司相似的新家电公司,且新组建公司的经营风格也基本与离职前的那家公司相同。现实中这种复制型企业的例子特别多,且由于前期生产经营经验的积累而使得新组建公司成功的可能性更高。但这种类型的创业模式中,创新贡献较低,也缺乏创业精神的内涵,并不是创业管理研究的主流。

(二)模仿型创业

模仿型创业虽然也很少给顾客带来新创造的价值,创新的成分并不算太高,但对创业者本身命运的改变还是较大的。如某煤矿公司的经理辞职后,模仿别人新组建一家网络公司。相对来说,这种创业具有较大的不确定性,学习过程较长,经营失败的可能性也比较大。不过,如果是那些具备创新精神的创业者,只要能够得到专门化的系统培训,注意把握市场进入契机,创业成功的可能性也比较大。

(三)安家型创业

这种形式的创业,创业者个人命运的改变并不大,所从事的仍旧是原先熟悉的工作,但他的确不断地在为市场创造新的价值,为消费者带来实惠。例如,企业内部的研发小组在开发完成一项新产品后,继续在该公司开发另一种新产品项目。安家型企业所强调的是个人创业精神的最大限度实现,而并不对原有组织结构进行重新设计和调整。

(四)冒险型创业

冒险型创业模式有可能会改变个人的命运,从事一项全新的产品经营,个人前途的不确定性也很大,并且由于是创造新价值的活动,失败的可能性也很大。尽管如此,因为这种创业预期的报酬较高,对那些充满创新精神的人来说仍旧极富诱惑力。但是,它需要创业者有较强的个人能力、适当的创业时机、合理的创业方案、科学的创业管理,具备这几个条件才有可能获得成功。

三、基于依赖的能力分类

(一)技术型创业

技术型创业是创业者利用技术优势转化成市场价值的过程。创业者可以通过自己的技术发明产品,拥有专利,开辟市场,自己进行创业;也可以在发明产品后,以技术注资与人合作的方式进行创业。对于持有技术发明的创业者来说,这是一种非常好的创业方式,但是并不是有了技术就可以选择创业,毕竟创业除了技术,还需要其他方面的能力与条件,尤其是独自创业对创业者要求更高。一般来说,以技术优势进行创业更能获得竞争优势,在竞争中取胜,在融资方面更能得到投资者的青睐。创业者要根据技术优势的特点,选择合适的创业方式。

技术型创业虽然产品开发不成问题,但对其他几个方面资源要求比较高。

(1)技术实力。很多技术型人才,在工作的时候,往往得做某一个科研项目的某一部分,而产品开发是个系统工程。技术实力将决定产品是否能够成功开发出来,并且决定产品是否具有独特、适用、稳定的性能。

(2)市场敏感度。技术型创业者大多是技术领先,但很容易市场落后。技术领先,并不代表一定能够打开市场,请一定铭记这样一句话:市场永远比技术先行。市场从来都不是创造出来的,而是适应消费需求而形成的。因此,想开发出能被市场所接受的产品,创业者一定要对市场有足够的认识和敏感度。

(3)融资能力。技术型创业往往会出现原来的开发预算很快就花个精光的困境。因此,在自有资金不足的情况下,不能苦等政府扶持资金或银行贷款,所以需要创业者有很强的融资能力,以便让技术开发能够继续下去。

(4)销售能力。技术型创业者初期,资金压力是其最大的困难。前面提到了融资,但目前的风险投资普遍保守,要做好融不到资的打算。因此,需要进行滚动式开发,即分阶段开发,每一阶段都可能通过技术转让和合作来获取收入,或者公司自己有能力边开发边将产品推入市场。

(二)销售型创业

销售型创业是指通过销售某种商品而赚取差价。主要形式有网络商店、经销商、连锁加盟等。

1.网络商店

网络商店简称网店,是一种新兴的商务模式,通过在某个电子商务网站注册成立网络商店,依托此形式进行产品销售。一般而言,网络商店被认为是门槛低、成本少、风险小的一种创业模式。但事实上，网络商店的运营成本也很高。与街边的门店相比，网络商店具有更强的“隐蔽性”，即被人无意间闯入并发生购买行为的概率非常小。因此，虽然网络商店可以省去门面租金、装修等费用，却要花费更多的宣传推广成本。网络商店必须要有人气，没有浏览量就不可能产生销售，所以一定要花大量的时间和金钱在网络推广上。另外，网络商店的利润空间有限。网络商店之所以能与实体店铺竞争，主要靠价格，这必然挤压商品的利润空间。同时考虑到商品配送的成本，网络商店的销售利润空间更小。

网络商店的运营，比传统店铺更强调“薄利多销”，所以更多是在“多销”上努力。这就对创业者对互联网认识提出了很高的要求，需要创业者具有很强的互联网营销经验，更主要是拥有网络营销推广资源。

2.经销商

经销商是指在某一区域和领域只拥有销售或服务的单位或个人，经销商具有独立的经营机构，拥有商品的所有权(买断制造商的产品/服务)，获得经营利润，多品种经营，经营活动过程不受或很少受供货商限制，与供货商责权对等。

成为代理或经销商的步骤如下：

①确认你相信将要销售给消费者或公司的产品或服务。

②寻找需要有人对其产品或服务进行直接销售的生产商。

③阅读寻求代理或经销的广告。

④加入销售与市场群体，参加他们的会议，阅读他们的简报。

⑤阅读贸易出版物，参加贸易展览会，寻找在本地没有销售的新产品或服务，与生产商联系。

⑥与生产商谈判，协商代理或经销条件。

⑦签署相关协议。

3.连锁加盟

连锁加盟(chain)是指主导企业把自己开发的产品或服务的营业系统(包括商标、商号等企业形象，经营技术，营业场合和区域)，以营业合同的形式，授予加盟店在规定区域内的经销权或营业权。让加盟主可以用加盟总部的形象、品牌、声誉等，在商业的消费市场上，招揽消费者前往消费。而且加盟主在创业之前，加盟总部也会先将自身的技术、经验教授给加盟主并且协助其创业与经营，双方必须签订加盟合约，以达到获利的合作目标。加盟总部可因不同的加盟性质而向加盟者收取加盟金、保证金以及权利金等。

加盟能分享品牌、分享经营方法、分享资源支持，对于加盟者，风险小，容易管理；对于加盟商，短时间迅速扩大公司规模并获利。

综合加盟行业的资讯，总结加盟创业者找创业项目的经验，以及一些行业专家对加盟项目的论断，项目加盟具有如下技巧：

(1)兴趣是先导

开创一个新事业，前 3 年比较辛苦。兴趣、理想与热情，是支持创业者坚持到底的原动力，甚至决定着新事业未来的发展。因此，创业者选择连锁加盟项目时，一定要以兴趣为先导。

(2)能力最重要

每一个行业都有进入门槛，创业者如果不具备这方面的条件贸然涉足，失败的可能性较大。因此，选择连锁加盟项目时，自己的能力是最重要的参考因素，要量力而为。

(3)资讯不能少

俗话说，知己知彼，百战百胜。创业者在选择连锁加盟项目时，要充分掌握相关信息，如该项目的市场前景如何、赢利状况如何、投入资金多少、竞争激烈程度如何等。创业者可通过一些加盟说明会获得资讯，也可向加盟总部索取资料。

(4)选择看获利

资料搜集完整后，创业者可选择 2～3 个连锁加盟项目，与加盟商洽谈，了解总部的经营实力与经营理念。在货比三家的过程中，创业者关注的焦点问题，并不是总投资金额的多少，而是加盟后成功获利的概率多高。

(5)访问是必要

一般来说，加盟商为吸引创业者，在介绍时都会说得花好桃好。对此，创业者应“耳听为虚，眼见为实”。创业者在与加盟商洽谈时，可要求其提供一些加盟店的名单，然后从中挑选两三家进行实地考察。考察的重点应该是加盟店的经营实况、加盟商的配套设施是否周到等。

(6)比较少不了

实地考察后，创业者应该冷静地进行分析比较。各加盟商的加盟模式与条件一般都大同小异，但正是这些“小异”的地方，如加盟金的支付方式、总部供货的价格问题等，可能影响加盟后的经营利润。因此，创业者选择项目时，互相比较这一环节必不可少。

(7)培训得重视

创业者与中意的加盟商签订初步协议后，加盟商一般都会提供一系列的开业前训练课程。这个培训课程往往针对创业可能遭遇的问题，传授解决的方法，也可能会传授一些与加盟项目相关的行业知识，所以创业者应该认真对待。

(8)选址得多跑

选择一个好的营业地点，创业就成功了一半。店面的含金量不在于租金的高低，而是看能够创造多少营业额。要寻找价廉物美的店面，实地考察是最有效的手段。所以，多对比，多跑动，是创业者选址必做的“功课”。

(9)开店早准备

开店前的准备工作一定得做足、做好。在店面装潢、购置设备的同时，创业者要多走动，与附近的“邻居”做好和亲睦邻的工作，并且熟悉当地市场，开发潜在的顾客；在筹备期间，应招募足够的工作人员，并事先做好训练工作，才能从容应对开业时的繁忙。

(10)网上淘项目

网络十分发达，说不定商机在网上已经存在了，所以多上网必不可少，不然可能事倍功半。可以选择一些诚信度高的加盟网，加盟时先了解加盟项目的卖点(核心竞争力)、项目的市场潜力、投资获利空间、加盟主的资信背景、样板店经营状况、广告支持力度、管控风险、后期运营维护等。

在选择加盟店时一定要根据自身的优势、特点选择合适的加盟行业，虽然经营的商业模式是现成的，品牌也可能会对经营产生一定的作用，但市场最终还是要靠自己去开辟，要探索出一种适合自己的经营方法。

第二节 创业模式

创业者在创业之初的第一个重要选择就是寻找适合自己的创业模式。创业模式是指创业者为实现自身的创业目标而对各种创业要素的合理搭配。创业的组织形式、创业的方式、创业的行业选择等共同构成了创业模式。

对一个创业者来说,一个真正好的模式,应该是适合自己的,即具有能力操作而且能把现有的资源进行有效整合的模式。合理判断自己的优势和劣势,选择最适合自己的创业模式,可以化解很多不利因素。

大众创新、万众创业时代,兼职创业、网络创业、加盟创业、团队创业、大赛创业、概念创业、内部创业是最常见的创业模式,成为大多数创业者创业的普遍选择,但按创业者是否从零开始创业,可以分为创办新企业模式和收购现有企业模式两种。

一、常见创业模式

(一)网络创业

网络创业主要有两种形式:网上开店,即在网上注册成立网络商店;网上加盟,以某个电子商务网站门店的形式经营,利用母体网站的货源和销售渠道。

(二)加盟创业

分享品牌金矿,分享经营诀窍,分享资源支持,采取直营、委托加盟、特许加盟等形式连锁加盟,投资金额根据商品种类、店铺要求、加盟方式、技术设备的不同而不同。

(三)兼职创业

兼职创业即在工作之余再创业。可选择的兼职创业如下:教师、培训师可选择兼职培训顾问;业务员可兼职代理其他产品销售;设计师可自己开设工作室;编辑、撰稿人可朝媒体、创作方面发展;会计、财务顾问可代理做账理财;翻译可兼职口译、笔译;律师可兼职法律顾问或在事务所兼职;策划师可兼职广告、品牌、营销、公关等咨询工作。

(四)团队创业

团队创业即具有互补性或者有共同兴趣的成员组成团队进行创业。如今,创业已非纯粹追求个人英雄主义的行为,团队创业成功的概率要远高于个人独自创业。一个由研发、技术、市场融资等各方面组成,优势互补的创业团队,是创业成功的法宝,对高科技创业企业来说更是如此。

(五)大赛创业

大赛创业即利用各种商业创业大赛,获得资金提供平台,如 Yahoo、Netscape 等企业都是从商业竞赛中脱颖而出的,因此也被形象地称为创业孵化器;如清华大学王科、邱虹云等组建的视美乐公司,上海交大罗水权、王虎等创建的上海捷鹏等。

（六）概念创业

概念创业即凭借创意、点子、想法创业。当然，这些创业概念必须标新立异，至少在打算进入的行业或领域是个创举，只有这样，才能抢占市场先机，吸引风险投资商的眼球。同时，这些超常规的想法必须具有可操作性，而非天方夜谭。

（七）内部创业

内部创业是指在企业公司的支持下，有创业想法的员工承担公司内部的部分项目或业务，并且和企业共同分享劳动成果的过程。这种创业模式的优势是创业者无须投资就可获得很多资源，成为很多创业者青睐的方式。

二、按创业者是否从零开始划分

（一）创办新企业

创办新企业模式就是白手起家，从零开始创办新企业的创业模式，是将创意发展为高成长性企业的资产积累过程。与其他形式的创业模式相比，白手起家创办新企业模式因为缺少资金、缺乏关系资源，只能艰苦奋斗，一点一滴地积累和摸索。

这种创办新企业的创业模式能够带来可观的利润和市场先发优势，但市场需求的不确定性、竞争对手的模仿也会带来较大的风险。选择这种创业模式，创业者必须有市场预见性，有良好的信誉和人品，有吃苦耐劳的精神，必须不断求新求变，始终走在模仿者的前头；要注意保护好自己的知识产权，做好充分的市场调查，同时也要注意保证资金的充裕。

（二）收购现有企业

自主创业，有时候不必从零做起，而可以通过收购一家正在运营的企业来完成。这种收购现有企业的创业模式具有如下优点：一是创业者可以坐享业务固有的基础，包括承接原有经营者的设备、商誉和客源，缩短开业准备时间，快速形成生产能力。二是承接既有的客户及供货商，能缩短回本期。同时，这种模式也有明显的缺点：风险不易评估，原因在于风险大小视经营项目而定，收购行动本身最大风险在于收购的业务可能隐藏财务危机、潜在债务、诉讼及其他问题。

因此，选择收购创业模式，创业者必须注意以下四点：

(1)收购之前应对企业进行彻底的调查；

(2)宜聘用律师或会计师等专业人员作为成交过程的见证人，或者进行公证；

(3)保持原有班底的军心稳定；

(4)尽快掌握客源。

第三节 创业流程

随着社会的发展，创业成为众多青年人的梦想。但是创业的人很多，成功的人很少，特别是小本创业失败的概率很大。这是因为人们都想着赚钱，操之过急，导致出现意外问题没有办法解决，最终导致创业失败。而且在创业前，没有考虑好一个完善的创业流程。有好的计划，才会有好的行动，没有计划，也就没有目的，那么创业失败也就是很正常的事情了。创业是创建一个新企业的过程，是一个创意孕育、出生、发育和成长的过程。创业的类型不同，创业流程也就不一样，下面给出创业的基本流程。

一、判断自己是否具备自主创业的基本条件

无论出于何种动机，在产生创业想法之前，需要对自己的创业心理素质、创业知识、创业技能、创业资金准备等方面进行理性的评估。

二、选择一种好的企业构想

好的商业创意、商业模式是创业成功的基础。创业者在创业之前，在认识自己和创业环境后，选择一个适合自己的企业构想。

三、组建优势互补的团队

创业者不可能万事皆通，需要选配具有生产技术，懂财务管理和会计，具公关能力，懂流程控制，具有销售经验的人员组成创业团队。选配人员时，一定要考虑到自己公司的创意特点，考虑到自己的整体策略，注意整体的协调一致，即“合得来”。

四、市场分析

进行必要的市场调研和产品研究，并围绕它思考业务构想，寻求商机。选择项目并论证评估判断这个项目是不是可行，未来是不是有市场潜力。

五、筹集创业资金

巧妇难为无米之炊，资金是实施商业创意的必要条件，没有资金，创业活动就无法开展。无论是股东集资、银行贷款、对外举债还是个人出资，都必须考虑大笔资金的到位问题。

六、制定商业计划

商业计划是指在战略导向下通过确定的商业模式实现阶段性战略目标的一切计划和行动方案。制定商业计划需要从深入分析行业发展趋势，研究竞争对手的竞争能力、竞争策略，理清自身的基本情况入手，选择业务发展方向，确定生意模式（包括产品和服务、竞争策略以及赢利模式），制定经营目标和行动计划（包含组织资源、配置资源、风险防范等），编制出财务预算。

商业计划书要关注产品，敢于竞争，了解市场，表明行动的方案，展示管理队伍。出色的商业计划摘要是向投资人筹集资金的重要工具。

七、筹办、注册经济实体

(1)寻找企业落户场所。

(2)注册独立的经济实体。

完整的注册企业的程序包括准备经营场地，开具有关房产证明，企业名称登记，领取并

填写工商注册登记表，准备提交相关文件资料，办理有关前置审批手续，办理入资、验资手续，领取工商营业执照。

企业在领取工商营业执照后，应在规定时间内办理如下手续：

①企业代码登记；

②刻公章，开银行账户；

③国税登记；

④地税登记；

⑤统计登记；

⑥行业管理登记；

⑦科技企业登记；

⑧各项社会保险统筹及就业证办理。

新公司的创立经常要接触到许多法律和制度方面的问题，一般很难掌握那么多的法律知识，可以聘请法律顾问。

八、商业计划的执行与管理

创业者完成了前述步骤后，接下来就要按照拟定的商业计划，组织调配人、财、物等资源，实施商业计划并加强管理。这一阶段的工作不仅要求创业者有吃苦耐劳的品质和不屈不挠的精神，更要求创业者讲究工作方法、运营管理策略，方能实现创业目标。

第四节 创业代价

很多人以为创业非常好，很风光，被成功创业者的财富光环所吸引。但是创业需要全身心投入，创业不仅耗费金钱，还耗费精神，如果创业不成，会让你付出沉重的创业代价。

一、创业者将要面临的挑战

（一）生存挑战

创业者从创建企业开始，就需要为整个企业的生存着想，只有生存下来才能够有所发展，然而新创办的企业面临诸多未知因素，生存特别艰难，能活下来非常重要。

（二）时间不够用

初创业者，为了让一个公司活下来，什么事都要管理。创业者需要每天思考我该怎么做，我该怎么去见客户，我该让我的团队做什么；需要每天加班加点，超长时间、高负荷地工作。

（三）常常被拒绝

新创业企业、公司没有实力，没有经验，创业者的工作、想法、产品或服务常会遭到客户拒绝，还可能面临同行业竞争对手的竞争冲击。不要认为创业很简单，客户会轻易认可你，创业者需要强大的自我肯定，否则，难以继续下去。

(四)孤独

创业者，尤其是初期的创业者，会过着非常孤独和寂寞的生活，不仅因为没有时间去和以前的朋友聊天，没有钱和朋友出去吃饭，而且朋友们因为知道你忙就会不怎么去打扰你。创业者要学会孤独，要想到我现在的孤独是为了以后不孤独，现在的苦难是为了以后成功的快乐。

(五)充当多重角色

一个创业者要充当多个角色，做多种工作，如老板、员工、财务、业务员。这是每一个从小起步的创业者都要经历的。因此，创业者必须是一个一专多能的通用人才。

(六)高失败率

据不完全统计，中国现在的创业成功率在3%左右，大学毕业生更是低至2%。没有资金、技术或好的团队、好的项目，创业能力也不强，很有可能面临创业失败。创业者要做好从头再来的心理准备。

(七)利益冲突的增加

创业过程中的股权安排、职位设置、借贷筹资、策略联盟等一系列问题，都可能会涉及利益冲突，可能会使人际关系更加复杂和紧张。能不能将这些问题解决，并使其朝着创业者的预期目标前进，是一个十分重要的问题，处理不好，就意味着失败。

二、创业付出的代价

创业是一个艰辛而且漫长的过程，不可能很快就取得成功，在这个过程中需要创业者付出很大的代价。

(一)长时间工作

创业比一般上班投入的时间要多几倍，大多数创业者每日投入的工作时数都在15小时以上，并且每周工作7天。这种长时间的付出可能会使创业者在没有足够的创业激情支撑下很快陷入疲惫状态，因而，创业之前一定要考虑好自己是否愿意付出这样的代价。

(二)承受较大的压力

创业者经营与管理企业，承担着养活自己与员工的压力，需要时刻关注企业能否生存下去并要力争成功。创业的高失败风险给创业者造成了极大的心理压力，能否在这种高压力下有效地工作，是创业者应该及早考虑的。

(三)投入产出比不协调

创业初期资源有限，创业者的薪资所得与自己的工作时间投入相比，几乎完全不成比例。而且即使企业走上正轨，创业者也依旧要承受这种不合理，直到企业有一定的规模，这种现象才有可能缓解。创业者需要慎重思考自身能否承受这一代价。

(四)生活质量有可能下降

创业必然会打乱原有的生活方式与工作步调。创业者必须将全部的时间与精力投入创业活动中，因此家庭生活质量肯定受到一定程度的影响。能否得到家人的理解与支持，也是创业成功的一个重要基础。

第五节　创业误区和陷阱

一、创业误区

(一)独一无二的创意必然成功

许多创业者都会声称自己是市场上第一个有此创意的,并且独一无二,因此必须成功。果真如此吗？当你沉溺于这种想法时,却恰恰证明你还没准备好。你可以到互联网上搜索,会发现已经有几家公司把这个创意投入了市场。所以,避免落入这些陷阱就必须抛弃这种观念,认真把精力集中到如何提高创业团队的运作能力上。成功的创业不在于好的创意,而在于团队的运作能力。

(二)有了创意就可以占领市场

许多创业者把“创意先行者”当作自己的招牌,认为自己在市场竞争中独享优势,已经占领了市场,其实不然,有了创意而没把它投入市场等于空想,创意要变成产品或服务进入市场才算有一定的优势,才具有占领市场空间的条件。避免落入这个陷阱就必须尽可能做到第一个进入市场,才有占领市场的机会。

(三)我的产品没有竞争对手

许多创业者认为“我的产品没有竞争对手”。其实不然,只要产品有市场就会有竞争对手的存在,除非你的产品没有市场,谁也不来竞争。避免落入这个陷阱就必须清楚地认识竞争对手,认真准备应付竞争对手的办法。

(四)我要制造出全能产品

许多创业者都想自己的产品在达到尽善尽美、满足客户全部要求时才投放市场。要做到这样必须投放大量的资金,花费较长的时间。其实很快你会发现,通常一个创业企业不可能拥有能够满足客户所有需求的全部条件。另外,市场瞬息万变,产品开发周期越长,产品上市不能满足市场需求的可能性就越大。避免落入这个陷阱的做法是通过市场来了解客户,帮助客户解决目前最烦恼、最迫切需要解决的问题,迅速将一款能够基本满足客户现实最需要的产品投向市场,实施一个“可满足市场最基本要求的产品功能”的策略。创业企业不是生产出一种全能的产品,而是要解决一个最令人烦恼的问题。

(五)起步阶段必须投入大量的资金

许多创业者都相信必须投入大量的资金才能够开创一个企业,这种做法是不利于企业发展的。理由有两个:一是你可能会因为资金宽裕而在基础设施建设、大型应酬、奢侈消费等方面花费过多,造成浪费;二是因为你需要出让公司的股份才能筹集到大量的资金,这样就会削弱创业团队和原始投资人拥有公司股权,这将会带来严重的后果。

(六)创业即是上市

李开复曾经这样提醒创业者:“创业的目的不仅是为了上市和赚钱,更不是为了打倒竞争对手。年轻创业者要更有胸怀,打造正面的创业生态系统。"上市、赚钱等并非创业的最终目标,大学生创业者的最大理想应该是创造、完善行业产业链,用技术来造福用户。例如在互联网行业,当网络用户、内容生产商和广告商都能够分享你的技术,并达成收益和经验上的共赢时,才算得上是成功。

(七)创业即是赢得风投

"风险投资提供的不仅是钱。"李开复表示,据他观察,当第一笔资金拿到手后,许多人便开始排斥投资者的共同参与,把他们的意见当成对自己的干涉。"风投的价值远在金钱之上。除了投钱之外,他们还能为涉世未深的大学生介绍人脉、客户、伙伴,帮助大学生了解市场,治理财务,以及吸引下一轮融资等。"正是基于这个原因,好的投资人的标准不仅在于他是否愿意投钱、投多少钱,更在于在投钱之后他能否为创业者提供持续的、有价值的帮助。

(八)一毕业就创业

国内很多大学生尚未预备好,就过早出来"主导"创业,这导致大学生创业的失败率很高。李开复表示,先参与创业,再主导创业,这对大学生而言是一个更好的选择。"国内教育更关注专业发展,而忽视对于学生执行力、团队经验、市场研究等方面的培养。"他强调,创业能力、创业教育是以上所有因素全方位的整合,而中国创业教育尚需走一段较长的路。

(九)创意即是创业

针对国内很多大学生有了自己的创意却不愿意让投资者知道的做法,李开复认为:"点子改变一切"的情况在现实生活中实在很少见。"点子不是最值钱的,假如让投资者在'创意'和'创业人'之间选择其一的话,肯定有更多投资者选择后者。创业人身上包含了所谓的非智力因素,包括创业方向、人的性格、创业团队以及执行力等。"

如何选择一个挣钱的项目,是创业者提出的首要问题。创业者擦亮眼睛才能顺利挖得人生"第一桶金"!据不完全统计,大学生创业成功率只有2%～3%,而创业企业的失败率高达70%以上。在创业领域中,百元创业、0折供货、300%的利润空间、坐在家里年赚百万……这类噱头屡见不鲜,需谨防创业陷阱。

二、创业陷阱

(一)技术不成熟的项目无保障

典型项目:药品种植、纳米隐形笔、音乐哨、文化月饼

打着高科技的幌子,卖着白菜式的商品,正是目前无技术含量的创业项目的写照。其目的主要是骗取设备费、技术培训费、资料费等。比如,有人宣称,冬虫夏草的种植,无论土质,南北适宜,人人可做。据悉,冬虫夏草种植技术还不成熟,目前成功的仅北虫草(一种类似冬虫夏草的东西)一种,别说大面积推广了。而类似于纳米隐形笔、音乐哨和文化月饼这一类,都是采用最原始的工艺,却被镀上了科技的外衣。

(二)投资太小的项目是骗局

典型项目:珠绣回收、散件组装七彩笔组装、电子产品联营加工

此类代加工项目其目的是骗取加盟费、材料费、押金等,一旦你上门交送产品,项目方将以产品不合格等理由为借口,进行拒收或者处以高额罚款。电子笔组装被广告炒的火热,免

费提供散件，包运费，一支加工费 1.5 元。有知情人士透露：当你找上门，项目方会向你要高额的加盟费或保证金。其实这些散件和运费都包含在里面了，项目方赚的就是加盟费。据了解，这种笔市场价仅 0.8 元/支。

(三)高额回报的项目不可信

典型项目：彩色冰激凌、烤鱿鱼、葡萄酒

据中国连锁经营协会权威统计，目前“草根”投资者主要关注的领域中，毛利润率最高的也不过 50％～60％，净利润率在 15％左右已经属于高利行业了。专家指出，项目方宣称的利润是一个毛利润，如若将经营期间其他产生的费用扣除，项目方宣称的利润至少还要减去 60％～70％。项目方给出的标价是市场中高级品牌产品的价格，而投资者受实力、渠道等因素局限，加之项目方提供的项目品质也不高，根本无法卖到这个价位。即使是被权威媒体报道过的“暴利”项目，比如红酒，也名不副实。而彩色冰激凌、烤鱿鱼一类则会在短期内被新来者替换，所谓 300％的利润都是项目方夸大的。

第六节　创业成功

一、影响创业成功的关键因素

为了弄清楚影响创业成功的关键因素，我们设计了“关于影响创业成功的关键因素的调查分析”的调查问卷，并通过 Spss 等软件，用数据、样本的方式来分析，得出“影响创业成功的关键因素”如下：

(1)创业基因：创始人格和性格：是否适合创业；是否有极大的兴趣和激情；是否具备良好的心理素质；是否具备优良的团队合作能力；是否具备组织号召等执行能力；是否具备敏锐的市场洞察能力(丰富的人脉关系)等。

(2)创业初心：为什么要创业，创业理念等。

(3)创业时机：国家政策、市场趋势、创业环境、用户需求、行业选择、拥有资源等。

(4)创业资金：项目启动资金。

(5)创业团队：人员分工、股权结构、能力互补、社会资源、执行力等。

(6)产品/服务：研发并应用于生活中的产品或者提供的服务，包括但不仅限于产品换代升级、用户体验、产品性价比、售后服务等。

(7)核心竞争力：能形成竞争壁垒，半年时间内竞争者难以突破或达到相当水平。

(8)市场运营：战略布局、企业管理、产品研发、服务升级、价格策略、宣传公关、市场拓展、人事管理等一系列关乎公司发展的事务。

(9)项目融资：吸纳外部资金用以维系现状或扩展版图等。

(10)商业模式：如何赚钱？

(11)法律咨询：合同、股权等和法律相关的一切事务。

(12)创业咨询：提供创业咨询、指导等。

二、影响大学生创业成功的关键因素

(一)创业者/创业团队是否优秀

创业者或创业团队是创业主体,其品质、意志、能力和思维方式直接决定创业的走向。关于创业者的特征和要求第四章将专题讨论。

(二)创意是否有价值

创意是创造意识或创新意识的简称,它是指对现实存在事物的理解以及认知所衍生出的一种新的抽象思维和行为潜能。汉王充《论衡·超奇》说:“孔子得史记以作《春秋》,及其立义创意,褒贬赏诛,不复因史记者,眇思自出于胸中也。”创意是一种通过创新思维意识,进一步挖掘和激活资源组合方式进而提升资源价值的方法。创意只是整个创业流程的开始。许多创业者在一开始时往往会沉浸在他们的灵感之中,却没有看到实际上这些创意只是漫长创业过程的起点。

(三)能否筹集到创业资金

Human Bondage 公司总裁萨默塞特·莫姆曾说:“钱就像人的第六感觉,没有了它,其他五种感觉也就无法充分利用。”俗话说一分钱难倒英雄汉。如果没有人对你的创意进行投资,使它发展成一项切实可行的业务,创意永远不可能变成现实。因此,从一开始就应当特别注意如何说服投资者提供必要的资金。

(四)创业环境是否有利

创业环境是外部的不可控制因素,创业者个体无力改变,只能适应。有利的创业环境不仅为创业者提供广阔的市场机会和空间,而且存在一个由非物质赞助商、风险投资家和专业服务商组成的网络,为创业者提供专业指导。

三、提高创业成功率的路径

如今越来越多的人选择了创业,这是一件好事。在真正由心动落实到行动的创业者中,有高达95%以上的失败率,失败率如此之高,原因很多,概括地说就是许多创业者尚不具备一个老板的思维方式和能力。那么如何避免创业失败,提高成功率呢?创业者应该注意以下几个方面:

(一)创业者要有梦想

没有梦想就没有激情,没有激情就没有动力,没有动力就没有成功。梦想是创业路上的动力源泉,要知道任何创造成功的过程都一定会历经不同的困难和痛苦。一个没有梦想的创业者,一旦遇到困难或挫折,首先想到的就是放弃。

当我们选择了创业,就得把梦想变为与自己共存亡的东西,千万不可放弃。只要梦想永在,坚持努力,总有实现的时候。

每个创业者都有实现梦想的冲动,这便是走向创业之路的初始力量。然而创业是艰苦的,是人生的历练甚至是人生的苦难,创业需要有一种自强不息的创业精神。创业精神是一种境界,决定着人们的人生态度。有了这种精神,才能激励人们奋发图强,获得财富与进步。

(二)创业者要有野心

创业意味着是从零开始,从无到有,从小到大地不断前进。“不想做将军的士兵不是好士兵”,创业者必须要有某一时日能超越强敌,要做就做最好,做出行业第一的野心。

(三)创业者要能实干

一切的梦想和野心最后的成功,离不开立即行动和实实在在的苦干实干。创业者必须明白,创业可能100%付出,也不会有收获。少抱怨公平与否,认准了就从小事从细节做起,少些投机取巧。万丈高楼平地起,夯实基础是创业成功的保障。

(四)创业者要坚持

每个人身上都必须背负着一个十字架,乞丐的十字架可能是草做的,很轻,背起来很轻松;百万富翁的十字架也许是铁做的,背起来很沉很累。比尔·盖茨和李嘉诚,他们身上背负的十字架可能是更重更沉的“黄金”十字架了。

这里的十字架代表的是责任、困难、痛苦、打击等,也就是说你追求的梦想越大,你就得背负相应重量的十字架。随时鼓励自己,不懈努力坚持是创业通向成功的门票。

(五)要不断创新

创新是一个民族的灵魂,一个国家兴旺发达不竭的动力。一个创业者要想在激烈的竞争中立于不败之地,必须不断地进行观念创新、技术创新、产品创新、管理创新、思维创新等。当代的成功者,不仅要有着超凡的执行力,更要具有创新的思维。

中国有为数众多受过良好教育的聪明、勤奋的青年创业者,他们从来都不缺乏理想。但是年轻一代要实现自己的梦想,成就一番事业,最欠缺的还是创新的思维方式,以及创新所必备的多元化的能力。

(六)保持创业精神

只有永远保持创业精神,企业才可以始终保持进取状态。创业初期保持这种精神并不难,难就难在创业基本完成以后,快速进入成熟期,还能持续具有创业初期的冒险、创新的勇气和力量。

胜败乃兵家常事。曾经的创业失败,不可否认会对创业者心理上造成一些创伤,成为再度发奋的障碍。但是,也不可否认的是,失败者起码获得了别人所难以获得的智慧,从这一点上说,失败不是坏事,甚至可以说失败是获得更大成功的基石。因此,创业失败者轻易放弃,非常可惜。

(七)善于学习和反思

学而不思则罔。创业失败者如果不具备反思的能力,就不该迈入创业的门槛。

大多数的创业失败者都能从曾经的失败中进行反思,增长自己的智慧,来进一步指导自己的实践。值得庆幸的是,我们这个社会已经越来越宽容失败,越来越鼓励人们跌倒了再爬起来,社会是欢迎这样的英雄的。

自觉的创业者应在不断学习、总结自己以及他人的经验教训的同时,用现代企业管理理论来武装自己的头脑,用人类的知识和智慧来指导自己的实践。

(八)用足相关政策

政府部门有很多鼓励创业的政策,是对人学生创业的鼓励和支持,创业时一定要注意“用足”这些政策,如免税优惠、在某地注册可享受比其他地区更优惠的税率等。这些政策可大大减少创业初期的成本,使创业风险大大降低。

思考与练习

1.假如你会创业，如何选择创业模式？

2.大学生如何防范创业陷阱？

3.谈谈你对创业成功的理解。

4.如何提高创业成功率？

第十章　创业实施和管理

罗永浩:一个理想主义者的创业故事

2014 年 12 月 6 日,罗永浩举办了个人告别演讲“一个理想主义者的创业故事”。

如今提到罗永浩,大家想到的是锤子科技、智能手机。但他的创业故事,是从一个培训学校开始的。

他曾被认为是游手好闲的待业青年,被当作新东方“最牛”和“最傻”的另类教师,还曾被认为创办了一家热衷参与公共事件的政治性网站。逐渐地,他变成理想主义的代名词,许多大学生在他身上寻找精神慰藉和思想启蒙,很多名人都对他不吝褒奖。2008 年,36 岁“高龄”、没有太多从商经验的罗永浩突然开办了“老罗和他的朋友们教育科技有限公司”。

罗永浩最大的困惑是,他既要摸索着运作好一家企业,同时又要与过往理想主义的形象相匹配。当有人不断说“你不行”的时候,再强大的心脏也会产生疲劳感。他说,对于“不耍流氓能否赚到钱”的问题,自己起初并没有把握,只是单纯地相信可以。“既然我瞧不起的人都能赚到钱,为什么我不能呢?”

罗永浩开始考虑他的下一份工作。他想过写书当作家,有人告诉他,20 多岁干这行还行,都 30 多岁的人了,当作家会很艰难。2008 年元旦前后,和朋友商量后,他决定开家英语培训公司,这些朋友当中,有作家兼商人冯唐。

罗永浩说自己不是一个擅长找投资者要钱的人。资金迟迟没有到位,一直拖到 5 月份,冯唐告诉罗永浩,不能再拖了,再拖半年就会凉下来,他给了罗永浩一笔启动资金,对罗永浩说,你先张罗起来,天天烧钱你就会焦虑,一焦虑做什么事都会顺理成章。

罗永浩拿着冯唐给的启动资金,注册了公司,简称“老罗英语”。他始终没有说服任何人再给“老罗英语”投资。中途,一位在非洲做生意的发小知道他开公司,主动给了他 300 万元。

果然,罗永浩开始焦虑。“老罗英语”主打北美英语考试培训课程,新东方是这项业务铁板不动的老大。一开始“老罗英语”生意惨淡,总投资 600 万元,第一年亏损了 300 多万元。“基本上每天一开门就是一万块钱不见了,被打劫也不可能这么吓人,我当时拿朋友的钱做,属于投资不是借款,赔了是不用还的,但怎么好意思呢?”罗永浩想,万一赔了,自己找一个年薪百万的工作,除了生活开支,600 万的债也要花 10 年才还清,还清时已经 50 岁。想到这些,他就眼前发黑。他开始经常在办公室里过夜,琢磨怎么把生意做好。

比如,民营英语培训旺季主要集中在寒暑假,3 月投入宣传成本,6 月才能收回,每个月的资金流很不均匀，为了鼓励学生早缴费，他推出过一项促销方案——越早交钱，收费越低。“从消费心理学角度讲，这个方案的愚蠢之处在于，如果我这个月报名要交1200块钱，得知上个月报名的只交了1100块钱，就会很窝火，很犹豫，结果这个月没交，下个月得知又要多交100块会更窝火，在这种非理性的情绪下可能会选择你的竞争对手。看了些专业书后他才知道，要倒过来做，一开始就定最后一个月的价，如果报得早打折，消费者这个时候会觉得什么时候交都是占便宜，只不过早交多占便宜，晚交少占便宜，这样他就可以接受，其实本质上是一样的。”他研究了很多市场营销专业的书籍，发现自己走了很多弯路，于是开始推出一系列类似的改版营销方案。

第二年，经营情况有所好转，“老罗英语”亏损100万元。2010年底，罗永浩在北京海淀剧院举行了一场演讲，题目是“一个理想主义者的创业故事”。演讲进行到最后，罗永浩说，希望明年公司能够顺到钱，换到更大一点的地方继续演讲。

2011年10月25日，罗永浩在北京保利剧院完成了岁末演讲，题目是“一个理想主义的创业故事Ⅱ”。他宣布了两条消息：一条是去年北京海淀剧院演讲网络点击量率超过1000万，另一条是“老罗英语”创办到第三年，终于开始赢利了。100万元的数额并不大，但兴奋和得意，他毫不掩饰，台下掌声一片。

2012年5月，罗永浩创办锤子科技（北京）有限公司（“锤子科技”）。

锤子科技是家制造移动互联网终端设备的公司，公司的使命是用完美主义的工匠精神，打造用户体验流的数码消费类产品（智能手机为主），改善人们的生活质量。

公司的英文名“Smartisan”是由“smart”和“artisan”组合成的词，意思是“智能手机时代的工匠”。

2012年6月18日，罗永浩在北京北展剧场举办了个人演讲“一个理想主义者的创业故事Ⅲ”。

2013年3月27日，罗永浩Smartisan OS发布会正式举行。

2013年5月，锤子科技以4亿元的投前估值获得紫辉基金领投的7000万的风险投资。2014年3月，锤子科技以8.5亿元的投前估值获得2.05亿元风险投资。

2014年5月20日，第一代手机产品Smartisan T1正式发布。

2014年12月6日，罗永浩举办了个人告别演讲“一个理想主义者的创业故事Ⅳ”。

2014年12月6日，白色Smartisan T1开始接受预订。

2015年1月18日，Smartisan OS获得极客公园“2014中国互联网年度创新产品”大奖和“最佳用户体验”奖。

2015年2月28日，汉诺威工业设计论坛（iF Industrie Forum Design）在德国慕尼黑公布了2015年第62届iF国际设计奖的获奖名单，锤子科技出品的Smartisan T1智能手机获得iF国际设计奖金奖——iF国际设计奖的最高级别奖项。这是自iF设计奖成立以来，中国大陆的智能手机产品首次获得证国际设计奖金奖。此外，Smartisan T1手机的包装也获得了本届iF设计奖。

2015iF设计之夜——第62届iF设计奖金奖颁奖典礼于2月27日晚在德国慕尼黑举行，首席执行官Ralph Wiegmann向受邀的iF设计奖金奖获得者颁发了奖杯和证书，有来自设计、商业、文化、政治和媒体领域约2000名与会者共同庆祝见证了这个夜晚。作为金奖获得者之一，锤子科技的工业设计副总裁李剑叶和CEO罗永浩也受邀出席了颁奖仪式。

第一节　新企业的组织和注册

一、新企业创办

企业是指以赢利为目的运用各种生产要素（土地、劳动力、资本和技术等），向市场提供商品或服务，实行自主经营、自负盈亏、独立核算的具有法人资格的社会经济组织。大多数的创业者都会选择建立一个新企业的方式进入市场。在创业初期，是单干还是合伙，或者选择其他组织形式，对于准备创业的所有创业者而言，是首先要考虑和解决的问题。当创业者发现创业的机会，看好某个市场前景并且准备进入该市场时，面临的首要问题是采用何种方式进入该市场，即选择进入市场的方式。创业者应该根据自己的实际情况，选择不同的企业形式。

【案例 10-1】　跨行业多元化经营创业

陈奎龙，武夷学院旅游学院 2013 届旅游管理专业毕业生。2015 年与高中同学创办漳州信裕嘉食品有限公司，担任副总经理；创办“海麟娃”休闲食品品牌，旗下果蔬食品畅销全国，进入世纪联华、沃尔玛等知名连锁商超。2016 年创办福州好修养汽车配件有限公司，担任总经理，与全国 500 强企业北汽集团深入合作，与厦门、福州等地区 300 多家 2S 汽修店保持长期供货关系。2018 年 6 月创办福建铃龙网络科技有限公司，担任总经理，公司主营金融软件开发与平台运营，为中小创业者及券商机构提供软件开发服务、技术服务指导。2018 年 9 月成立福州龙钥食品有限公司，负责“海麟娃”品牌休闲食品的线上销售。2018 年 9 月成立福建铃龙影业有限公司，主营广播电视节目制作、电影发行、文化娱乐演出、汽车会展等业务，往影视娱乐方向多元发展。他经常告诫学弟学妹，在创业过程中要志存远志，敢为人先，注重知行合一，不断克服创业路上的重重困难，砥砺前行，不断实现自我，完善自我，突破自我！

二、企业组织形式的选择

企业组织形式是指企业财产及其社会化大生产的组织状态，它表明一个企业的财产构成、内部分工协作与外部社会经济联系的方式。根据市场经济的要求，现代企业的组织形式可按照财产的组织形式和所承担的法律责任划分，国际上通常分类为独资企业、合伙企业和公司企业。

（一）企业组织形式分类

1.个人独资企业

个人独资企业，是指依法规定，在中国境内设立，由一个自然人投资并承担无限连带责任，财产为投资者个人所有的经营实体。个人独资企业是由某个人出资创办的，有很大的自由度，只要不违法，爱怎么经营就怎么经营，要雇多少人，贷多少款，全由业主自己决定。赚了钱，交了税，一切听从业主的分配；赔了本，欠了债，全由业主的资产来抵偿。我国的个体户和私营企业很多属于此类企业。

个人独资企业设立的条件：

(1)投资人为一个自然人；

(2)有合法的企业名称；

(3)有投资人申报的出资；

(4)有固定的生产经营场所和必要的生产经营条件；

(5)有必要的从业人员。

个人独资企业是否成功依赖于所有者个人的技术和能力。当然，所有者也可以雇用一些有其他技术和能力的员工。

2.合伙企业

合伙企业，是指自然人、法人和其他组织依照《中华人民共和国合伙企业法》在中国境内设立的，由两个或两个以上的自然人通过订立合伙协议，共同出资经营、共负盈亏、共担风险的企业组织形式。合伙企业是由几个人、几十人，甚至几百人联合起来共同出资创办的企业。它不同于所有权和管理权分离的公司企业。它通常是依合同或协议凑合组织起来的，结构较不稳定。合伙人对整个合伙企业所欠的债务负有无限的责任。合伙企业不如独资企业自由，决策通常要合伙人集体做出，但它具有一定的企业规模优势。

(1)合伙企业的种类

合伙企业分为普通合伙企业和有限合伙企业。其中，普通合伙企业又包含特殊普通合伙企业。

普通合伙企业由 2 人以上的普通合伙人(没有上限规定)组成。普通合伙企业中，合伙人对合伙企业债务承担无限连带责任。

特殊普通合伙企业，是指以专门知识和技能为客户提供有偿服务的专业服务机构，这些服务机构可以设立为特殊普通合伙企业，如律师事务所、会计师事务所、医师事务所、设计师事务所等。特殊普通合伙企业必须在其企业名称中标明“特殊普通合伙”字样，以区别于普通合伙企业。特殊普通合伙企业中，一个合伙人或数个合伙人在执业活动中因故意或者重大过失造成合伙企业债务的，应当承担无限责任或者无限连带责任，其他合伙人则仅以其在合伙企业中的财产份额为限承担责任。

有限合伙企业，是由普通合伙人和有限合伙人组成的合伙企业。有限合伙企业由 2 人以上 50 人以下的普通合伙人和有限合伙人组成，其中普通合伙人和有限合伙人都至少有 1 人。当有限合伙企业只剩下普通合伙人时，应当转为普通合伙企业；如果只剩下有限合伙人时，应当解散。普通合伙人对合伙企业债务承担无限连带责任，有限合伙人以其认缴的出资额为限对合伙企业债务承担责任。

(2)合伙企业设立的条件

设立合伙企业应具备以下条件：有 2 个以上合伙人，并且都依法承担无限责任者；有书面合伙协议；有各合伙人实际缴付的出资；有合伙企业的名称；有经营场所和从事合伙经营的必要条件。

3.公司制企业

公司企业，是按所有权和管理权分离，出资者按出资额对公司承担有限责任创办的企业。主要包括有限责任公司和股份有限公司。

(1)有限责任公司，是指根据《中华人民共和国公司登记管理条例》规定登记注册，由 50 个以下的股东出资设立，每个股东以其所认缴的出资额对公司承担有限责任，公司以其全部资产对其债务承担责任的经济组织。有限责任公司包括国有独资公司以及其他有限责任公司。有限责任公司不通过发行股票，而由为数不多的股东集资组建(一般由 2 人以上 50 人以下股东共同出资设立)，其资本无须划分为等额股份，股东在出让股权时受到一定的限制。在有限责任公司中，董事和高层经理人员往往具有股东身份，使所有权和管理权的分离程度不如股份有限公司那样高。有限责任公司的财务状况不必向社会披露，公司的设立和解散程序比较简单，管理机构也比较简单，比较适合中小型企业。

设立有限责任公司应当具备以下条件：①股东符合法定人数。根据我国《公司法》第 24 条规定，有限责任公司由 50 个以下股东出资成立。②有符合公司章程规定的全体股东认缴的出资额。③股东共同制定公司章程。④有公司名称，建立符合有限责任公司要求的组织机构。⑤有公司住所。

(2)股份有限公司，是指由一定人数以上的股东组成，全部注册资本由等额股份构成并通过发行股票(或股权证)筹集资本，公司以其全部资产对公司债务承担有限责任的企业法人。其主要特征是：公司的资本总额平分为金额相等的股份；股东以其所认购股份对公司承担有限责任，公司以其全部资产对公司债务承担责任；每一股有一表决权，股东以其持有的股份，享受权利，承担义务。

设立股份有限公司应当具备下列条件：①发起人符合法定人数。设立股份有限公司，应当有 2 人以上 200 人以下为发起人，其中需有半数以上的发起人在中国境内居住。②发起人认缴和社会公开募集的股本达到法定资本最低限额。③股份发行、筹办事项符合法律规定。④发起人制定公司章程，并经创立大会通过。⑤有公司名称，建立符合股份有限公司要求的组织机构。⑥有固定的生产经营场所和必要的生产经营条件。

(二)选择企业组织形式的策略

企业组织形式反映了企业的性质、地位、作用和行为方式，规范了企业与出资人、企业与债权人、企业与政府、企业与企业、企业与员工等内外部关系。创业者在创办新企业时，只有选择了合理的组织形式，才可能充分地调动各个方面的积极性，使之充满生机和活力。

不同企业组织形式的典型特征如表 10-1 所示，供选择参考。

表 10-1　创业公司类型的比较

项　目	个人独资企业	合伙企业	股份有限公司	有限责任公司
法律依据	个人独资企业法	合伙企业法	公司法	公司法
法律基础	无章程或协议	合伙协议	公司章程	公司章程
法律地位	非法人经营主体	非法人营利性组织	企业法人	企业法人
责任形式	无限责任	无限连带责任	有限责任	有限责任

续表

项 目	个人独资企业	合伙企业	股份有限公司	有限责任公司
投资者	完全民事行为的自然人，法律、行政法规禁止从事营利性活动的人除外	完全民事行为的自然人，法律、行政法规禁止从事营利性活动的人除外	无特别要求，法人、自然人皆可	无特别要求，法人、自然人皆可
注册资本	投资者申报	协议约定	500 万元人民币	3 万元人民币
出资	投资者申报	约定：货币、实物、土地使用权、知识产权或者其他财产权利、劳务	法定：货币、实物、知识产权、土地使用权	法定：货币、实物、知识产权、土地使用权
组建企业的成本与难易	成本低，易建立	成本低，易建立	成本高，建立复杂	成本高，建立相对容易
财产权性质	投资者个人所有	合伙人共有	法人财产权	法人财产权
出资转让	可继承	一致同意	完全转让	股东过半数同意
经营主体	投资者及其委托人	合伙人共同经营	股东不一定参加经营	股东不一定参加经营
事务决定权	投资者个人	全体合伙人或从约定	股东会	股东会
利亏分担	投资者个人	约定，未约定则均分	投资比例	投资比例
解散程序	注销	注销	注销并公告	注销并公告
解散后义务	5 年内承担责任	5 年内承担责任	无	无

各种法律组织形式没有绝对的好坏之分，对于创业者而言各有利弊，但是无论选择哪种组织形式，都必须根据国家的法律法规要求和新企业的实际情况。各种企业组织形式优缺点的比较见表 10-2，应科学衡量各种组织形式的利弊，以便根据实际情况选择最合适的组织形式。

表 10-2 各种企业组织形式的优劣比较

企业组织形式	优 势	劣 势
个人独资企业	企业设立手续非常简便，且费用低 所有者拥有企业控制权 可以迅速对市场变化做出反应 只需交纳个人所得税，无须双重课税 在技术和经营方面易于保密	创业者承担无限责任 企业成功过多依赖创业者个人 筹资困难 企业随着创业者的退出而消亡，寿命有限 创业者投资的流动性低
合伙企业	创办比较简单，费用低 经营比较灵活 企业拥有更多人的技术和能力 资金来源较广，信用度较高	合伙创业人承担无限责任 企业绩效依赖合伙人的能力，企业规模受限 企业往往因关键合伙人的死亡或退出而解散 合伙人的投资流动性低，产权转让困难
有限责任公司	创立股东只承担有限责任，风险小 公司具有独立寿命，易于存续 可以吸纳多个投资人，促进资本集中 多元化产权结构有利于决策科学化	创立的程序比较复杂，创立费用较高 存在双重纳税问题，税收负担较重 不能公开发行股票，筹集资金的规模受限 产权不能充分流动，财产运作受限
股份有限公司	创立股东只承担有限责任，风险小 筹资能力强 公司具有独立寿命，易于存续 职业经理人进行管理，管理水平高 产权可以以股票形式充分流动	创立的程序比较复杂，创立费用较高 存在双重纳税问题，税收负担较重 股份有限责任公司要定期报告公司的财务状况，公开自己的财务数据，不便严格保密 政府限制较多，法规的要求比较严格

【案例 10-2】 苹果公司的设立

苹果公司所创造的“硅谷奇迹”是创业成功的典范。苹果公司的设立先后经历了以下过程：

一人技术

沃兹尼亚克(简称沃兹)在 1976 年设计出了一款新型的个人用计算机，样品苹果 1 号展出后大受欢迎，销售情况非常好。

两人起步

受此鼓舞，沃兹决定与中学时期的同学乔布斯一起创业，先进行小批量生产。他们卖掉旧汽车甚至个人计算机一共凑齐 1400 美元，但小小的资本根本不足以应对创业对资金的迫切需求。乔布斯认为苹果计算机要成为一个成功的公司，就需要有资本、专业管理、公共关系和分销渠道。

三人合伙

从英特尔公司销售经理职位上提前退休的百万富翁马库拉经别人介绍找到了这两个年轻人，沃兹的成就激起了马库拉的热情，马库拉有足够的工程学知识，这使他一眼看出，沃兹为苹果设计的一些特性非常独到。马库拉以多年驾驭市场的丰富经验和企业家特有的战略眼光，敏锐地意识到了未来个人计算机市场的巨大潜力，决定与两位年轻人进行合作，创办苹果公司。根据仅在美国10个零售商店 Apple Ⅰ电路板的销售情况，马库拉大胆地将销售目标设定为10年内达到5亿美元。意识到苹果公司将会快速成长，马库拉用自己的钱入股9.1万美元，后来又游说其他人投入60多万元风险资金，以其信用帮助苹果公司从银行借了25万美元的贷款。这样，沃兹、马库拉和乔布斯各自获得公司30%的所有权。

三人于1977年1月7日签订了这一股份协定，正式成立苹果公司。

四人公司

三人共同带着苹果公司的创业计划，随后走访了马库拉认识的创业投资家，结果又筹集了60万美元的风险资金。为了加强公司的经营管理，一个月后马库拉又推荐了全美半导体制造商协会主任斯科特担任公司的总经理。马库拉和乔布斯说服了沃兹脱离惠普，全身心投入苹果公司。于是斯科特成了苹果公司的首位CEO(1981年，在担任苹果公司总裁的5年后，斯科特决定卖掉股份，提前退休)。1977年6月，4个人组成了公司的领导班子，马库拉任董事长，乔布斯任副董事长，斯科特任总经理，沃兹是负责研究与发展的副经理(管理团队)。技术、资金、管理的结合产生了神奇的效果。

斯科特帮助苹果公司建立了早期的基础架构。

综上所述，沃兹设计、制造了苹果计算机，马库拉有商业上的敏感性，斯科特有丰富的生产管理经验，但最终是乔布斯以传教士式的执着精神推动了所有这一切。

苹果公司的创业成功是创业团队有效合作的结果。

三、企业注册流程

大学生创业要申请注册公司，必须要了解公司注册方面的法定程序(《企业登记管理条例》和《公司登记管理条例》等的规定)和工作流程，再针对每一个程序和流程的要求预先做好计划，准备相关材料，这样可以事半功倍。创业者在设立企业从事经营活动之前，需先到工商行政管理部门办理登记手续，领取营业执照，若从事特定行业的经营活动，还要先取得相关主管部门的批准文件。设立特定行业的企业，还需要了解有关开发区、高科技园区、软件园区等方面的法规、规章以及有关地方规定，如此，有助于选择创业地点，以享受税收等优惠政策。

(一)企业登记注册的流程

企业登记注册一般需要经过申请和受理、审查和核准以及颁发执照和发布公告主要步骤。企业注册流程如图10-1所示。

(二)企业名称设计

创业者在企业正式成立之前，必须进行企业名称的设计，这是新企业注册的第一步。企业名称是一个企业区别于其他企业的文字符号，依次由企业所在地的行政区划、字号、行业或者经营特点、组织形式四部分组成，如上海能源股份有限公司、江苏绿健乳业有限公司。

行政区划是指企业所在地县以上行政区划的名称。企业名称中的行政区划名称可以省略"省""市""县"等字，但省略后可能造成误认的除外。县以上的市辖区行政区划名称应与

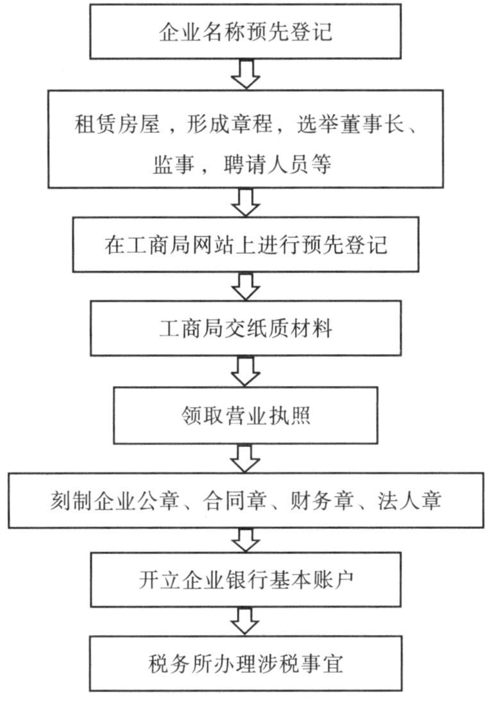

图 10-1 企业注册流程

市行政区划名称联用，不宜单独冠用市辖区行政区划名称。除符合《企业名称登记管理规定》特别条款外，行政区划名称应置于企业名称的最前部。

字号是构成企业名称的核心要素，是区别不同企业的主要标志，应由两个以上的汉字组成。除符合《企业名称登记管理规定》特别条款外，字号应置于行政区划之后，行业或经营特点之前。驰名字号是指在一定的时间和空间范围内，在某一行业或多个行业中为人们所熟知的企业字号。企业有自主选择企业名称字号的权利，但所起字号不能与国家法律、法规相悖，不能在客观上使公众产生误解和误认。企业名称字号一般不得使用行业字词。

企业名称也是一种社会文化，从一个侧面反映了社会文化健康文明程度。因此在确定企业名称字号时，应考虑符合社会精神文明的要求，抵制反对使用带有殖民奴化、封建糟粕、格调低下的字词作企业字号。

行业或经营特点应当具体反映企业的业务范围、方式或特点。确定行业或经营特点字词，可以依照国家行业分类标准划分的类别使用一个具体的行业名称，也可以使用概括性字词，但不能明示或暗示有超越其经营范围的业务。企业经营业务跨国民经济行业分类大类的，可以选择一个大类名称或使用概括性语言在名称中表述企业所从事的行业。企业应根据自身的业务情况，选择行业或经营特点字词，注意避免脱离自身实际业务情况而盲目追求“大名称”。

组织形式，即企业名称中反映企业组成结构、责任形式的字词，如公司、厂、中心、店、堂等。目前，我国企业组织形式的称谓多样化，概括起来，可分为两大类：

(1)公司类。依照《公司法》设立的公司,其名称必须标明“有限责任公司”或“股份有限公司”字词,“有限责任公司”亦可简称为“有限公司”。

(2)一般企业类。依照《企业法人登记管理条例》设立的企业,其名称中的组织形式称谓纷繁多样,如“中心”“店”“场”“城”等。组织形式一般不能连用或混用。对一些国际上通用的形式如“××厂有限公司”“××中心股份有限公司”等,应允许使用。

(三)经营项目审批

如果新注册的企业经营范围涉及特种行业许可经营项目,需要报送相关部门报审盖章。特种许可项目涉及旅馆、印铸刻字、典当、拍卖等行业,需要消防、治安、环保、科委等行政部门审批。特种行业许可证办理,根据行业情况及相应部门规定不同,分为前置审批和后置审批。前置审批的相关规定可以参照《工商总局关于严格落实先照后证改革,严格执行工商登记前置审批事项的通知》。

(四)编写企业注册相关文件

企业名称核准之后,申请人要按照企业登记法律、行政法规和国家工商行政管理总局规章的规定提交相关材料,如合伙协议、公司章程等。

1.合伙协议的编写

合伙协议依法由全体合伙人协商一致、以书面形式订立。订立合伙协议,设立合伙企业,要遵循自愿、平等、公平、诚实信用原则,合伙协议经全体合伙人签字、盖章后生效。合伙人按照合伙协议享有权利,履行义务。

2.公司章程的编写

有限责任公司章程应当载明以下事项:公司名称和住所、公司经营范围、公司注册资本、股东姓名和出资方式、出资金额和出资时间、公司的机构及其生产办法、职权、议事规则等事项。股东应当在公司章程上签字、盖章。

(五)确定企业经营场所

设立的企业要开展生产经营活动,要有固定的经营场所。该场所在法律上称为住所或经营场所。经营场所如果属于创业者的物业,在申请时应该出具房产证明;如果属于租用,要出具租赁合同,并同时出具出租方的房屋租赁许可证。

(六)申请营业执照

工商局对企业提交的材料进行审查,确定符合企业登记申请,经工商行政管理局核定,即可发放工商企业营业执照,并公告企业成立。相关材料包括个人资料、公司章程、名称预先核准通知书、法人和全体股东的身份证、公司住所证明复印件、前置审批文件或证件、生产性企业的环境评估报告等。

(七)刻章

企业办理工商注册登记过程中,需要使用的图章由公安部门刻出。公司用章包括公章、财务章、法人章、全体股东章、公司名称章等。

(八)银行开户

企业可以在银行申请基本存款账户、一般存款账户、临时存款账户、专用存款账户。基本存款账户是企业办理日常结算和现金收付的账户,企业的工资和资金等现金的支取,只能通过基本存款账户办理。企业的基本存款账户只能选择一家银行的一个营业机构开立,不得在多家银行机构开立。新创立的企业需设立基本账户,银行开户应提供的材料包括营业执照正本、组织机构代码证正本、公司公章/法人章/财务专用章、法人身份证、国地税务登记证正本等。

知识链接

注册公司的相关说明

(1)注册公司不超过半年时间,最快需要20天时间。不同地区注册公司的费用也有所不同。有限责任公司可以注册分公司。

(2)要注册一个公司,首先需要确定好经营什么,怎样经营好,再来注册。要不注册了也没有用,注册公司需要很多成本,不是一件“好玩”的事情。

(3)《公司法》规定,注册公司时,投资人(股东)必须缴纳足额的资本,可以以货币形式(就是人民币形式)出资,也可以以实物,如汽车、房产、知识产权等出资。到银行办的只是货币出资这一部分,如果有实物、房产等作为出资的,需要到会计师事务所鉴定其价值后再以其实际价值出资。

(4)公司必须建立健全会计制度。刚开始成立的公司业务少,会计的工作量也小,可以请一个兼职会计,每个月到公司来帮忙建账,几天时间就够了,支付的工资也不多。

(5)每个月1—10日按时向税务申报税,即使没有开展业务不需要缴税,也要进行零申报,否则会被罚款。罚款额度为超过一天100元。营业执照办理下来后一个月内必须办理税务登记。每年3—6月,营业执照要定时年检。

(6)营业税是对营业额征税,不管是否赚钱,只要发生了交易,开了发票,就要征税;所得税是对利润征税,利润就是营业额扣减各种成本后剩余的钱,只有赚了钱,才会征所得税。

(7)开办费是指企业在筹建期间发生的费用,包括筹建期人员工资、办公费、培训费、差旅费、印刷费、注册登记费以及不计入固定资产和无形资产构建成本的汇总损益和利息支出,筹建期是指企业被批准筹建之日至开始生产、经营(包括试生产、试营业)之日的期间。

四、创办企业面临的法律问题

从某种意义上,市场经济就是法制经济,创业、投资离不开法律政策的引导、保障和规范。创业者在创建和经营企业的过程中,必须了解和遵守有关法律法规,确保自身和他人的利益不受到非法侵害。创业涉及的法律和伦理问题相当复杂,创业者必须认识到这些问题,以免早期的法律和伦理失误而给新企业带来沉重代价,甚至夭折。

企业创办阶段需要考虑的法律问题主要有:企业法律形式的选择,设立税收记录,租赁和融资问题,起草合同,以及申请专利、商标或版权的保护。在每个创建阶段,都有特定的法律和法规决定创业者什么可以做和什么不能做。因此,作为一名创业者,必须熟悉相关法律法规。但法律环境对创业的影响并没有到此为止,新企业创建并开始运营之后,仍然有与经营相关的法律问题。与创业有关的一些基本法律问题见表10-3。

表 10-3　注册企业面临的法律问题

创建阶段的法律问题	经营现行业务中的法律问题
· 确定企业的法律形式 · 设立税收记录 · 进行租赁和融资谈判 · 起草合同 · 申请专利、商标和版权保护	· 人力资源管理(劳动)法规 · 安全法规 · 质量法规 · 财务和会计法规 · 市场竞争法规

知识产权是指人们就其智力劳动成果所依法享有的专有权利。知识产权包括专利、商标、版权等,是企业的重要资产。知识产权可通过许可证经营或出售带来许可经营收入。实际上几乎所有的企业(包括新企业)都拥有一些对其成功起关键作用的知识、信息和创意。传统观念将物质资产如土地、房屋和设备等看作最重要的资产,而现在知识资产已逐渐成为企业中最具价值的资产。对于创业者来说,为了有效保护自己的知识产权,也为了避免无意中侵犯他人的知识产权,了解相关法律非常重要,见表 10-4。

表 10-4　创业企业各部门中典型的知识产权

部　门	典型的知识产权形式	常用保护方法
营销部门	名称、标语、标识、广告语、广告、手册、非正式出版物、未完成的广告副本、顾客名单、潜在顾客名单及类似信息	商标、版权和商业秘密
管理部门	招聘手册、员工手册、招聘人员在选择和聘用候选人时使用的表格和清单、书面的培训材料和企业的实时通信	版权和商业秘密
财务部门	各类描述企业财务绩效的合同、幻灯片,解释企业如何管理财务的书面材料,员工薪酬记录	版权和商业秘密
管理信息系统部门	网页设计、互联网域名、公司特有的计算机设备和软件的培训手册、计算机源代码、电子邮件名单	版权、商业秘密和注册互联网域名
研究开发部门	新的和有用的发明与商业流程、现有发明和流程的改进、记录发明日期和不同项目进展计划的实验室备忘录	专利和商业秘密

(一)专利与专利法

专利是由政府机关或者代表若干国家的区域性组织根据申请而颁发的一种文件。这种文件叙述发明的内容,并且产生一种法律状态,即该获得专利的发明在一般情况下只有得到专利所有人的许可才能利用(包括制造、使用、销售和进口等),专利的保护有时间和地域的限制。我国专利法将专利分为三种,即发明、实用新型和外观设计。专利制度旨在保护技术能够享受到独占性、排他性的权利，权利人之外的任何主体使用专利，都必须通过专利权人的授权许可才能获得使用权。专利期限届满后，专利权即行消失，任何人都可以无偿地使用该项发明或设计。随着法律制度的不断完善，专利的使用呈现出多样化趋势，专利无效、专利撤销、过期专利等一一被列入专利法律范畴。只有充分地认识诸如此类的法律制度，才能充分利用专利资源，为企业实现更多的经济价值。

专利法是确认发明人(或其权利继承人)对其发明享有专有权，规定专利人的权利和义务的法律规范的总称。专利法可以有效地保护专利拥有者的合法权益。创业者应该对其个人或企业的发明创造及时申请专利，通过寻求法律保护使自己的利益不受侵犯。当受到侵犯时，按照法律依据提出诉讼，要求侵害方予以赔偿。

1984 年 3 月 12 日，全国人大通过并颁布了《中华人民共和国专利法》，2008 年 12 月 27 日，第十一届全国人大第六次会议通过《关于修改〈中华人民共和国专利法〉的决定》，自 2009 年 10 月 1 日起施行。

(二)商标与商标法

商标是商品的生产者、经营者在其生产、制造、加工、拣选或者经销的商品上或者服务的提供者在其提供的服务上采用的，用于区别商品或服务来源的，包括文字、图形、字母、数字、三维标志、颜色组合和声音等，以及上述要素的组合，具有显著特征的标志，是现代经济的产物。商标通过确保商标注册人享有用以标明商品或服务，或者许可他人使用以获取报酬的专用权，而使商标注册人受到保护。商标包括商品商标、服务商标和集体商标、证明商标，商标注册人享有商标专用权，受法律保护，如果是驰名商标，将会获得跨类别的商标专用权法律保护。保护期限自商标注册公告之日起 10 年，但期满之后，需要另外缴付费用，即可对商标予以续展，次数不限。

商标法是确认商标专用权，规定商标注册、使用、转让、保护和管理的法律规范的总称。它是为了加强商标管理，保护商标专用权，促使生产、经营者保证商品和服务质量，维护商标信誉，以保障消费者和生产、经营者的利益，促进社会主义市场经济的发展。

商标是企业的一种无形资产，具有很高的价值，这种价值体现在独特性和所产生的经济利益上。保护和提高商标的价值，可以为企业带来巨大的收益。商标不仅是消费者选择产品或服务的依据，而且是企业参与市场竞争的主要载体。好的企业不仅需要好的产品和服务，更需要好的商标。不论是美国的可口可乐，还是中国的海尔，都是因为注册了商标，才能受到法律的保护。

1982 年 8 月 23 日，我国颁布了《中华人民共和国商标法》，1993 年 2 月 22 日进行了第一次修正，2001 年 10 月 27 日进行了第二次修正，2013 年 8 月 30 日进行了第三次修正。

(三)著作权与著作权法

著作权也称版权，是指作者对其创作的文学和科学作品依法享有的权利。著作权包括以下 17 项人身权和财产权：发表权、署名权、修改权、保护作品完整权、复制权、发行权、出租权、展览权、表演权、放映权、广播权、信息网络传播权、摄制权、改编权、翻译权、汇编权、应当由著作权人享有的其他权利。

著作权法是保护文学、艺术和科学作品作者的著作权以及与著作权有关的权益，按照法律规定，中国公民法人或者其他组织的作品，不论是否发表，均享有著作权。具体包括以下形式:创作的文学、艺术和科学领域等作品;文字作品;口述作品;音乐、戏剧、曲艺、舞蹈、杂技艺术作品;美术、建筑作品;摄影作品;电影作品和以类似摄制电影的方法创作的作品;工程设计图、产品设计图、地图、示意图等图形作品和模型作品;计算机软件;法律、行政法规规定的其他作品。

我国实行对作品自动保护原则和自愿登记原则,即作品一旦产生,作者便享有版权,登记与否都受法律保护,自愿登记后可起到证据作用。署名权、修改权、保护作品完整权的保护期不受限制,发表权保护期为作者终生至其死后50年。使用他人作品应当同著作权人订立许可使用合同或转让合同。

1990年9月7日,第七届人大第15次会议颁布了《中华人民共和国著作权法》,2001年10月27日进行了第一次修正,2010年2月26日进行了第二次修正。

创业者及其新创企业除了学习和了解知识产权相关的法律之外,反不正当竞争法、合同法、产品质量法、劳动法等法律法规都必须学习和了解。

【案例10-3】 大学生创业优惠政策

小王今年马上大学毕业了,他认为自身的性格和条件适合创业,并为此筹划了很长时间。一次偶然的机会,他看到国家对大学生创业的一些支持措施,于是就到学校的职业发展中心咨询,咨询中心的老师向他进行了详细介绍。

大学毕业生在毕业后两年内自主创业的,需到创业实体所在地的工商部门办理营业执照,注册资金(本)在50万元以下的,允许分期到位,首期到位资金不低于注册资本的10%(出资额不低于3万元),一年内实缴注册资本追加到50%以上,余款可在3年内分期到位。

大学毕业生新办咨询业、信息业、技术服务业的企业或经营单位,经税务部门批准,免征企业所得税两年;新办从事交通运输、邮电通信的企业或经营单位,经税务部门批准,第一年免征企业所得税,第二年减半征收企业所得税;新办从事公用事业、商业、物资业、对外贸易业、旅游业、物流业、仓储业、居民服务业、饮食业、教育文化事业、卫生事业的企业或经营单位,经税务部门批准,免征企业所得税一年。

国有商业银行、股份制银行、城市商业银行和有条件的城市信用社要为自主创业的毕业生提供小额贷款,并简化程序,提供开户和结算便利,贷款额度在2万元左右。贷款期限最长为两年,到期确定需延长的,可申请延期一次。贷款利息按照中国人民银行公布的贷款利率确定,担保期限与贷款期限相同。

政府人事行政部门所属的人才中介服务机构免费为自主创业毕业生保管人事档案(包括代办社保、职称及档案工资等有关手续)两年;提供免费查询人才、劳动力供求信息,免费发布招聘广告等服务;适当减免参加人才市场或人才劳务交流活动收费;免费为创办企业的员工提供一次培训、测评服务。

以上规定是国家制定的,各地政府为了扶持当地大学生创业,也出台了相关的政策法规,而且更加细化,更贴近实际。

在系统地了解有关大学生创业的政策之后,小王对自己大学毕业后的创业信心更足了。

【案例10-4】 武某的失败

湖南某公司董事长武某,是个绝顶聪明的人,也是个白手起家的典范。在成为湖南省第一个百万富翁后，武某想，自己能有今天，幸亏那帮与自己一起打天下的农民兄弟，现在自己富了，他不能亏待这帮兄弟。

武某在自己的公司底下成立了十几个分公司，好兄弟一人分一个公司。他规定这些分公司只需要定期向上级交纳一些象征性的管理费，其他赢利都是自己的。那么，这些兄弟是怎么回报他的呢？他们开始还严格按照规定办事，按期交纳管理费。慢慢地，有人就抓住了武某仁慈、好说话的“致命弱点”，于是管理费不交了，管理费慢慢变成了白条。武某从来没有要求过他们将白条兑现。不但管理费不交，这些兄弟还想方设法从武某的总公司弄钱。他们要求武某担保贷款，武某总是有求必应。为了照顾与自己一起打江山的这帮农民兄弟的面子，在武某经营公司的这些年里，公司从来没有对外招聘过一个高级管理人员和大学毕业生。

武某还是一个非常讲社会责任感的人。在公司创建之初，他就做出了一个决定：如果自己获得了一块钱的利润，就必须无偿捐出 8 毛钱给社会，自己只留 2 毛钱用于发展。不但自己这样做，他同时还要求分公司经理——他的那些农民兄弟必须三七开，赚一块钱，自己只可留 3 毛，7 毛捐给社会。

武某办企业的十几年里，自己的账上竟然没有一分钱的积蓄。这样靠义气经营的企业，把资本分光用尽的办企业方式，企业的发展后劲可想而知。公司经过最初几年的红火后，很快就陷入了沉寂。由红火而至平淡，由平淡而至落寞，可叹武某自己竟然不自知。

武某很快变成了一个穷人。2000 年 8 月，武某因为一张别人拿来抵债的价值 2 万元的虎皮被警方逮捕，坐牢 4 个月。当他出来后发现自己昔日的那些兄弟早已作鸟兽散。

第二节　新企业的营销

【案例 10-5】　iPhone 新品发布，天猫凭什么成为大赢家？

“史上最贵、史上屏幕最大、双卡双待……”，近来，iPhone 新品发布又引起了人们的热议，有人调侃：这下卖个肾都买不起 iPhone XS Max。

一、精准洞察，瞄准首批购买“果粉”

一年一度的苹果新品发布是“果粉”翘首以盼的时刻，但是，对于其中大部分人而言，又是最煎熬的时刻，为什么呢？因为有钱买不到！新品实在难抢！官网预约不上，官方店难排队，非正规渠道质量不放心。

有人不理解：买不到，就再等会呗，然而，在“果粉”圈，谁不想第一时间体验，那种“人无我有”，能在朋友圈炫耀的感觉真是太爽了。

基于“果粉”购买苹果新品痛点的洞察，天猫苹果官方旗舰店利用其首发 iPhone 新品，并享有领先全网 7 天的独家预售期，保持与苹果官网同步的优势，将“果粉”划分为首批购买者和非首批购买者，策划了一系列的营销活动，满足了首批购买者抢先一步换新机的需求。

二、有趣、吸睛创意,引爆线上预购

苹果新品发布会的前一天,天猫就蠢蠢欲动,在微博上进行一番预热造势:9小时后,将会有一个“big news”要宣布,盯紧一点,不止围观,借势苹果新品发布的热点,用设置悬念的方式,激发受众强烈的好奇心。

发布会一结束,天猫利用其话题效应,迅速在微博上做出响应,宣传首发优势,并奉上了详细的购机全攻略,实现与天猫旗舰店无缝隙链接,引导受众在线上进行预购。

此外,天猫还用生动、形象的创意长图,吸引受众的眼球。以这种幽默、调侃的网络化方式来输出品牌苹果新品首发信息,比起生硬、直接的形式,更加形象、生动,加深了受众对品牌首发的记忆点,不会带来反感心理,并吸引大量网友做UGC传播,形成裂变式传播,为个体和平台之间搭建起了最好的沟通渠道,对话题的讨论也因为无数用户的参与而变得丰富,成为本次活动的爆点。毋庸置疑,苹果新品发布本身话题性就高,再加上天猫官方旗舰店独家首发这一优势,有趣的创意,有料的福利,相关话题“苹果新品天猫首发”达到了6000多万的阅读,2.7万的讨论,吸引了大量网友加入其中,参与讨论。

三、线下千人开箱活动,“iPhone第一人”花落天猫

考虑到线上预购的方式中途还需花费快递的时间,为此,天猫面向88VIP启动线上预约线下自提的“零时差”购买体验,88VIP可在天猫预约iPhone首发开箱仪式入场资格,9月21号可凭预约现场开箱,第一时间拿到真机。

新iPhone发售当天,在杭州亲橙里iPhone天猫首发开箱仪式现场异常火爆,有上千人参与活动,其中不乏从厦门、济南等城市打“飞的”来的消费者。9月21日上午8点,iPhone XS、iPhone XS Max天猫全球同步开售,一秒钟后来自杭州的王先生便拿到iPhone XS Max新机,成为2018年“iPhone第一人”,此新闻迅速占领了热搜榜,提高了品牌声量,扩大了活动的影响范围。

四、总结

回顾此次天猫的营销,天猫借“苹果新品发布”的热点,结合自身“首发”的优势,做了一番精准的洞察分析,瞄准首批购买苹果新品者,线上线下齐发力,营销手段多元化,资源整合化,从推广到内容再到销售引导,形成了完整的闭环,将天猫苹果官方旗舰店“首发”的主打概念植入用户心智,实现了最大化的销售转化率,开售仅29分钟,销量就超去年全天。

一、营销观念

(一)市场的含义

市场是指某种产品的实际购买者和潜在购买者的集合。这些购买者都具有某种需要或欲望,并且能够通过交换得到满足。市场规模取决于具有这种需要或欲望,愿意而且具有支付能力进行交换的人口数量。

(二)市场营销的含义

市场营销是企业以顾客需求为出发点,有计划地组织各项经营活动,为顾客提供满意的商品和服务而实现企业目标的过程。

此概念包含以下四方面的要点:

(1)营销活动的出发点和中心是满足顾客的需求和欲望,并实现自己的赢利,是一种双

赢的活动。

(2)营销是一种创造性行为,它不仅寻找已存在的需求并满足它,而且要创造性地发现和满足顾客并没有提出的需求。

(3)市销营销是一个系统的管理过程。

(4)营销是企业参与社会的纽带,需权衡企业、顾客和社会三方面的利益。

(三)五种营销观念

1.生产观念

生产观念(production concept)又称生产导向,是19世纪末20世纪初形成的一种最古老的经营思想。这种观念是在卖方市场条件下产生的,因而企业的经营哲学不是从消费者需求出发,而是从企业生产出发。其主要表现是企业生产什么,就卖什么。生产观念认为,消费者喜欢那些可以买得到和买得起的产品,企业经营管理的主要任务是改善生产技术,改进劳动组织,提高劳动生产率,降低成本,增加销售量。

【案例10-6】　福特T型车的成功

福特T型车的面世使1908年成为工业史上具有重要意义的一年。T型车以其低廉的价格使汽车作为一种实用工具走入了寻常百姓之家,美国亦自此成为“车轮上的国度”。该车的巨大成功来自亨利·福特的数项革新,包括以流水装配线大规模作业代替传统个体手工制作,支付员工较高薪酬来拉动市场需求等措施。T型车是世界上第一种以大量通用零部件进行大规模流水线装配作业的汽车,它的目标市场是美国社会的中产阶级。福特公司生产的大多数的T型车都是黑色的,亨利·福特曾有一句名言“任何顾客可以将这辆车漆成任何他所愿意的颜色,只要它是黑色的”(Any customer can have a car painted any color that he wants so long as it is black)。事实上,在1908年至1914年间,福特公司也曾生产过其他不同颜色的汽车,但在1915年至1925年间,为了提高生产速度,福特公司只使用价格低廉干燥迅速的日本黑涂料。经过优化的流水装配线已经可以在93分钟内生产一部汽车,而同期其他所有汽车生产商的生产能力总和也不及于此。该车型是如此的成功,以至于在1917年至1923年之间居然没有做过任何的广告。直到1927年停产,全世界共有超过1500万辆T型车被生产,而这个纪录保持了将近一个世纪。T型车的起初售价是850美元,而同期与之相竞争的车型售价通常为2000～3000美元。到了20世纪20年代,由于生产效率的提高和产能扩大,价格已降至300美元。

2.产品观念

产品观念(product concept)又称产品导向,它是从生产观念派生出来的一种古老的经营思想。产品观念认为,只要产品的质量上乘,具有其他产品所无法比拟的优点和特征,就会受到消费者的欢迎,消费者喜欢购买高质量、优等的产品。在这种观念的指导下,企业往往把注意力集中在提高并不断改进产品质量上,而根本不去考虑市场上消费者是否真正接受这种产品。这种观点最终会使企业感染上“市场营销近视症”,甚至导致经营的失败。所谓“市场营销近视症”就是不适当地把主要注意力放在产品上,而不是放在市场的需要上,其结果必然导致企业丧失市场,失去竞争力。

3.推销观念

推销观念(selling concept)又称推销导向,是指通过销售的努力来促使消费者或用户大量购买的一种指导思想，是生产观念、产品观念的发展和延伸。这一经营哲学产生于20世纪20年代末至50年代初。当时，社会生产力有了巨大发展，市场趋势由卖方市场向买方市场过渡，尤其在1929—1933年特大经济危机期间，大量产品销售不出去，因而迫使企业重视采用广告术与推销术去推销产品。推销观念表现为企业卖什么，顾客就买什么。这种观念虽然比前两种观念前进了一步，开始重视广告术及推销术，但其实质仍然是以生产为中心。

4.市场营销观念

市场营销观念（marketing concept）又称市场营销导向或顾客导向。这种观念认为，要达到企业目标，关键在于确定目标市场的需求与欲求，并比竞争者更有效能和效率地满足消费者的需求。可见，市场营销观念是以满足需求为出发点的，即"顾客需要什么，企业就生产什么"。这种观念产生于20世纪50年代，当时社会生产力迅速发展，市场趋势表现为供过于求的买方市场，同时广大居民个人收入迅速提高，有可能对产品进行选择，企业之间竞争加剧，许多企业开始认识到，只有转变经营哲学，才能求得生存和发展。

市场营销观念的出现使企业经营哲学发生了根本性变化，也使市场营销学发生了一次革命。市场营销观念同推销观念相比具有很大的区别。市场营销观念是以市场为出发点的，而推销观念则以工厂为出发点；市场营销观念以顾客为中心，推销观念则以产品为中心；市场营销观念以"4P"（产品、价格、渠道、促销）组合为手段，推销观念则以推销术和促销术为手段；市场营销观念是通过满足消费者需求来获得利润，推销观念则通过扩大消费者的需求来获得利润。可见，市场营销观念的4个支柱是市场中心、顾客导向、"4P"组合和利润，推销观念的4个支柱是工厂、产品导向、推销和赢利。

5.社会市场营销观念

社会市场营销观念（social marketing concept）又称社会市场营销导向，产生于20世纪70年代，当时的西方资本主义国家出现能源短缺、通货膨胀、失业增加、环境污染严重、消费者保护运动盛行的新形势。这种观念认为，企业的任务是确定目标市场需求和利益，并且在保持和增进消费者及社会福利的情况下，比竞争者更有效率地使目标顾客满意。这不仅要求企业满足目标顾客的需求与欲望，而且要考虑消费者及社会的长远利益，即将企业利益、消费者利益与社会利益有机地结合起来。

除了上述五种观念外，随着生产力的发展，国际营销工作中又出现了大市场营销观念、绿色营销观念、全球市场营销观念等市场营销新观念。

二、营销环境及消费者行为分析

（一）市场营销环境的概述

市场营销环境是指影响企业营销活动及目标实现的各种因素和力量。市场营销环境可分为宏观环境要素和微观环境要素两类。宏观环境要素包括人口因素、经济因素、政治与法律因素、社会文化因素、科学技术因素、自然环境因素等。这些因素企业是不能改变的，但企业可以想办法去适应。微观环境要素指与企业紧密相连，直接影响其营销能力的各种参与者，包括供应商、中间商、顾客、竞争者以及社会公众和影响营销管理决策的企业内部各个部门等，这些因素企业是可改变或可以在一定程度上施加影响和控制的，市场营销环境是企业经营活动的约束条件，企业经营成败的关键，就在于企业能否适应不断变化着的市场营销环境。

(二)消费者行为分析

消费者市场又称最终消费者市场、消费品市场或生活资料市场,是指个人或家庭为满足生活需求而购买或租用商品的市场。消费者市场是市场体系的基础,是起决定作用的市场。消费者市场是现代市场营销理论研究的主要对象。因而,研究影响消费者购买行为的主要因素及其购买决策过程,对于开展有效的市场营销活动至关重要。

1.消费者市场的特点

(1)从交易的商品看,它更多地受到消费者个人因素,诸如文化修养、欣赏习惯、收入水平等方面的影响;产品的花色多样,品种复杂,产品的生命周期短;商品的专业技术性不强,替代品较多,因而商品的价格需求弹性较大,即价格变动对需求量的影响较大。

(2)从交易的规模和方式看,消费品市场购买者众多,市场分散,成交次数频繁,但每次购买数量较少。因此绝大部分商品都是通过中间商销售,以方便消费者购买。

(3)从购买行为看,消费者的购买行为具有很大程度的可诱导性。因为消费品市场的购买者大多缺乏相应的商品知识和市场知识,其购买行为属非专业性购买,他们对产品的选择受广告、宣传的影响较大。由于消费者购买行为的可诱导性,企业应注意做好商品的宣传广告,有效地引导消费者的购买行为。

2.消费者购买决策模型

消费者购买行为的反应不仅受到营销的影响,还受到外部因素影响。而不同特征的消费者会产生不同的心理活动的过程,消费者的决策过程,导致了一定的购买决定,最终形成消费者对产品、品牌、经销商、购买时机、购买数量的选择。

3.消费者购买决策过程

(1)认识需要

认识需要是消费者购买决策的起点。当消费者在现实生活中感觉到或意识到实际与其渴求之间有一定差距,并产生了要解决这一问题的要求时,购买的决策便开始了。消费者的这种需求的产生,既可以是人体内机能的感受所引发的,如因饥饿而引发购买食品、因口渴而引发购买饮料,又可以是由外部条件刺激所诱生的,如看见电视中的西服广告而打算自己买一套,路过水果店看到新鲜的水果而决定购买等。当然,有时候消费者的某种需求可能是内、外刺激因素同时作用的结果。

(2)信息搜索

消费者认识到需求后会寻求满足需求的途径,也就是解决问题的方案。为了使解决问题的方案具有充分性与可靠性,消费者会收集决策所需要的各种信息,包括能够满足需求的商品的种类、价格、质量、品牌、购物场等。决策过程中的信息搜集阶段有三方面的内容:搜集信息的方法、影响消费者搜集信息范围的因素和消费者选择信息的过程。

(3)选择评价方案

当消费者从不同的渠道获取到有关信息后,会对这些信息进行认真的分析、对比和评价,提出若干个购买备选方案,并根据自己的购买标准对可选择的方案进行分析、比较和选择,最后决定购买。

(4)实施购买行为

评价行为会使消费者对可供选择的品牌形成某种偏好,从而形成购买意图,进而购买所偏好的品牌。

(5)购后行为

购买者对其购买活动的满意感(S)是其产品期望(E)和该产品可觉察性能(P)的函数，即 $S=F(E,P)$。若 $E<P$，则消费者会感到很满意；若 $E=P$，则消费者会感到满意，若 $E>P$，则消费者会感到不满意。

三、市场调研

市场调研，是指为了提高产品的销售决策质量、解决存在于产品销售中的问题或组织根据特定的决策问题运用科学的方法有目的收集、统计资料及报告调研结果的工作过程。

(一)确立调研的问题和目标

对一个问题做出恰当的定义等于解决了问题的一半。市场调查最关键的步骤，就是清晰和准确地确定调研目标。在这一步上常出现的问题是把征兆当成了真实问题。例如，销售额减少不是问题，而是一种征兆。为了认识本质，企业必须考虑可能导致该问题发生的所有因素。是否出现了新的竞争？企业销售代表是否不够礼貌或不具备必要的知识？客户的口味改变了吗？产品是否过于狭窄？顾客找不到他们想要的东西？只有准确界定了问题和目标，为调研指明了方向，才有可能获得满意的调研结果。

(二)制定调研计划

通过对调研方案的设计，可以为下一步的调研建立明确的行动指南。具体内容包括确定资料来源：二手资料和一手资料；确定调研方法：访问法、观察法、实验法；确定抽样方案及样本容量：随机抽样和非随机抽样；确定调查工具：调查问卷；调研经费预算和日程安排等。

(三)收集信息

进行调查时，每天宜审核调查结果，减少非统计性偏差至最低，以增加抽样调查精准度。导致非统计性的偏差有：

(1)选择原始样本错误。如空调市场调查时，被访问人无决定购买权。

(2)访问者措辞不当，引出不同答案。

(3)访问者无经验，应答率低。

(4)被访问人不诚实。

(5)访问表格设计不佳。

展开调查后，应掌握每天调查工作进度，促使调查工作如期完成。还应进行日常调查工作检讨，以使调查工作品质日益提高。进行此项工作时，通常以小组讨论方式进行，采用脑力激荡法或充分讨论方式，以求实际效果。

(四)分析信息

当实地调查完成时，搜集的所有访问表格只是一堆资料而已。研究人员必须将所有搜集来的资料加以编辑、组织及分类与制表，方能使调查资料变成可供分析解释的资讯。在此资料整理阶段，可包括下列程序：

1.编辑

剔除不可靠、不准确及与调查目的无关的资料，使剩余资料都为有排列性、可靠的、有参考价值的资料。

2.汇总及分类

将调查资料先按大类分门别类加以汇总，再将大类资料依调查目的需要，进行更为详细分类。

3.制表

将分类后资料分别进行统计及汇总，并将汇总结果以统计数字形式表示。制表方式分为：简单制表，是将答案一个一个分类而成统计表；交叉制表，是将两个问题的答案联系起来，以得更多的资讯。

现行只要将问卷答案输入电脑，利用SPSS统计软件就可列印成表，统计方便且正确性颇高。

4.统计资料的阐释

调查资料搜集、整理和分析之后，最终目的是提出调查结论并解释结论的内涵。

(五)撰写调研报告

在撰写实地市场调查报告时，要注意以下几点：

(1)提出建议必须确实符合企业状况及市场变化，使建议有付诸实际的可能。

(2)建议付诸实际的程序要具体清楚。

(3)应列举具体的利益以支持建议内容，必要时应附上“成本效益评估建议书”。

(4)调查内容要包括市场变化及推论。

(5)建议应综合，不可只提单一建议。

四、目标市场营销战略

(一)市场细分

1.市场细分的含义

市场细分(market segmentation)是1956年由美国市场学家温德尔·斯密(Wendell Smith)提出来的一个重要概念，是随着目标市场营销阶段的到来而最后形成的。所谓市场细分，就是企业根据总体市场不同消费者明显的需求特征、购买行为和购买习惯，把总体市场细分为彼此有区别的不同子市场，每个子市场由需要与欲望相同的消费者组成，其内部需求特点类似。市场细分的依据是消费者明显不同的特性。细分的目的是选择和确定企业的目标市场，然后针对目标市场的需求，从产品计划、分配渠道、价格政策直至促销宣传，采取相应的整套市场营销策略，使企业经营的产品更符合不同消费者的需要，从而在细分市场中提高竞争力，增加销售，提高市场占有率。

2.消费者市场细分的标准

(1)地理标准

地理细分影响着消费者的需求和反应，不同地区的自然条件、传统文化、经济发展水平各不相同，于是形成了不同的消费习惯和偏好，从而对营销刺激产生不同的反应。

(2)人口标准

人口标准对于细分消费者市场是一个十分重要的标准。因为消费者的欲望、偏好和使用频率往往与人口变数存在着一定的因果关系，而且人口变数比其他变量更易测量。

(3)经济标准

主要是根据经济发展水平、人均收入水平等因素来划分市场。根据企业的实际经营需要细分这些市场,就可以有针对性地组织营销,减少生产、供应的盲目性。

(4)心理标准

所谓心理标准,就是企业按消费者的生活方式、生活态度、个性、消费习惯等心理变数细分消费者市场。生活格调是指人们对工作、消费、娱乐的特定习惯和倾向性方式。不同的生活格调会产生不同的需求偏好。从购买动机来细分市场,也是心理细分的常用方法。

(5)行为标准

行为标准主要包括购买时机、寻求利益、使用状况、使用频率、忠诚程度、待购阶段、态度等。

总之,消费者市场细分的依据大致有以上几种,但究竟以哪个变量为主,还要根据具体情况灵活运用,以便获得最好的营销机会。上述五种细分标准对消费者来说,往往相互影响,不能截然分开。

(二)选择目标市场

目标市场(target market)就是企业要进入并占有的那部分市场(或子市场),即企业要为之服务的顾客群。市场细分的目的是选择目标市场,也就是在市场细分的基础上,企业根据自己的任务、目标和资源条件,选择一个或几个细分部分作为服务对象,然后采取相应的市场营销策略。

1.目标市场的覆盖策略

(1)无差异营销策略

无差异营销策略是指企业把整体市场看作一个大的目标市场,认为市场上所有消费者对于本企业产品的需求不存在差别,或即使有差别但差别较小可以忽略不计,因此,企业只向市场推出单一的标准化产品,并以统一的营销方式销售。

采用这种市场营销策略,必须具备下列前提条件:产品的市场需求面要宽,要能适应各个市场上不同购买者的需要,如食盐、毛巾等;产品既能大批量生产,又便于销售、储存和运输,适于同时向多个市场投放,对某些鲜活产品,不宜采用无差别策略;产品销售渠道要足够宽和足够长。

大多数情况下,无差异市场营销策略并不一定合适。首先,消费者需求客观上千差万别并不断变化,一种产品长期为所有消费者和用户所接受非常罕见。其次,当众多企业如法炮制,都采用这一策略时,会造成市场竞争异常激烈。最后,对市场反应不灵敏,在变化频繁的市场上企业适应能力差,易于受到竞争企业的攻击。当其他企业针对不同细分市场提供更有特色的产品和服务时,采用无差异策略的企业可能会发现自己的市场正在遭到蚕食,但又无法有效地予以反击。

(2)差异性营销策略

差异化营销策略是将整体市场划分为若干细分市场,针对每一细分市场制定一套独立的营销方案,以满足不同消费者的需求,扩大销售成果。

(3)集中营销策略

实行无差异性营销策略和差异性营销策略,企业均是以整体市场作为营销目标,试图满足所有消费者在某一方面的需要。集中营销策略不是以整体市场作为营销目标,而是选择一个或几个细分化的专门市场作为营销目标，集中企业的总体营销优势，实行专业化生产和销售，充分满足消费者的需要，以开拓市场。采用这种市场策略的企业，不是追求在整体市场上占有较小的份额，而是为了在一个或几个较小的细分市场上取得较大的市场占有率，甚至居于支配地位。

集中营销策略的优点是能够有效地使用企业资源，集中企业优势，占领空隙市场或边角市场。其局限性体现在两个方面：一是市场区域相对较小，企业发展受到限制。二是潜伏着较大的经营风险，一旦目标市场突然发生变化，都可能使企业因没有回旋余地而陷入困境。集中营销策略一般适用于实力有限的中小企业。

2.选择目标市场策略应考虑的因素

(1)企业实力；

(2)产品的特点；

(3)产品所处生命周期的不同阶段；

(4)市场的特点；

(5)竞争者的数量和市场营销策略。

(三)市场定位

1.市场定位的概念

所谓市场定位，就是企业用以在目标市场中塑造产品、品牌或组织的与众不同的形象或个性的营销技术。企业根据竞争者现有产品在市场上所处的位置，针对消费者或用户对该产品某种特征或属性的重视程度，强有力地塑造出本企业产品与众不同的、给人印象鲜明的个性或形象，并把这种形象生动地传递给顾客，从而使该产品在市场上确定适当的位置。简而言之，就是在目标客户心目中树立产品独特的形象。市场定位并不是对一件产品本身做些什么，而是使企业的产品和形象在目标顾客的心理上占据一个独特、有价值的位置。

2.市场定位依据

各个企业经营的产品不同，面对的顾客也不同，所处的竞争环境也不同，因而市场定位的依据也不同。总的来讲，市场定位的依据有以下四点：

(1)根据具体的产品特点定位

构成产品内在特色的许多因素都可以作为市场定位的依据。比如所含成分、材料、质量、价格等。“七喜”汽水的定位是“非可乐”，强调它是不含咖啡因的饮料，与可乐类饮料不同。“泰宁诺”止痛药的定位是“非阿司匹林的止痛药”，显示药物成分与以往的止痛药有本质的差异。一件仿皮皮衣与一件真正的水貂皮衣的市场定位自然不会一样，同样，不锈钢餐具若与纯银餐具定位相同，也是难以令人置信的。

(2)根据特定的使用场合及用途定位

为老产品找到一种新用途，是为该产品创造新的市场定位的好方法。小苏打曾一度被广泛用作家庭的刷牙剂、除臭剂和烘焙配料，已有不少新产品代替了小苏打的上述一些功能。小苏打可以定位为冰箱除臭剂，另外还有家公司把它当作了调味汁和肉卤的配料，更有一家公司发现它可以作为冬季流行性感冒患者的饮料。我国曾有一家生产“曲奇饼干”的厂家最初将其产品定位为家庭休闲食品，后来又发现不少顾客购买是为了馈赠，又将之定位为礼品。

(3)根据顾客得到的利益定位

产品提供给顾客的利益是顾客最能切实体验到的,也可以用作定位的依据。

1975 年,美国米勒(Miller)公司推出了一种低热量的“Lite”牌啤酒,将其定位为喝了不会发胖的啤酒,迎合了那些经常饮用啤酒而又担心发胖的人的需要。

(4)根据使用者类型定位

企业常常试图将其产品指向某一类特定的使用者,以便根据这些顾客的看法塑造恰当的形象。

美国米勒啤酒公司曾将其原来唯一的品牌“高生”啤酒定位于“啤酒中的香槟”,吸引了许多不常饮用啤酒的高收入妇女。后来发现,占 30%的狂饮者大约消费了啤酒销量的 80%,于是,该公司在广告中展示石油工人钻井成功后狂欢的镜头,还有年轻人在沙滩上冲浪后开怀畅饮的镜头,塑造了一个“精力充沛的形象”,从而成功占领啤酒狂饮者市场达 10 年之久。

事实上,企业进行市场定位的依据往往不止一个,而是多个同时使用。因为要体现企业及其产品的形象,市场定位必须是多维度的、多侧面的。

五、产品策略

(一)产品整体概念

现代营销理论认为,产品整体概念包含核心产品、形体产品、附加产品三个部分。

1.核心产品

核心产品是指消费者购买某种产品时所追求的利益,是顾客真正要买的东西,因而在产品整体概念中也是最基本、最主要的部分。比如,空调的核心产品是在夏天的时候给消费者一个凉爽的环境,化妆品的核心产品是带给顾客美丽。

2.有形产品

有形产品是核心产品借以实现的形式,即向市场提供的实体和服务的形象。产品的基本效用必须通过某些具体的形式才能得以实现。

3.附加产品

附加产品是顾客购买有形产品时所获得的全部附加服务和利益,包括提供信贷、免费送货、保证、安装、售后服务等。

(二)产品生命周期不同阶段的营销策略

一种产品进入市场后,它的销售量和利润都会随时间推移而改变,呈现一个由少到多由多到少的过程,就如同人的生命一样,由诞生、成长到成熟,最终走向衰亡,这就是产品的生命周期现象。所谓产品生命周期,是指产品从进入市场开始,直到最终退出市场为止所经历的市场生命循环过程。产品只有经过研究开发、试销,然后进入市场,它的市场生命周期才算开始。产品退出市场,则标志着生命周期的结束。

典型的产品生命周期一般可分为四个阶段,即投入期、成长期、成熟期和衰退期。四个阶段呈现出不同的市场特征,企业的营销策略也就以各阶段的特征为基点来制定和实施。

1.投入期的营销策略

投入期的特征是产品销量少,促销费用高,制造成本高,销售利润很低甚至为负值。根据这一阶段的特点,企业应努力做到:投入市场的产品要有针对性;进入市场的时机要合适;设法把销售力量直接投向最有可能的购买者,使市场尽快接受该产品,以缩短投入期,更快地进入成长期。

在产品的投入期,一般可以由产品、分销、价格、促销四个基本要素组合成各种不同的市场营销策略。仅将价格高低与促销费用高低结合起来考虑,就有下面四种策略:

(1)快速撇脂策略。即以高价格、高促销费用推出新产品。实行高价策略可在每单位销售额中获取最大利润,尽快收回投资;高促销费用能够快速建立知名度,占领市场。实施这一策略需具备以下条件:产品有较大的需求潜力;目标顾客求新心理强,急于购买新产品;企业面临潜在竞争者的威胁,需要及早树立品牌形象。一般而言,在产品引入阶段,只要新产品比替代的产品有明显的优势,市场对其价格就不会那么计较。

(2)缓慢撇脂策略。以高价格、低促销费用推出新产品,目的是以尽可能低的费用开支求得更多的利润。实施这一策略的条件是:市场规模较小;产品已有一定的知名度;目标顾客愿意支付高价;潜在竞争的威胁不大。

(3)快速渗透策略。以低价格、高促销费用推出新产品。目的在于先发制人,以最快的速度打入市场,取得尽可能大的市场占有率,然后再随着销量和产量的扩大,使单位成本降低,取得规模效益。实施这一策略的条件是:该产品市场容量相当大;潜在消费者对产品不了解,且对价格十分敏感;潜在竞争较为激烈;产品的单位制造成本可随生产规模和销售量的扩大迅速降低。

(4)缓慢渗透策略。以低价格、低促销费用推出新产品。低价可扩大销售,低促销费用可降低营销成本,增加利润。这种策略的适用条件是:市场容量很大;市场上该产品的知名度较高;市场对价格十分敏感;存在某些潜在的竞争者,但威胁不大。

2.成长期市场营销策略

新产品经过市场投入期以后,消费者对该产品已经熟悉,消费习惯也已形成,销售量迅速增长,这种新产品就进入了成长期。进入成长期以后,老顾客重复购买,并且带来了新的顾客,销售量激增,企业利润迅速增长,在这一阶段利润达到高峰。随着销售量的增大,企业生产规模也逐步扩大,产品成本逐步降低,新的竞争者会投入竞争。随着竞争的加剧,新的产品特性开始出现,产品市场开始细分,分销渠道增加。企业为维持市场的继续成长,需要保持或稍微增加促销费用,但由于销量增加,平均促销费用有所下降。针对成长期的特点,企业为维持其市场增长率,延长获取最大利润的时间,可以采取下面几种策略:

(1)改善产品品质。如增加新的功能,改变产品款式,发展新的型号,开发新的用途等。对产品进行改进,可以提高产品的竞争能力,满足顾客更广泛的需求,吸引更多的顾客。

(2)寻找新的细分市场。通过市场细分,找到新的尚未满足的细分市场,根据其需要组织生产,迅速进入这一新的市场。

(3)改变广告宣传的重点。把广告宣传的重心从介绍产品转到建立产品形象上来,树立产品名牌,维系老顾客,吸引新顾客。

(4)适时降价。在适当的时机,可以采取降价策略,以激发那些对价格比较敏感的消费者产生购买动机,采取购买行动。

3.成熟期市场营销策略

进入成熟期以后，产品的销售量增长缓慢，逐步达到最高峰，然后缓慢下降；产品的销售利润也从成长期的最高点开始下降；市场竞争非常激烈，各种品牌、各种款式的同类产品不断出现。

对成熟期的产品，宜采取主动出击的策略，使成熟期延长，或使产品生命周期出现再循环。为此，可以采取以下三种策略：

(1)市场调整。这种策略不是要调整产品本身，而是发现产品的新用途，寻求新的用户或改变推销方式等，以使产品销售量得以扩大。

(2)产品调整。这种策略是通过产品自身的调整来满足顾客的不同需要，吸引有不同需求的顾客。整体产品概念的任何一层次的调整都可视为产品再推出。

(3)市场营销组合调整。即通过对产品、定价、渠道、促销四个市场营销组合因素加以综合调整，刺激销售量的回升。常用的方法包括降价、提高促销水平、扩展分销渠道和提高服务质量等。

4.衰退期市场营销策略

衰退期的主要特点是：产品销售量急剧下降；企业从这种产品中获得的利润很低甚至为零；大量的竞争者退出市场；消费者的消费习惯已发生改变等。面对处于衰退期的产品，企业需要进行认真的研究分析，决定采取什么策略，在什么时间退出市场。通常有以下几种策略可供选择：

(1)继续策略。继续沿用过去的策略，仍按照原来的细分市场，使用相同的分销渠道、定价及促销方式，直到这种产品完全退出市场为止。

(2)集中策略。把企业能力和资源集中在最有利的细分市场和分销渠道上，从中获取利润。这样有利于缩短产品退出市场的时间，同时又能为企业创造更多的利润。

(3)收缩策略。抛弃无希望的顾客群体，大幅度降低促销水平，尽量减少促销费用，以增加利润。这样可能导致产品在市场上的衰退加速，但也能从忠实于这种产品的顾客中得到利润。

(4)放弃策略。对于衰退比较迅速的产品，应该当机立断，放弃经营。可以采取完全放弃的形式，如把产品完全转移出去或立即停止生产；也可采取逐步放弃的方式，使其所占用的资源逐步转向其他的产品。

(三)新产品开发

市场营销中的新产品是指产品整体概念中任何一部分的变革或创新，并给消费者带来新的利益、新的满足的产品。

新产品一般分为四类：(1)全新产品。即采用新原理、新结构、新技术、新材料制成的全新产品。(2)革新产品。是指为了满足消费者新的需求，在原有产品的基础上利用最新科技成果和新工艺制造出来的产品。(3)改进新产品。是指在原有产品的基础上采用各种改进技术，在性能、功能、结构、包装或款式等方面做出改进的新产品。(4)仿制新产品。这是指市场上已经出现，但本企业第一次生产的产品。

在上述四类新产品中，全新产品是最难研制的，但如果企业率先推出，则市场竞争对手较少，企业也可获得可观的收益。仿制新产品的研制相对较易，但市场竞争激烈。目前，从全球范围来看，全新产品的研究和开发越来越困难，因此，不少企业都将其产品的开发重点放在产品的改进或改良上。

新产品的开发是一项投入高、风险大的工作。为了保证新产品开发的顺利进行，开发人员应认真制定新产品开发计划，并建立科学的新产品开发程序。它与市场营销一样，也可分为以下 8 个阶段：

(1)寻求创意，产生构想；

(2)创意甄选；

(3)形成产品概念；

(4)制定市场营销策略；

(5)营业分析；

(6)产品开发；

(7)市场试销；

(8)正式投放市场批量上市。

在这一阶段，企业高层管理者应当做以下决策：

①何时推出新产品；②何地推出新产品；③向谁推出新产品；④如何推出新产品。

(四)品牌策略

品牌(brand)是用于识别某个销售者或某群销售者的产品或服务，并使之与竞争对手的产品或服务区别开来的商业名称及其标志，通常由文字、标记、符号、图案和颜色等要素或这些要素的组合构成。品牌在本质上代表着卖者对交付给买者的产品特征、利益和服务的一贯性承诺。品牌是一个复杂的符号，包括属性、利益、价值、文化、个性和用户六个层次的含义。品牌给消费者提供了一个强有力的购买理由。例如，麦当劳的金色拱门也是快乐之门；星巴克不仅仅是好喝的咖啡，还意味着一种生活格调。

六、价格策略

(一)影响定价的主要因素

1.企业定价目标

企业在制定价格策略时要考虑的一个因素是企业的定价目标。企业常用的定价目标有以下几种：

(1)利润最大化目标

利润最大化定价目标是企业将实现利润最大化作为自己本期的经营目标。如果企业希望以最快的速度收回初期开拓市场的投入并获取最大的利润，往往会在已知产品成本的基础上，为产品确定一个最高价格，以求在最短时间内获取最大利润。

采用这种定价策略，会使企业面临两种风险：第一，当前利润最大化，有可能会丧失扩大市场份额的良好时机，损害企业的长远利益；第二，对产品的需求弹性的测定和对产品生产、销售总成本的预计往往会有偏差，由此定出的价格可能不太准确，企业可能会因定价过高而达不到预期销售量，或者定价低于可达到的最高售价而蒙受损失。

(2)市场占有率目标

企业的市场目标是考察企业的市场占有率。企业的市场占有率是决定企业赢利情况的最重要因素，市场占有率变化方向基本上与企业的赢利水平一致。

(3)竞争目标

避免竞争有两种情况,一是处于弱势,将价格定得靠近主要竞争者,以避免价格竞争。这种情况比较常见。另一种是弱势产品的避免竞争。

(4)维持生存为目标

当企业产品不为消费者所了解,产品在市场上销售不畅时,企业的产品定价目标是只要出售产品的收入能弥补变动成本的支出,其价格就是能接受的。

2.产品成本

包括生产成本、分销成本、运输成本、汇率成本、融资成本等。

3.供求状况

产品的最低价格取决于该产品的成本费用,而最高价格则取决于产品的市场需求状况。各国的文化背景、自然环境、经济条件等因素不同,决定了各国消费者对相同产品的消费偏好不尽相同。要使制定的价格政策能实现企业定价目标,企业需要深入研究目标市场消费者的消费习惯及收入分布情况。

(二)定价方法

1.成本导向定价法

成本导向定价法是一种主要根据产品的成本决定其销售价格的定价方法。其主要优点在于简便易用、比较公平。成本加成定价法是成本导向定价法中常用的一种方法,是以商品总成本为基础,再加上一定百分比作为利润来确定价格。成本加成定价是企业最基本、最普遍采用的定价方法,这种方法简便易行,计算准确,但由于缺乏竞争性,没有考虑消费者的需要,是很难制定出最适宜价格的。

2.需求导向定价法

需求导向定价法是指企业在定价时不再以成本为基础,而是以消费者对产品价值的理解和需求强度为依据来定价。

3.竞争导向定价法

竞争导向定价法是企业通过研究竞争对手的生产条件、服务状况、价格水平等因素,依据自身的竞争实力,参考成本和供求状况来确定商品价格。它是以市场上竞争者的类似产品价格作为本企业产品定价参照系的一种定价方法。

七、分销渠道策略

(一)分销渠道模式

分销渠道是指产品从生产者到达最终用户所经历的各个环节和通道。我国个人消费者与生产性团体用户消费的主要商品不同,消费目的与购买特点等具有差异性,客观上使我国企业的销售渠道构成两种基本模式:企业对生产性团体用户的销售渠道模式和企业对个人消费者销售渠道模式。

企业对生产性团体用户的销售渠道模式有如下几种:生产者—用户、生产者—零售商—用户、生产者—批发商—用户、生产者—批发商—零售商—用户、生产者—代理商—批发商—零售商—用户。

企业对个人消费者销售渠道模式有如下几种:生产者—消费者、生产者—零售商—消费者、生产者—批发商—零售商—消费者、生产者—代理商—零售商—消费者、生产者—代理商—批发商—零售商—消费者。

根据有无中间商参与交换活动，可以将上述两种模式中的所有通道归纳为两种最基本的销售渠道类型：直接分销渠道和间接分销渠道。间接渠道又分为短渠道与长渠道。

1.直接分销渠道

直接分销渠道是指生产者将产品直接供应给消费者或用户，没有中间商介入。

直接分销渠道的形式是：生产者—用户。直接渠道是工业品分销的主要类型。例如大型设备、专用工具及技术复杂等需要提供专门服务的产品，都采用直接分销，消费品中有部分也采用直接分销类型，诸如鲜活商品等。

(1)直接分销渠道的优点

①有利于产、需双方沟通信息，可以按需生产，更好地满足目标顾客的需要。由于是双方直接接触，用户可更好地掌握商品的性能、特点和使用方法；生产者能直接了解用户的需求等特点及其变化趋势，进而了解竞争对手的优势和劣势及其营销环境的变化，为按需生产创造了条件。

②可以降低产品在流通过程中的损耗。由于去掉了商品流转的中间环节，减少了销售损失，有时也能加快商品的流转。

③可以使购销双方在营销上相对稳定。一般来说，直销渠道进行商品交换，都签订了合同，数量、时间、价格、质量、服务等都按合同规定履行，购销双方的关系以法律的形式于一定时期内固定下来，使双方把精力用于其他方面的战略性谋划。

④可以在销售过程中直接进行促销。企业直接分销，实际上又往往是直接促销的活动。例如，企业派员直销，不仅促进了用户订货，扩大了企业和产品在市场中的影响，也促进了新用户的订货。

(2)直接分销渠道的缺点

①在产品和目标顾客方面：对于绝大多数生活资料商品，其购买呈小型化、多样化和重复性，生产者若凭自己的力量去广设销售网点，往往力不从心，甚至事与愿违，很难使产品在短期内广泛分销，很难迅速占领或巩固市场，企业目标顾客的需要得不到及时满足，势必转向购买其他厂家的产品，这就意味着企业失去目标顾客和市场占有率。

②在商业协作伙伴方面：商业企业在销售方面比生产企业的经验丰富，这些中间商最了解顾客的需求和购买特点，在商业流转中起着不可缺少的桥梁作用。而生产企业自销产品，就拆除了这一桥梁，势必自己去进行市场调查，包揽了中间商所承担的人、财、物等费用，加重生产者的工作负荷，分散生产者的精力。更重要的是，生产者将失去中间商在销售方面的协作，产品价值的实现增加了新的困难，目标顾客的需求难以得到及时满足。

2.间接分销渠道

间接分销渠道是指生产者利用中间商将商品供应给消费者或用户，中间商介入交换活动。间接分销渠道的典型形式是：生产者—批发商—零售商—个人消费者。

(1)间接分销渠道的优点

①有助于产品广泛分销。中间商在商品流转的始点同生产者相连，在其终点与消费者相连，从而有利于调节生产与消费在品种、数量、时间与空间等方面的矛盾，既有利于满足目标顾客的需求，也有利于生产企业产品价值的实现，更能使产品广泛地分销，巩固已有的目

标市场，扩大新的市场。

②缓解生产者人、财、物等力量的不足。中间商购买了生产者的产品并交付了款项，就使生产者提前实现了产品的价值，开始新的资金循环和生产过程。此外，中间商还承担销售过程中的仓储、运输等费用，也承担着其他方面的人力和物力，这就弥补了生产者营销中的力量不足。

③间接促销。消费者往往是货比数家后才购买产品，而一位中间商通常经销众多厂家的同类产品，中间商对同类产品的不同介绍和宣传，对产品的销售影响甚大。此外，实力较强的中间商还能支付一定的宣传广告费用，具有一定的售后服务能力。所以，生产者若能取得与中间商的良好协作，就可以促进产品的销售，并从中间商那里及时获取市场信息。

④有利于企业之间的专业化协作。现代机器大工业生产的日益社会化和科学技术的突飞猛进，使专业化分工日益精细，企业只有广泛地进行专业化协作，才能更好地迎接新技术、新材料的挑战，才能经受住市场的严峻考验，才能大批量、高效率地进行生产。中间商是专业化协作发展的产物。生产者产销合一，既难以有效地组织商品的流通，又使生产精力分散。有了中间商的协作，生产者可以从烦琐的销售业务中解脱出来，集中力量进行生产，专心致志地从事技术研究和技术革新，促进生产企业之间的专业化协作，以提高生产经营的效率。

(2)间接分销渠道的缺点

①可能形成“需求滞后差”。中间商购走了产品，并不意味着产品就从中间商手中销售出去了，有可能销售会受阻。对于某一生产者而言，一旦其多数中间商的销售受阻，就形成了“需求滞后差”，即需求在时间或空间上滞后于供给。但生产规模既定，人员、机器、资金等照常运转，生产难以剧减。当需求继续减少，就会导致产品的供给更加大于需求。若多数商品出现类似情况，便造成所谓的市场疲软现象。

②可能加重消费者的负担，导致抵触情绪。流通环节增大储存或运输中的商品损耗，如果都转嫁到价格中，就会增加消费者的负担。此外，中间商服务工作欠佳，可能导致顾客对商品的抵触情绪，甚至引起购买的转移。

③不便于直接沟通信息。如果与中间商协作不好，生产企业就难以从中间商的销售中了解和掌握消费者对产品的意见、竞争者产品的情况、企业与竞争对手的优势和劣势、目标市场的变化趋势等。在当今风云变幻、信息爆炸的市场中，企业信息不灵，生产经营必然会迷失方向，也难以保持较高的营销效益。

3.长渠道和短渠道

分销渠道的长短一般是按流通环节的多少来划分，具体包括以下四层：

(1)零级渠道，即由制造商直接到消费者。

(2)一级渠道，即由制造商通过零售商到消费者。

(3)二级渠道，即由制造商—批发商—零售商—消费者，多见于消费品分销。或者是制造商—代理商—零售商—消费者。

(4)三级渠道，制造商—代理商—批发商—零售商—消费者。

4.宽渠道与窄渠道

渠道宽窄取决于渠道的每个环节中使用同类型中间商数目的多少。企业使用的同类中间商多，产品在市场上的分销面广，称为宽渠道。如一般的日用消费品(毛巾、牙刷等)，由多家批发商经销，又转卖给更多的零售商，能大量接触消费者，大批量地销售产品。企业使用的同类中间商少，分销渠道窄，称为窄渠道。它一般适用于专业性强的产品，或贵重耐用的消费品，由一家中间商统包，几家经销。它使生产企业容易控制分销，但市场分销面受到限制。

5.单渠道和多渠道

当企业全部产品都由自己直接设立的直营店销售，或全部交给批发商经销，称为单渠道。多渠道则可能是在本地区采用直接渠道，在外地则采用间接渠道；在有些地区独家经销，在另一些地区多家分销；对消费品市场用长渠道，对生产资料市场则采用短渠道等。

(二)分销渠道管理

1.渠道成员的选择

由于中间商可以弥补生产企业在人、财、物、销售网络等方面的不足，因此，中间商的选择直接关系到该地区市场运作的绩效。企业应根据分销目标和自身条件制定选择中间商的标准。这些标准中有一些是容易定量化的，对各中间商可以进行分析与比较，有些标准则只能定性化。同时，还必须仔细分析信息来源可靠性。企业选择中间商的主要标准有以下几个方面：

(1)财力和绩效。中间商能否按时结算，包括在必要时预付货款，取决于中间商的经济实力和财务状况。如果财务状况不佳，流动资金短缺，中间商往往很难保证履约、守信。了解中间商财务状况的方式之一是审查其财务报表，尤其是对中间商的注册资本、流动资金、负债情况作出判断。当然财务报表并非全面和可靠，还要借助于相关的参考资料。销售额是另一个重要的指标，中间商目前的业绩在一定程度上预示着其将来的表现如何。

(2)市场覆盖率。市场覆盖率的分析不仅包括覆盖的地区大小，销售点数目、所服务市场的质量、销售人员的特点和销售代理人的数目也是主要参考指标。

(3)目前正在经营的业务。企业经常会发现，某个市场中最合适的分销商已经在经营竞争性的产品，因而不能再争取到它的帮助。在这种情况下，可寻找另一个具有同样资历的经营相关产品的中间商。如果该经销商正在经营的业务所用到的分销网络正好是制造商所需要的，那就是最佳选择。

(4)信誉。中间商的信誉必须审查。这是一种抽象的衡量方法，应通过中间商的顾客、供应商、联系机构、主要对手和其他当地商业伙伴进行分析研究。

(5)合作态度。有的中间商尽管有健全的分销网络，但如果它对制造商的产品分销不能给予足够的重视，制造商也应考虑其他的选择。

企业按照其制定的标准寻找到初步符合标准的中间商名单后，应对其进行逐一论证和筛选，筛选出最符合企业实际的中间商。

2.激励中间商

对分销中间商的激励不仅包括给予丰厚的报酬，还包括人员培训、信息沟通、感情交流、给中间商独家专营、共同开展促销等。在很多情况下，制造商只注重利益的刺激，如销售利润、折扣、返利等。如果这些未能发生作用，往往改用惩罚的办法，甚至终止双方的合作关系。高报酬物质激励的代价很高又不见得有很大的成效。实际上，制造商应更多地保持与中间商的沟通与联系，努力与其建立长久的合作关系。

3.渠道调整

运行一段时间以后，随着市场环境的不断变化，企业也应相应地进行渠道的调整。分销渠道的调整方法主要有增减渠道或中间商，以及改变整个渠道系统。后者的难度更大。如日本企业进入美国市场时，初期几乎是请美国中间商或制造商代销，并打美国公司商标，经过一段时间后，日本企业开始尝试用自己的商标，自己开设门市部或直接找连锁商店和百货公司销售。当条件成熟后，日本企业就完全摆脱美国公司，自己设立分公司。

八、促销策略

(一)促销组合概念

促销，顾名思义就是促进销售，是指企业为了打开市场、扩大产品销售，把有关本企业产品和服务的信息，通过相适应的方式和手段向目标顾客传递，促使其了解、熟悉、信赖企业的产品和服务，从而达到激发顾客购买欲望、促成顾客购买行为目的的一系列活动。

由此可见，促销活动实质上是一种信息沟通活动。

1.促销组合

促销组合就是对各种促销手段有计划、有目的地综合运用，以便各种促销手段相辅相成，取长补短，实现整体最佳效能。

促销组合由四种最基本的促销手段构成，即人员推销、广告、营业推广和公共关系，每一种促销手段都包括若干特定的内容。促销组合要有利于传递信息、沟通情况，有利于突出产品特点，诱导需求和扩大销售。

2.促销组合方式

(1)人员推销

指企业派出推销人员或委托推销人员，直接与消费者接触，向目标顾客进行产品介绍、推广，促进销售的沟通活动。

(2)广告

指企业按照一定的预算方式，支付一定数额的费用，通过不同的媒体对产品进行广泛宣传，促进产品销售的传播活动。

(3)营业推广

指企业为刺激消费者购买，由一系列具有短期诱导性的营业方法组成的沟通活动。

(4)公关促销

指企业通过开展公共关系活动或通过第三方在各种传播媒体上宣传企业形象，促进与内部员工、外部公众良好关系的沟通活动。

(二)影响促销组合的因素

1.促销目标

企业促销包含着很多具体的目标，如提高企业和产品的知名度，使顾客了解本企业的产品并产生信任感，扩大产品销量和提高市场占有率等。相同的促销手段在实现这些不同的促销目标上，或不同的促销手段在实现同一促销目标上，其成本效益是大不相同的。广告和公共关系在提高企业知名度和声望方面，远远超过人员推销。在促进顾客对企业及产品的了解方面，广告和人员推销的成本效益最好。在促销订货方面，人员推销的成本效益最大，营业推广则起协调辅助作用。

2.市场性质

对不同的市场需求应采取不同的促销组合。首先，应考虑市场的地理位置和范围大小。规模小、距离近的本地市场，应以人员推销为主，而在较大规模的市场如全国市场进行促销时，则应采用广告和公共关系宣传。其次，应考虑市场类型。消费品市场的买主多而分散，不可能由推销人员与消费者广泛接触，主要靠广告宣传介绍产品吸引顾客。工业品市场的用户数量少而购买量却大得多，应以人员推销为主。最后，应考虑市场上不同类型潜在顾客的数量。

3.产品性质

不同性质的产品(如消费品或工业品)，消费者购买要求不同，需采取不同的促销组合。通常，消费品比工业品更多地使用广告，工业品多使用人员推销。而公共关系、营业推广的方式，对工业品和消费品来说同等重要。

4.产品市场生命周期

在产品市场生命周期的不同阶段，促销的目标不同，要相应地选择不同的促销组合。投入期的重点，是要促使消费者了解企业产品，寻找乐意早期试用产品的消费者。此时，广告和营业推广最为有效，人员推销主要针对经销商展开工作，促使其经销本企业产品。成长期可继续使用广告和公共关系，也可通过加强人员推销来扩大企业利润。成熟期，营业推广的作用不能忽视，由于购买者已经了解产品，可使用提醒性广告。衰退期，广告仍起提醒作用，人员推销可减至最小规模，但营业推广要继续加强。

5.促销费用

不同的促销手段需要不同的促销费用。增加促销费用有利于扩大销售，但同时也增加了销售成本。能以较低的促销费用带来较高利润的营销组合即为理想的组合。

(三)促销的基本策略

促销策略可分为两类，即推动策略和拉引策略。

1.推动策略

所谓推动策略，是指企业以中间商为主要促销对象，通过推销人员的工作，把产品推进分销渠道，最终推上目标市场，推向消费者。推动策略运用的条件是企业与中间商对商品的市场前景一致看好，双方愿意合作。运用推动策略对企业来说风险较小，销售周期短，资金回收快，但同时需要中间商的理解与配合。

2.拉引策略

拉引策略是以最终消费者为主要促销对象，通过运用广告、营业推广、公共关系等促销手段，向消费者展开强大的促销攻势，使之产生强烈的兴趣和购买欲望，纷纷向经销商询购这种商品，而中间商看到这种商品需求量大，就会向制造商进货。一些新产品上市时，中间商往往因过高估计市场风险而不愿经销，这时，企业只能先向消费者直接推销，然后拉引中间商经销。

(四)制定促销组合的程序

(1)确认促销对象。通过企业目标市场的研究与市场调研，界定其产品的销售对象是现实购买者还是潜在购买者，是消费者个人、家庭还是社会团体。明确了产品的销售对象，也就确认了促销的目标对象。

(2)确定促销目标。不同时期和不同的市场环境下,企业开展的促销活动都有着特定的促销目标。短期促销目标,宜采用广告促销和营业推广相结合的方式。长期促销目标,公关促销具有决定性意义。需注意企业促销目标的选择必须服从企业营销的总体目标。

(3)促销信息的设计。需重点研究信息内容的设计。要清楚企业促销对目标对象所要表达的诉求是什么,并以此刺激其反应。诉求一般分为理性诉求、感性诉求和道德诉求三种方式。

(4)选择沟通渠道。传递促销信息的沟通渠道主要有人员沟通渠道与非人员沟通渠道。人员沟通渠道向目标购买者当面推荐,能得到反馈,可利用良好的“口碑”来扩大企业及产品的知名度与美誉度。非人员沟通渠道主要指大众媒体沟通。大众传播沟通与人员沟通的有机结合才能发挥更好的效果。

(5)确定促销的具体组合。根据不同的情况,将人员推销、广告、营业推广和公共关系四种促销方式进行适当搭配,使其发挥整体的促销效果。应考虑的因素有产品的属性、价格、寿命周期、目标市场特点、“推”或“拉”策略。

(6)确定促销预算。企业应从自己的经济实力和宣传期内受干扰程度大小的状况决定促销组合方式。如果企业促销费用宽裕,则可几种促销方式同时使用;反之,则要考虑选择耗资较少的促销方式。

第三节　新企业的财务管理

【案例 10-7】　应届本科毕业生创业

张某是 2018 年 6 月从国内某高校毕业的应届本科毕业生,他根据自己的兴趣爱好和个人追求,同时以他在本科阶段所学到的知识和获得的实习经验,正着手自主创业。于是张某来到学校的就业指导中心,同导师就自主创业的相关事项展开了可行性论证。在反复模拟演练后,张某决定成立一家广告传媒公司。

张某在本科阶段的实习期间考察过几家传媒公司,对此类公司的经管运营有了一定程度的了解,但当要自己成立一家公司时,许多问题就接踵而来了,于是他将自己需要解决的问题大致列了一个清单:

(1)新成立的广告传媒公司的主营项目和面向的消费群体;

(2)筹建公司的预算和募集资金的渠道;

(3)公司的选址及租金;

(4)公司人员的岗位配备和薪资;

(5)公司运营的模式和赢利的分配;

(6)公司的 logo 等软设计。

假如你是张某的合伙人,同时兼任这家新公司的财务主管,你将如何协助张某规划管理这家新成立企业的财务呢?

一、企业财务管理的基本概念

企业财务指的是企业生产过程中的价值运动，主要包括筹资活动、投资活动、资金运营、收益分配等一经济活动，也称作企业的财务活动。

企业财务的本质是生产过程中资金运动所体现的企业与各方面的经济关系，主要包括企业与投资者、债权人、受资者、债务人、供货商、客户、政府、企业员工及企业内部各部门间的经济关系。另外，企业资金投放在投资活动、资金运营活动、利润分配活动中，在处理各项财务活动的过程中，会与有关各方发生经济利益关系，这也称为财务关系。

财务管理是在一定的整体目标下，关于资产的购置（投资）、资本的融通（筹资）和经营中现金流量（营运资金）以及利润分配的管理。它是企业管理的一个重要的组成部分。它是根据财经法规制度，按照财务管理的原则，组织企业财务活动，处理财务关系的一项经济管理工作。

企业财务管理主要包含财务规划和预测、财务决策、财务预算、财务控制、财务分析和业绩评价与激励等环节，各个环节相互衔接，形成财务管理工作的完整过程，称为财务管理循环。

（一）规划和预测

财务规划和预测是根据企业整体战略目标和规划，结合对未来宏观、微观形势的预测，来建立企业财务的整体战略目标和规划。企业战略目标的实现需要确定与之相匹配的企业财务战略目标，因此，财务战略目标是企业整体战略目标的具体化，财务战略规划也是企业整体战略规划的具体化。

在财务战略的指导下，企业财务人员要根据企业财务活动的历史资料，考虑现实的要求和条件，对企业未来的财务活动做出具体的预计和测算。本环节的主要工作是：明确预测目标，搜集相关资料，建立预测模型，确定财务预测结果。

（二）财务决策

财务决策是财务人员按照财务目标的总体要求，利用专门的方法对各种备选方案进行比较和分析，并从中选出最佳方案的过程。财务决策是财务管理的核心，财务预测是为财务决策服务的。决策成功与否，直接关系企业兴衰成败。财务决策环节的主要工作是：明确决策目标，提出备选方案，选择最优方案。

（三）财务预算

财务预算是指运用科学的技术手段和方法，对未来财务活动的内容及指标所进行的具体规划。财务预算是以财务预测提供的信息和财务决策确立的方案为基础编制的，是财务预测和财务决策的具体化。

企业在制定了财务目标、财务规划后，首先要在全企业内部建立财务预算体系，并根据各种预测信息和各项财务决策确立财务预算的指标，编制财务计划，预算体系的建立和财务预算的编制是实现企业财务目标乃至实现企业整体战略目标的出发点和基础。财务预算就是企业财务战略规划的具体计划，是控制财务活动的依据。值得注意的是，财务预算应纳入企业全面预算体系中去，构成企业全面预算体系的重要组成部分。

财务预算一般包括以下环节：分析财务环境，确定预算指标；协调财务能力，组织综合平衡;选择预算方法,编制财务预算。

(四)财务控制

财务控制是对预算和计划的执行进行道踪监督,对执行过程中出现的问题进行调整和修正,以保证预算的实现。

更重要的是,要对财务活动的各个环节进行风险管控,以保证目标和预算的执行。风险控制和管理就是要预测风险发生的可能性,尽可能地提出预警方案确定和甄别风险,采取有效措施规避、化解风险或减少风险带来的危害。

财务控制环节的主要工作是:制定控制标准并分解落实;实施追踪控制,及时调整与修正;分析执行情况。

(五)财务分析和业绩评价与激励

财务分析是根据财务报表等有关资料,运用特定方法,对企业财务活动过程及结果进行分析和评价的一项工作。财务分析既是对已完成的财务活动的总结,是评价企业财务状况和经营业绩,挖掘潜力,改进工作,实现财务管理目标的重要手段,也是财务预测的前提。在财务管理的循环中起着承上启下的作用。

财务分析环节主要包括以下步骤:占有资料,掌握信息;指标对比,揭露矛盾;分析原因,明确责任;提出措施,改进工作。

二、企业财务管理的目标

(一)财务管理目标概述

企业是带有营利性目的社会组织,企业的目标是为企业创造价值而服务的,是企业财务管理活动所希望实现的结果,其出发点和归宿是赢利。它是评价企业财务活动是否合理有效的基本标准,只有明确了财务管理的目标,才能为实施具体财务管理工作奠定明确的行为导向。科学的设置财务管理目标,对于优化理财行为、实现财务管理的目标具有重要意义。因此,企业管理的目标可以概括为奠基、生存、发展和赢利。

企业财务管理目标的代表性模式:利润最大化、每股收益最大化、股东财富最大化、企业价值最大化。

(二)财务管理目标的协调

企业经营是不同利益主体共同作用的结果,将企业价值最大化作为企业财务管理目标的首要任务就是协调相关利益群体的关系,化解他们之间的利益冲突。

1.所有者与经营者的矛盾与协调

(1)经营者和所有者的主要矛盾

经营者希望在提高企业价值和股东财富的同时,能更多地增加享受成本,而所有者和股东希望以较小的享受成本支出带来更高的企业价值或股东财富。

(2)矛盾协调方法

①解聘。这是一种通过所有者约束经营者的办法。

②接受。这是一种通过市场约束经营者的办法。

③奖励。将经营者的报酬与其绩效挂钩,以使经营者自觉采取提高股东财富和企业价值的措施。通常有两种基本方式:股票期权方式、绩效股形式。

2.所有者与债权人的矛盾与协调

所有者的财务目标可能与债权人期望实现的目标发生矛盾，协调双方矛盾通常采用两种方式：限制性借债，收回借款或停止借款。

三、企业财务管理的内容

企业的筹资活动、投资活动、资金营运活动和利润分配活动相互联系，互相依存，构成了企业财务活动的完整过程，同时也成为财务管理的基本内容。因此，财务管理的内容由筹资管理、投资管理、资金营运管理和利润分配管理组成。

(一)筹资管理

筹资管理的目标就是采取适当的筹资方式进行筹资决策，以较低的资金成本和财务风险，筹集到企业正常经营和投资所需要的资金。筹资管理的主要内容是：筹资渠道和筹资方式的选择，筹资数量的确定，以及最佳资本结构的决策与运用。

(二)投资管理

投资管理的目标是合理权衡投资收益与投资风险，选择最佳的投资方向与投资方案，合理配置资金，优化资产结构，以获取最大投资收益。投资管理的主要内容是项目投资管理、债券投资管理等。

(三)资金营运管理

资金营运管理的目标是对企业的营运资金进行控制与决策。资金营运管理的主要内容是：确定流动资产的投资规模，以及流动资产的合理融资等。

(四)利润分配管理

利润分配管理的目标是正确制定股利分配政策和分配原则，合理进行利润的分配。

四、企业财务的价值

企业价值是指企业全部资产的市场价值，即企业资产所能创造的预计未来现金流量的现值。该目标反映了企业潜在或预期的获利能力和成长能力。

(一)企业价值最大化目标的优点

(1)该目标考虑了资金的时间价值和风险价值。

(2)该目标反映了对企业资产保值增值的要求。

(3)该目标有利于克服管理上的片面性和短期行为。

(4)该目标有利于社会资源的合理配置。

(二)企业价值最大化目标的不足

(1)企业的价值过于理论化，不易操作。尽管对于上市公司而言，股票价格的变动在一定程度上揭示了企业价值的变化，但是股价并非为企业所控制，其价格受多种因素影响，产生的波动也并非与企业财务状况的实际变动相一致。

(2)对于非上市公司，只有对企业进行专门的评估才能真正确定其价值，而资产估价不易做到客观和准确，也导致企业价值确定困难。

五、财务管理的原则

财务管理原则是企业财务管理工作必须遵循的基本原则，它是从企业财务管理实践中抽象出来的并在实践中得以证明是正确的行为规范，它反映了企业财务管理活动的内在的本质要求。明确财务管理原则，有助于财务管理工作的有效实施。

(一)有关竞争环境的原则

1.自利行为原则

自利行为原则是指人们在进行决策时按照自己的财务利益行事，在其他条件相同的条件下，人们会选择对自己经济利益最大的行动。该原则的依据是理性的经济人假设。

2.双方交易原则

双方交易原则是指每项交易都至少存在两方，在一方根据自己的经济利益决策时，另一方也会按照自己的经济利益行动，并且对方和你一样聪明、勤奋和富有创造力，因此你在决策时要正确预见对方的反应。该原则的依据是交易至少有两方，交易是“零和博弈”，各方都是自利的。该原则要求财务交易时不能以自我为中心，不要自以为是；注意税收的影响。

3.信号传递原则

行动可以传递信息，并且比公司的声明更有说服力。该原则的依据是自利行为原则。该原则要求：根据公司的行为判断它未来的收益状况；公司在决策时不仅要考虑行动方案本身，还要考虑该项行动可能给人们传达的信息。

4.引导原则

所有办法都失败时，寻找一个可以信赖的榜样作为自己的引导。该原则的依据是寻找最优方案成本过高。该原则要求不能盲目模仿。

(二)有关创造价值的原则

1.有价值的创意原则

有价值的创意原则是指新创意能获得额外报酬。该原则的依据是竞争理论。

2.比较优势原则

比较优势原则是指专长能创造价值。该原则的依据是分工理论。该原则要求把主要精力放在自己的比较优势上。

3.期权原则

期权原则是指期权是不附带义务的权利，它是有经济价值的。该原则要求在估价时要考虑期权的价值。

4.净增效益原则

净增效益原则是指财务决策建立在净增效益的基础上，一项决策的价值取决于它和替代方案相比所增加的净收益。该原则要求只分析方案之间有区别的部分，不考虑与决策无关的成本。

(三)有关财务交易的原则

1.风险报酬权衡原则

风险报酬权衡原则是指风险和报酬之间存在一个对等关系，投资人必须对报酬和风险做出权衡，为追求较高报酬而承担较大风险，或者为减少风险而接受较低的报酬。现实的市场中，只有高风险时高报酬和低风险时低报酬的投资机会。

2.投资分散化原则

投资分散化原则是指不要把全部财富都投资于一个公司，而要分散投资。该原则的依据是投资组合理论。

3.资本市场有效原则

资本市场有效原则是指在资本市场上频繁交易的金融资产的市场价格反映了所有可获得的信息，而且面对新信息完全能迅速地做出调整。该原则的依据是有效市场理论。该原则要求重视市场对企业的估价；慎重使用金融工具，如果市场是有效的，购买或出售金融工具的交易的净现值为零。

4.货币时间价值原则

货币时间价值原则是指在进行财务计量时要考虑货币时间价值因素。该原则的依据是货币投入使用后其数额会随着时间的延续而不断增加。该原则要求财务估价时要考虑时间价值的影响。

六、企业财务管理的环境

财务管理环境又称理财环境，是对企业财务活动和财务管理产生影响作用的企业内外各种条件的统称。

企业财务活动在相当大程度上受理财环境制约，如生产、技术、市场、物价、金融、税收等因素，对企业财务活动都有重大影响。只有在理财环境的各种因素作用下实现财务活动的协调平衡，企业才能生存和发展。明确理财环境，有助于正确地制定理财策略。

财务管理的外部环境是企业财务决策难以改变的，企业财务决策更多的是适应它们的要求和变化。财务管理环境涉及的范围很广，我们主要介绍的是经济环境、法律环境和金融环境。

(一)财务管理的外部环境

1.经济环境

影响财务管理的经济环境内容十分广泛，主要包括经济体制、经济周期、经济发展水平、宏观经济政策和通货膨胀等。

(1)经济体制

不同经济体制下，企业财务管理有显著区别。经济体制是制约企业财务管理的重要环境因素之一。在计划经济体制下，财务管理活动内容比较单一，财务管理方法比较简单。在市场经济体制下，企业成为“自主经营、自负盈亏”的经济实体，有独立的经营权和理财权，保证企业财务活动自始至终根据自身条件和外部环境做出各种财务管理决策并组织实施。

(2)经济周期

市场经济条件下，经济发展与运行带有一定的波动性，大体上经历复苏、繁荣、衰退和萧条几个阶段的循环，这种循环叫作经济周期。在不同的经济周期，企业应采用不同的财务管理策略。西方财务学者探讨了经济周期中的经营理财策略，现择其要点归纳于表10-5中。

表 10-5 经济周期中的经营理财策略

复苏	繁荣	衰退	萧条
1.增加厂房设备	1.扩充厂房设备	1.停止扩张	1.建立投资标准
2.实行长期投资	2.继续建立存货	2.出售多余设备	2.保持市场份额
3.建立存货	3.提高产品价格	3.停产不利产品	3.压缩管理费用
4.开发新产品	4.开展营销规划	4.停止长期采购	4.放弃次要利益
5.增加劳动力	5.增加劳动力	5.削减存货	5.削减存货
		6.停止扩招雇员	6.裁减雇员

(3)经济发展水平

财务管理的发展水平是和经济发展水平密切相关的,经济发展水平越高,财务管理水平也越高。财务管理水平的提高,也有利于经济发展水平的进一步提高。近年来我国的国民经济保持高速的增长,各项建设方兴未交。这不仅给企业带来了机遇,同时又给企业财务管理带来严峻的挑成。因此,企业财务管理工作者必须积极探索与经济发展水平相适应的财务管理模式。

(4)宏观经济政策

经济政策是国家进行宏观经济调控的重要手段,经济政策包括产业政策、金融政策、财税政策、价格政策等。不同的宏观经济政策,对企业财务管理影响不同。金融政策中的货币发行量、信贷规模会影响企业投资的资金来源和投资的预期收益;财税政策会影响企业的资金结构和投资项目的选择等;价格政策会影响资金的投向和投资的回收期及预期收益;会计制度的改革会影响会计要素的确认和计量,进而对企业财务活动的事前预测决策及事后的评价产生影响等。可见,经济政策对企业财务的影响是非常大的。这就要求企业财务人员必须把握宏观经济政策,更好地为企业的经营活动服务。

(5)通货膨胀

通货膨胀对企业财务活动的影响是多方面的。企业应当采取措施予以防范。在通货膨胀初期,货币面临着贬值的风险,这时企业进行投资可以避免风险,实现资本保值;与客户应签订长期购货合同,以减少物价上涨造成的损失;取得长期负债,保持资本成本的稳定。在通货膨胀持续期,企业可以采用比较严格的信用条件,减少企业债权;调整财务政策,防止和减少企业资本流失。

2.法律环境

财务管理的法律环境是指企业和外部发生经济关系时所应遵守的各种法律法规和规章制度。

(1)法律环境的范畴

市场经济是法制经济,企业的经济活动总是在一定法律规范内进行的。法律既约束企业的非法经济行为,也为企业从事各种合法经济活动提供保护。国家相关法律法规对财务管理内容的影响情况如下:

①影响企业筹资的各种法规:公司法、证券法、金融法、证券交易法、合同法等。

②影响企业投资的各种法规:公司法、证券交易法、企业财务通则等。

③影响企业收益分配的各种法规:税法、公司法、企业财务通则等。

(2)法律环境对财务管理的影响

法律环境对企业的影响是多方面的,影响范围包括企业组织形式、公司治理结构、投融资活动、日常经营、收益分配等。不同种类的法律分别从不同方面约束企业的经济行为,对企业财务管理产生影响,如企业组织形式、公司治理和财务监控。

3.金融环境

企业总是需要资金从事投资和经营活动。而资金的取得,除了自有资金外,主要从金融机构和金融市场取得。金融政策的变化必然影响企业的筹资、投资和资金运营活动。所以,金融环境是企业最为主要的环境因素之一。影响财务管理的主要金融环境因素有金融机构、金融市场、金融工具和利率。

(1)金融机构

金融机构包括银行和非银行金融机构。

①银行。银行是指经营存款、放款、汇兑、储蓄等金融业务,并承担信用中介的金融机构。银行的主要职能是充当社会中介,充当企业之间的支付中介,提供信用工具,作为投资手段,作为国民经济的宏观调控手段。我国银行主要包括各种商业银行和政策性银行。商业银行包括国有商业银行(如中国工商银行、中国农业银行、中国银行和中国建设银行)和其他商业银行(如交通银行、广东发展银行、招商银行、光大银行等),政策性银行主要包括国家开发银行、中国进出口银行、中国农业发展银行等。

②非银行金融机构。包括金融资产管理公司、信托投资公司、财务公司和金融租赁公司等。

(2)金融工具

金融工具是证明债权债务关系并据以进行货币资金交易的合法凭证,是融通资金的双方在金融市场上进行资金交易、转让的工具,具体分为基本金融工具和衍生金融工具两大类。金融工具的特征一般具有期限性、流动性、风险性、收益性四个基本特征。

(3)金融市场

金融市场是指融通资金的双方通过一定的金融工具进行交易而融通资金的场所。金融市场可以是有形市场,如银行、证券交易所等,也可以是无形市场,如利用电传、电脑等设施通过经纪人进行融通资金。金融市场的要素主要有市场主体、金融工具、交易价格、组织方式。

①金融市场的主要功能。转化储蓄为投资;改善社会经济福利;提供多种金融工具并加速流动,使中短期资金凝结为长期资金;提高金融体系竞争性和效率;引导资金流向。

②金融市场的分类

a.按交易期限划分为短期资金市场和长期资金市场。短期资金市场也叫货币市场,是指期限不超过一年的资金交易市场。长期资金市场也叫资本市场,是指期限在一年以上的股票和债券交易市场。

b.按交割的时间划分为现货市场和期货市场。现货市场是买卖双方成交后,当场或几天之内买方付款、卖方交出证券的交易市场。期货市场是买卖双方成交后,在双方约定的未来某一特定的时日才交割的交易市场。

c.按交易的方式和次数分为初级市场和次级市场。初级市场也叫发行市场或一级市场，是指从事新金融工具买卖的转让市场。次级市场也叫流通市场或二级市场，是指从事旧金融工具买卖的转让市场。

d.按金融工具的属性分为基础性金融市场和金融衍生品市场。

4.利率

利率也称利息率，是利息占本金的百分比指标。从资金的借贷关系看，利率是一定时期内运用资金资源的交易价格。资金作为一种特殊商品，以利率为价格标准的融通，实质上是资源通过利率进行再分配。因此，利率在资金分配以及企业财务决策中起着重要的作用。

(1)利率的类型

①按利率之间的变动关系，分为基准利率和套算利率。基准利率是指在整个利率体系中起主导作用的基础利率。它的水平和变化决定其他各种利率的水平和变化。基准利率是利率市场化机制形成的核心。我国以中央人民银行对各专业银行的贷款利率为基准利率。套算利率是各金融机构根据基准利率和借贷款项的特点而换算出的利率。

②按利率与市场资金供求情况的关系，分为固定利率和浮动利率。固定利率是指借贷期内不作调整的利率。浮动利率是一种在借贷期内可定期调整的利率。

③按利率形成机制不同，分为市场利率和法定利率。市场利率是指根据资金市场上的供求关系，随着市场而自由变动的利率。法定利率是指由政府金融管理部门或中央银行确定的利率。

(2)利率的计算

利率的一般计算公式：利率＝纯利率＋通货膨胀补偿率＋风险报酬率。

①纯利率。纯利率是指无通货膨胀无风险情况下的平均利率。通常，在没有通货膨胀时国库券的利率可以视为纯利率。纯利率的高低，受平均利润率、资金供求关系和国家调节的影响。

②通货膨胀补偿率。通货膨胀补偿率是指由于持续的通货膨胀会不断降低货币的实际购买力，为补偿其购买力损失而要求提高的利率。

③风险报酬率。风险报酬率是投资者要求的除纯利率和通货膨胀之外的风险补偿。

(二)财务管理的内部环境

1.基本因素

指现代企业的法人治理结构、经营战略、目标与经营决策、长远规划等。

2.组织结构因素

现代企业组织结构是按照一定目的和程序组成的一种权责结构。现代企业能否有效地运行，很大程度上取决于该企业的组织结构是否合理。现代企业内外部环境的变化，要求企业对组织结构设置也要进行相应调整，以适应环境变化。

3.企业文化因素

企业文化是指企业职工在长期生产经营和管理活动中创造出来的文化形态，当这种文化被建立起来后，会成为塑造内部员工行为和关系的规范，是企业内部所有人共同遵循的价值观，对维系企业成员的统一性和凝聚力起很大的作用。

4.技术环境

财务管理的技术环境，是财务管理得以实现的技术手段和技术条件，它决定着财务管理的效率和效果。

5.财务管理体制

财务管理体制是企事业单位财务管理内部环境的主导因素。财务管理体制的核心在于财务控制权的集中与下放，形成集权式财务管理体制和分权式财务管理体制。

6.企业内部财务管理制度

企业内部财务管理制度是企业财务管理工作的内部法规，依据《企业财务通则》和国家分行业财务制度，结合企业自身特点和管理要求而制定。

第四节　新企业的人力资源管理

是否拥有优秀的人才是能否创业成功的关键因素之一。但企业在创立之初，具有的资源极为有限，工作千头万绪，经营业务不稳定，内外部环境变化较快，人力资源管理风险容易导致企业的经营管理与创业目标相偏离，甚至会导致创业失败。因此，新创企业的人力资源管理与老企业相比具有明显的特殊性。

一、新企业人力资源管理的特点

作为新创企业发展中的重要管理职能，人力资源管理工作具有一些很重要的特点。

（一）人力资源管理的战略意义

从现代企业管理实践的发展来看，人力资源管理在组织制度中的职能和作用至关重要，因此，管理学家和管理实践者将人力资源管理、市场管理、财务管理和生产管理视为企业的四大运营职能。对于新创企业来说，人力资源管理尤为重要。创业活动的首要元素是人，只有人员配置得当，创业活动才有源源不断的推动力量，因此针对人力资本的管理活动是创业活动中的重要管理活动。人力资源管理的意义应该提升到企业发展战略意义的高度。由此，在新创企业内部，人力资源开发与管理部门的地位应当得到提升，甚至可以置于组织战略的高度，并能够在一定程度上参与或影响组织的决策。

（二）人力资源管理主体的多元化

在成熟企业的人力资源管理中，人力资源部门是人力资源管理的主体。在新创企业中，人力资源部门可能尚未建立起来，此时创业者可能要担负起人力资源管理工作。为了使人力资源工作推进更为顺利，创业者可以搜寻外部的咨询顾问共同参与到人力资源规划中。为了保证人力资源管理能够在各个层面都得到较好的执行，高层管理团队成员、企业的一般员工都应当积极参与到人力资源管理中，这样就避免了企业内部人员对于人力资源工作的对立，有利于建立起真正适合企业实际情况的人力资源制度。

（三）人力资源管理过程的循序渐进性

对于新创企业来说，人力资源管理工作可以说是建立系统规范组织制度的开端，在创业的初期，由于创业生存的压力非常大，即使组织结构不尽完善，企业仍能够排除困难，团结上上下下，去达成企业发展的目标。随着企业的发展，特别是需要吸收新员工来完成新的管理任务的时候，创业者就发现人力资源管理制度建设的必要性，但是这种人力资源管理工作几乎是从零基础开始的。因此，在建设人力资源系统的时候，不可希望一口气就能搭建起系统的管理制度，必须通过循序渐进的过程来完成。

(四)人力资源管理内容的广泛性

这是与一般企业人力资源工作的发展趋势相适应的。随着管理实践的发展，人力资源开发与管理的范围日趋扩大，现代组织的人力资源范畴包括相当广泛的内容，除去传统的人事管理内容，企业内部要把与“人”有关的内容都纳入其中。在创业领域，人力资源工作内容同样非常广泛，创业者更要借助人力资源管理工作的契机，建设起一整套系统的企业组织制度和管理机制。因此，从某种意义上说，人力资源管理工作涉及了新创企业成长阶段企业内部管理工作的方方面面。

二、新创企业人力资源管理的风险

企业在创立之初，以业务为战略核心是生存所必需，因此企业将主要精力集中于开拓市场、发展业务，而人力资源管理处于起步阶段，基础薄弱，经验缺乏，尚未建立起规范的管理体系。

(一)个人目标与企业目标偏离

新创企业在业务方向、管理流程、岗位分工及工作环境等方面时常会面临变化与调整，创业者往往着眼于短期的业务目标，而忽略了对企业战略的规划和共同愿景的建立。员工在缺乏共同目标的情况下，只能单纯地完成工作，无法将自己的职业生涯规划与企业的发展联系起来，缺乏长期的激励因素。员工个人为达到短期目标的利己行为，不仅不能形成新创企业发展的合力，反而会产生背道而驰的阻力，动摇处于创业初期的企业根基。

(二)组织架构及岗位分工混乱

企业初创期往往缺乏专业的人力资源管理知识和人员，由创业者直接承担主要的人事工作，人力资源管理被置于非职业化与边缘化的位置，企业组织架构的建设不完整，岗位分工设计不清晰。人力资源管理水平的低下，导致员工不了解企业整体的运作架构，对自身的岗位职责以及与其他成员的分工协作关系认识模糊，容易出现某些工作多人重复劳动，某些工作无人问津的现象。

员工在日常工作中主动性受到抑制，通常只能被动地等待接收指令，并疲于应付紧急任务和处理琐碎繁杂的事务。

(三)员工流动频率过快

新创企业成立时间短，与成熟的大中型企业相比，具有薪酬待遇较差、员工归属感不强以及发展前景不确定等劣势，导致其员工将新创企业当成获得经验的跳板，流动十分频繁，破坏了员工队伍的稳定性。

特别是拥有专门技术、掌握核心业务、控制关键资源、具有特殊经营才能等关键员工的离职，容易造成核心技术和商业机密的外泄、客户资源的流失、企业日常运作的停滞等严重损失，极大削弱企业的核心竞争力。

(四)缺乏系统的员工培训体系

新创企业在用人上以“功利性”为导向，倾向于招聘“业务熟手型”员工。创业者不愿将有限的资金分配到对员工的培训中,并没有将培训作为投资来看待。即使有员工培训,大多也是应急或被动式的技能培训,而忽略了对共同愿景、道德精神、团队合作等综合素质方面的培养,不仅无法建立员工对企业的归属感,更无法形成企业向心力和凝聚力,导致人力资源成为企业进一步成长的短板。

(五)对员工绩效考核的主观性较强

新创企业对员工绩效考核的方法不成熟,一方面,与创业者有亲戚、朋友、同学等关系的员工占一定比例,创业者在管理中受感情支配较多,个人色彩较浓,往往缺乏制度观念,对下属的业绩评价具有主观性和随意性;另一方面,新创企业以业绩目标为重心,在考核员工绩效时,通常单纯将业务量或销售额作为考核标准,考核内容不全面,员工对企业目标的认同、职业道德修养以及自我学习能力等都容易被忽略,不能从考核指标中体现出企业长期发展的导向。

三、新创企业人力资源管理的机制

对于新创企业而言,塑造一个以人为本的内部环境,构建共创未来的愿景与机制,使人力资源在动态的使用过程中,实现其自身增值和价值创造,是决定创业成功的关键要素。所以,创业企业必须建立一套行之有效的人力资源管理机制,选任、培养、激励、留住人才,促进新创企业的不断成长。

(一)明确岗位设置,选任合适的人才

在企业中没有什么比将合适的人放在合适的岗位上更重要,当然也没有什么比将合适的人放在不合适的岗位上对企业和个人造成的浪费和伤害更大。世界五百强之一的美国通用电器公司前总裁韦尔奇说,他常常把 70%以上的时间用来研究公司中人力资源的使用配置状况,以形成高效率的经营团队。因此,新创企业首先要将岗位设置制度化、规范化,对人力资源配置进行谋篇布局,并在此基础上知人善任。一是根据节约高效的原则设计岗位分工。新创企业资金有限,讲究精打细算,在人力资源上更应该如此,而人才需求分析是控制人力资源成本开支的基础,是关键的第一步。创业者必须清楚企业中哪些岗位一定要设置,分别设置多少人,应当赋予哪些责权等。新员工进入企业后,需要了解的第一件事就是企业的组织架构是什么,我在哪个岗位做什么,我与其他人怎样配合。二是根据德才兼备的原则选任合适人才。最优秀的人才不一定是最合适的人才,只有根据岗位需求,选择能力和品德与之匹配的员工,才能在促进企业发展的同时,保证员工忠诚度,减少人才流失率。否则,会出现将高能力的人配置到低位置上大材小用,加大人力成本,增加跳槽风险的现象,或者出现将低能力的人配置到高位置上,造成执行力低下,工作上错漏频出的问题。

(二)衡量培训成本,培养优秀的人才

长期、持续、有计划的员工培训,是企业运行和发展的重要保障,也是吸引优秀人才的有效手段之一。新创企业要以承受能力为基础,从长远发展需要出发,建立全程性、全面性、全员性的培训体系,即培训贯穿员工职业生涯的全过程,涵盖从业技能和综合素质的各方面,覆盖到从高层领导到一线员工的每个人。

首先,要营造奋发向上、不断进取的学习氛围。世界经理人文摘网站进行的一次网上调查显示,在所提供的七项福利(医疗保险、退休保障、住房及补贴、带薪休假、业务用车、进修和培训机会、子女教育津贴)中,43%的人首先选择了进修和培训。进修培训已经成为许多员工重视的一个条件。对于高素质的关键员工而言,不仅仅是为了赚钱,他们更希望通过工作得到发展和提高。因此,创业者要带头转变观念,纠正对员工培训的认识偏差,营造员工愿意学、主动学、坚持学的良好氛围,杜绝部分员工对培训持有逃避或无所谓的心态。

其次,要分层次有重点地制定全员培训计划。全员培训不等同于所有员工在同一时期内都要参与培训,而是根据员工个人职业生涯规划和企业战略需要,通过培训需求评估,对不同层次的员工各有侧重地制定针对性的培训计划。在培训内容的选择上,对创业者的培训着重于企业家才能,对中层管理者的培训集中于共同愿景的形成和执行力的提高,对一线基层员工进行自我管理、团队精神以及从业技能等方面的培训。在培训时间的选择上,对重要的培训要未雨绸缪,对急迫的培训要快速启动,各种培训之间合理衔接,有条不紊地组成系统。

最后,要在实际工作中科学地衡量培训效果。培训上的投入带来的产出难以量化,可以从对实际工作的针对性和及时性两个角度加以考察。针对性是指培训要有目的,根据新创企业的发展规划,对员工欠缺的知识和能力进行培训,消除现实工作需要和员工知识能力存在差距的矛盾。及时性是指培训的内容能马上运用到工作中,让员工在“做”中进行消化和检验,让培训转化为现实生产力,以人力资源的发展带动新创企业突破发展瓶颈。

(三)完善考核机制,激励有为的人才

绩效考核是人力资源发展的基本保证,既可以对员工进行甄选区分,也可以保障企业目标的实现。一方面,绩效考核与薪酬、职务晋升、福利待遇等紧密挂钩,可以为员工的晋升与发展提供公平竞争的平台,消除新创企业“家族色彩”带来的任人唯亲弊端。另一方面,绩效考核可以对员工个人目标进行正确导向,使之与企业整体目标契合,通过员工不断提高绩效的努力,达到提高企业整体绩效水平的目的。因此,必须建立健全科学的绩效考核机制,使德才兼备的员工得到与之相匹配的待遇,激活员工队伍的能动性和创造性。

一是厘清考核指标,设定相应的权重。在考核内容上,对德、能、勤、绩的全面考核与突出考核重点并重,指标的设计要体现企业现阶段的主要导向。根据新创企业的特点,业务类“硬”指标的权重相对较大,综合素质类“软”指标的权重相对较小。在考核方式上,与自己比发展、与别人比业绩、与别人比贡献三位一体,横向与纵向考核双向并行。

二是建立以奖为主、以罚为辅的奖惩机制。绩效考核也需要提高执行力,承诺准确、及时地兑现,能使员工得到最大化的现实收益和心理满足,发挥最大的激励效用。而新创企业的市场拓展能力较弱,风险防御能力较低,业绩受市场变化的影响较大,对员工的考核结果不应过于苛刻,否则当员工的切身利益得不到保障或者时刻处于可能被淘汰的风险时,员工会受到打击,缺乏安全感,人心惶惶,使企业失去凝聚力。

三是畅通双向沟通渠道,增强双赢共识。为防止对员工考核的片面化,持续的双向沟通应贯穿绩效考核的全过程。在制定考核指标时,需要与员工就目标设定达成共识,同时体现企业对员工的期望与员工对企业的承诺。在考核实施中,畅通的沟通渠道保障员工享有申诉说明权利,有利于纠正考核偏差,使考核结果获得员工的认同。在考核反馈阶段,动态的沟通能促使企业和员工就如何改进不足、怎样提升绩效以及下一个绩效目标达成共识。

(四)培育企业文化,留住最好的人才

企业文化是员工在长期的工作中,经过凝聚提炼形成的共同价值标准、理想信念和行为

准则,它能营造出良好的企业内部环境和团队精神,使员工在工作的过程中完成自身发展的定位。良好的企业文化,在薪酬留人和契约留人双保险的基础上,加上了文化留人的第三重保险。

一是将共同愿景作为吸引员工的根本。共同愿景是企业上下由心认同、齐心共筑的未来景象,是看得见的"好处",也是潜在的长期收益。人失去理想,就会无所事事,企业也一样,没有长远目标和规划,就会涣散人心,失去凝聚力,难以留住人才。让员工看到企业的宏伟蓝图,看到企业的未来愿景,使有抱负的员工产生向往和期待,可以减少新创企业由于待遇较低所带来的负面影响,对员工产生长期的吸引力和内驱力。

二是将人本主义作为管理员工的准则。把员工当成"物"来管理,必然忽略个人的需求、愿望,当然也留不住人才。将员工看作企业的主体,强调员工对管理的参与,从感情上与员工建立心理契约,最大限度地关心人、依靠人、培养人和造就人,才能充分激发员工的热情和进取心,使之从内心深处产生对企业强烈的归属感和责任感,并真正把个人的前途和企业的命运联系在一起。

三是将团队精神作为凝聚员工的动力。团队精神使员工产生归属感,愿意把自己的命运和荣辱与团队的发展前途联系在一起,团队成员之间相互信任、帮助扶持、共同进步,融洽的工作氛围和强烈的责任感,会使员工对企业产生较高的忠诚度。

第五节　新产品开发

一、新产品

(一)新产品的概念

新产品开发主要表现在"新颖程度"上,一种是公司的新颖程度,虽然其他公司已经在从事生产或销售,但是对于某公司而言,一直没有生产制造或者销售这类产品的经验。另外一种是针对市场的新颖程度或创新性,指的是对整个市场而言,这种产品或者服务创新是第一次出现。创新对公司而言是一种新颖的、高风险的创意,需伴随着较高的利润回报潜力。

新产品是企业以前不曾拥有过的产品,强调从企业的角度来说是一种新颖的产品。产品创新可以是产品的发明,创造出世上前所未来的新产品,也可以是对目前已存在的产品加以改进、模仿、改良后在市场上推出。

(二)新产品的类型

根据产品开发程度和要求的不同,新产品可以分为以下几种类型:

(1)全新产品。指产品的基本结构尺寸与现有已生产的其他产品不同,需重新开发毛坯,重新策划所有过程的产品,且对公司而言,通常指第一次生产。包括现有顾客的全新产品和新顾客的全新产品。

(2)改型产品。是指在现有产品基础上改型、升级的产品,包括不需要重新开发毛坯的产品、因材料变化重新开发毛坯的产品，因产品基本结构尺寸以外其他部分尺寸变化重新开发毛坯的产品，曲轴表面强化方式变化的产品等。

(3)革新型新产品。借助于新技术，对市面上已有产品进行较大的技术革新，目的是在不影响现有产品任何使用性能的前提下降低制造成本、提高效率。

在上述新产品类型中，新顾客全新产品的开发难度最大，因为新顾客意味着不同的文化和全新的要求，而且通常顾客在开发新供应商时会对第一个产品要求格外严格，同时产品的技术特点也会和以前的不同，需要更多的精力和顾客进行各个方面的标准对接。

根据新产品开发的方式和环境可以分为以下几类：

(1)技术引进方式。这是最常见的一种，通常是从顾客处直接得到全新产品图纸和技术标准。

(2)独立研制方式。这种情况是指企业依靠自己的技术力量和多年的生产经验对现有产品进行改进。

(3)联合研制方式。企业与其他单位合作研发新产品，比如大学、设计院、研究所、供应商等。

(三)新产品的特点及基本要求

1.新产品的特点

(1)收益非独占性

指企业难以获取新产品所产生的全部收益，其主要原因是，随着新产品的诞生，它所附带的无形知识价值也通过新产品的实物而体现出来了。

(2)系统性

有两层含义，一指新产品的诞生要求企业内各个部门的密切配合；二指新产品的实现依赖外部环境的密切配合，包括经济、政治环境及其他相关的技术水平发展等因素。

(3)同时具备硬件价值和软件价值

新产品应当包括一切更加能满足购买者需求和欲望的新的“硬件”价值(使用价值)和“软件”价值(美学价值)，或者说新的物质因素和非物质因素。

(4)技术性

反映当代高新科技水平、新技术的产品最具效益。

(5)新颖性

产品在功能、材料、技术、款式等具有先进性和独创性。

几乎所有的新产品都可能失败，失败率(特指投资后不能带来丰厚的收益或得不到大量顾客的接受和理解)为75%～95%。

2.新产品的基本要求

目前，国外一般认为，新产品是指具有下列一项或多项特点的产品：

(1)具有新的原理、构思和设计；

(2)采用新的材料和元件；

(3)具有新的性能和特点；

(4)具有新的用途和市场。

二、新产品开发

新产品开发是为了满足客户需求从产品工艺设计到小批量生产、批量生产而进行的一系列活动。广义而言,新产品开发包括全新产品的研发和对老产品的革新。新产品开发是生产型企业的经营命脉,一个企业的新产品开发程序决定这个企业的活力和市场竞争力。一个企业要想有发展,只能自主创新,自主开发新产品,不然,企业会逐渐衰退。

(一)产品生命周期理论

产品生命周期(product life cycle,PLC)是产品的市场寿命,即一种新产品从开始进入市场到被市场淘汰的整个过程。美国哈佛大学教授雷蒙德·弗农(Raymond Vernon)于1966年在其《产品周期中的国际投资与国际贸易》一文中首次提出产品生命周期概念。

弗农认为,产品生命是指产品的营销生命,人的生命要经历形成、成长、成熟、衰退这样的周期,产品也就是要经历开发、引进、成长、成熟、衰退的阶段。而这个周期在不同技术水平的国家里,发生的时间和过程是不一样的,其间存在一个较大的差距和时差,正是这一时差,表现为不同国家技术上的差距。它反映了同一产品在不同国家市场上竞争地位的差异,从而决定了国际贸易和国际投资的变化。为了便于区分,弗农把这些国家依次分成创新国(一般为最发达国家)、一般发达国家、发展中国家。

任何一种产品都要经历这样一个过程:新产品开发—商业化—投放市场,然后再依次经过成长期—成熟期—衰退期,最后被市场淘汰。

典型的产品生命周期一般可以分成四个阶段,即投入期(或引入期)、成长期、成熟期和衰退期。

1.第一阶段:投入(引入)期

投入期指产品从设计投产直到投入市场进入测试阶段。新产品投入市场,便进入了投入期。此时产品品种少,顾客对产品还不了解,除少数追求新奇的顾客外,几乎无人实际购买该产品。生产者为了扩大销路,不得不投入大量的促销费用,对产品进行宣传推广。该阶段由于生产技术方面的限制,产品生产批量小,制造成本高,广告费用大,产品销售价格偏高,销售量极为有限,企业通常不能获利,反而可能亏损。

2.第二阶段:成长期

当产品进入引入期,销售取得成功之后,便进入了成长期。成长期是指产品通过试销效果良好,购买者逐渐接受该产品,产品在市场上站住脚并且打开了销路。这是需求增长阶段,需求量和销售额迅速上升。生产成本大幅度下降,利润迅速增长。与此同时,竞争者看到有利可图,将纷纷进入市场参与竞争,使同类产品供给量增加,价格随之下降,企业利润增长速度逐步减慢,最后达到生命周期利润的最高点。

3.第三阶段:成熟期

成熟期指产品大批量生产并稳定地进入市场销售,经过成长期之后,随着购买产品的人数增多,市场需求趋于饱和。此时,产品普及并日趋标准化,成本低而产量大。销售增长速度缓慢直至转而下降,由于竞争的加剧,同类产品生产企业之间不得不在产品质量、花色、规格、包装、服务等方面加大投入,在一定程度上增加了成本。

4.第四阶段:衰退期

衰退期是指产品进入了淘汰阶段。随着科技的发展以及消费习惯的改变等原因,产品的销售量和利润持续下降，产品在市场上已经老化，不能适应市场需求，市场上已经有其他性能更好、价格更低的新产品，足以满足消费者的需求。此时成本较高的企业就会由于无利可图而陆续停止生产，该类产品的生命周期也就陆续结束，最后完全撤出市场。

产品生命周期理论的研究表明：

(1)产品的生命有限。这就意味着市场上没有永远畅销的产品，任何产品终将被市场淘汰。

(2)产品进入衰退期就意味着产品的生命就要结束，企业通过产品实现劳动价值的困难将越来越大。

(3)企业的生存与发展是以其产品(包括劳务)为载体的。企业产品消亡意味着企业以这种产品作为其生存和发展载体的可能性消失。

因此，新产品开发是企业生存和发展的根本。产品生命周期理论充分证明了企业新产品开发的极端重要性和必要性、紧迫性。

(二)新产品开发的要素

新产品的开发，要注意以下几点：

(1)从消费者(用户)出发，以满足消费者需要为中心。

(2)开发部门必须在整体上配合企业整体目标进行开发。

(3)不仅仅是产品本身的开发，而是产品整体(本身、包装、品牌、品名、售前售后服务等)的开发，使消费者得到全面满足。

(4)开发活动重点在于获得合理利润，并争取长期赢利。

(三)新产品开发的主要方式

开发新产品，选择合适的方式很重要。在新产品开发的过程中如果能结合实际需要，选择得当的开发方式，就能少承担风险，易获成功。新产品开发的主要方式一般分为独创研制方式、技术引进方式、自己研究与技术引进结合方式和改进方式四种。

1.独创研制方式

从长远考虑，开发新产品最根本的途径是自行设计、自行研制，即所谓独创方式。针对现有产品存在的问题，从根本上探讨其原理与结构，开展基础理论及有关新技术、新材料等方面的研究，从而研制出具有本企业特色的新产品，特别是对于研制换代型新产品或全新产品，必须要进行这种独创性的研究。一般来说，能进行这种方式研究的企业，科研力量都比较强。对于不同的企业的产品或同一企业的不同产品，可以采用不同的研制方式来开发新产品。采用这种方式开发新产品，有利于产品更新换代及形成企业的技术优势，也有利于产品竞争。自行研制、开发产品需要企业建立一支实力雄厚的研发队伍、一个深厚的技术平台和一个科学、高效率的产品开发流程。

2.技术引进方式

技术引进是开发新产品的一种常用方式，即企业引进国内外成熟的技术及适销产品，从而开发研究出本企业的新产品。企业采用这种方式可以很快地掌握新产品制造技术，减少研制经费和投入的力量，从而赢得时间，缩短与其他企业的差距。但引进技术不利于形成企业的技术优势和企业产品的更新换代。

3.自己研究与技术引进结合方式

这是目前国外企业发展新产品时采用较多的一种方式，而且其结合的方式也是多种多样的。企业先自行进行基础研究，再与技术引进相结合，推动企业科研的进展，发挥引进技术的效果。在这方面，世界公认日本的水平是首屈一指的。

4.改进方式

这种方式是以企业的现有产品为基础，根据用户的需要，采取改变性能、变换型式或扩大用途等措施来开发新产品。采用这种方式可以依靠企业现有设备和技术力量，开发费用低，成功把握大。但是，长期采用改进方式开发新产品，会影响企业的发展速度。

（四）产品创新的常用方法

1.系列产品法

系列产品是指与生产技术密切相关的一组产品，其开发原则是为满足用户需要，围绕某种使用目的进行产品创新；形成完整体系，填空补缺，使新产品配套。

具体方法有：

(1)按产品规格、大小形成系列产品；

(2)以一种材料的不同特性来开发系列产品；

(3)按某种用途来开发系列产品；

(4)利用不同材料开发同一种功能、用途的产品。

2.方便用品法

方便用品是指从方便消费者出发，力求在使用时省时、省力、省心，且便于携带和储存。实现方式包括轻便化、微型化、省力化等。

3.专用产品化

现代产品由大批量、单一品种向小批量、多品种转变。企业为适应市场的这种变化，也从生产一般产品转向生产专用产品。

具体可以是按不同的用途、消费对象、使用地点和产品的特定使用范围实行专用化。

4.技术复合法

即两种及两种以上的技术复合在一起创造新产品。具体方法可以是：两种及两种以上的一般技术复合在一起，生产一种新产品；一般技术与先进技术或先进技术与先进技术的复合，生产一种新产品。

5.新材料法

是指采用新材料来制成新产品。所用新材料可从下列途径得到：一是用另一种常用材料代替原来材料，二是采用新的工艺方法，三是采用新型材料制造新产品。

6.缺点列举法

通过对产品提出“有什么缺点需要改进”的问题，来启发人们改进老产品，以开拓产品创新的思路。针对缺点找不足，每找到一个缺点就找到了一个改进新产品的起点。

7.差异法

这是指使产品与原有产品或类似产品在性能、用途、容量、包装等方面有很大差异，以满足不同用户各种不同要求的产品创新法。

8.模仿法

在产品创新中，可以模仿同类新产品，包括模仿国外同类新产品或外省市同行业厂家的同类产品,也可模仿不同类的产品,包括原理、材料、用途和功能模仿等。

(五)新产品开发的程序

新产品开发是一项极其复杂的工作,从根据用户需要提出设想到正式生产产品投放市场,其中经历许多阶段,涉及面广,科学性强,持续时间长,因此必须按照一定的程序开展工作。这些程序之间互相促进、互相制约,才能使产品开发工作协调、顺利地进行。产品开发的程序是指从提出产品构思到正式投入生产的整个过程。由于行业的差别和产品生产技术的不同特点,特别是选择产品开发方式的不同,新产品开发所经历的阶段和具体内容并不完全一样。

1.新产品构思

构思是有创造性的思维活动。

新产品构思包括两方面的思维活动:根据得到的各种信息,发挥人的想象力,提出初步设想的线索;考虑到市场需要什么样的产品及其发展趋势,提出具体的产品设想方案。

新产品构思可以来源于企业内外的各个方面,顾客是其中一个十分重要的来源。最主要是要了解消费者需求:生理需求、安全需求、社会需求、尊重需求、自我实现需求。

对消费者需求的研究,除了要掌握其现实需求,还应了解他们的潜在需求,并预测需求的发展趋势。

2.新产品筛选

一种新产品的设想,可以提出许多的方案,但一个好的构思,必须同时兼备两条:一是构思应非常奇特,二是构思要尽可能接近可行。从各种新产品设想的方案中,挑选出一部分有价值的方案,进行分析、论证,这一过程就叫筛选。

筛选要努力避免两种偏差:放弃了有开发前途的产品设想,失去成功机会;把没有开发价值的产品设想误选了,招致失败。

3.编制新产品计划书

在已经选定的新产品设想方案的基础上,具体确定产品开发的各项经济指标、技术性能,以及各种必要的参数,包括产品开发的投资规模、利润分析及市场目标、产品设计的各项技术规范与原则要求、产品开发的方式和实施方案等。

4.新产品设计

这是从技术经济上把新产品设想变成现实的一个重要的阶段,是实现用户对产品特定性能要求的创造性劳动。

产品设计在新产品开发的程序中占有十分重要的地位。设计要有明确的目的,要为消费者考虑,要从掌握竞争优势来考虑。产品设计的科学性是与科学的设计方法分不开的,应重视采用现代化的设计方法,如价值工程、可靠性设计、优化设计、计算机辅助设计、正交设计法等。

5.新产品试制

这是按照一定的技术模式实现产品的具体化或样品化的过程。它包括新产品试制的工艺准备、样品试制和小批试制等几方面的工作。

6.新产品评定

对产品经济效益的评定,主要是通过对产品功能、成本的分析,通过对产品投资和利润目标的分析,通过对产品社会效益的评价,来确定产品全面投产的价值和发展前途。

7.新产品试销

通过试销，可以实地检查新产品正式投放市场以后，消费者是否愿意购买。同时，在市场变化的条件下，考虑新产品进入市场应该采取的决策或措施。

可以根据不同地区进行不同销售因素组合的比较，根据市场变化趋势，选择最佳的组合模式或销售策略；可以根据新产品的市场“试购率”和“再购率”，对新产品正式投产的批量和发展规模做出进一步的决策。

8.商业性投产

在决定产品的商业性投产以前，除了要对实现投产的生产技术条件、资源条件做充分准备以外，还必须对新产品投放市场的时间、地区、销售渠道、销售对象、销售策略的配合以及销售服务进行全面规划和准备。

(六)新产品开发风险及注意事项

1.新产品开发风险

新产品开发的目标就是要使新产品开发成功，而种种事实表明，新产品开发是一项具有风险的活动。因此，分析新产品开发的失败原因，分析新产品开发过程中可能出现的种种障碍及其克服的办法，对减少新产品开发风险、提高开发成功率具有重要意义。

任何新产品开发都存在风险。尤其在开发全新产品时，因其投资大，时间长，各种不定因素变化频繁，其风险就更为突出。

(1)新产品开发的风险表现

①创新风险：是指外部环境的不确定性、创新项目本身的难度和复杂性、创新者自身能力与实力的有限性等可能导致创新产品达不到预期目标。创新风险是综合的风险，包括技术创新风险、生产创新风险、市场创新风险。

a.技术风险。技术风险就是新产品开发技术本身的不成熟、不完善或者新的替代技术提前出现所带来的风险。技术是开发新产品的前提，当代科学技术呈现前所未有的快速发展态势，随着各种新技术的层出不穷，技术寿命周期也将大大缩减，而新产品开发活动中的技术风险也变得越来越大。

b.生产风险。新产品的生产风险即新产品在生产研制过程中存在各种不确定性，可导致新产品开发的失败。如不能大批量生产、生产周期过长、工艺技术不尽合理、设备和仪器的损坏、检测手段的落后造成新产品不能及时推出，产品质量难以保证，可靠性差等。

c.市场风险。市场风险主要发生在新产品开发的试销和推广阶段。市场风险是指新产品的消费利益体现所产生的不确定性而导致新产品开发失败的可能性。如消费者接受新产品的时间、市场寿命及市场开发所需要的资金投入等难以确定，生产的产品不够新颖、实用，不受消费者青睐或者产品供过于求等。

②竞争风险：是指新产品推广上市后，来自竞争对手迅速采取对策和措施进行反击所产生的风险。

(2)新产品开发失败的原因

新产品开发过程中有很高的失败率。企业技术已有很大进步，市场营销技能普遍提高，但新产品开发的失败率仍同以前相比，几乎一样。

①企业外部影响因素

——在某些重要领域值得投资的切实可行的新技术微乎其微。

——激烈的竞争导致市场不断分裂,新产品目标针对了细分市场,而不是整个市场,只能获得较低的销售额和利润额。

——因社会和政府的限制,新产品必须以满足公众利益为准则。

——新产品开发过程中的费用日益增大。

——资本短缺。

——产品开发完成的时限在缩短。

——开发成功产品的生命周期在缩短。

②企业内部影响因素

——新产品开发方向不对。

——对新产品市场没有足够的了解,特别是对用户在质量方面的要求没有充分的认识。

——新产品品种单调。

——新产品功能达不到预期的目标。

——新产品销售力量不足。

——缺乏有关竞争对手从事新产品开发的情报。

2.新产品开发注意事项

(1)以功能为中心制定产品开发计划

新产品开发是围绕实现一定的功能开展的,在进行市场研究弄清用户的确切需求后,就可以分析企业产品所提供的实际功能和客观需求之间的差距,得到哪些功能尚属空白、哪些功能尚未很好提供等有益信息。显然,在对企业研究与开发力量及生产运作条件进行分析后,就能编制出旨在克服上述某种不足的产品开发计划,它包括的工作内容也就沿着功能这条主线开展。

(2)最大限度降低产品总成本

产品具有竞争优势的一个重要前提是产品的总成本低。在传统观念中,企业仅仅考虑制造成本而忽视使用成本,并且认为制造成本由生产运作过程所决定。这是一种片面的观点。实际上,产品成本绝大部分取决于设计开发和生产运作部门,而制造部门的成本绝大部分是由设计阶段所决定的。因此,应将降低产品总成本的努力贯穿于新产品开发的整个过程中,并协调统一好制造成本和使用成本的关系。例如,进行产品设计时,在满足用户对功能需求的前提下,产品的结构应尽量简单化,以便于制造和检修,从而降低产品的制造成本和使用成本;进行生产运作系统设计时,也应在产品设计已决定了的产品制造成本的大致范围内,通过采用和企业实际条件相符的先进适用技术和最优工艺方案,最大限度地降低产品制造成本。

(3)形成新产品开发的良性循环

所谓良性循环是指产品能正常地更新换代。为此,企业必须高度重视新产品开发工作,并制定完善的新产品开发工作规划,力争做到在生产运作第一代产品的同时,就积极开发第二代,研究第三代,构思设想第四代,以确保有连续不断的新产品投放市场,使企业在整个生产经营过程中保持旺盛的生命力,不断谋求发展。

(4)开展创造性思维

不管是更新换代新产品的开发,还是老产品的小改革,都要以创造性的设想为基础。新产品的开发源于有创造性的设想。因此,应借助智力激励法、检核表法、综摄法、缺点列举法等有效的创造技法来挖掘潜在的创造力,以获取有价值的产品构思创意。

第六节　创业选址

通过对本节的学习，对创业选址有一个基本框架的认识，了解创业选址是创业成功的基础，了解企业选址需要考虑的因素。

【案例 10-8】　英特尔投资大连

2007 年 3 月，美国英特尔公司宣布在中国大连投资 25 亿美元，建立一个生产 300 毫米晶圆的工厂。在同英特尔长达 3 年的艰苦“恋爱”时间里，大连击败群雄，在众多竞争对手中脱颖而出。

英特尔的严格是举世闻名的。在英特尔落户大连过程中，英特尔先后向大连提出了 1000 多个问题，每个问题都要求在规定的时限内完成，而且答案要有详细明确的证据，英特尔还要暗中调查。比如，需要提供一份过去 100 年中关于大连地区地震情况的资料。英特尔的考察人员来大连，从来不事先通知政府部门，他们同大连方交流有自己的原则，即“三不准”：不准交换名片、不准递交资料、不准近距离接触。在两年多时间里，英特尔究竟有多少人次来大连考察访问，谁也统计不出来。据大连市有关部门保守估计，至少也有 400 多人次。

在引进英特尔过程中，大连海纳百川的城市性格，还突出表现在政府的热情、高效、规范的服务上。英特尔公司 CEO 欧德宁认为，吸引英特尔的主要原因，除了成本、市场等因素外，大连市的公共服务做得很好。

一、创业选址是创业成功的基础

创业选址就是确定在何处建厂或建立服务设施、门店等。它不仅关系到设施建设本身的投资，而且在很大程度上决定了企业产品和服务的成本，从而影响到企业的市场竞争力和经济效益，创业选址是创业成功的基础。

俗话说，万事开头难，想要创业，选择地址就成了首要考虑的问题。企业选址往往直接决定着事业的成败，一个好的地理位置可以使一个普通的企业生存下去，一个糟糕的地理位置可以使一个优秀的企业失败。对于企业而言，地址选择是制定经营战略及目标的重要依据；地址选择是对市场定位的选择；地址选择是一项长期性投资，反映了服务理念。企业选址要求找到目标对象，明确经营的是什么商品，消费人群是什么类型的。

二、企业选址需要考虑的因素

企业的地点选择战略主要受成本、市场、政府等因素的影响。企业运营成本主要由生产成本、运输成本、交易成本构成，这些成本的综合作用影响企业的成本利润率，影响着企业的投资意向。市场需求是确定市场供应量的先决因素，因而产品的销路会指引企业资金投向；而政府的服务效率、透明程度，以及产业政策的导向和限制，又作用于产业的区域发展环境，进而影响企业的选址决策。

具体而言，由于土地、人力、技术、信息、资本等生产要素成本在总成本中的占比不同，重要性也不同，因此企业的选址决策还要依企业所处产业、企业所处价值链的环节，考虑不同的影响因素和各因素的权重差异。

(1)在选址决策中，一些产业侧重考虑成本因素。如钢铁业的部分原料成本占整个钢铁生产成本的比例高达75%，光伏产业硅料的提纯生产过程需要巨大的能耗，因而钢铁厂和硅料提纯厂选址偏好靠近原料、燃料动力的供应地。一些劳动密集型的制造业也不断地向人工供应充沛、质量高、工资低、综合运价成本更低的地区转移。

(2)在选址决策中，一些产业侧重考虑市场因素。如一些对售后服务要求较高，时效性要求较强，运输成本占比较大的产业。就仓储物流业来说，其选址就需以仓储物流中心的服务需求量作为约束条件，建立选址模型，评估交通便捷程度等因素，完成投资选址。

(3)在选址决策中，一些产业还需关注政府因素的影响。如果同一产业的企业所处价值链环节不同，企业选址考核的侧重点也随之不同。创业者要评估现在已经存在和将来可能出现的对企业有影响的政府政策，将企业建在政府支持该产业的地区。投资者到境外投资建厂，还要考虑地域或国家政局是否稳定、法制是否健全、治安是否良好、宗教信仰如何等。

选址需要权衡成本、市场、政府因素，随着物流产业的发展和电子商务的兴盛，运输成本和交易成本在一定程度上得以降低，而生产成本则因区域不同有较大差异。市场的前景、市场的需求始终引导着企业的走向，政府因素又与成本、市场因素共同作用于企业的选址。

因此，新企业选址需要综合考虑政治、经济、技术、社会和自然等影响因素，其中经济因素和技术因素对选址决策起基础作用。

企业地址的选择还与企业类型有关，见表10-6。当然，不管什么类型企业的选址，都要考虑城市规划，也要考虑消防安全。

表10-6 不同类型企业选址应考虑的问题

企业类型	考虑问题
生产型企业	生产必需的供水、供电、供气、通信及道路交通等
服务型企业	方便顾客，着重考察客流量、进出口、供送货路径、停车场等
商业型企业	商业圈，一个城市内有若干个商业圈，商业圈内企业一般经营良好，圈外经营则一般，故要选在商业圈内
高科技新企业	将企业建在某地区技术研发中心附近

三、企业选址需要考虑的问题

(1)位置问题，这决定企业的市场与生产成本。

(2)企业在选址的时候一定会考虑区域的政策配套、产业分配、后期发展的服务配套。

(3)选择区域的时候，要重视区域发展理念。如区域的产品定型到底服务哪一种类型的企业，这种企业类型在自己企业发展过程中能否对接上，能否带来潜在客户和潜在升值。

四、选址的禁忌

(1)在选址时，注意店前的马路是否遇到丁字路口，如果是的话，最好避开。如果实在无法避开，要找东西进行遮挡，挡住迎面而来的灰尘。

(2)地址地点忌讳选在偏僻的角落、小巷。在做市场调查时，就要对预备开店的地点进行车流人流的评估，如果车流量和人流量太小，不适宜开店。

(3)店里区域的明堂位面积切忌过小，店面前的面积越大，越利于聚集人气，利于财运。

(4)对于营业类的店，最好还是选择坐北朝南的阳宅，可避免夏季暴晒和冬季风雪。

(5)店面门外切忌对着烟囱、厕所、殡仪馆、医院等一些容易引起人心里不适的建筑物。

五、企业选址程序

企业选址可以按照以下步骤进行(图 10-2)：

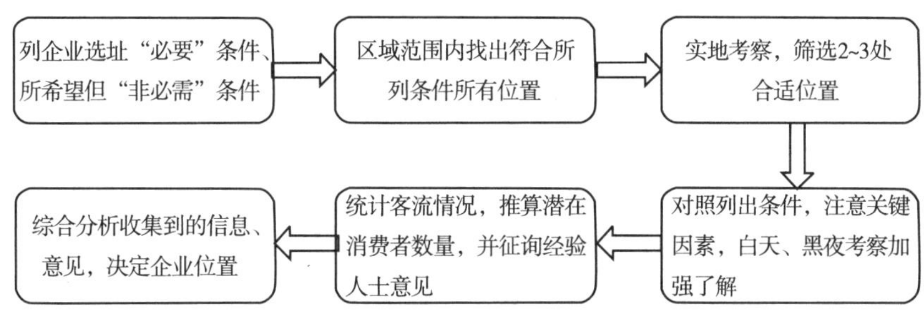

图 10-2 企业选址步骤

【案例 10-9】 海底捞的选址标准

餐饮业近年来快速发展，越来越多的人选择了餐饮业，海底捞是做得比较成功的餐饮业之一，它的选址主要包含了地理、经济、市场等因素。

一、从人口状况看

从人口状况看，首先因为海底捞火锅属于餐饮行业，而作为影响餐饮业生意好坏最重要的因素之一就是人口状况，人口数量的增加或人口的集中都反映出该地区需求量的增大。人口状况还包括收入水平、性别结构、年龄状况、就业状况、受教育程度等。

二、从竞争状况看

从竞争状况看，在所选地点，任何一种形式的竞争都是值得考虑的，这可能意味着一个潜在的好地点，同样也可能会是一个糟地点。竞争密度在很大程度上也影响海底捞火锅店的经营方式和利润。竞争密度是指同类型快餐店和相关行业营业点的个数，以及本区域内快餐店的总座位数。一般来说，竞争密度越大，竞争就越激烈，利润就越低。

三、从地区经济和文化看

从地区经济和文化看，要关注选址区域的经济发展趋势，尤其是商业发展速度。要选取同类型的区域作参照，考察其经济发展模式，地区经济决定餐厅的发展前景。文化教育、宗教信仰、社会价值观念和文化氛围等因素构成了地区的社会文化环境，这些影响着人们的消费行为和消费方式，决定人们收入的分配方向。从某个方面来说，文化素质高的人，对餐饮消费的环境、档次要求比文化素质低的人要更高。文化环境影响连锁经营的规格和规模。

四、从区域规划看

从区域规划看，在确定店面前，要向当地有关部门咨询潜在地点的区域建设规划，了解并掌握哪些地区被划分为商业区、文化区、旅游区、交通中心、居民区、工业区等，便于根据不同的区域类型，确定不同的经营形式和经营规格等。因此，必须先到当地的城市规划管理机构咨询，弄清楚店面地址近期内是否会动迁，才能确定店面的具体位置。

五、从竞争程度、消费时尚看

从竞争程度、消费时尚看，在选择连锁经营区域时，如果无任何一种形式的竞争，将具有垄断地位；如果有任何一种形式的竞争，都是值得在投资前认真研究的。竞争既是威胁，也是潜在的有利条件，要把竞争对手作为"照妖镜"分析其优势和劣势，便于在竞争中掌握主动。一般来说，竞争密度越大，竞争就越激烈，利润就越低。阶段性的时尚，经常能在较大程度上影响消费者的消费方式和方向。根据马斯洛的自我实现观，人潜藏着不同层次的需求，低层次的需要基本得到满足后，高层次的需要会取代低层次的需要成为推动行为的主要原因。因此，伴随人们消费水平的提高、卫生观念的增强，人们在餐饮消费上开始看重就餐的环境卫生，服务好，食品素材优，外表装修美观、舒适、洁净的连锁餐厅就是人们眼中的"网红"。

六、从交通状况看

从交通状况看，交通状况主要包括街道形式和通行状况。街道形式决定能否吸引人群到来并停留住。该因素主要考虑街道和交通的形式能够吸引人们的到来。通行状况指车辆通行状况和人流状况，通行状况良好意味着潜在的客源。但需明白客源不等同于交通的繁忙程度，如交通要道上尽管交通很繁忙，但过往的旅客没有就餐的机会，就产生不了就餐的欲望，只有有就餐机会和欲望的过路人才会成为客源。还要考虑顾客到店后，停车是否方便，货物运输是否方便，从其他地段到店乘车是否方便等。交通条件方便与否对经营有着很大影响。

七、从地点特性看

连锁餐厅所处的地点影响餐厅经营的项目和服务内容。餐厅周边地区的特性影响餐厅的经营，需根据其特性做出相应的对策，针对不同特性的区域，餐厅要采用不同营销策略。

八、从餐厅的规模和外观可见度看

餐厅位置的地面形状要以长方形、方形为好，需有足够大的空间容纳建筑物、停车场和其他必要设施。三角形或多边形的地面除非它很大，不然是不可取的。当然，地点的规模和外观在进行评估时要考虑到未来消费的可能。餐厅的可见度是指餐厅位置的明显程度，换句话说，不管顾客从哪个角度看，都能获得对餐厅的感知。餐厅的可见度往往会影响餐厅的吸引力。同时，餐饮企业在选址上要具有明显的突出形象的特征，这对坐落在拥挤的商业中心的连锁餐厅尤为重要，形象特征会增加整个餐饮店的吸引力。

事实上，适合自己的就是最好的，关键是要找到适合公司经营的位置，这样才有赢利的可能。选择地址的关键应该是选择一个适合公司发展的地点，要考虑地段合适也要考虑成本合适，要考虑客流合适也要考虑政府支持，一味看重某方面的条件，并不能带来很好的效果。

思考与练习

1.新创企业有哪些类型?

2.企业设立的一般程序包括哪些?

3.企业登记注册的过程是什么?

4.现代市场营销的核心理念是什么?

5.4P策略哪个更重要?

6.开一家小服装店能不能用上STP战略?

7.研究消费者行为需要关注哪些方面?

8.营销战略和策略制定的前提条件是什么?

9.推动策略和拉引策略哪个更适合中小企业?

10.中小企业更适合开发哪类新产品?

11.中小企业适合采用哪类分销渠道?

12.根据消费者市场的特点,应该采取何种渠道和促销策略?

13.试着用目标市场营销战略对牙膏进行市场细分和市场定位。

14.什么是新产品?新产品有哪几种类型?

15.简述新产品开发的主要方式。

16.新产品开发风险有哪些?如何降低新产品开发的风险?

17.新创企业经营场所的选择依据和影响因素有哪些?

18.课堂活动:企业选址。

活动要求:根据收集的信息资料及所学知识,班级同学8～10人一组,每个小组自定经营内容,以小组为单位开设小型公司。根据其经营内容,制定一份公司选址方案。内容包含:

(1)多个选址策略的比较分析过程;

(2)最终决策理由;

(3)选址结果。

第十一章　新时代的创新与创业

大数据加速融入实体经济

随着大数据产业的深入发展，大数据产业与实体经济的融合日益加深，已经从早期的电商、金融、电信领域拓展至农业、医疗、工业等方方面面。

近日，中国信息通信研究院发布的《大数据白皮书（2018）》显示，2017年，我国大数据产业规模达4700亿元，同比增长30.6%，大数据与实体经济融合提速。

福耀玻璃首席信息官夏乐冰对此深有感触。他说，要吸引客户，吃吃喝喝行不通，关键是要提供全方位服务，而服务就是以大数据和云计算为基础的。“生产、研发、制造、工艺、流程、管理费用，都要集成建数据仓库，对十几个关键指标纵向层层挖掘，一旦出问题，都可以追查到根源。”夏乐冰说。

在农业领域，大数据助力传统农人打造精准农业，摆脱“靠天吃饭”“菜贱伤农”的困境。如电商平台“一亩田”，发布农产品价格指数供农民参考。近日，中国渔业协会与九次方大数据宣布联合筹建中国渔业大数据研究院，进行渔情数据监测研究与发布。这些渔情数据的发布，对渔民而言，对价格走势“心中有数”；对消费者而言，实现精准追溯餐桌上的每一条鱼、每一只蟹。

工业和信息化部旗下的赛迪智库今年4月发布了《2018年中国大数据产业发展水平评估报告》，对十大行业的大数据发展水平做出评估。报告指出，2017年，综合基础环境、数据汇集、行业应用等因素，大数据发展水平行业排名由高到低为金融、电信、政务、交通、商贸、医疗、工业、教育、旅游、农业。

其中，金融、电信、政务大数据发展指数分别为45.35、41.69和39.44，超过行业指数平均值30.51。工业领域2017年的指数为24.28，相较2016年的15.41显著提高。而农业的指数最低，仅为8.4。

记者在采访中发现，大数据产业在发展过程中，存在地域分布不均衡、数据资产管理水平低、数据安全问题突出等问题，需要补齐短板。

随着全球网络化的快速发展，互联网和社交网络改变了传统经济发展模式。互联网技术与新商业模式正在实现整个商业的网络化，也带来了社会形态的改变和消费者生活方式的变化。越来越多的创业企业依托互联网开发出新的商业模式并取代了传统的商业模式。互联网创业正以其爆炸式的效果，在世界范围内迅速发展，成为当今世界发展新的经济增长点。

从农业时代、工业时代到信息时代，人类社会已经进化到网络时代。半个世纪前开始的信息产业革命以及正在发生的移动网络革命，是迄今为止人类对社会做的最巨大的一次改造。网络的发展加快了经济全球化进程，改变了人类的生产、流通、分配、消费方式，出现了虚拟货币、网络市场、社区商务等新的经济现象。同时，社会经济和文化的发展催生了互联网和新兴媒体的创新，社会的组织方式已经发生了根本性的变化。

第一节　互联网创业模式

一、互联网时代的新商业思维

过去 20 年，互联网主要改变的是人们的消费行为和消费环境，可以称为消费互联网的时代；那么，未来 20 年，应该说到了产业互联网的时代，每个行业都要被这样一种互联网所改变，这种改变会超过工业革命带给我们的改变。未来企业要有企业的智商和企业的运行逻辑。企业的智商就是能够在整个互联网上不断获得和加工数据的能力，企业的运行逻辑就是互联网时代的思维方式。

早在 2010 年阿里巴巴集团 10 周年的庆典上，马云就以“新商业文明的力量”为题发表演讲，称阿里巴巴集团的使命就是去打造新的商业文明，并通过新商业文明论坛发布了《新商业文明宣言》。其内容概要如下：

21 世纪的今天，新商业文明正在快速浮现。云计算和泛在网正在成为信息时代的商业基础设施；按需驱动的大规模定制，正在成为普遍化的现实；企业与社会的关系越来越契合，企业和消费者的关系更趋平衡；商业生态系统逐步成为主流形态；越来越多社会成员的工作、生活、消费与学习走向一体化；自发性、内生性、协调性正在成为网络世界治理的主要特征。

开放、透明、分享、责任是新商业文明的基本理念。新商业文明拥有开放的产权结构与互动关系，开放是新商业文明创新的灵魂；新商业文明追求透明的信息环境，透明是新商业文明出发的起点；新商业文明倡导共有的分享机制，分享是新商业文明形成与扩散的动力；新商业文明奉行对等的责任关系，责任是新商业文明不可分割的一部分。

让商业回归人、回归生活，是新商业文明的梦想。未来所有的商业运作都将围绕着人而进行，商业将重新焕发出人性的光辉；生活的逻辑将支配商业的逻辑，不是在竞争中争夺机会，而是要在生活中进行选择和创造；新商业文明让消费者成为经济生活的主人，让小企业也成为幸福的源泉。

未来存在于现在，预测未来的最佳方式就是创造未来！专家、企业家呼吁各界有识之士，以勇气、智慧与持续探索，共创信息时代的新商业文明！

到了2016年，这场新商业运动似乎愈演愈烈。这里提到的“开放、透明、分享、责任”是新商业文明时代的典型特征。当然，我们所指的“新商业文明”，绝对不是某个机构拿来炒作的噱头，而是真真切切发生在我们身边的。当消费者主权时代真正到来，当“用户体验至上”成为商业运行的重要法则，我们的商业社会真的在发生变革。以互联网科技为代表的新经济，正在带领我们驶向新商业文明时代。

“以人为核心”的互联网思维是新商业文明时代的指导思想。互联网思维成为一种新的商业智慧。未来所有的商业行为，都要以互联网思维为起点。

中国互联网元老田溯宁说：未来的企业要互联网化，每家企业都要有互联网的思维。在未来，不用互联网方式来思考问题，就没办法在社会展开竞争。

二、互联网时代商业思维的核心

很多企业在互联网经济中铩羽而归，是因为没有抓住互联网思维的核心——人性。要抓住这一核心，用好互联网思维，必须抓住以下几个关键点：

（一）参与感

在过去传统经济模式下，消费者更多的是被动接受，而现在消费者充分享受或表达参与感的要求越来越强烈。让消费者享有参与感，让他们自由地表达、表现，不但会让他们的自我意识得到充分满足和尊重，而且会大大调动他们对品牌或产品的好感与信赖，从内心培养他们对企业和品牌的忠诚度。

当然，参与感并不等同于实际意义上的全民参与，更多时候是互联网时代尊重消费者的自我意识，让其自由表达、表现。通过参与感的打造，最终给消费者的无论是产品还是服务都仿佛是为他们量身打造的。

（二）愉悦性

互联网时代，随着社交范围的扩大和思维的转变，人们更加注重愉悦的心理感受。在这个时代，要把客户当成最亲密的朋友，要把让客户感受到快乐、愉悦的良好体验贯穿到与客户打交道的每个细节当中去，不但要保证产品的质量，而且要把用户的体验做到极致，为客户提供的服务要真正地深入到产品整个销售链条的每个环节当中去。先有体验，后有营销，让每位能为自己带来流量或销量的客户时刻感到舒服，你离成功就不远了。

坚果电商品牌“三只松鼠”做得好，是因为他的产品无人能及还是价格更低？不见得，它的成功最重要的一点，是靠它独特的“主人文化”以及一系列细致入微的贴心服务，让客户真正体验到了愉悦。

（三）物超所值

互联网思维下的物超所值不仅仅是人们所理解的传统经济模式下的买赠、打折等促销手段，这种物超所值更多是品牌和服务所带来的心理感受。

品牌及品牌文化作为产品本身价值之外的附加值对于消费者永远有着不可忽略的拉动作用。一个优秀品牌，带给消费者的不仅仅是认可和信赖，更是一种物超所值的感受。小米手机作为后起之秀，短短几年时间，为什么能在竞争激烈的国内手机市场迅速崛起？为什么能够成为为数不多的敢于同国外苹果、三星等大品牌相抗衡的国内品牌？那就是因为“小米”品牌带来的物超所值，也就是生活中很多小米的使用者经常说的顶级的配置、平民的价格，性价比绝对超值。

另外，在互联网时代，服务也是物超所值的一种表现形式。企业在价值链各个环节如果都能做到“以客户为中心”，时刻为客户提供细致入微、优良的服务，也会给消费者带来一种心理上的物超所值感。就拿“三只松鼠”来说，客户只要购买了产品，得到的除了坚果，还有一系列的细致服务，正是这种看似不起眼但却处处时时“以客户为中心”的细致周到的服务，给消费者带来了一种物超所值的感觉，从而轻易俘获了成千上万客户的心，创造了互联时代的一个销售奇迹。

(四)口碑

过去那种通过买通媒体单向传播、制造热门的商品诱导消费行为的模式发挥的作用越来越小，甚至已经行不通了。互联网经济模式下，更重要的是口碑传播，可以说，互联网上唯口碑好者生存。

一个企业要想有好的口碑，首先要有好的产品。好产品是口碑的发动机，是所有的基础。产品是“1”，品牌营销都是它身后的“0”，没有前者，后者全无意义。另外，好口碑仅有好产品还是不够的，还要善于运用工具，借助社会化媒体，如微博、微信、QQ 等传播开来。社会化媒体作为互联网时代品牌营销传播的主力军，其链式传播速度之快、影响之深已远远超越了传统媒体。当然，并不是动用了社会化媒体就是口碑传播，口碑传播也不是自说自话，而是站在消费者的角度，以民主、开发、平等的态度，站在用户的角度和用户沟通，这样的口碑传播才能起到事半功倍的效果。

商业思维作为一种大智慧、行动指南，在互联网多变的经济形态下，需要企业多多运用，对企业运作裨益无穷。

三、网络商业模式中的主流模式

回顾过去十多年历程，中国互联网企业在摸索中前行，最终探索出无线业务、网络广告和网络游戏等行之有效的商业模式。在未来五年、十年，互联网领域将会呈现怎样的特点，中国企业应当如何把握潜在的变化，已成为行业普遍关注的问题。随着互联网用户的增长，特别是无线互联网用户的增长，未来将有更多的用户花费更多的时间上网，用户和上网时长的增长将为整个互联网行业带来新的商机，而其中最为核心的商业模式，无外乎个人增值业务、网络广告和电子商务这三种。

所谓个人增值业务，即向用户收费，目前的网络游戏、无线增值以及网络增值业务均属于这一类型。网络广告收入包括品牌广告收入、搜索广告收入等，这是在中国和欧美都非常流行的商业模式。随着中小企业电子商务的发展，它们在网络广告领域的投入也会越来越多。而电子商务也存在巨大的增长空间，无论是 B2B、B2C 还是 C2C 都将为整个互联网行业带来巨大的收入。上述三种商业模式不仅仅是中国互联网行业增长的模式，也将成为全球互联网行业的主流商业模式。网络商业的五大主流模式如下：

(一)网易：我什么都有

网易今天已经牢牢占据了中国几大综合门户网中的一把交椅。无论从哪方面来说，丁磊和他的网易都取得了巨大的成功。综合门户今天听起来是一个很好的概念,但对于互联网创业者来说是一个"恐怖"的概念,因为它已经遥不可及。综合门户的意思就是"我什么都有",放到现在看,这确实已经算不上什么创意。但在丁磊创业的那个时代,互联网完全处在"草根"阶段。无论什么东西对于网民来讲,都是新奇的,一个信息量大、信息更新快、信息全的网站无疑就是广大网民的最爱。所以网易能在短时间内抓住大量用户,这也是它日后成功的基础。

(二)百度:培养用户的上网习惯

你今天"百度"了吗?"搜商"正变成一个越来越流行的词,"百度"也被人们当成动词来使用。如果你遇到一个难题,请问你第一步做什么?如果有上网条件,肯定是去网上(百度)搜索看看。

搜索,对于商家而言,就是把他们的商品最快、最直接地呈现给有需求的客户。而对于我们来说,就是为我们提供了一条最快、最直接获得信息、答案的渠道。它把全社会、全网络的资源集中起来给每一个人使用。这是它的优势,它成功的原因在于:培养了网民的一个网络使用习惯——搜索,准确地说是培养了广大网民使用百度进行搜索的习惯。当百度搜索成为网民上网时的一种必需、一种习惯的时候,百度想不成功都难。

(三)阿里巴巴:带领"穷人"闹革命

这个"穷人"指的是广大中小企业。1999 年,马云投身电子商务的时候,全球互联网所做的电子商务基本上是为全球顶尖 15%大企业服务的。但马云生长在私营中小企业发达的浙江,从最底层的市场滚打过来,深知中小企业的困境。他毅然做出决断——"弃鲸鱼而抓虾米,放弃那 15%的大企业,只做 85%的中小企业的生意。"

如果把企业也分成富人和穷人,那么互联网就是穷人的世界。因为大企业有自己专门的信息渠道,有巨额广告费,小企业什么都没有,它们才是最需要互联网的人。"而我就是要领导穷人起来闹革命。"正是这个创意,使马云获得了今天的成功。马云不愧是个精明的商人,当别人还在想着让网民来看信息、资讯的时候,他就想到了如何让大家通过互联网来赚钱。

可能不是所有企业上阿里巴巴都能挣到钱,但以利润为命脉、以销售渠道为主要困难的中小企业岂会放弃这样一个可能的机会?哪怕不行,也总要试一试。当大家都上来试一试的时候,市场就形成了。

(四)微信:"企鹅"凶猛,"聊"得天下

微信不需要多说,因为我们都对它太熟悉了,大家每天早上打开手机第一件事恐怕就是打开微信,每天上网使用时间最长的也是微信。也正是因为如此,微信才获得了今天的成功。

当年的 QQ 一上线,网民们表现出的极大热情就给了马化腾极大的启示。因为网民们已经不满足于只在网络上看信息,他们需要互动,需要交流。在线聊天对那时候的网民来说实在太富吸引力了。有了 QQ 运作的经验,微信得以在短时间里用户暴增,以至于现在我们都离不开微信了。微信其实和百度很像,也是培养了网民的使用习惯,不是聊天的习惯,而是使用微信进行聊天的习惯。这也是其他聊天软件都被微信打败的原因。

(五)搜房网:抓住热点,借势爬坡

这年头还有什么东西比“房子”更值得人们关注?经过改革开放这些年,衣、食、住、行四件事,人们已经解决了衣和食的问题,接下来自然是住的问题了,于是中国的房地产成了人们关注的焦点。机会来了,搜房网应运而生。买了房的,正在买房的,准备买房的,都跑到搜房网上看最新的资讯,发表各自的看法,搜房网就“火”了。

但也不是那么简单,房地产的火爆是基本条件,搜房网的创始者莫天全的眼光和独到的经营思维是必要条件。现在只要想到买房或者租房,80%的人会想到上网,而其中又有50%～60%的人会直奔搜房网。

【案例11-1】目前网络流行的创业模式

1.产品和服务销售模式。包括开设网上商店和自建网上商城。通过互联网或其他电子渠道,依据交易主体的需求直接销售商品或提供服务,包括咨询、展示、交易、支付及售后服务等一系列商业活动。

2.访问量利用模式。包括建立索引网站、策划网站运营方案和运营网络社交平台。创业者对个人网站或企业网站进行内容的策划与宣传,以增加网站的访问量,并以网站的访问量为资源,向商家收取广告费;或通过设置搜索排名、会员资格以及提供网络营销推广服务等方式向信息提供方及搜索方收取费用。

3.创意类商品交易模式。包括成为“威客”、“淘客”和担任网络写手。网络写手通过网络平台发表小说供人阅读,以玄幻和言情小说居多,并按阅读点击率确定作者收益。创业者利用互联网将个人知识、智慧、经验、技能等无形的创意类商品通过交易转化为实际收益,以使交易双方达到各取所需的目的。

4.网络技术业务模式。包括销售软件、设计或制作网页网站以及运用搜索引擎优化技术。创业者利用自身的网络专业技术以编写网络程序、制作网页或提供互联网基础设备等服务实现商业利润。

第二节　新时代的互联网思维

一、什么是互联网思维

但凡做企业的,不管是新创的还是在互联网冲击下转型升级的,互联网思维已经成为大家的口头禅。但究竟什么是互联网思维?众说纷纭。

(一)互联网思维是相对于工业化思维而言的

一种技术从工具属性、应用层面到社会生活,往往需要经历很长的过程。珍妮纺纱机从一项新技术到改变纺织行业,再到后来被定义为工业革命的肇始,影响东、西方经济格局,其跨度有几十年。互联网也一样。但因为这种影响是滞后的,所以,我们有时就难免会尴尬:

旧制度和新时代在我们身上会形成观念的错位。越是以前成功的企业,转型越是艰难,这就是克莱顿·克里斯坦森讲到的“创新者的窘境”——一个技术领先的企业在面临突破性技术时会因为对原有生态系统的过度适应而宣告失败。现在很多传统行业的企业,面临的就是这种状况。这种困境可以叫作“工业人”要变成“数字人”的困境。

(二)互联网思维是一种商业民主化的思维

工业化时代的标准思维模式是:大规模生产、大规模销售和大规模传播,这三个“大”可以称为工业化时代企业经营的“三位一体”。但是在互联网时代,这三个基础被解构了。工业化时代稀缺的是资源和产品,资源和生产能力被当作企业的竞争力,现在不是了。产品更多是以信息的方式呈现的,渠道垄断很难实现。最重要的一点是媒介垄断被打破了,消费者同时成为媒介内容的生产者和传播者,通过媒体单向度、广播式制造热门商品诱导消费行为的模式不成立了。这三个基础被解构以后,消费者主权形成。

(三)互联网思维是一种用户至上的思维

以前的企业也会讲用户至上、产品为王,但这种口号要么是自我标榜,要么真的是出于企业主的道德自律。但是在数字时代,在消费者主权的时代,用户至上是不得不承认的事实,你得真心讨好用户。淘宝卖家“见面就是亲,有心就有爱”是真实的情绪表达,因为好评变成了有价值的资产。

(四)互联网思维下的产品和服务是一个有机的生命体

在功能都能被满足的情况下,消费者的需求是分散的、个性化的,购买行为的背后除了对功能的追求之外,产品变成了他们展示品味的方式。这样,消费者的需求就不像单纯的功能需求那样简单和直接,所以,对消费者需求的把握就是一个测试的过程,要求你的产品是一个精益和迭代的过程,根据需求反馈成长。小米手机每周迭代一次,微信第一年迭代开发了44次,就是这个道理。

(五)互联网思维下的产品自带媒体属性

需求和品味相关联,也就是和人性相关联,所以,互联网思维下的产品就是“极致性能加强大的情感诉求”。这两样东西都是会自动传播的。现在一些和互联网相关的企业还在开新闻发布会,还在把推广当制胜利器,都是互联网思维不充分的体现。

(六)有互联网思维的企业组织一定是扁平化的

互联网思维强调开放、协作、分享,组织内部也同样如此,它讲究小而美、大而全。等级分明的企业很难贯彻互联网思维。不管是对用户还是对员工,有没有爱,也是一个重要的评判标准。很遗憾,很多互联网企业还在用工业化的套路做着自己的产品。大家都羡慕小米、极路由的极速发展,但如果不能在观念上进行改变,那么,不管企业做的是APP还是其他,本质上还是一个传统企业。

二、互联网思维的产生

2013年11月3日,中央电视台《新闻联播》头条以专题方式强调了互联网思维——互联网思维的概念从专家领域飞向千家万户。“互联网思维”一词最早的提及者是李彦宏。2011年,李彦宏在一些演讲中就曾偶尔提到这个概念,意思是指要基于互联网自我的特征来思考。李彦宏在《中国互联网创业的三个新机会》中提到:“早晨我跟优卡网的CEO聊天,他把很多时尚杂志的内容集成到网站上,我就问他,为什么这些时尚杂志不自己做一个网站,却让你们去做呢?最主要的是他们没有互联网的思维,这不是一个个案,这是在任何传统领域都存在的一个现象或者一个规律。”

(一)互联网思维是相对于工业化思维而言的

互联网思维就是要对传统的工业思维进行颠覆,消费者反客为主,拥有了消费主权。过去两千多年作为人类文明基石的思想体系将面临新的挑战,我们正在迎来消费平等、消费民主和消费自由的消费者主权时代,整个供应链条上的各个角色,如品牌商、分销商和零售商的权力在稀释、在衰退甚至终结。在消费者主权的大时代下,消费信息越来越对称,价值链上的传统利益集团越来越难巩固自身的利益壁垒,传统的品牌霸权和零售霸权逐渐丧失发号施令的能力。话语权从零售商转移出来到了消费者手中,这是一个划时代的事件,未来全球消费者共同参与、共同分享的开放架构正在形成。这一权力重心的变化,赋予每个消费者改变世界的力量,我们必须主动邀请我们的顾客参与从创意、设计、生产到销售的整个价值链中来。

(二)互联网思维的表现形式

1.快速便捷

互联网可以说是人类历史上的一次革命,颠覆了很多传统的工作和生活的方式,其中最明显的是让人们的生活和工作变得更加快速和便捷。例如,人们若想学习,不必再去学校,可以通过网络在线学习知识。

2.交互参与

过去,无论是哪种传播方式,都带有一种片面的单向性。随着互联网的出现,人们在互联网上可以自由地发表个人的评论,对媒体等发布的消息可以在第一时间发表自己的看法,这在一定意义上更能展现更多人的思想和看法。

3.免费

俗话说“天上不会掉馅饼”,但是在互联网时代,各大网络巨头和商家为获得更多的用户,争相提供免费的产品。但是我们也要看到,免费只是相对来说,对客户而言,要想获得进步的权益,就需要支付一定的费用,如腾讯的一些付费装扮和游戏等。

4.人性化

如今的社会,一般的产品已经无法满足人们的需求,人们在众多可供选择的产品中会选择那些更加个性化的、更加适合体验的产品,因此,企业应将客户的体验放在营销的首要位置。

5.数据驱动运营

所谓的数据驱动运营是商家不再仅仅看到眼前的利益,而是通过一些免费或者其他有利于客户的活动来收集客户信息,通过对数据的分析来了解客户的需求,进而实现营销的目的。

6.“掐架”

所谓的“掐架”不过是互联网“大佬”们通过一些矛盾来制造焦点和话题,进而增加品牌知名度,对“掐架”的双方来说不用花广告费就能起到比做广告还要好的效果。

7.创新

创新是任何一个时代都不可缺少的一种能力，特别是在如今的互联网时代，如果缺乏创新，不论曾经多么辉煌，没落只在朝夕。

8.打破信息的不均衡性

互联网帮助我们打破了信息的不均衡。在互联网时代，信息的传播更加及时有效，人们甚至可以足不出户地购买外国产品。

三、网络创业的发展

（一）网络创业的概念

基于我国网络创业的实践，网络创业可以从广义和狭义两个层面来理解。从广义层面上看，凡是以互联网及其他电子网络通信设备为基础，发现和捕捉新的市场机会，通过提供新的商品或服务以创造价值的过程就是网络创业，如建立网站；而从狭义层面看，以网络平台为基础，发现和捕捉市场机会，通过资源整合而向消费者提供有价值的产品或服务的过程就是网络创业，如在淘宝网上开店。相比而言，狭义网络创业是在电子商务基础比较完善的情况下的一种普遍的创业形式，现在我国比较普遍的网络创业形式是狭义上的网络创业。

（二）网络创业的社会背景

1.电子商务迅速崛起

现在电子商务摆脱传统销售模式登上历史舞台。互联网信息碎片化以及云计算技术愈发成熟，主动互联网营销模式出现，电子商务已经受到国家高层的重视，并被提升到国家战略层面。

2.就业形势异常严峻

目前，我国社会正处于转型时期，高校毕业生逐年增加，而企业对新增劳动力的需求减少，高校毕业生就业压力越来越大。

3.网络经济具有巨大的吸引力

作为一个相对独立的新兴经济体系，网络经济拥有无穷的魅力。与传统营销模式相比，其创业成本低、门槛低，店面租金要便宜得多；店面可大可小，无地区、地域限制，订单可能来自任何人、任何地方。网络购物非常方便，随时随地都可能产生订单。如此方便快捷的创业模式有着传统的创业模式不可比拟的优越性。大学生作为与网络接触最密切的人群之一，自然想通过网络创业来赚取人生的第一桶金。

四、网络创业的趋势

未来是全面的互联网时代，是连接时代，是云时代，任何社会事业都将与互联网有关。

基于互联网的技术特点及互联网企业的特殊经营模式，互联网创业与传统创业有所不同。

一是互联网创业与最新科技联系紧密，创新性要求高。创业者只有通过树立创新意识，培养新的思维，生产创新产品去打动消费者，才能享受高收益和高回报，才能在竞争激烈的市场中获取一席之地。互联网创业创新是用户导向的，不是生产导向的，因此，互联网创业要发掘消费者习惯，以此重组核心技术。

二是互联网新经济使创业与创新、创投形成“铁三角”。创业过程具有创新难度高、资金投入高、市场风险高等特征，这与股权投资的风险偏好特点相匹配。

三是互联网创业主体多元。随着社交网络扁平化，知识和技术的传播更加迅速，创业主体逐渐多元化——由技术精英逐步拓展到普罗大众。互联网新经济正在进入“人人互联网、物物互联网、业业互联网”的新阶段。

四是互联网创业成本相对较低。创业者只要有创新性的项目就可以通过互联网去寻找人才、资金等，通过组建专业化的团队大幅降低创业成本。互联网缩短了创业者和用户的距离，也加快了创新的步伐。

五是互联网创业产业衍生性强。“互联网＋”时代的创业产业链长，衍生性强，与传统产业有广阔的合作空间。“互联网＋”创业可为产业升级提供技术上的支持和思维上的革新。

六是互联网创业与多样化的商业模式相联系。通过网络，创业者的奇思妙想可以和用户直接接触，满足用户的体验。

七是互联网创业环境相对透明公平，以能力为导向，行业竞争更加良性。互联网赋予每个人获取信息、交流沟通、交易同等的机会，这种普惠的赋能功能，极大地助推了创业精神和创新精神的培育，是典型的市场起决定性作用的体现。

（一）互联网趋势

1.互联网趋势一：网络普及

从全球范围看，目前互联网用户超过 40 亿；据中国互联网信息中心（CNNIC）数据，截至 2018 年 6 月，中国整体网民规模达 8.02 亿，互联网普及率为 57.7%，还有较大的发展潜力。

未来网络普及的动力一方面来自一些互联网巨头相继投入大规模资金部署热气球、无人机、卫星等设备以建设使用网状回路和 WiFi，在空中传输数据，为几十亿处于偏远、贫困地区的人口提供网络服务；另一方面，智能手机价格的下降、传统设备的智能化、低廉的可穿戴设备的普及等共同推动网民规模迅速扩张。

2.互联网趋势二：连接一切

目前全球有 40 亿互联网用户，100 多亿的物体连接到互联网，预计到 2020 年将有超过 52 亿的互联网用户和 500 多亿的物体联网，整个社会也将从人与人、人与信息连接的信息互联网时代迁移到人与人、人与物、物与物相互连接的智能互联网时代。

连接通过网络和传感器实现，连接将产生海量的数据和信息，这些数据资源通过云端的智能分析，服务于个人、企业、政府，从而创造出巨大的经济和社会效益。

3.互联网趋势三：万物智能

万物连接之后是万物智能。未来的万物智能依赖于传感、大数据、云计算、深度学习等领域的发展。随着传感器逐步变得微型化、智能化，它们将无处不在，不仅处于周围环境中，感知环境的变化，还能嵌入物体当中，实时监测物体数据，甚至能够被植入人体，读取心率、体温等身体信号。

4.互联网趋势四：技术爆炸

伴随着信息技术的发展和数字网络的广泛应用，技术创新的速度呈现指数级增长。显示技术有机会改变未来人与计算机的交互方式，是未来实现人工智能的技术支持。AR、VR、FR 是三个顺序而又交互发展的阶段，越来越接近自然体验的融合现实正在到来，而所谓融合现实是在家庭、办公室、汽车、地铁、道路等更为广泛的自然场景中，人与现实由外在的、生硬的嵌入连接，发展到交互融合的阶段。此外，物联网、智能助手、自动驾驶、可穿戴、自然语言处理、消费级3D打印等技术将进入大规模资本投入的热炒阶段。

5.互联网趋势五：商业变革

在信息技术、物联网、能源互联网大规模普及的条件下，生产服务的边际成本趋近于零，这种新的经济模式颠覆了建立在资本积累基础上的资本主义模式，从而驱动商业上的变革。产业模式、供需模式、生产方式、资金、管理方式、营销方式等都将实现变革。

6.互联网趋势六：万众创业

随着环境的改善，目前创业者可以以极低的成本获得云计算能力、开放平台服务、宽带网络、众筹平台、推广平台等基础设施和服务，极大地降低了创业的门槛。原来由精英主导的创新创业活动转变为越来越多的大学生、科技公司员工投入其中，科技创新和创业活动变得日益社会化、大众化、网络化、集群化。这些创业者从大公司忽视或不愿意进入的边缘领域切入，满足特定人群或特定需求，快速迭代，不断改进，逐步扩展业务，最终将具有颠覆大公司的潜力。

（二）“互联网＋”趋势

1.“互联网＋”趋势一：连接与融合

“互联网＋”把互联网基因注入各个行业，使各行各业在融入新的元素之后实现蜕变。连接，是“互联网＋”商业化的纽带，是互联网价值之所在，众多行业都通过互联网获得发展机会。在去中心化、去平台化的产业互联网时代，门户、电商、社交等都体现了连接。“互联网＋”融合云计算、大数据、物联网等，实现人与人、人与物、人与服务、人与场景、物与物的连接。传统经济需要互联网来连接用户，互联网需要传统经济提供长远支撑，企业通过“互联网＋”互相关联，将创造新的社会价值。

2.“互联网＋”趋势二：开放与共享

“互联网＋”引起的产业变革正在从媒体、零售、金融、旅游、餐饮等行业向医疗、教育、地产拓展，使更多的产业发生变化。“互联网＋”为各行业提供了无限的协同可能，优化了行业内部生态，互联网的开放度决定了企业、行业的命运，也使得企业之间超越竞争。

“互联网＋”的探索意义在于，以互联网为牵引，以共享、平等、开放的价值观为导向的行业新秩序初步建立。随着消费经济开始步入过剩时代，开放与共享将成为“互联网＋”产业变革的方向。

3.“互联网＋”趋势三：转型与变革

“互联网＋”产业的转型与变革体现在互联网与传统产业的深度融合方面，其可以整合优化行业资源，提升产品的技术水平，节省交易成本，加速传统产业生产方式变革，从而推动传统行业的优化升级，使经济增长由主要依靠投资拉动转为依靠创新力。

互联网与传统产业的深度融合将以其强大的技术创新、商业模式创新以及应用创新能力等优势，从市场、资本、资源等层面全面介入传统行业，破除行业垄断，促进产业结构升级与资源重新分配，进一步深化改革。

4.“互联网＋”趋势四：升级与再造

“互联网＋”是重构、再造、升级的产业过程。随着“互联网＋”的不断深入，新业态必然会在不同行业中不断诞生。以互联网为主要平台和内容的信息技术正与工业、能源、新材料等领域的技术交叉融合，形成新变革。“互联网＋”改造传统产业，将产生迭代、升级的效果，推动行业生产方式与经营方式的转变，这种信息技术与传统产业的生态融合新业态将逐渐趋于常态化。

“互联网＋”更多的是互联网与传统企业的融合，实际上是互联网企业切入传统市场、传统企业主动靠拢互联网的过程，“互联网＋”促使互联网企业落地以及传统企业升级再造。

5.“互联网＋”趋势五：跨界与协作

“互联网＋”跨界是指互联网对传统行业、产业组织内部结构的改变。“互联网＋”的出路在于互联网和传统产业的跨界融合，其本质是将互联网的创新成果深度融合于经济社会各领域之中，提高实体经济的创新力，达到经济社会的思维转变、技术转变、格局转变。互联网对其他产业带来的冲击是必然的，各行各业经历着逐步接纳、拥抱、融入互联网的过程。“互联网＋”既是传统产业与互联网跨界融合的过程，也是双方走向协作的过程，跨界与协作成为这种变化背后的重要驱动因素。

6.“互联网＋”趋势六：涌现与扩展

“互联网＋”裂变的新产业、新模式不断涌现，创新、创业的特征发生了根本变化，推动“互联网＋”相关创业潮。“互联网＋”创业的主体逐渐由小众转为大众，创新创业由精英走向大众。在此过程中，创新创业形成了一种价值导向、生活方式与时代气息，形成了从创新能力内部组织到开放协同创新、从供给导向到需求导向等许多新特点。“互联网＋”创新的重要方向是把制约创新的环节弱化、化解。

第三节　大学生创新创业与互联网的结合

一、互联网创业的模式

互联网思维与传统行业最迥异的，应该就是商业模式。传统行业思考的只是产品创新，而互联网行业似乎还得思考商业模式创新。比如Google，1999年，大家还为Google没有商业模式而担忧。Facebook上市之后也仍旧没有牢靠的商业模式。但是，Google和Facebook现在都不怎么为收入发愁，只要用户数量积累到一定程度，自然有赚钱的门道“涌现”出来。所以，只要你的产品能够吸引到足够多的用户，商业模式自然就出现了。

互联网行业已经基本上摸索出了所谓互联网思维下的商业模式。在产品积累到足够多的用户后，这些现成的商业模式都可以拿来为我所用。初步归纳一下，大致有以下几种商业模式。当然，更多优秀的企业还在不断开拓新的商业模式。

（一）实物商品的商业模式

如果你的产品是某种物品，受众可以直接持有和使用这种物品，也就是通常意义上的商品货物，那么你的商业模式就很简单，基本上就是以下四种模式：

（1）自己生产、自己销售：自己直接生产、直接销售给用户。

（2）外包生产、自己销售：把生产环节外包出去，自己负责直接销售给用户。

(3)只生产、不销售:自己负责生产,交给分销商销售。

(4)只销售、不生产:自己作为分销商,或者提供销售商品的交易市场。

(二)广告

自从谷歌开始在搜索结果旁边放广告以来,广告已经成了互联网行业默认的首选变现方式。实际上,广告本来是平面媒体的主要商业模式,现在互联网行业已经彻底抢走了广告领域的风头。

1.展示广告

展示广告的一般形式是文字、banner 图片、通栏横幅、文本链接、弹窗等,通常是按展示的位置和时间收费,也就是我们所说的包天广告或包月广告。这是目前最常见的模式。

2.广告联盟

广告联盟相当于互联网形式的广告代理商,广告主在广告联盟上发布广告,广告联盟再把广告推送到各个网站或 APP。百度联盟、Google AdSense 是最大的两个广告联盟。基本上网站流量还没有到一定程度时,都会选择跟广告联盟合作,只有做到一定流量后,才会跟确定的广告主直接建立合作关系。广告联盟一般是按广告的点击次数收费。

3.电商广告

最常见的就是阿里妈妈了,当然京东、亚马逊、当当都有自己的电商广告。这些广告一般是按销售额提成付费。很多导购网站完全依靠这种收入,特别是海淘导购网站,会接入各个海外购物网站的广告,赚取佣金。

4.软文

软文是指把广告内容和文章内容完美结合在一起,让用户在阅读文章时,既得到他需要的内容,也了解广告的内容。很多媒体网站或者微博、微信大号都是靠软文赚钱的。

5.虚拟产品换广告效果

你还可以为用户提供虚拟产品,但代价是用户必须接受一定的广告,比如看完整段广告、注册某个网站的用户、下载某个 APP。

6.用户行为数据

通过分析用户在你的网站或 APP 上的操作方式,可以分析用户的习惯和心理,从而有利于在产品设计和商业规划上做出正确的决策。很多企业都需要这样的用户使用习惯的数据,所以可以卖这样的数据以获利。淘宝数据魔法就提供这样的服务,比如告诉你什么地方、什么商品、什么风格、什么尺码最受用户欢迎。

(三)交易平台模式

1.实物交易平台

用户在你的平台上进行商品交易,通过你的平台支付,你从中收取佣金。天猫就是最大的实物交易平台,佣金是其主要的收入来源。

2.服务交易平台

用户在你的平台上提供和接受服务,通过你的平台支付,你从中收取佣金。饿了么、美团、大众点评网就是这样收取佣金的。滴滴打车的赢利模式也是收取司机车费的佣金。

3.沉淀资金模式

用户在你的平台上留存有资金,你就可以用这些沉淀的资金赚取投资收益回报。传统零售业用账期压供应商的货款，就是为了用沉淀资金赚钱。现在这个方法也用到互联网行业了，据说京东就是靠这个沉淀资金赚钱的。很多互联网金融企业、O2O 企业也是寄希望于这个模式。

（四）直接向用户收费

除了广告，另外一大类商业模式就是直接向用户收费。当然，如果前期就收费，很可能会“吓跑”用户。所以，需要借助一些巧妙的做法。

1.定期付费模式

这种商业模式类似于手机话费的月套餐，定期付钱获得一定期限内的服务。相对于一次性付费直接买软件，定期付费的单笔付费金额比较小，所以用户付费的门槛相对较低。比如 QQ 会员，就是按月按年付费的模式。

2.按需付费

按需付费是用户实际购买服务时，才需要支付相应的费用。比如，在爱奇艺里看到想看的某一部电影，花 5 块钱，就是按需付费。如果买了爱奇艺的 VIP 用户，在一段时间内所有会员免费的电影都可以看，这就是定期付费模式。再比如，在道客巴巴找到一个需要的文档，下载要 5 块钱，用微信支付后就可以下载这个文档了。

3.打印机模式

打印机的商业模式是指，先以很便宜的价格卖给消费者一个基础性设备，比如打印机，用户要使用这个设备，就必须以相对较高的价格继续购买其他配件，比如耗材。剃须刀也是采用类似的商业模式，刀架的价格近乎白送，然后通过卖刀片赚钱。再比如，索尼和任天堂以低于成本的价格卖游戏机，然后用较高的价格卖游戏光盘。因为日本打印机公司爱普生首先采用这种商业模式，所以它被叫作打印机模式。

（五）免费增值模式

免费增值商业模式就是让一部分用户免费使用产品，而另外一部分用户购买增值服务，通过付费增值服务赚取利润。不过，可能只有 0.5％～1％的免费用户会转化为付费用户。

1.限定次数免费使用

这种模式是在一定次数之内，用户可以免费使用，超出这个次数后就需要付费了。

2.限定人数免费使用

这种模式是指用户数量在一定人数之内是免费的，如果用户数量超出这个限定额，就要收费了。比如很多企业邮箱服务，如果公司注册某个域名，打算用这个域名做企业邮箱，企业邮箱服务商可以要求 5 个以内邮箱地址免费，超过 5 个邮箱地址就要付费购买他们的服务。

3.限定免费用户可使用的功能

免费用户只能使用少数几种功能，如果想使用所有功能，就得付费，如Evernote。

4.应用内购买

应用的下载和使用是免费的，但是在使用的过程中，可以为特定的功能付费。最常见的就是游戏了，购买虚拟装备或者道具需要付费。再比如在微信内购买付费的标签。

5.试用期免费

让用户在最初一定的期限内免费使用,超过试用期之后就要付费了。比如 Office 软件。

6.核心功能免费,其他功能收费

APP 有不少是这种模式,一个产品分为免费版和收费版。免费版里基本功能都有,但是要获得更多的功能,就要收费。比如照片处理应用,免费版有几个基本的滤镜效果,差不多够用,但是如果要更炫更酷的滤镜,就要下载付费版。

7.核心功能免费,同时导流到其他付费服务

比如微信,微信聊天是免费的,但是微信内置了很多其他服务,如游戏、支付、京东、滴滴打车,这些服务都有可能是收费的。

8.组织活动

通过免费服务聚集人气,然后组织各种线下活动,这些活动可以获得广告或赞助,或者在活动中销售商品或服务。比如,很多媒体通过组织线下行业峰会赚钱。还有的地方社区会组织线下展销会、推荐会销售商品或服务,比如装修展销会、婚纱摄影秀等。

创业者努力做好产品,努力"粘"住更多的用户,用户数量达到一定程度了,选择一个合适的商业模式就可以赚取利润。

二、网络创业模式的特征

网络创业模式本质上是以网络技术为基础创业的组织形式、方式以及行业选择的组合,不同的组合方式呈现不同的特点,下面从创业的启动资金量、资金来源、创业团队、推广方式、赢利模式等方面分析总结不同模式的特征。

(一)产品和服务销售模式的特征

(1)创业启动资金较少,以自给为主。调查数据显示,超过 70%的该模式创业者的启动资金在几千元,主要是网络平台使用费、会员注册费等。

(2)运营费用少,创业风险系数较低。网上商店仅需向电商平台开发企业支付网店租金、交易佣金及网站维护建设费等,运营成本较少,资金占用率低,很大程度上降低了创业风险。

(3)推广方式以产品促销和广告宣传为主。缺乏资金的小规模商家大多采取商品减价促销的推广方式,而有实力的大型商家则倾向于借助第三方平台投放广告,进行推广。

(4)技术要求较低。仅需掌握基本的网站平台操作技术,并具备一定的经营能力、财务管理能力以及社会关系处理能力即可。

(5)赢利模式较简单。网店的赢利模式较简单,主要通过销售产品和服务获利,而提供网络平台服务的创业者则以收取平台使用费、会费、佣金和广告位置费等方式实现赢利。

(二)访问量利用模式的特征

(1)创业的启动资金数额大。我国网页数量已达几千亿,创业者要想在激烈的竞争中脱颖而出,必须加强网站建设,及时更新数据库信息,而这需要强大的资金支持。因此,该创业模式对启动资金的要求较高,一般在千万元以上。

(2)创业资金来源多样化。由于该创业模式投入资金的数额较大,因此资金来源往往并

不单一，主要包括团队内部募集、银行贷款、风险投资等方式。

(3)推广方式多元化，线上与线下相结合。为充分提高网站知名度、增加访问量，创业者往往选择多元化的推广方式，即线上推广与线下推广相结合。线上推广主要利用大型门户网站进行链接推广或广告宣传等，线下推广主要以活动赞助或自行举办活动等方式开展。

(4)运营费用较高，创业风险系数高。该模式要求创业者定期进行网站维护和数据库更新，因此不仅要求前期投入数额较大的启动资金，中期还需投入较高的运营费用。巨大的资金投入和激烈的竞争环境使该创业模式的风险系数较高。

(5)赢利模式多元化。该模式以网站的访问量为资源，主要通过向商家收取广告投放费、用户注册会员费及第三方应用分成(如游戏收入)等途径实现赢利。

(三)创意类商品交易模式的特征

(1)创业启动资金少，以自给为主。若不考虑前期的教育投入，该模式所要求的启动资金数额小，以自给为主，主要用于平台的会员注册，部分网站甚至免费注册。

(2)对创业者知识技能要求较高。该模式要求创业者必须创造性地解决客户的个性化需求，将个人知识、经验、技能等无形资产转化成实际收益，因此创业者需要具有较高的知识水平和特定的专业技能。

(3)创业团队规模小。该模式的创业者一般以个人或小规模的创业团队为主，团队人数基本在 5 人以内。

(4)推广以口碑营销为主。创业者自身的知识、技能水平将决定客户的满意度，因此，口碑营销是该模式最有效的推广方式。此外，创业者还可借助大型社交网站进行自我推广。

(5)赢利模式与实体商品交易模式相同。创业者运用自身的知识、专业技能满足客户的个性化需求，以获得客户支付的等价报酬，其赢利模式与实体商品销售模式本质上是相同的。

(四)网络技术业务模式的特征

(1)启动资金较多，初期发展需大量的资金支持。该模式的启动资金主要应用于开发试运营技术，又称为“试错成本”，资金数额较大，并且在发展阶段仍需强大的资金支持，金额在百万元至千万元不等。

(2)资金来源以风险投资为主。若创业者所拥有的技术项目具有较强的市场竞争力，则易受风险投资者的青睐，获得发展的资金支持。此外，银行和其他金融机构的贷款资助也是重要的融资渠道。

(3)创业团队技术水平要求高，成员综合素质强。为增强项目的市场竞争力，实现经济效益，该模式不仅要求创业团队具备较高的技术水平，还需具备一定的营销推广能力、项目管理能力等。

(4)推广方式以口碑营销和广告宣传为主。该模式创业者一般选用多元化的推广方式，包括社交平台推广、口碑传播、SEO 推广、广告宣传以及举办线下活动等，其中口碑营销和广告宣传是最主要的推广方式。

(5)赢利模式多样化。网络技术的差异性导致企业的赢利模式不尽相同。大部分创业企业的利润由技术服务费和广告宣传费两部分组成。

三、传统行业接轨互联网思维

"互联网＋传统行业"的初期，是销售环节的电商化，如开网店。而当下，传统产业的管理模式和商业模式必须改造升级，利用资本投资的杠杆作用，实现传统业务模式下的业务创新。

（一）思维层面：忘掉客户，连接用户

互联网革命对于传统产业最核心的改变，就是去中心化、去中介化。通过线上的平台，可低成本地实现B端和C端、C端和C端的连接，绕开商业链条中经销商之类的中间者。

而移动互联网的发展，使个体能力被无限放大，改变了传统工业时代以商品为中心的商业逻辑，形成了以人为中心的商业新逻辑。

以上两种变化都形成了一个明确的观念：连接用户比连接客户更重要。互联网思维便是连接市场主体的个体用户，这是互联网商业逻辑实现的基础。

以易积电器为例，在做传统家电企业电商运营时，虽然也是以服务甲方的方式在进行乙方业务，但他们掌握了与消费者直接接触的通道，实现销售时与消费者（C端）的有效连接和互动。

而传统家电企业，长期以来围绕渠道商（B端）进行管理工作。虽然连接的个体数量较少，效率好像提高了，但因存在这个中间环节，无法与最终用户（C端）直接连接。理论上，所有商品到达的用户都是这个品牌的用户，但它缺少一个能够高效低成本进行实时互动的平台。

易积电器从事互联网电商代运营业务，既能进行线上数字化销售，又能直接面向消费者，产生基于互联网平台的信息数据交互，获得了真正和用户连接互动的日常协同平台。有连接、有平台是实现互联网化的基本前提。

而传统家电企业进行的所谓互联网化转型，都未触及互联网化的首要命门，没有与用户直接连接互动。虽然进行电商业务的拓展，但依然是围绕传统销售渠道，为渠道代理商提供增值服务，仍是工业化思维逻辑中的以产品为中心，而非以人为中心。

忘掉客户，连接用户。从2B到2C，无论你愿不愿意，这才是实现互联网化的首要转变和新思维。

（二）方法层面：去做，才可能想明白

MVP（Minimum Viable Product，最小化可实行产品）可以在线上或者实验室中，通过低成本的方式完成，其结果反馈是进行大规模实践的重要依据。

MVP是互联网革命这台机器能高效运作的最重要的方法论。在互联网产业变革领域，变革的动力来自对未来的宏观预见，而这种预见充满着不确定性，且无法用工业化时代的战略、规划等方法准确透析。因此，需要面对不确定的未来进行最小化的试验。

而传统行业决策者，在充满不确定性的情况下，缺乏投身进行试验的习惯和勇气。他们一心向往可以一眼看得到未来的模式，或是曾经实践过但当下或许已经过时的方法，始终不愿投入MVP的实践中。

去做、去试验，不去想太多结果性的东西。这是一种雷厉风行的实用主义，也是互联网精神的核心之一。

当下，未经过充分试验就可以看得清楚的商业模式几乎是不存在的，或已是红海市场。而复合型的商业模式，“羊毛出在猪身上，狗来看热闹，大象最后买单”之类复杂的价值实现逻辑，不是坐在传统行业老板位子上的人想想便能得出的。即使最终变现的方式可能还是很传统，但是其运作逻辑已经发生了重大的变化。这些运作逻辑是通过许多MVP试验才能探索出来的，而坐着想想或通过翻看数据库是不能得出的。

（三）支撑层面：跨界，才能连接人才

转变了理念，也能真正动手去做，但由谁来操盘转型实践又是另一个问题。因此，吸引更多的人才加入到宏伟计划之中就成为当务之急。

然而，传统企业之所以距离互联网较远，一方面是因为这是一个新生事物，另一方面，也是更重要的，便是其圈子往往距离互联网从业人群较远。这导致传统行业与互联网无法实现真正的融会贯通。即便对于互联网有所理解，其接触到的也都是互联网思维方法的表层。例如“参与感”“饥饿营销”“极致”等热词，充满无数的假象和幻想。但是，若不能从互联网思维的本质去深究，仅从表层意思去理解其中的内涵，只能是走马观花，无法深入互联网产业发展的内核之中。因此，必须勇敢地进行跨界。

一方面，是从传统工业思维到互联网思维的跨界；另一方面，是社交圈子的跨界。你需要的人才往往在与你没有交集的另一个世界里，只有跨界才能够与其连接。

传统的招聘方式是将需求给企业人力资源，再由其去招聘。然而，其掌握的渠道及人才库，往往和企业过往的发展相适应，缺乏必要的新渠道。同时，看简历、面试的传统方法，在互联网时代已经不再适用。

例如，想招聘一个社会化媒体营销的人才，你在心中就要清楚地知道，在资讯发达的今天，能够做好社会化媒体营销的人才一定可以通过各种渠道，在开放的平台上进行自我传播和表达，形成品牌的展现。所以，你要做的不是去发招聘广告，而是直接去那些能够体现社会化媒体营销能力的场合去发现他。而能力如何，通过一个自媒体账号、论坛或微信群的实践结果，你便可看出来，而不再需要面试、试用期等。

跨界，跨出自己固有的交际圈子，通过更加互联网化的手法来获得人才。走出这一步，才是成功启动所有互联网化大计的第一步。

在互联网大潮之中，最核心的商业本质或许没有改变，但商业的逻辑和组织流程发生了翻天覆地的变化。无法熟练掌握新的商业价值实现逻辑，则意味着距离商业本质又远了。

互联网的思维逻辑、方法论以及工具手段，都是带你进入互联网商业逻辑的引路人。进入这样的轨道和思维逻辑中，互联网化转型来得自然会更快。

思考与练习

1.网络创业目前存在着哪些问题？

2.网络创业模式有哪些特征？

3.互联网创业模式有哪些？

4.互联网思维是怎么产生的？

附　录

附录1　大学生创业测试

一、心理适应性测试

读题目后，选出你认为符合自己的答案。

1.把每次考试试卷拿去一个安静的地方去做，无人打扰，我的成绩一定会好一些。

很对　对　无所谓　不对　很不对

2.夜间走路时，我比别人更能看得清楚。

是　好像是　不知道　好像不是　不是

3.每次离开家去一个陌生的地方时，我总爱闹点毛病，如失眠、拉肚子、皮肤过敏等。

完全对　有些对　不知道　不太对　不对

4.在正式运动会上，我取得的成绩比平时训练时要好一些。

是　似乎是　吃不准　似乎不是　不是

5.每次我把课文都记熟了，但在课堂上让我背时，却要出点差错。

总是如此　有时如此　吃不准　很少这样　没有这种情况

6.到我发言时，我似乎比别人更镇定，很自然。

对　有些对　不知道　不太对　正相反

7.我冬天比别人更怕冷，夏天比别人更怕热。

是　好像是　不知道　好像不是　不是

8.在比较嘈杂混乱的环境里，我仍然能集中精力学习、工作，效率并不大幅度降低。

对　略对　吃不准　有些不对　不对

9.每次体检时，医生都说我心跳加快，其实平时很正常啊。

是　有时是　时有时无　很少有　根本没有

10.如果需要的话，我可以熬一个通宵，仍能精力充沛地学习。

完全同意　有些同意　无所谓　略不同意　不同意

11.当父母或兄弟姐妹的朋友来家做客时，我尽量回避他们。

是　有时是　时有时无　很少有　根本没有

12.出门在外时，虽然吃饭、睡觉、环境等变化很大，但我很快就能适应过来。

是　有时是　是与否之间　很少是　完全不是

13.参加各种比赛时，比赛场上越激烈，群众越加油，我的成绩反而上不去。
是　　有时是　　是与否之间　　很少是　　不是
14.上课回答问题或开会发言时，我能镇定自如地把事先想好的都完整地说出来。
对　　略对　　对与不对之间　　略不对　　不对
15.我觉得一个人做事比大家一切干效率要高一些，所以我愿意一个人做事。
是　　好像是　　是与否之间　　好像不是　　不是
16.为了能和睦相处，我经常放弃自己的意见，附和大家。
是　　有时是　　是与否之间　　很少是　　不是
17.当着众人和生人的面，我感到很窘迫。
是　　有时是　　是与否之间　　很少是　　不是
18.无论情况多么紧迫，我都能注意到该注意的细节，不会丢三落四。
对　　略对　　对与不对之间　　略不对　　不对
19.和别人争吵时，我经常哑口无言，事后才想起这样反驳对方，可是已经晚了。
是　　有时是　　是与否之间　　很少是　　不是
20.每次参加正式考核或考试的成绩，常常比平时更好一些。
是　　有时是　　是与否之间　　很少是　　不是

结果解释：
凡单号题1、3、5、7、9……从第一种到第五种回答依次记1、2、3、4、5分；
凡双号题2、4、6、8、10……从第一种到第五种回答依次记5、4、3、2、1分。
81～100分，心理适应能力很强；61～80分，心理适应能力较强；41～60分，心理适应能力一般；21～40分，心理适应能力较差；0～20分，心理适应能力很弱。

二、人际交往能力测试

以下各题中，请按你的真实情况，回答“是”或“否”。
1.除了父母或兄弟姐妹，你是否还有一个可以互诉衷肠的知心人？
2.你有两个以上交往多年的老朋友吗？
3.你起码有一个称得上知己的异性朋友吗？
4.除了同龄人外，你是否还有一些忘年之交？
5.当遇到意外事故时，你是否能轻而易举地找到一个朋友帮你解决？
6.你是否每周至少去朋友家玩一次？
7.遇到节假日，你是否经常想念朋友？
8.朋友邀你去玩时，在一般情况下，你是否找点诸如“我最近太忙”之类的借口婉言拒绝？
9.朋友遇到困难如生病、搬家等时，你会主动去表示关心吗？
10.你是否经常用打电话或写信的方法，同远方的朋友保持较为紧密的联系？
11.每过一段时间，你是否会增加新朋友？
12.你交朋友的目的是使自己获得某种方便？
13.你正忙时，遇到朋友来访，这时你会热情接待吗？

14.除了赠礼品，你还有更多增进友谊的办法吗？

15.当你遇到不幸或感到寂寞时，你会走出家门向朋友倾诉吗？

结果解释：

回答“是”的加1分，累计总分。

总分如达到13～14分，说明你有很强的交往能力；9～12分，说明你有较强的交往能力；6～8分，说明你尚能维持与朋友的友谊；5分以下，说明你的交往能力差，需要改进一下交往方式和技巧。

三、创业测试

你适合创业吗？

1.你是否曾经为了某个理想而制定两年以上的长期计划，并且按计划进行直到完成？

2.在学校和家庭生活中，你能否在没有父母及师长的督促下，就可以自动完成分派的工作？

3.你是否喜欢独自完成自己的工作，并且做得很好？

4.当你与朋友们在一起时，你的朋友是否常寻求你的指引和建议，你是否曾被推举为领导者？

5.求学时期，你有没有赚钱的经验？你喜欢储蓄吗？

6.你能否专注地投入个人兴趣连续10小时以上？

7.你是否习惯保存重要资料，并且井井有条地整理，以备需要时可以随时提取查阅？

8.在平时生活中，你是否热衷于社区服务工作？你关心别人的需要吗？

9.不论成绩如何，你是否喜欢音乐、艺术、体育以及军事活动课程？

10.在求学期间，你是否曾经带动同学，完成一项由你领导的大型活动？

11.在竞赛中，你喜欢看到自己表现良好吗？

12.当你为别人工作时，发现其管理方式不当，你是否会想出适当的管理方式并建议改进？

13.当你需要别人资助时，能否自信地要求，并且能说服别人来帮助你？

14.当你需要经济支援，是否也能说服别人掏钱给你帮助？你在募款或义卖时，是不是充满自信而不害羞？

15.当你要完成一项重要的工作时，是不是总是给自己足够时间仔细完成，而绝不会让时间虚度，在匆忙中草率完成？

16.参加重要聚会时，你是否准时赴约？在平时生活中，你有时间观念吗？你是否能充分运用时间？

17.你是否有能力安排一个恰当的环境，使你在工作时能不受干扰，有效率地专心工作？

18.你交往的朋友中，是否有许多有成就、有智慧、有眼光、有远见、老成稳重型的人物？

19.你在社区或学校社团等团体中，被认为是受欢迎的人吗？

20.你自认是个好的理财人物吗？当储蓄到一定数额时，你是否能想出好的生财计划，钱滚钱，赚取更多的利润来？

21.你愿意为钱辛苦工作吗？钱对你重要吗？你是否可以为了赚钱而牺牲个人娱乐？

22.你能为自己的工作负起责任吗？你是否总是独自挑起责任的担子，彻底了解工作目标并认真完成工作？

23.你在工作时，是否有足够的耐心与耐力？

24.你能否在很短的时间内，结交许多新朋友？你能否使新朋友对你留下深刻的印象？

以上题答“是”得1分，答“否”不计分，请统计你所得的分数，并参照下列答案。

0～5分：你目前并不适合自行创业，应当训练自己为别人工作的技能。

6～10分：你需要在旁人的指导下去创业，才有创业成功的机会。

11～15分：你非常适合自己创业，但是在所有“否”的答案中，你必须分析出自己的问题并加以纠正。

16～20分：你个性中的特质足以使你从小事业慢慢开始，并从妥善管理中获得经验，成为成功的创业者。

21～24分：你有无限的潜能，只要懂得掌握时机和运气，你将是未来的商业巨子。

附录 2　第“十六届”挑战杯全国大学生课外学术科技作品竞赛获奖名单(特等奖和一等奖)

特等奖

作品名称	学　校
科技发明制作类	
单目多光谱三维重构技术及其在医用内窥镜中的应用	上海交通大学
碳纤维复合材料自加热原位固化装备	南京航空航天大学
基于低阻复合式气动布局的垂直起降高速飞行平台	北京航空航天大学
仿生太阳能无人机	西北工业大学
快速救灾抢险高效自循环自吸离心泵关键技术研究	江苏大学
高精度多维力传感器及航天员生物力学测量系统	东南大学
新型轮毂电机车轮设计及其整车应用	清华大学
超高分辨率微波光子实时成像雷达	南京航空航天大学
软硬件联合优化的新型低功耗 5G 通信系统	清华大学
Mcontroller——跨维度机器人运动控制系统	北京航空航天大学
高性能量子数字签名系统	南京邮电大学
I Know You:基于多源异构数据的分层用户建模通用框架	清华大学
基于深度学习的多传感融合手势识别与控制系统	江西财经大学
多元肿瘤标志物化学发光阵列芯片检测仪	扬州大学
高性能、低成本燃料电池阴极催化剂的开发	清华大学
基于电场操控的抗消磁反铁磁存储芯片器件	北京航空航天大学
基于掺杂诱导相转变设计高性能锂离子电池负极材料	复旦大学
高效热-光协同催化水制氢的机理研究	上海交通大学
高性能新型锌离子电池研制与优化机制研究	武汉理工大学
自然科学论文类	
镓基液态金属表面结构和多场调控理化性质的研究及应用	北京航空航天大学
三维回转模拟微重力效应在线剪切体外细胞培养系统的构建	北京航空航天大学

作品名称	学　校
用于高效细胞捕获的基于仿病毒结构的多级微球设计	上海交通大学
水稻粒重基因 qPE9-1 和 OsGASR9 的功能研究	扬州大学
免疫检查点 PD-1/PD-L1(PD-L2)的调控机制研究	南通大学
褪黑素调节肠道代谢防控大肠杆菌型脑膜炎 ——基于肠-脑轴微生物代谢调控的研究	扬州大学
社会科学类	
百年风华，劳工神圣——有关“一战”华工文化记忆的调查研究	上海大学
建设生态文明背景下的电力行业效率改进与减排优化研究	北京航空航天大学
精准扶贫中的贫困识别：福利损失与解决办法 ——基于西部、东部、东北的调研与实证研究	清华大学
“退之有道”：兼顾农户利益与社会效益的宅基地退出模式优化研究 ——基于浙江省 15 个县市区调研	浙江工商大学
行动起来，向滥用抗生素说不！ ——中国 13 省市 1345 家零售药店无处方销售抗生素情况调查及应对研究	浙江大学
生命的馈赠——器官捐献家庭意愿影响因素与对策研究	温州医科大学
基于供应链金融的“三维信用评价体系”助力中小微企业融资增信 ——对 140 家企业和 40 家金融机构的访谈调研	上海大学
护航“网生代”——Web 3.0 时代未成年人网络权益软性保护路径研究	东南大学
科学育孙万家行——祖辈教养“2＋X”课程开发与推广	上海师范大学
网络舆情“体制归因”演化机制及防控策略研究 ——基于 503 个教育网络舆情案例分析	福建师范大学

一等奖

作品名称	学　校
科技发明制作类	
基于微流控技术的癌症早期检测芯片	北京工业大学
脑电反馈智能电针灸仪	江苏师范大学
低温射流加工微流道技术与装置	南京航空航天大学
辐射约束下核电站作业路径规划：辐射场快速构建与智能寻路算法	华南理工大学
复杂网络分形特性分析及其应用研究	西北工业大学
级联拉曼混频技术及颜色可选激光研究	温州大学
高效中红外宽波段可调谐激光光源	温州大学

作品名称	学　校
模拟医生操作实现人机协同的血管介入手术人工智能装置	清华大学
基于叶轮泵的经皮心室辅助系统(AUXART)研发	南京医科大学
新型多功能活性菌生物质材料:二代生物乙醇生产和污水处理	江西师范大学
复杂锻件高温自动化三维测量系统	华中科技大学
便携式太赫兹危险液体检测仪	上海理工大学
大行程、无回退步进式压电驱动器研制	吉林大学
双轴深耕匀混智能化贴地播种复式作业机	扬州大学
半导体发光显示器件超薄微型化制造关键技术	华南理工大学
一种新型高压柱塞油泵装置的设计与实现	浙江工业大学
变废为宝——基于进化学习机制的全自动垃圾分类回收系统	广州大学
面向主动靶向给药的精确可控液态金属微机器人	苏州大学
增材-吹胀:新型铝合金液冷板的技术研发与应用	宁波大学
基于自动驾驶的芝麻联合收获机	青岛农业大学
无臭氧、低能耗、高灭菌效率的低温等离子体消毒柜	西安交通大学
桥梁钢结构裂纹实时监测系统	同济大学
分布式肌电采集柔性电子皮肤	华中科技大学
基于路面激励高速高精度动态压力传感技术与IPv6物联网的交通信息远程监测系统	广西大学
微注入式配电电缆绝缘劣化“不停电”监测装置	华中科技大学
面向水下探测与鱼群诱集的柔体仿生鱿鱼	上海海洋大学
基于主-副数字微镜的光纤器件数字光刻系统	南昌航空大学
三维高集成度第五代移动通信射频前端	南京邮电大学
人工智能辅助的OFDM无线传输系统:设计与实现	东南大学
大尺度高分辨光纤声波地层成像仪	华中科技大学
具有划时代意义的半匝绕组平面变压器技术	昆明理工大学
高性能平板型量子点荧光太阳集光器设计与应用	宁波大学
糖尿病视网膜病变智能筛查与辅助诊断系统 DeepDR	上海交通大学
智能无镜显微镜	华中科技大学
基于人工智能的自闭症谱系障碍早期筛查	西安电子科技大学
基于嵌入式视觉的导盲辅具	华东理工大学
基于TMC材料的新型类脑忆阻器的设计、制备与应用	南京邮电大学
动态立体LED舞台仿真控制系统	北京理工大学

作品名称	学　校
自然科学论文类	
碱基增黏水凝胶材料的制备及其性能研究	长春工业大学
深紫外荧光双光谱溶解性有机物快速检测技术及其应用	南京大学
广义 b-方程的孤立波分支	华南理工大学
具有特殊传输特性的新颖自加速与旋转光束的调制研究	华南师范大学
Cry3Aa 分子改造及其与红棕象甲伴生菌 Ye1-8 的协同增效作用	福建农林大学
基于鸟类应激反应的机场鸟击防控智能装置研发与应用	华南农业大学
适用于骨科生物材料打印的多功能舱	南京航空航天大学
茶树根际微生物响应土壤酸化的代谢模式及其信号转导机制研究	龙岩学院
海栖类扁虫新种发现与分子系统发生分析	深圳大学
脑水肿的细胞内力学机制研究	南京中医药大学
新型生物医用微针的研究及其在疾病诊断与治疗方面的应用	东南大学
复合微生态制剂对经济鱼类营养与免疫机能的作用研究	浙江理工大学
神经病理性痛及其诱导抑郁样行为的中枢神经通路、炎症机制及治疗策略研究	空军军医大学
基因组水平疾病相关基因鉴定方法的开发及其在精准医学中的应用	深圳大学
基于能量代谢的大黄䗪虫丸逆转肝癌耐药机制研究	南京中医药大学
LncRNA 调控 MDSC 参与肺癌肿瘤免疫功能的研究	江苏大学
促炎症消退介质防治类风湿性关节炎的基础和临床应用研究	温州医科大学
面向钛基牙根种植体基于电场刺激的生物活性与可控抑菌一体化涂层	西安交通大学
连续安全合成法制备火箭推进剂 1,2,4-丁三醇三硝酸酯新工艺	常州大学
全降解秸秆板的生物粘结成型技术开发及产品应用	嘉兴学院
双燃料微型燃气轮机的设计与研发	哈尔滨工程大学
利用 18F 衰变产生 γ 光子的内腔探测与成像装置	南京航空航天大学
铜催化的四组分串联反应合成胺芳硒基化的马来酰亚胺	温州医科大学
钛合金与超高分子量聚乙烯高性能连接的技术实现及其在关节假体中的应用	上海交通大学
低值茶高效利用智能控制及智能评价方法	江苏大学
仿生特殊浸润性界面用于流体传递的优化及应用	天津大学
巧辨抗氧化类物质的化学“鼻/舌”——基于模式识别的传感分析新方法及应用研究	华东师范大学
新型聚集诱导发光材料的设计合成及其力刺激发光响应研究	华南师范大学
Co/β-Mo2C 异质结@氮掺杂碳纳米管高效双功能电催化剂	广州大学

作品名称	学　校
基于氟代效应的具有钙钛矿结构的分子材料极性调控	东南大学
阳极 TiO_2 纳米管传统理论的反证据和生长机理研究	南京理工大学
社会科学类	
设计立县：基于福建松溪的设计扶贫实践与模式更新	华东理工大学
关于“塔西佗陷阱”的研究——政治史学视野下的文本追溯与古今之辩	重庆大学
产业驱动的乡村振兴之路 3.0 版——对浙江省 9 镇 36 村地方产业驱动乡村发展的典型模式研究	同济大学
脱贫长效机制研究——基于中部三省四县的调查	复旦大学
制造业中小企业创新的成功之路——“协同创新＋靶向服务”的江阴经验	南京大学
农房共享、融通城乡：农村闲置房屋盘活利用的可行模式探索 ——基于陕西高陵、湖南浏阳两地三案例的调查研究	江西师范大学
新旧动能转换背景下传统制造业“潮涌现象”的形成与演化机制研究	齐鲁工业大学 (山东省科学院)
信息流广告的广告相关性如何提升广告转化率的机制研究 ——基于有调节的中介效应模型	南开大学
民营经济如何迎来大发展的春天？ ——各省民营经济政策与落实情况研究	浙江工业大学
乡村振兴战略背景下中国农民的农地情怀与政策期待 ——基于 8432 位农民对家庭联产承包责任制的感知	华南理工大学
印度主流媒体对“一带一路”倡议的认知情感变化及原因分析	南通大学
“追梦人”的逐梦路：探寻大学生创客群体的发展之道	南京工程学院
宅基地“三权分置”改革：权能困境、农户反响和产权实现研究——以国家级试点区浏阳市为例	湖南工商大学
小农户也有大市场：城郊小农户农产品流通模式创新研究 ——基于长沙市 5 区 28 个城郊村调研	长沙理工大学
被遗忘的孩子：多中心协同救助模式新探索 ——基于浙江省 317 名“双服刑人员”子女成长困境的实证调研	金华职业技术学院
飘零的金达莱——延边朝鲜族村落人口外流与民俗文化传承之困	吉林大学
文化复兴视角下岭南乡居的价值探索与风貌重塑研究 ——基于对潮汕传统村落的调研	广东工业大学
运动作剑，弃毒前行——基于我国 7203 名青少年戒毒人员体质调查的运动干预方案设计与效果跟踪	华南理工大学
数据山水——基于气候适应性的京津冀传统古村落山水格局设计指导	北京工业大学

作品名称	学　校
消除黑臭,澈水长流——基于西安市黑臭水体防治对策研究	西安建筑科技大学
公共服务资源供给与社区组织网络构建:以农村睦邻点为例的调查分析	上海大学
网络募捐信任危机化解机制研究——基于信息经济学的分析	山东财经大学
抢救最后的宝藏:民间文书"生存"状态的调查及对策建议	浙江师范大学
困境与期盼:农民幸福路在何方?——基于全国东中西部17个乡镇的调查	湖南大学
从区隔到融入:麻风村后代社会融入困境的消解 ——基于西南山地15个麻风村的实证研究	云南大学
长照保险化解失能老人照护风险 ——基于长春市长期照护保险试点实施情况调查报告	长春工业大学
台湾青年学生国家认同现状及影响因素调查研究——以台北高校学生为例	暨南大学
如何绘制新时代"富春山居图"——苏南地区村土地利用规划编制实践	南京大学
破局与更立:共享单车发展困境与协同治理研究 ——基于政府-企业-公众联动视角	山东师范大学
异质与归位:农民合作社嵌入乡村治理的实践检视与优化路径 ——基于晋、皖、沪、川的调查	华东师范大学
融"工笔"入"写意",绘互联互通新丝路 ——中国高铁"走出去"的知识产权风险调查研究	华东交通大学
网约车个人信息保护问题研究	中南大学
来华留学生中国情怀形成机理与提升对策研究 ——基于对京津冀高校来华留学生的调查	河北经贸大学
初中生校园欺凌的精准治理模式实践探索 ——基于累积生态风险模型的心理干预实证研究	西南大学
红色基因的国家记忆——新时代抗美援朝精神的老兵诠释	辽东学院
何以解困:农村教育贫困的文化根源与精准扶贫——基于粤西三村的田野调查	华南师范大学

附录3 第七届中国国际“互联网+”大学生创新创业大赛总决赛高教主赛道金奖

参赛项目	学校
霸蛮:无界餐饮的数字化实践	北京大学
专铸科技——智能仿生义肢康复产品	清华大学
超导“基”业——自主化高温超导合金基带拓荒者	北京工业大学
格镭智图——国内首款、国际领先双旋轴激光扫描仪	北京工业大学
致真精密仪器——源自中国的磁性微电子测试设备领航者	北京航空航天大学
深光科技——全球投影AR的引领者	北京航空航天大学
天梭动力——中国固液火箭动力高空高速飞行器的开拓者和引领者	北京航空航天大学
Medcreate磁悬浮胶囊机器人:胃肠道检测领域的革命者	北京航空航天大学
理工光盾——高能激光防护材料开拓者	北京理工大学
医腐科技——全球首创的腐蚀在线监测与智能诊断大数据平台	北京科技大学
伯牙智能作曲音乐平台——全民音乐时代开创者	北京邮电大学
中农优苗——创新型动物疫苗引领者	中国农业大学
锐智新材——国际静脉TAVR术式及辅助器械领航者	中国石油大学(北京)
谛声科技——企业级声学AI技术服务独角兽	中国地质大学(北京)
寰宇星通——中国星载激光放大领航者	南开大学
AccRate——全球首创抗癌靶向药敏感性检测技术定义者	南开大学
心脉联衢——全球首款体内精准可视化小口径人工血管	天津大学
“鲸可语”——多模态连续手语自动标注识别系统	天津理工大学
“巨能储”氢能电池	燕山大学
绿智液驱——全球高端装备低碳液压驱动技术引领者	太原理工大学
百炼钢化为绕指柔——手撕钢钢铁工业皇冠上的明珠	太原理工大学
瑞搏生物——新型干细胞治疗缺血性疾病的全球开创者	山西医科大学
蒙藻益牧——螺旋藻+中草药饲料添加剂开创者	内蒙古农业大学
熊猫叔叔素质教育集团	辽宁大学
铭云科技——全球航空航天装备轻量化开拓者	大连理工大学
点石成金——全球难选铁矿开发利用引领者	东北大学

参赛项目	学 校
沈阳舞指科技有限公司	东北大学
智船科技——世界级无人驾驶商船机舱智能系统供应商	大连海事大学
科恩——国际首款干细胞外泌体组织修复产品	中国医科大学
通痹安中药凝胶——类风湿、痛风等“不死癌症”的克星	长春中医药大学
人参皂苷抗炎喷雾——替代皮肤激素外用药的中国力量	长春中医药大学
航天器高通量异质结构轻量化热管理器件超声波增材制造技术	哈尔滨工业大学
中国高性能工程聚酯材料创新与产业化	哈尔滨工业大学
超级导热金刚石:为芯片退烧而生	哈尔滨工业大学
藏粮于技——水稻适度加工产业化助力国家粮食安全	哈尔滨工程大学
童类人:世界一流童书创造者	复旦大学
黄金捕手——水中痕量贵金属回收专家	同济大学
EyeNKBT——致盲性眼病药物防治领航者	同济大学
Aero——Space 低碳离网建筑变革者	同济大学
芯英——高性能 GPTPU 智慧处理器	上海交通大学
领挚科技——用中国领先的半导体技术,探索全球生物世界的奥秘	上海交通大学
轻流——无代码数字化领军者	上海交通大学
海燕——船舶能源心脏智能诊断系统	上海交通大学
化禹科技——重大化工装置微通道分离技术首创者	华东理工大学
热管理用柔性陶瓷纳米纤维/超轻、超弹陶瓷纤维气凝胶耐高温隔热材料	东华大学
先进电子显微镜技术及台式扫描电子显微镜的产业化项目	华东师范大学
三维仿生血管微流控芯片的超快激光制备及应用	华东师范大学
宇树科技——引领全球四足机器人市场化	上海大学
中国盒子	苏州大学
擘星科技——全球超声电机引领者	南京航空航天大学
源生科技——面向 5G/6G 时代的光电信号源	南京航空航天大学
费米光子——全球首创高精度光延时测量仪	南京航空航天大学
安夏科技——纪检监察信息化 3.0 建设的引领者	南京理工大学
高功率激光光闸——先进激光制造高效化核心	南京理工大学
光影感知——快速三维传感技术助推第四次工业革命	南京理工大学
擎天架海——船用智能胎架领军者	江苏科技大学
惊涛“焊”浪——国之重器焊接行业领航者	江苏科技大学

参赛项目	学　校
科宁多元醇:多元糖醇引领者征战万亿星辰蓝海	南京工业大学
热之熵——耐极温超绝热复合材料	南京工业大学
超级鲤盒——全国最大的盲盒第三方平台	常州大学
天问一号风筝线	南京邮电大学
5G 功放设备的先驱者——全系列宽带功放设备	南京邮电大学
至强之芯——高性能通用型 eFPGA 芯片及系统	南京邮电大学
视界中国——打造国产一流柔性显示材料	南京邮电大学
护林科技——国家林草局唯一指定松树癌症监测防治技术提供商	南京林业大学
生生不息——生物质碳封存新能源装备技术领跑者	南京林业大学
畜禽卫士——中国首创田菁制备绿色饲料添加剂	南京林业大学
一应拒醛——无醛高性能胶黏剂全国领跑者	南京林业大学
普得士——精准处方赋能肿瘤跟踪施治	南通大学
派斯盾“鞘翅甲”仿生纳米自洁涂层	南通大学
申诺青:国内动物第三方医学诊断服务领跑者	南京农业大学
盘种餐——中国首创新式水稻生态秧盘	扬州大学
狄赛生物科技——全球免疫再生修复领跑者	浙江大学
阿蚂神护:数字版权全链路守护神	浙江大学
智囊生物科技——全球个性化囊泡医学领航者	浙江大学
跃动客体育——青少年体育教育的科学施教与规模运营	浙江大学
纤觉智能——基于微纳光纤的新一代超灵敏传感器引领者	浙江大学
康尔雪科技——开创国内术后血栓床旁监测新时代	浙江师范大学
致实科技——领航道路压实质量监控“智”时代	浙江师范大学
金优科技——全国农作物高效光合育种先行者	浙江师范大学
敏选科技——国内首款 Apt-MNPs 食物过敏原检测试剂盒	浙江工商大学
若土有稻——下一代水稻育秧基质行业标准引领者	嘉兴学院
空介——虚拟数字人物 IP 的多场景应用	中国美术学院
拼格——5G 场景下的创意科技运用	中国美术学院
魔音科技——柔性超薄扬声器的全球首创者	宁波工程学院
夏小满——文博历史新表达的创新者	宁波工程学院
谱易科技——国际领先便携式质谱生产商助力化工污染物检测预警	宁波大学
甬马生物——海马规模化繁育开发引领者	宁波大学

参赛项目	学　校
超碳科技——国内首家水溶性单层石墨烯粉体供应商	宁波大学
环宝科技——国内首家有机固废低碳循环处理方案提供商	宁波大学
星路通信——“动中通”天线全球领航者	宁波大学
半球谐振陀螺——高精度导航领导者	宁波大学科学技术学院
室内外一体化运动感知及高精度定位系统	中国科学技术大学
科创 3D——开启工业级 3D 打印的中国造	安徽信息工程学院
秒凝科技——开启流体止血新时代	福州大学
微体高光——全球首创主动发光的便携式投影仪	南昌大学
复方黄连油——首款“速效无疤”愈合油	南昌大学
数芯光刻——全球首创 MicroLED 数字光芯无掩膜光刻机	南昌大学
梦通网安	南昌大学
防治呼吸道病毒性感染的中药新良方——柴胡清瘟方	南昌大学
欧姆威克,胃你守护——开启幽门螺杆菌免疫新时代	南昌大学
荧光微视——引领食品安全快检技术新变革	南昌大学
中非合作　相濡以“没”——缔造全球最大没药产品供应商	江西中医药大学
夏绣——国内首创设计驱动型文化创意企业	江西师范大学
珍妮肤——中国女性民族高端护肤品牌缔造者	江西师范大学
智敏未来——中国高性能气湿敏感知材料领航者	中国石油大学(华东)
泰山信息——智慧化工园区安全守护神	中国石油大学(华东)
创造太阳——助推“中非命运共同体”的职业教育与培训服务平台	中国石油大学(华东)
滴血识“毒”——国际领先的呼吸道病原体综合筛检试纸	齐鲁工业大学
“疫网捕获”呼吸道病原动态监测	山东第一医科大学
固土成型技术领航者——全国首创“一剂多用”土壤粘合剂	鲁东大学
抗体铠甲——致力于降低抗体药毒副作用全包裹型载体	山东协和学院
药知道——国内首创抗生素用药指示三联卡	山东协和学院
施必克——全球首创智能感知防水系统	郑州大学
知路导航——音频定位芯片领军者	武汉大学
雷视通——新时代智能交通感知破壁者	武汉大学
睿思优信:智能超表面助力构建高速稳定 5G 网络	华中科技大学
刀锋科技——全球高端刀具涂层服务领导者	武汉理工大学
理工晨烯——全球柔性石墨烯天线引领者	武汉理工大学

参赛项目	学　校
七月猫工业级3D动漫	中南财经政法大学
中桥高科——高性能桥梁结构技术领航者	湖南大学
数据守航:数据要素流通安全的行业引领者	暨南大学
CTP——国际领先的低碳环保路面	华南理工大学
未来农机——无人农场的领航者	华南农业大学
芯立创半导体——用AI和IP授权加速芯片设计	广州大学
方青智能——开创宫颈癌筛查智能诊断新纪元	南方医科大学
智领“胃”来——开启智能家用胶囊胃镜检查新纪元	南方医科大学
菲尔特——超亲水超疏油新型油水分离器提供商	广西民族大学
蓝探	海南大学
油“燃”而生——“双碳目标”下高性能植物绝缘油全球开拓者	重庆大学
蔚鼎科技——异种金属脉冲放电连接开拓者	重庆大学
无创超声高血压治疗仪	重庆医科大学
生合药源:基于高效生物制造的东莨菪碱原料药供应商	西南大学
国产大飞机用隔音隔热超细玻璃纤维棉	重庆文理学院
无障视界——白内障智能诊断方案领航者	四川大学
腱倍特——全球首款诱导性腱骨愈合注射剂	四川大学
精影求精——全球首创精神疾病诊疗仪	四川大学
频岢微电子——无线通信高端射频模组芯片领跑者	电子科技大学
芯声东振——高性能仿生声学SAW滤波器开拓者	电子科技大学
纳米之星——全球高端纳米光学薄膜引领者	西南石油大学
i-Hair生发仪——活化经络智能生发的开创者	成都中医药大学
赤粕之萃——源自茅台酒糟的益生素开拓者	茅台学院
前事新生——基于虚拟现实技术下的故事文化保护与传播	西藏大学
抗怀菌外——医用复合抗菌薄膜领跑者	西安交通大学
YouiBot——行业领先的复合移动机器人及解决方案提供商	西安交通大学
核芯华创——激光剥离垂直结构LED芯片技术开创者	西安交通大学
烯格赛斯——石墨烯包覆粉体技术引领者	西安交通大学
定波助缆——陶瓷滤波器稳定高效滤波解决方案	西安交通大学
智雾科技——全球领先的喷雾技术解决方案供应商	西安交通大学
NUSPACE星核动力——中国航天器能源动力最佳解决方案的供应商	西安交通大学

参赛项目	学　校
机器听觉——智能空气声呐系统	西北工业大学
游方科技——智能通航发动机总成系统	西北工业大学
传导大师——国内首创异质金属材料真空熔浸扩散连接技术	西安理工大学
鸿鹄骐骥——超高精度高速工业检测技术	西安电子科技大学
纳科聚能——纳米发电机开启传感器自供电新时代	西安电子科技大学
信芯——国产高可信数字芯片设计验证平台	西安电子科技大学
夺冠——开创体育精细化训练新时代	西安电子科技大学
介孔硅纳米胶囊负载贵金属催化剂	兰州大学
“用心，为癌升温”miRNAs 早期胃癌筛查试剂盒	兰州大学
基于工业互联网之下的输电母线筒波纹管伸缩位移监测装置	青海大学
丝路宁夏文创——中国西部文化旅游融合发展领跑者	宁夏大学
智慧猪业——基于声纹识别的生猪疾病预警解决方案	新疆大学
点“蚀”成金——尖端检测材料的先行者	石河子大学
多孔超强度超高分子量聚乙烯纳米薄膜	香港科技大学
囊胚准——辅助生殖流程变革者	香港中文大学
用于建筑的新型节能环保制冷涂层	香港城市大学
NB-IOT 全覆盖柔性屏下四维结构光识别智能锁	澳门大学
卒明健康	澳门大学
三维影像量测系统及配套服务	台北科技大学

参考文献

[1]罗文谦，惠亚爱，徐锦华.大学生创新创业基础[M].北京：国家行政学院出版社，2017.

[2]李家华.创业基础[M].上海：上海交通大学出版社，2017.

[3]方淑荣.环境科学概论[M].北京：清华大学出版社，2011.

[4]卡基·马斯卡拉，陈耿宣.为创业而生：写给创业者的创业书（干货版）[M].北京：中国人民大学出版社，2017.

[5]斯默尔.创业人员第1本书[M].北京：中国民航出版社，2003.

[6]张建军，王崇国.创新与创业[M].合肥：安徽大学出版社，2016.

[7]石建勋.创新管理[M].北京：清华大学出版社，2012.

[8]杨凤.创业理论与实务[M].北京：清华大学出版社，2016.

[9]韩丽姣.立业·敬业·建业[M].北京：中国经济出版社，2006.

[10]李喜桥.创新思维与工程训练[M].北京：北京航空航天大学出版社，2005.

[11]李家华.创业基础[M].北京：北京师范大学出版社，2013.

[12]鞠殿民，张金明.大学生创业基础教程[M].西安：西安电子科技大学出版社，2015.

[13]蒋勤德.大学生创新创业基础[M].合肥：安徽大学出版社，2017.

[14]刘平，王婷.大学生创业能力培养及提升[M].成都：西南财经大学，2018.

[15]李肖鸣.大学生创业基础（第4版）[M].北京：清华大学出版社，2018.

[16]杰弗里·蒂蒙斯，斯蒂芬·斯皮内利.创业学[M].北京：人民邮电出版社，2005.

[17]席升阳.我国大学创业教育的观念、理念与实践[M].北京：科学出版社，2008.

[18]刘万韬.大学生创新与创业教程（第2版）[M].天津：南开大学出版社，2017.

[19]冯林.大学生创新基础[M].北京：高等教育出版社，2017.

[20]李伟，李长智，张世辉.创新创业教程[M].北京：清华大学出版社，2015.

[21]龚荒.创业管理：理论、实训、案例[M].北京：机械工业出版社，2013.

[22]吴健安.营销管理[M].北京：高等教育出版社，2004.

[23]甘碧群.市场营销学[M].武汉：武汉大学出版社，2004.

[24]乔瑞中，李冰.市场营销学[M].北京：机械工业出版社，2017.

[25]罗伯特·J.托马斯.新产品开发[M].上海：上海译文出版社，1998.

[26]默尔·克劳福德.新产品管理（英文版，第5版）[M].北京：机械工业出版社，1999.

[27]甘华鸣.新产品开发[M].北京：中国国际广播出版社，2002.

[28]高璐璐.大学生创新能力的培养与探索[J].辽宁教育行政学院学报,2008, 25(5):135-136.

[29]余川云.如何培养学生的创新能力[J].考试周刊,2013(92):158-158.

[30]巫颖伟.大学生创业政策执行存在的问题[J].改革与开放,2018(1):85-86.

[31]陈细英,周韬.福建省大学生创业扶持政策的价值及其优化:基于政策文本分析的视角[J].福州党校学报,2017(6):24-26.

[32]贺腾飞,康苗苗."创新与创业"概念与关系之辩[J].民族高等教育研究,2016(7):10.

[33]王冬霞,王丽.探析大学生创业成功的环境决定因素[J].继续教育研究,2009(1):28-30.

[34]何建华.创业者素质研究:文献回顾与分析[J].中外企业家,2012(15):124-125.

[35]汪翔,张平.创业者特质概念研究综述[J].现代商贸工业,2014,26(13):71-72.

[36]田苗,李嫣资,田冰洁.基于灰色神经网络的高校学生创业素质评估分析及提升路径[J].无线互联科技,2016(06):109-111.

[37]刘素婷,孙彦东.大学生提高创业素质的途径[J].商业经济,2011(18):17-18.

[38]莫凡.大学生创业素质调查及创业能力培养主要途径探析[J].教育导刊,2011(08):48-50.

[39]袁小平.基于心理资本视角下大学生创业素质提升路径研究[J].中国成人教育,2016(22):75-78.

[40]唐靖,姜彦福.创业能力概念的理论构建及实证检验[J].科学学与科学技术管理,2008(08):52-57.

[41]门瑞雪.构建大学生创新创业能力评估及评价模型的研究[J].吉林省教育学院学报,2015(10):25-26.

[42]荣誉.创业大赛中大学生创业能力评估模型探析[J].创新创业,2017(19):35-39.

[43]唐靖,姜彦福.创业能力概念的理论构建及实证检验[J].科学学与科学技术管理,2008(08):52-57.

[44] 姜新国.商铺选址:创业成功的基础[J].科技创业,2006(10):62.

[45] 柏静霓.创业型企业选址大盘点[J].上海商业,2008(04):70-74.

[46] 金典.创业选址的八大禁忌[J].大众投资指南,2015(07):51.

[47]杨波,刘伟.新产品开发成功因素的文献综述与研究展望[J].科技进步与对策,2011,28(05):153-157.

[48]杨勇,荆一平,张丽英.新产品开发的风险及规避对策[J].运城学院学报,2014,32(01):82-85.

[49]周键.创业者社会特质、创业能力与创业企业成长机理研究[D].山东大学,2017.

[50]周德忠.大学生创业素质教育的路径研究[D].南昌大学,2010.

[51]杨华.新时期大学生创新能力培养的探索[D].长春理工大学,2007.